最新修订版

儒教与道教

世界宗教的经济伦理

[德] 马克斯·韦伯 — 著
王容芬 — 译

Konfuzianismus
und
Taoismus

Die Wirtschaftsethik der
Weltreligionen

中央编译出版社
Central Compilation & Translation Press

目 录

版本考据 …… 001
导论：世界宗教的经济伦理——比较宗教社会学初探 …… 039
儒教与道教 …… 075
    关于文献 …… 077
    第Ⅰ章　社会学基础：A. 城市、君侯与神 …… 080
    第Ⅱ章　社会学基础：B. 封建俸禄国家 …… 113
    第Ⅲ章　社会学基础：C. 行政管理与农业制度 …… 145
    第Ⅳ章　社会学基础：D. 自治、法律与资本主义 …… 166
    第Ⅴ章　士等级 …… 185
    第Ⅵ章　儒教的处世之道 …… 216
    第Ⅶ章　正统与异端（道教） …… 244
    第Ⅷ章　结论：儒教与清教 …… 295
过渡研究：宗教拒世的阶段与方向理论 …… 315
译者絮语 …… 349
参考文献 …… 355
译名表 …… 358
四版译后记　《儒教与道教》的得与失 …… 364

版本考据

施寒微

缘　起

一、"世界宗教的经济伦理"——项目设想的形成及其与"经济与社会"的关系

韦伯转向世界史课题研究，最初与他对"经济与社会"的考虑有极其密切的联系。他在 1913 年 12 月 30 日给出版商西贝克的信中说，《经济与社会》一书的"宗教社会学"章第一稿已经完成，信中提道：

> 我想好了一套完整的社会学理论及其表述方式，按照这个理论，一切重要的共同体形式都与经济有关，从家庭与家务共同体到"企业"、家族、民族共同体、宗教（包括世界几大宗教：特洛尔奇所谓的救赎学说与宗教伦理社会学，如今成为所有宗教的了，不过相当勉强）。最后还有一套完整的社会学的政治与统治学说。
>
> 我敢断言，目前尚无类似的理论，也无"先例"可循。①

实际上，韦伯社会学研究的认识在布局上有了变化，最早的设想可能是 1909 年提出的，到 1910 年肯定已经成形，1914 年韦伯执笔的《社会经济学大纲》与前面的布局相比出现了如下变化：在 1914 年的执笔分配方案里，马克斯·韦伯承诺为《社会经济学大纲》写的"经济与社会秩序及权力"章成了标题"第五"下面的"宗教共同体——

---

① 莫尔·西贝克出版社文献库，上架号：BSB-慕尼黑，汇编第 446 号。

宗教的阶级局限性；文化宗教与经济信念"①。韦伯提出的宗教的阶级局限性及文化宗教与经济信念之间的关系反映在他身后问世的《经济与社会》一书中的"宗教社会学"章的标题里：

  第一节 宗教的起源
  第二节 魔法师·祭司
  第三节 上帝概念·宗教伦理·禁忌
  第四节 "先知"
  第五节 教区
  第六节 神知·布道·灵魂关爱
  第七节 等级·阶级与宗教
  第八节 神义论的难题
  第九节 救赎与复活
  第十节 救赎之路及其对生活方式的影响
  第十一节 宗教伦理与"俗世"
  第十二节 文化宗教与"俗世"②

沃尔夫冈·施卢赫特强调，《经济与社会》与《世界宗教的经济伦理》之间的变化关系，既不是时间上的前后关系，也不是事情轻重的先后关系，而是一种互相补充和互相阐释的关系③，韦伯1915年发表的《导论》首次做了统治类型学的论述，也充分说明了这一点。《经济与社会》里也有一些文章，不是宗教社会学论文的组成部分，就是与

---

① ［德］沃尔夫冈·施卢赫特：《马克斯·韦伯的宗教社会学——学说史重构》，见该作者主编的《马克斯·韦伯的古代基督教观点——阐释与批判》，美茵河畔法兰克福，苏尔坎普出版社1985年版，第526—560页，此处参见557页及536页。

② ［德］马克斯·韦伯：《经济与社会》(《社会经济学大纲》，第三部分）第1—4分册，蒂宾根，西贝克出版社1921/1922年版，《马克斯·韦伯全集》第22卷，第9页；参见沃尔夫冈·施卢赫特前引书第557页及下页。

③ 参见沃尔夫冈·施卢赫特前引书第527页及下页。

此相关而写成的。《过渡研究》就更清楚了，部分词语与《经济与社会》宗教社会学部分第十一节"宗教伦理与'俗世'"雷同。做一个对照就更清楚了——

《经济与社会》第 343 页：

"没有个人的尊严"，"无恨无爱"，没有恨，因此也没有爱，没有专断因此也就谈不上宽容，人的政治，同样还有人的经济，今天就是为了履行客观的职业义务而不考虑具体的个人关系来完成它们的工作的，尤其是这种政治与经济在国家暴力制度的理性标准最理想的程度上来执行它们的工作时，就更为客观。

《过渡研究》（1915）后面第 293 页：

"没有个人的尊严"，"无恨无爱"，没有恨，因而也没有爱，科层制的国家机器以及包括在其中的人的政治，同样也有人的经济，就这样客观地完成了它们的事务，如果它在国家暴力制度的理性标准最理想的意义上完成了对不义的惩罚，这种惩罚正也属于它的事务。

韦伯自己在 1915 年发表在《社会科学与社会政策文库》里的《导论》第一稿中也指出了《经济与社会》与《世界宗教的经济伦理》的某些文章之间的联系。[①]

除了在这些文章中，韦伯在某些著作里也跨越了地中海文化和西方文化的空间，比如在他去世后首次发表的《音乐社会学》（《马克斯·韦伯全集》第一部分第 14 卷）里，他就曾试图以音乐这个领域为例来阐释世界史的难题[②]，在《导论》中也曾引有节奏的气氛为例来解

---

① 参见本书第 40 页。
② 参见施卢赫特前引书第 532—535 页。

释各种理性的非理性残余。① 韦伯论城市的文章中也有类似的提法。在儒教研究与印度教研究的开头，都有关于城市类型学的表述。韦伯去世后，1921年《社会科学与社会政策文库》第47卷里（第621页起）发表了题为"城市"的论文，后来收入了《经济与社会》②，但不能确定，该篇是否是在世界宗教的经济伦理研究中写就的。③ 有迹象表明，这篇论文是另一篇把印度教研究与古犹太研究衔接起来的过渡文章的基础；④ 但是同样可能，这样一篇衔接文章似乎更应该跟着基督教研究发表（或者与此相联系发表）。关于后一种可能性，至少韦伯在《导论》中强调了西方城市作为基督教"主要舞台"的特点。⑤

二、世界宗教经济伦理项目的执行——"儒教与道教"研究

马克斯·韦伯究竟可能何时开始进行世界史方面的宗教与社会关系的研究，按照玛利亚娜·韦伯的说法，最早当于1911年到1913年间。关于《经济与社会》的准备工作与《世界宗教的经济伦理》之间的关系，前面已经做了说明。

韦伯在1913年12月30日给出版商的信⑥中所说的他想好了一套把宗教与社会联系起来的"完整的社会学理论及其表述方式"，指的是《社会经济学大纲》的准备工作，这也印证了韦伯自己在为1915年10月14日出刊的1915年9月号《社会科学与社会政策文库》刊登的《导论》所作的后面第一个脚注里指出的，1913年已经有了关于《世界宗教的经济伦理》的某些文章的初稿："下面的阐述仍是两年前抄正

---

① 参见本书第56页。
② 《经济与社会》第513—600页。
③ 参见本书第19页脚注第③。
④ 参见本书第315页。
⑤ 参见本书第43页。（与其他一切城市不同的西方城市和仅仅在世界上这个地方出现的市民阶级是基督教的主要舞台，对于古代圣灵的教区虔敬是这样，对于中世纪晚期的托钵修会和宗教改革时期的诸教派，甚至虔信派和卫理公会派也都是这样。——译者）
⑥ 参见本书第3页。

和对友人宣读时那样,未做任何改动。"①

这些文章曾经"宣读"过,而且后来也是针对友人听众写就的,这也可以从某些用语的特点看出来,例如《印度教与佛教》第二章结语"下回分解"。②这些"友人"是谁,并不全清楚。他们中有恩斯特·特洛尔奇和乔治·卢卡奇,可能不出韦伯家星期天下午沙龙圈子。③

韦伯说那些文章发表时未做任何改动,他对这一点和缺乏学术参考资料的解释是,1914 年"入伍服役"。无疑,韦伯在付印前读校时做了若干修改。不清楚的是,在多大范围内对原文进行了修改。

经出版商保罗·西贝克一再催促"索要马克斯·韦伯笔意",韦伯显然在 1915 年 6 月下了决心,将他的各篇论文以"世界宗教的经济伦理"为题发表④。1915 年 6 月 22 日,他自海德堡写信给出版社:

> 我打算把一系列关于"世界宗教的经济伦理"的文章交给《文库》(指《社会科学与社会政策文库》,下同。——译者)——都是《社会经济学大纲》里系统宗教社会学的准备和阐释,这些文章从战争开始一直放到现在,只需从文法上审阅一遍。它们只能按现在的样子发表,几乎没有注释,因为实在顾不上。它们包括儒教(中国)、印度教与佛

---

① 另一个证明是乔治·卢卡奇 1915 年 12 月中旬给马克斯·韦伯的信;参见本书第 9 页。
② 参见《印度教与佛教》,《社会科学与社会政策文库》第 42 卷,1916 年 2 号第 461 页,《宗教社会学论文集》第二卷,蒂宾根:J. C. B. 莫尔(保罗·西贝克)1921 年版,第 250 页。
③ 参见保罗·洪尼希斯海姆:《马克斯·韦伯在海德堡》,见雷内·科尼希、约翰内斯·温克尔曼主编的《纪念马克斯·韦伯》(《科隆社会学与社会心理学杂志》,1962 年特刊第 7 号),科隆:西德意志出版社 1963 年版,第 161—271 页,此说法参见第 161 页,后面还有几处。昆茨伦的说法比较不可信,参见:高特弗里德·昆茨伦:《马克斯·韦伯宗教社会学的不明出处》,载《社会学杂志》,1978 年第 7 期,第 215—227 页,此处见第 217—218 页;又见该作者的《马克斯·韦伯的宗教社会学——形成史阐释》,柏林:敦克 & 洪堡出版社 1980 年版,第 61 页。
④ 参见约翰内斯·温克尔曼:《马克斯·韦伯的主要遗著》,蒂宾根:J. C. B. 莫尔(保罗·西贝克)出版社 1986 年版,第 42 页。

教（印度）、犹太教、伊斯兰教、基督教。① 这些文章统统采用了《新教伦理与资本主义精神》里的方法，我可以大言不惭，它们会像《新教伦理与资本主义精神》当年一样畅销。将来您如果愿意，可以把这些文章与新教伦理文章分开出版。眼下还不行，因为它们现在的形式只适合于作为杂志文章发表。我还是照例把它们先交给《文库》。不行的话，就是说，您和雅菲现在只想出纯粹的战争卷②，我也不会计较，**这回可能投给另一家杂志**。"这些文章篇幅不小，4 篇文章每篇要用 4—5 个印张。如果不久能付印，或至少一部分能付印，将有助于《社会经济学大纲》的出版，因为《社会经济学大纲》更为紧迫，而且要'系统'。我会跟雷德勒博士说这事。如有必要，请将此信寄给**雅菲**。"③

出版商也很重视这些文章能尽快问世，这可以从负责《社会科学与社会政策文库》的编辑部秘书、海德堡编外讲师（编外讲师是做完教授论文，取得在大学授课资格但没有教授职位的人。——译者）埃米尔·雷德勒博士与出版商之间的书信往来中看出来，通信主要谈的是韦伯的论文应该在哪一卷发表，每次发多少，自始至终着眼于杂志订户和可能的零买读者。由他们的通信④可以看出，韦伯在通知出版商上面引述的决定之前，就与埃米尔·雷德勒谈过这事了。

---

① 伊斯兰教和基督教的论文，韦伯没能交付发表。怀疑有这方面的手稿存在自然毫无道理。这些手稿或者散失了，或者指韦伯死后收在《经济与社会》第四章第十二节（宗教社会学）里的部分。[《经济与社会》，蒂宾根：J. C. B 莫尔（保罗·西贝克）出版社 1921／22 年版，第 227—356 页。]沃尔夫冈·施卢赫特认为完全有这种可能，理由是，第 11 节和第 12 节之间阕如部分拿去修改儒教与印度教论文用了，后来也没有再放回来。参见 [德] 沃尔夫冈·施卢赫特：《前言：介于征服世界与适应世界之间，对马克斯·韦伯早期伊斯兰教观的反思》，见该作者主编的《马克斯·韦伯早期伊斯兰教观——阐释与批判》，美茵河畔法兰克福：苏尔坎普 1987 年，第 22—23 页。

② 战争诸卷目录中这样解释："战争诸卷一方面力图描述战争造成的经济生活的变化，另一方面力图指出战后所期待的重新布局。各党派和各种路线的追随者都参与工作。"

③ 莫尔·西贝克出版社文献库，上架号：BSB-慕尼黑，汇编第 446 号。

④ 莫尔·西贝克出版社文献库，蒂宾根。

关于中国的论文，1913年似乎已经基本上具备了1915年付印时的稿本，支持这一看法的是1915年12月中旬乔治·卢卡奇收到专刊后写给韦伯的信：

> 衷心感谢您的来信和杂志。我想肯定还会陆续收到下面刊印的各篇。到现在为止读到的给我的印象和当年在海德堡一样深刻。文体上，我认为您的担心是多余的。我非常高兴所有文章将来能够结集出版，非常高兴能够有机会连贯地阅读。①

由韦伯1915年夏天写的《导论》脚注1里的声明——"第一部分仍是两年前抄正和对友人宣读时那样，未做任何改动。"——可以得出这样的结论：《文库》41卷第一册（1915年10月4日出版）和第二册（1915年12月23日出版）里关于儒教的部分基本上是照1913年的文稿排印的。后面关于印度和古犹太教的论文同样有可能已经有了大量手稿。理由不仅是《导论》和《过渡研究》里提到了印度教论文，而且还有前面援引的1915年6月22日给出版商的信。

至于到战争开始韦伯1914年8月参加海德堡预备役野战医院委员会工作之前，对《世界宗教的经济伦理》的研究进行到了哪一步，尚无法确定。野战医院的担子极重，韦伯既不能继续写他承担的《社会经济学大纲》里的论文，也无法写《世界宗教的经济伦理》，以至于玛利亚娜·韦伯在《马克斯·韦伯传》里称它们为"被遗弃的手稿"②。她在该书另一处谈到韦伯退役后的工作：

---

① 卡拉蒂·埃瓦、菲克特·埃瓦（主编）：《乔治·卢卡奇1902—1917年书信集》，施图嘉特：J. B. 麦茨勒出版社1982年版，第362页。据两位主编说，这里所说的指1915年12月13日出版的《社会科学与社会政治文库》11月号刊刊载的《过渡研究》。

但也有可能卢卡奇得到的是10月4日寄出的《社会科学与社会政治文库》第41卷第1册，该期有《世界宗教的经济伦理·导论》和儒教论文的前两部分。

② ［德］玛利亚娜·韦伯：《马克斯·韦伯传》第三版，蒂宾根：J. C. B. 莫尔（保罗·西贝克）出版社1984年版，第545页。

退役后，韦伯一下子沉浸于宗教社会学研究，在服役最后几个月里，他每天都抽出一个小时来写论文。

　　韦伯被遣返之前以及接着在柏林的短期研究工作之前，就已经在做他的宗教社会学研究了，这可以由他与出版商保罗·西贝克的通信证实。①

　　无论如何，1915年6月30日之前，出版商保罗·西贝克、《文库》主编埃德加·雅菲和埃米尔·雷德勒之间就出版事宜达成了共识，在此前提下，出版商才致函韦伯：

> 我非常高兴大作能在《文库》发表。阁下若能在日内告知何时可以排版以及间隔多久可以提交各篇论文，我将非常感谢。②

　　韦伯通过邮件答复："我这几天就寄出《导论》手稿，两周后寄下一部分。"③ 1915年7月2日出版社收到《导论》手稿，计12页（见出版社1915年7月2日给马克斯·韦伯的信）。后来韦伯又附在1915年7月14日的信里补寄了3页。但是从信中无法判断，这3页是《导论》的哪一部分，信里只说：

> 附上拙作《导论》3页。请**插在**更正里，因为它们放在那里比放在现在的地方要好些。儒教第一部分就有六七个印张，约占全文的1/4。
> 我只能每两周寄一次。文笔太差，还有不少活儿。儒教第一部分将于周一或周二寄出。④

---

① 参见前面引的1915年6月22日给出版商的信。
② 莫尔·西贝克出版社文献库，上架号：BSB-慕尼黑，汇编第446号。
③ 信上未标明日期，出版社回复日期是7月2日。莫尔·西贝克出版社文献库，上架号：BSB-慕尼黑，汇编第446号。
④ 莫尔·西贝克出版社文献库，上架号：BSB-慕尼黑，汇编第446号。

韦伯在这封信里指出：

> 您如果愿意，可以将这些论文在整体完结之后或接近完结时，就是说有了一个总结性的**末章**，与"资本主义精神"（指《新教伦理与资本主义精神》和《新教教派与资本主义精神》两篇论文。——译者）一起作为《宗教社会学论文集》出版。

韦伯如约于 1915 年 7 月 18 日（星期日）给出版社寄出一包手稿，当天还写了一张明信片：

> 今天又寄出一部分手稿，大约有儒教部分的 1/4。剩余部分近日补全。身心交瘁，所以文体修改很慢而且**极费劲**。①

从一封韦伯 1915 年 7 月 29 日致出版社的信②可以看出，这一天他给出版商寄出了第一部分最后若干页，即儒教第 3、4 印张的结尾部分③。

儒教前两部分与《导论》一起刊在 1915 年 10 月 14 日出版的 9 月号上，即 41 卷第一册，有《过渡研究》的第 3、4 印张则刊在 1915 年 12 月 23 日出版的 11 月号第 2 册上。至此，本卷（指《马克斯·韦伯全集》第 19 卷《世界宗教的经济伦理·儒教与道教》。——译者）里作为 A 本的版本全都刊登出来了，该版本后来经过加工作为定稿收入《宗教社会学论文集》第一卷，即本卷里的 C 本。

与儒教论文不同的是，下面《世界宗教的经济伦理》的部分论文付印时经过了较大修改，韦伯在 1915 年就有意把《导论》的第一个脚

---

① 莫尔·西贝克出版社文献库，上架号：BSB-慕尼黑，汇编第 446 号。
② 同上所引。
③ 参见本书第 244—314 页。

注安排在这一部分里,并且着手做了。印度论文中的某些说法证实了韦伯所说的,主要部分已经在 1913 年为做报告写成。① 至于韦伯为什么对别的论文做了重大修改及删补,就不在本文讨论的范围之内了。

韦伯在柏林住到 1916 年 5 月,有关《社会经济学大纲》总体设想方面的问题,他都是从这里与出版社联系的。与此同时,他继续《世界宗教的经济伦理》的工作。玛利亚娜·韦伯这样引述马克斯·韦伯可能写于 1916 年 5 月的信里的话:

> 我感觉良好,精力旺盛,一旦开始中国与印度的活儿,我就非常渴望去做。干一半儿让人无法忍受。②

由这类诉说可以看出,韦伯在柏林不仅继续修改《印度教与佛教》论文,而且可能已经在那里为修改儒教论文搜集资料;但也可以设想,"中国的活儿"指《印度教与佛教》论文第三部分中关于佛教在中国的阐释。1916 年秋天和 1916—1917 年的冬天,韦伯也致力于《世界宗教的经济伦理》论文,这时他主要是在修改古犹太教,也有可能捎带修改儒教论文和基督教论文。从与出版社的通信中也可以看出他一直在修改宗教社会学论文。1917 年 2 月 20 日韦伯给出版商的信中写道:

> 但愿**战争**快结束,我好回到**我的**大纲书上来。眼下就是不能干这个,因此最好继续修改宗教社会学论文。但我渴望做另一样。您不必担心我干不完。③

---

① 参见《印度教与佛教》第 1 个版本:《社会科学与社会政策文库》1916 年第 42 卷第 2 册第 461 页。下面所说的《印度教与佛教》,若非韦伯自己指出是刊登在《社会科学与社会政策文库》的版本,通常均指最后定稿的第 2 个版本,即收在《宗教社会学论文集》第二卷里的《印度教与佛教》。

② [德] 玛利亚娜·韦伯:《马克斯·韦伯传》第三版,蒂宾根:J. C. B. 莫尔(保罗·西贝克)出版社 1984 年版,第 580 页。

③ 莫尔·西贝克出版社文献库,上架号:BSB-慕尼黑,汇编第 446 号。

三、《宗教社会学论文集》的准备工作和《儒教与道教》论文的修改工作

如前所述，韦伯早在 1915 年就打算把《世界宗教的经济伦理》与新教伦理和新教教派论文结集出书①，自那时起他就没有改变这一计划。这也可以从 1917 年发表的《古犹太教》论文第一部分里看出来：

> 下面的阐释发表时删去了埃及、巴比伦和波斯部分。将来这些论文与其他旧文和尚未发表的论文结集并修订（中国部分将给出引文出处并补充内容）出版时，阙如部分会补进去。②

1917 年春和夏继续修改补充论文，为此他可能曾请求海德堡印度学家布鲁诺·李比希书面告诉一些事。③ 从 1917 年 5 月 24 日给出版商的一封信里可以看出，此时韦伯已经在为"论文集"修订第一部分论文：

> 战后全集（您要乐意，也可以叫"论文集"④，与"资本主义与新教"一起出）第一部分论文的修改和增补工作正在进行。

在同一封信中他写道："如果**这个集子**一直继续到**基督教**的话"，

---

① 参见［德］玛利亚娜·韦伯：《马克斯·韦伯传》第三版，蒂宾根：J. C. B. 莫尔（保罗·西贝克）出版社 1984 年版，第 36 页。韦伯在 1915 年 7 月 14 日给出版商的信中提到，"宗教社会学论文集"可以"作为一本书出版"。参见前引文献第 38 页。
② 《社会科学与社会政策文库》，1917 年第 44 卷第 1 册（1917 年 10 月出版），第 52 页。
③ 这一推断根据韦伯 1917 年 6 月 23 日给布鲁诺·李比希的信。莫尔·西贝克出版社文献库，上架号：BSB-慕尼黑，汇编第 446 号。
④ 在准备宗教社会学论文以书的形式付印时，韦伯还在权衡是否使用"文化社会学论文集"这个书名。见 1919 年 9 月 11 日致保罗·西贝克信（莫尔·西贝克出版社文献库，上架号：BSB-慕尼黑，汇编第 446，第 44 页注释第 49）。参见约翰内斯·温克尔曼：《马克斯·韦伯的主要遗著》，蒂宾根：J. C. B. 莫尔（保罗·西贝克）出版社 1986 年版，第 142 页。

有可能成为"洋洋三大卷"①。

括号内对"第一部分论文的修改和增补工作"的说明似乎不是指1904—1905年间分几部分发表的《新教伦理与资本主义精神》。②韦伯似乎计划在这段时间内写一篇关于基督教的论文;至于是否动手做了,无从知道,不过,前面引过的1915年6月22日的信③指出有一篇今天失传的手稿。

韦伯后来仿照《印度教与佛教》论文的题目,把"儒教"论文称为《儒教与道教》,这一部分论文的修改和补充的准备工作可能在1915年底就开始了,但是1918年才开始本质性的修改,这一改,论文长度大大增加了。

"儒教"论文的修改工作

《世界宗教的经济伦理》所有论文中,只有"儒教"部分做了彻底修改与增补。韦伯多次告诉出版商要删减印度教与佛教和古犹太教的论文,但没来得及进行。1918年4月(出版商的回复日期是1918年4月18日),韦伯在一封寄自维也纳的信中告诉出版商:

> 我希望大大加快大厚书(指《经济与社会》。——作者)的进展,同时通过补充(中国部分)的资料和修改(最后几部分:删减)为论文集的文章做准备。④

韦伯1915年底修改完《印度教与佛教》,1916年秋修改完《古犹太教》,到了1918年春天,他在维也纳,这时候他希望能补充和修改中国论文。在维也纳,他与外交官和汉学家阿图·封·罗斯托恩建

---

① 莫尔·西贝克出版社文献库,上架号:BSB-慕尼黑,汇编第446号。
② 详见《马克斯·韦伯全集》第一部分第9卷和第一部分第18卷。
③ 详见本书第7—8页。
④ 莫尔·西贝克出版社文献库,上架号:BSB-慕尼黑,汇编第446号。

立起联系，他们还是1906年7月29日在海德堡的埃拉努斯社（埃拉努斯在希腊语中原意是节日宴席，延为济贫，海德堡的埃拉努斯社是由神学家阿道夫·戴斯曼和古代语言学家阿尔布莱希特·迪特里希于1904年创建的，成员多是宗教科学方面的志同道合者。韦伯也在社里做过报告。——译者）里认识的，那天封·罗斯托恩做了一个关于古代中国宗教的报告。韦伯在给他妹妹的一封信里曾谈到1918年7月底在维也纳听的罗斯托恩的一场报告[①]。可能阿图·封·罗斯托恩这次借给他若干文稿，归还时韦伯在1918年7月16日的信中向封·罗斯托恩提了一些问题[②]。无法确定具体是封·罗斯托恩的哪些文稿（可能不是印刷品或尚未印刷的手稿）。

维也纳，7月16日
第8区—思廊达街15号

阁下：

　　附信奉还惠借文稿。兴之所至，拜读再三，受益极大。临行匆匆，未能拜谒求教，敬祈见原。承蒙不弃，拟冬日亲聆垂教。愚惑大致如下：

　　1.（全信只有这一个序号。——译者）第7页，西亚**篡位者**（新王朝的创建者）往往强调其超然出身——始创于阿喀得之萨尔贡，言其乃天意所至（合法性基础）。中国历代改朝君主是否也以天意为本？

　　第16页和第30页（农业制度）：阁下认为"井田制"（地分九份）乃史之使然而非士之发明，能否**举例明示**？又，能否肯定古代绝无大地主所有制？窃以为，系于**种姓制**的大**贵族**所有制曾靠荫护及依附农制统治印度，直到各邦始行管理与军队科层化以及随之而来的"民主化"，当不排斥**独特**的大地主家产，甚至对其有利。

[①] ［德］玛利亚娜·韦伯:《马克斯·韦伯传》第三版，蒂宾根：J. C. B. 莫尔（保罗·西贝克）出版社1984年版，第626页。

[②] 柏林埃里希·科希奥私人收藏；拷贝件存于慕尼黑马克斯·韦伯文献库。

阁下认为这些是否取决于转嫁国家负担之形式？其一是徭役和劳役及**受束缚**的占有制。其二是税收及**不受束缚**的占有制。王安石变法本质上是否试图用税收取代徭役，从而将军队与行政管理置于国家**货币**经济基础之上？又：战车消失于**何时**？为何种军制取代？在西方，**这**一变革后果极大。史书常常提到儒家治国实验，战国各国，秦国尤先，以中央集权治国，此系**儒家理性主义建树**？**其**建树莫非诸侯特有之治（而是仆役与义务兵之自我武装原则）？

还可穷究，暂问至此。阁下十一月若能恩赐寸金，我将去府上拜谒。再次感谢阁下文稿，清诲开塞，仰之弥高，谨申微意。敬候择日拨冗面命。

祗请钧安

马克斯·韦伯肃上

信里所说的"第 7 页"以及"第 16 页和第 30 页"指的是韦伯提到"文稿"的页数。不知道封·罗斯托恩的回音，也不知道韦伯提出的面谈是否进行了。不过，从后来完成的《儒教与道教》稿本来看，韦伯并没有修改以给封·罗斯托恩信中所提出的问题和观点上为基础的假设。①

1918 年 11 月底，韦伯前去法兰克福，准备在那里逗留几周，"按照法兰克福报编辑部的愿望给其政治建议"②，似乎直到那时他还没有完成对中国文稿的修改。证据是 1918 年 12 月 5 日给出版商的信：

我这些文稿还得从头到尾**通读**一遍。第一部分——中国——改动

---

① 韦伯坚持井田制是"半传说"的说法（参见本书第 154 页）。还有对古代地产（在《文库》发表时尚未提到）、战国时代的理性化（参见本书 124 页，在《文库》发表时尚未提到）以及王安石变法（参见本书第 157—160 页，在《文库》发表时尚未提到）的评价都没有背离信中的见解。

② ［德］玛利亚娜·韦伯：《马克斯·韦伯传》第三版，蒂宾根：J. C. B. 莫尔（保罗·西贝克）出版社 1984 年版，第 645 页。

极大，第二部分（印度）改动较小，第三部分（犹太）只做了校订。据我所知只有最后一部分正在排印，难道不是？再过八天，我从这里回海德堡，**随后立即投入工作**。①

就是说，韦伯到这时还没干多少；不过，压缩印度和犹太教文稿的决心却大大动摇了，西方基督教和伊斯兰教的研究就更谈不上了。

半年以后，1919年6月，韦伯迁往慕尼黑前一天，通知出版商要交的稿件，其中也包括《文集》（1919年6月20日信）。1919年8月底，他写信告诉出版商，尽管全力以赴，活儿还是干得很慢。对此，出版商8月28日和9月3日做了回复。玛利亚娜·韦伯在《马克斯·韦伯传》里也提到几封信，其中有：②

> 我现在开始修订"新教伦理"，准备付印，接着是"经济伦理"，接着是社会学……进度很慢——"新教伦理"和另一篇肯定能付印。

1919年9月11日从海德堡寄给出版商的信③。相当详细地描述了工作状况：

> "前言"还没写，不久将补上，"资本主义精神"手稿改写完了，八天里完成"教会与教派"。
>
> 然后就该《世界宗教的经济伦理》各篇了。**中国**（儒教）已经做了部分补充，但还需要几周才能干完。**印度**没改动，看完清样儿就可以付印了。**然后插一篇关于西方特殊发展的普遍基础的**，尚未动笔（有了腹稿）。然后是犹太教（只需通校一遍）。
>
> 《经济与社会》（社会经济学大纲）可以寄开头部分，但下面的必

---

① 莫尔·西贝克出版社文献库，上架号：BSB–慕尼黑，汇编第446号。

② ［德］玛利亚娜·韦伯：《马克斯·韦伯传》第三版，蒂宾根：J. C. B. 莫尔（保罗·西贝克）出版社1984年版，第676—677页。

③ 莫尔·西贝克出版社文献库，上架号：BSB–慕尼黑，汇编第446号。

须一审到底。

翌日，1919年9月12日，韦伯就寄出了完全"新写的关于**教派**的文稿"，预告"很快就寄《导论》（不长）"，指的显然是后来的"前言"。他接着写道：

> 然后："经济伦理"，像以前说得那样，**中国论文**要增加许多，用大量引文充实起来。

在这封信里，韦伯告诉人家，他9月21日（23日？——本文作者）前在海德堡，以后在慕尼黑。

几天以后，出版社9月18日和19日写信给韦伯，请他给这些文章写一个"作者自己刊登的出书广告"，登在该社出版的"绿皮书"《J. C. B. 莫尔（保罗·西贝克）出版社与H. 豪普书店新书预告》上。从出版社9月24日的信里可以看出，广告词当天就收到了，后来登在10月25日出刊的1919年第3期第11页上[①]。

这篇"作者自己刊登的出书广告"告诉我们一个出版方案：

> 《宗教社会学论文集》"目前已有两卷付印"，除了《新教伦理与资本主义精神》和《新教教派与资本主义精神》，还有已经发表过的《世界宗教的经济伦理》各篇。在《儒教与道教》和《印度教与佛教》之外，又增加了"埃及和美索布达米亚及琐罗亚斯德等宗教伦理的简单表述，重点是古代和中世纪欧洲市民阶层的发展史简述，旨在说明造成西方社会特点的历史根源"。"犹太教部分直到马加比时代"，增加了诗篇和约伯记。第三卷包括古基督教、塔木德犹太教、伊斯兰教和东方基督教，末卷讨论西方基督教。各卷探讨的问题都是：西方世界的

---

① 见出版社广告及韦伯起草广告的手迹复印件。原件藏莫尔·西贝克出版社文献库，上架号：BSB-慕尼黑，汇编第446号。

经济与社会特点建立在什么基础上、它是如何产生的，特别是它与宗教伦理起源的关系。①

增加部分"埃及和美索布达米亚及琐罗亚斯德等宗教伦理的简单表述"，第一次发表古犹太教时，韦伯只是把它抽了出来②，但并未放弃。旨在说明造成西方社会特点的历史根源的"古代和中世纪欧洲市民阶层的发展史简述"，最终没有落实。③关于"西方社会特点"的简述也有可能指韦伯1919年9月11日给出版社的信里提到的那篇"尚未动笔"但"有了腹稿"的"关于西方特殊发展的普遍基础"的文章。④因为最后提到的这一篇要插在印度论文与古犹太教论文中间，就更容易让人猜想，韦伯两处提到的都是同一篇文章。

玛利亚娜·韦伯为《宗教社会学论文集》第三卷写的序里称，马克斯·韦伯曾经想"通过分析诗篇和约伯记来扩充古犹太教，还想阐述塔木德犹太教……然后以早期基督教和伊斯兰教论文结束。这方面的准备工作早就完成了"⑤。——韦伯原来设想的包括古基督教、塔木德犹太教、伊斯兰教和东方基督教的第三卷以及讨论西方基督教的末卷，有的没写，有的没写完。1919年9月25日，韦伯从慕尼黑致函出版商，通知他：

估计插入文集里的部分总共有10个印张左右。（还有一些小的补

---

① 参见［德］沃尔夫冈·施卢赫特：《马克斯·韦伯的古代基督教观点——阐释与批判·马克斯·韦伯的宗教社会学——学说史重构》，第558—559页。
② 见本书第13页。
③ 于尔根·戴宁格认为，韦伯计划将1913/1914年间写成的关于城市的论文的草稿"作为从东方向西方过渡的形式"（戴宁格语）在《宗教社会学论文集》第二卷里发表。
④ 参见本书第17页。
⑤ "第三卷序"，《宗教社会学论文集》第三卷，蒂宾根：J. C. B. 莫尔（保罗·西贝克）出版社1921年版，第250页。

充,特别是**中国**部分)。[①]

"前言"手稿最迟到 1919 年 10 月初已经交给出版社,因为 1919 年 10 月 29 日(印厂当日章)出版社已将盖有"复校"戳记的"前言"拼版校样寄给韦伯。[②]1919 年 11 月 12 日,"前言"清样(所谓精校)盖上了印厂即日章,12 月 17 日有了新版《新教伦理与资本主义精神》和《新教教派与资本主义精神》全文校样。这两篇文章的精校直到 1920 年初才完成。鉴于《宗教社会学论文集》的出版准备工作进度很快,出版社也计划赞助出版《经济与社会》,就于 1919 年 10 月 21 日建议韦伯两部作品签一份出版合同。韦伯则向出版社表示,他近期寄不出手稿。在 1919 年 10 月 27 日(寄自"康拉德街 16 号雅菲家")的信[③]中,韦伯告诉出版社,因开课耗费精力过多,难以"持续写作"。

出版社早在 1919 年 11 月 3 日就拟好了一份关于修订《社会经济学大纲》中的"经济与社会"章和出版韦伯的著作《宗教社会学论文集》的合同草稿,1919 年 12 月 1 日,韦伯还是在草稿上写上修改愿望给出版社寄回去了,关于《宗教社会学论文集》,他的意见是应该"有 40 个印张"。[④]——由于不能立即交稿,韦伯 12 月 8 日通知出版社,他到圣诞节才有时间,然后是 2 月。实际上,韦伯直到 1920 年春天才在慕尼黑继续修订宗教社会学。1920 年 3 月 8 日,他写信给出版商:

> 您后天收到一包手稿(两部分全面校过的稿子已经给您寄出):
> "宗教社会学"……

---

① 莫尔·西贝克出版社文献库,上架号:BSB-慕尼黑,汇编第 446 号。
② 韦伯最后校对过的校样拼版原件作为私人收藏存在沃尔夫冈·J. 蒙森杜塞尔多夫家中。
③ 莫尔·西贝克出版社文献库,上架号:BSB-慕尼黑,汇编第 446 号。
④ 合同底稿收藏在莫尔·西贝克出版社文献库里,上架号:BSB-慕尼黑,汇编第 446 号。

在同一封信中，他表示歉意：

> 未能如愿在三周前寄出，我自己也**相当**不好受。无奈**数月**得不到有关中国的文献，作品**质量**到底是大事。①

这个通知，还有他 4 月中收到《儒教与道教》的头一份校样这个事实说明，韦伯确实是 1920 年初才最后一次修订中国论文的②。但准备工作早在 1916 年就开始了，在印度教论文中有不少改动字样。在谈到中国佛教时，他引用了德拉玛瑞的《明史》③（德拉玛瑞翻译的《御撰通鉴纲目·明史》），后来在修订《儒教与道教》里的佛教一节时又用过④。

1920 年 4 月 1 日，韦伯自慕尼黑湖街 3 号致函出版商：

> 今天寄出两大件宗教社会学
>
> 校对稿：一件宗教社会学

这里说的只能是部分保存下来的校订手稿的后面的部分⑤以及《导论》的校对稿，但也有可能是一部分《新教教派与资本主义精神》的精校。

这最后一部分修订手稿 1920 年 4 月中旬才寄给出版社。

以及《导论》的校对稿，但也有可能是一部分《新教教派与资本主义精神》的精校。

---

① 莫尔·西贝克出版社文献库，上架号：BSB-慕尼黑，汇编第 446 号。
② 我们得到了部分校订（在勘校资料中标为 A_1 本）的原件。参考本书第 26—27 页。
③ 《印度教与佛教》第 2 个版本，《宗教社会学论文集》第二卷，蒂宾根：J. C. B. 莫尔（保罗·西贝克）出版社 1921 年版，第 289 页。
④ 参见本书第 266 页注释②。
⑤ 参见后面的"文存与版本"。

1920年4月19日韦伯致函出版商：

"宗教社会学"，收到《儒教与道教》第1—92页校样。如可能，请立即续寄，即使**您那里把关的人还没审完**，也先寄来，我会在拼版**之后**考虑他的意见。我要看看是否没有任何**遗漏**，——看起来几乎没漏什么！今天收到儒教第111页后面校样，是第2段，接不下去，直到现在的版面里**找不到某些阐释**（关于村**族**和村**祠**的）。也许是我放到**后面**了。①

韦伯这里说的所收到的校样1—92页，指的是由印厂手写页码的儒教论文开始部分的一校校样。出版社显然按他的请求，火速寄来下面部分，有印厂发出当日章为证。韦伯1920年4月19日的信②证实收到了盖有印厂"1920年4月17日发出"章的第111—131页校样，不久收到了盖有印厂"1920年4月21日发出"章的第132—145页校样，随后是第146页以后的校样③。韦伯通读了111—131页校样，下一批132—145页还没到，虽然"92页后面的全没看到"，他还是在4月21日把看过的给出版社寄回去了。

在1920年4月21日的信里，韦伯请出版社把缺的手稿寄来，说"把关的先生可以在拼版复校样上一眼就看出来"④。

两天以后，1920年4月23日，韦伯收到了93—110页校样，他写给出版商的信里说：

一切对头，什么也没丢，多谢！儒教1—92页明天寄出，93—145页这些天已经校完，可以排版，给您寄去了。按此发排并校对，到圣

---

① 莫尔·西贝克出版社文献库，上架号：BSB-慕尼黑，汇编第446号。
② 莫尔·西贝克出版社文献库，上架号：BSB-慕尼黑，汇编第446号。
③ 第146—168页校样保存下来了，见本书第30页。
④ 1920年4月21日出版商的信。莫尔·西贝克出版社文献库，上架号：BSB-慕尼黑，汇编第446号。

灵降临节，这一卷就能排**完**，（所有手稿都在您手里了，除非您要再厚些，那就得从《印度教与佛教》里拿出来一些几乎**不用**修改的加进这一卷了。）《宗教社会学》第一卷以这部分**手稿**结束（大约32—33印张），不过我也无所谓。①

只有认为，韦伯4月21日就收到了怕丢了的93—110页，校对完了，与信里告诉出版商准备"校对儒教第二部分开头"并一起寄回去拼版，4月23日这封信才与4月21日信矛盾。几天以后，韦伯把"现在称之为《儒教与道教》"的1—73页校样寄给出版商，因为他还要再看一遍剩下的，即74—92页，那里面尚缺一段引文。②

1920年5月12日韦伯致函出版商，"杰出的最可信赖的先生"应该在校完社会经济学大纲第三印张以后"注明'作者准印'"，这里说的"最可信赖的先生"是退休神学家策勒长老，可能与其他信里提到的"把关的人"是同一个人。

这位把关人有可能也通读了拼版校样并且做了校对，不过韦伯在1920年5月30日给出版商的信中说，除了检验几个还没拼版的印张外，他已经"审完了《宗教社会学论文集》的全部校对"。不清楚的是，韦伯说的校对是否超出了《过渡研究》（见下面的信！）

后来别人在一张补充进校样上添上的日期1920年5月29日可能是正确的，因为1920年5月30日韦伯在前面说的从慕尼黑寄的信③里一如1920年4月23日的信里的态度一样，请出版商定夺是否扩充第一卷的篇幅：

友人尊鉴：
  我审完了《宗教社会学论文集》所有校对——除了检验几个还没

---

① 莫尔·西贝克出版社文献库，上架号：BSB–慕尼黑，汇编第446号。
② 信寄自慕尼黑，没有日期，出版社回信日期是1920年4月29日。莫尔·西贝克出版社文献库，上架号：BSB–慕尼黑，汇编第446号。
③ 莫尔·西贝克出版社文献库，上架号：BSB–慕尼黑，汇编第446号。

拼版的印张外。但我**看不出来**总共有多少印张，40、30，还是 35？第一卷恰到好处。如果您想做得特别**厚**，就是说**满满** 40 个印张，那就得从《印度教与佛教》里抽出一章来加进去。正好，前 5—6 个印张很快就审完了——与后面的正相反——**不需要"修改"**。请您定夺**是否**要加并通知我。因为按照**合同**，应该有 40 个印张**左右**。请您叫人**再算算**，第一卷**现在**有多厚了，给我个信。对我来说，怎么解决都行。

致友情问候！

马克斯·韦伯拜上

5 月底还没结束排版，但韦伯已经按照他的意思修改完了中国论文。早期版本和为《宗教社会学论文集》做的加工版本之间有个时差，这个时差也表现在韦伯的表达方式上，许多地方用过去时取代了原来选择的现在时。部分原因是 1912 年帝国结束，共和国建立，中国许多东西就显而易见属于过去了。时态的改变也表示了韦伯在他的论文里采取的保持距离的态度。因为韦伯在修改《文库》A 本时，即使与中国论文无关的事件，也用了过去时来描述。从某些修改可以明显看出，战争经历对韦伯意为着重大转折。1920 年才做的另一些修改，有的是韦伯做的，有的出自他人之手，例如把"今天也是"改成"最终才是"（参见本书第 196 页。）

第一卷付印时，韦伯计划继续修改《印度教与佛教》后面部分，或者对出版商表示有这种可能。

从 1920 年 6 月 4 日起，韦伯在患病的最后时日没在工作。[①] 6 月 14 日晚，韦伯在慕尼黑去世。他最后在校样上的改动，我们没有看到；对照印刷本和校样，可以看出有所改动，某些改动肯定出自玛利亚娜·韦伯和出版社"把关的人"之手。

---

① ［德］玛利亚娜·韦伯：《马克斯·韦伯传》第三版，蒂宾根：J. C. B. 莫尔（保罗·西贝克）出版社 1984 年版，第 710—711 页。

四、正文

1.《导论》

无法查明,《导论》①是什么时候写的。前面曾指出,在《社会经济学大纲》项目之内扩充《经济与社会》第一部分的写作计划,②早在《导论》第一个版本里就反映出来了。③最后版本(C本)的《导论》④与《社会科学与社会政治文库》里的《导论》(A本)相比("后来"改成"经常")⑤,只是更进一步修改的结果。不能想象,《导论》晚到1915年才写成。不过,玛利亚娜·韦伯在《马克斯·韦伯传》里凭记忆说:"他最后还是开始发表《儒教与道教》的片段,前面放了一个历史哲学的导论"⑥,这有可能暗示,韦伯1915年才写《导论》。一方面玛利亚娜·韦伯指出《过渡研究》早在战前就写完了⑦,另一方面《导论》和《过渡研究》之间有着千丝万缕的联系,这就使下面的可能性更接近事实了,即《导论》1913年就写成了,或者是临时性的,或者与1915年印刷本接近甚至一致。这一看法受到玛利亚娜·韦伯另一处说法的支持,当然也只是凭记忆说的:

> 《文库》1915年9月号开始登载《世界宗教的经济伦理》论文系列,一篇历史哲学的《导论》和儒教的前几章。这些阐释早在两年前就写好了。⑧

---

① 参见本书第39—73页。
② 全部写作计划参看[德]沃尔夫冈·施卢赫特:《马克斯·韦伯的宗教社会学——学说史重构》,见《马克斯·韦伯的古代基督教观点——阐释与批判》,美茵河畔法兰克福,苏尔坎普出版社1985年版,第557—558页。
③ 参见本书第4页。
④ 对各版本的说明见本书第28页以后。
⑤ 参见本书第58页。
⑥ [德]玛利亚娜·韦伯:《马克斯·韦伯传》第三版,蒂宾根:J. C. B. 莫尔(保罗·西贝克)出版社1984年版,第350页。
⑦ [德]玛利亚娜·韦伯:《马克斯·韦伯传》第三版,蒂宾根:J. C. B. 莫尔(保罗·西贝克)出版社1984年版,第561页。
⑧ [德]玛利亚娜·韦伯:《马克斯·韦伯传》第三版,蒂宾根:J. C. B. 莫尔(保罗·西贝克)出版社1984年版,第561页。

韦伯在《文库》本问世后显然做了某些修改与更正。在韦伯送给别人的单行本里在 A19 页上有韦伯的手迹，划掉了"穆斯林的"，在"以色列的"与"古基督教的"之间加了"和"。① 在这个单行本里还能找到"置于自己的官吏管理之下"（本书第 124 页）（《文库》本作"保持自己的官吏管理"。——译者）的改动。②

韦伯写《导论》时，似乎印度教与佛教大部分论文已经写好了；证据是，这里提起的热爱黑天的性欲与半性欲的狂欢③，正是印度教论文中谈到的。④

2.《儒教与道教》

儒教与道教论文最初发表时的题目只是"儒教"，《宗教社会学论文集》里的《儒教与道教》论文比《文库》发表的版本有很大扩充。韦伯在一个脚注里写了两个版本之间的关系：

> 在目前出版的这部论文集中，除改正了一些小的疏漏外，我还尽量去克服描述方面，特别是对中国社会情况的描述方面的严重缺陷，修改到一个外行在供他使用的资料的基础上所能做到的最好程度，同时补充了某些原始引文。⑤

显然 1913 年就有了第一个版本⑥；可以肯定，"儒教"的文库本 1915 年付印时，不仅已经有了印度教论文第一稿，而且有了古犹太教

---

① 参见本书第 59 页。
② 单行本存于慕尼黑马克斯·韦伯文献库。
③ 参见本书第 52 页。
④ 《宗教社会学论文集》第二卷，蒂宾根：J. C. B. 莫尔（保罗·西贝克）出版社 1921 年版，第 198 页。
⑤ 参见本书第 39 页脚注①。
⑥ 参见本书第 6 页。标题二、世界宗教经济伦理项目的执行——"儒教与道教"研究及下面韦伯信所在页。

的，估计1914年就有了；证据是一面是以色列人的神，一面是中国的上苍权力的比较性论述（参见本书第99—101页）以及其他中国与以色列的比较。① 时态使用上从现在时到过去时的变化不能证明韦伯在1911年帝制被推翻之前就写下某些部分了。说韦伯没有一直注意中国的现实变化，倒是更近情理。只有这样才能解释他在1919年增订版里说的（B1本第120页）："形式上礼部尚书权倾天下，实际上吏部尚书（冢宰）今天也是中国的铁腕人物。"② 在1920年的终极版本里，或许是"把关人"③ 在排版时改正成了："形式上礼部尚书权倾天下，实际上吏部尚书（冢宰）最终才是中国的铁腕人物。"④ 韦伯生命的最后几个月里，《宗教社会学论文集》完成了，他没来得及平心静气把他修订的《儒教与道教》作为整体通读一遍，只部分删除了A本353以后几页⑤的某些段落，换个地方又重复出现⑥。

在后来增补的C本中，标题为"结论：儒教与清教"的第Ⅷ章在1915年的第一个版本里已经有了作为总结的第Ⅵ章。在那里韦伯还提到他观察的结果，有可能正是这种结果促使他把儒教论文放在开头：

> 与儒教伦理对待地上事物的不偏不倚的立场极度对立的是，清教伦理把这些放进了对"世界"的强烈、庄严的紧张关系中……正如我们已经看到的，那种把对现世的紧张关系……减少到最低限度的（意图上的）理性伦理，就是儒教。⑦

---

① 参见本书第98页。
② 参见《马克斯·韦伯全集》第一部分第19卷，蒂宾根：J.C.B.莫尔（保罗·西贝克）出版社1989年版，第301页。
③ 关于这位"把关人"，见本书第22页。
④ 参见本书第196页。
⑤ 参见本书第277页。
⑥ 参见本书第298页。
⑦ 参见本书第296页。

3.《过渡研究》

在《过渡研究》中,针对1915年本标题"宗教拒世的阶段与方向",韦伯在1920年本标题里加了"(的)理论"[1]。这一篇担当起韦伯《世界宗教的经济伦理》第二篇巨著《印度教与佛教》的导论的角色。[2]仅仅出自对各卷篇幅的考虑,这一篇才被收进《宗教社会学论文集》第一卷。另外,《过渡研究》与《导论》就像合页一样,把《宗教社会学论文集》和《经济与社会》从外到内都链接起来。[3]

沃尔夫冈·施卢赫特查出《过渡研究》与《经济与社会》题为"宗教伦理与俗世"的宗教社会学章相似,这一章包括"解脱之路及其对生活方式的影响"和"文化宗教与俗世"两篇研究成果[4]。第一个流传下来的《过渡研究》的版本发表在《社会科学与社会政治文库》1915年11月号上,题目是"宗教拒世的阶段与方向",这一篇的构想"在时间上显然与'宗教伦理与俗世'十分接近"[5]。

文存与版本

一、文存与文字鉴定

1. 版本 A

手稿无存。论文以"世界宗教的经济伦理·宗教社会学概述"和"世界宗教的经济伦理(续篇)"为题,分两次发表在《社会科学与社会政治文库》第41卷第一册(9月号,1915年10月14日出刊)

---

[1] 参见本书第315页。

[2] 参见《马克斯·韦伯全集》第一部分第20卷,蒂宾根:J. C. B. 莫尔(西贝克)出版社。

[3] 参见[德]沃尔夫冈·施卢赫特:《遁世的解脱追求与有机社会伦理——马克斯·韦伯印度文化宗教分析考》,见该作者主编的《马克斯·韦伯的印度教与佛教研究——阐释与批判》,美茵河畔法兰克福,苏尔坎普出版社1984年版,第13页。(下面该书引文简称施卢赫特,印度教。)

[4] 施卢赫特,印度教,第12页。关于《经济与社会》和《过渡研究》的这个相似部分,还可参见本书第5页。

[5] 施卢赫特,印度教,第12页。

第 1—87 页和第二卷第一册（11 月号，1915 年 12 月 23 日出刊）第 335—421 页。①

2. A_1 本

在 A 本出版以后、《宗教社会学论文集》[C 本（即本书翻译依据的 1921 年本。——译者）] 付印之前，有一部分修订手迹保存下来了，它们可能出自 1919／1920 冬季学期和 1920 年春天，1920 年印的《儒教与道教》和《过渡研究》即以此为本。

这里说的修订稿是手写修改和补充的已经用线装钉起来又拆成散页的 A 本以及补充插入的手稿页。A_1 本下面页数取自文库或插入：

《文库》第 41 卷第 1 册有：

第 73—87 页，② 上面注明插入的第 78a 和 78aa 页两页没有保留下来。

《文库》第 41 卷第 2 册有：

第 335—340 页

补入第 340 页：

第 340a、340b 页（2 页补充手稿）

第 341—347 页

补入第 347 页：

第 347／1—347／7 页（7 页补充手稿）

第 348—349 页

补入第 349 页：

3 页补充手稿，无页码（只写着"补第 349 页"）

第 350—354 页

第 359 页（删除，第 360 页背面）

第 360—369 页

补入第 369 页：

---

① 参见 J. C. B. 莫尔（保罗·西贝克）出版社与蒂宾根 H. 豪普书店 1915 年 1 月 1 日—12 月 31 日出版报告，第 4 页。

② 原件作为私人收藏存在沃尔夫冈·J. 蒙森杜塞尔多夫家中。

第 369a—d 页（4 页补充手稿）

第 370—372 页

第 371 页（删除，第 372 页背面）

第 372—375 页

补入第 375 页：

第 353—354 页（=手书第 375a 页）

第 355—356 页（=手书第 $375a^2$ 页）

第 357—358 页（=手书第 $375a^3$ 页）

第 359—360 页（=手书第 $375a^4$ 页）

第 $375a^5$ 页（1 整印张补充手稿）

第 376—386[①] 页

《文库》第 41 卷第 2 册（《过渡研究》）有：

第 387—421 页，第 387 页左上角韦伯手书：

马克斯·韦伯，宗教社会学卷终[②]

这最后一部分修订手稿 1920 年 4 月中旬才寄给出版社。

3. 校样 B 及其校对过的校样 B_1

A 本校订手迹有一部分以校样（B）的形式流传下来。这里说的是尚未拼版的**手填**页码的校样，上面有韦伯校对的手迹（B_1）。缩略语 B 表示校对前的校样，B_1 表示校对过的校样。这些校样的文字与下面几章一致："第五章士等级"、"第六章儒教的处世之道"以及"第七章正统与异端（道教）"开头部分：[③]

第 111—131 页盖有印厂出厂章 1920 年 4 月 17 日；

第 132—145 页盖有印厂出厂章 1920 年 4 月 21 日；

第 146—168 页盖有印厂出厂章 1920 年 4 月 27 日；

---

① 原件作为私人收藏存在沃尔夫冈·J. 蒙森杜塞尔多夫家中。

② 这一部分修订手迹存在文献库里，上架号：BSB—慕尼黑，汇编第 446 号。

③ 见韦伯 1920 年 4 月 21 日给出版商保罗·西贝克的信。

第 256 页无印厂出厂章（无校对），与后面第 298—299 页吻合。

现存的韦伯注释校样里没有改动，这些是第ⅩⅩⅢ—ⅩⅩⅦ页、第ⅩⅩⅨ页和第ⅩⅩⅩ页。中间并无缺页，第ⅩⅩⅧ页缺，是因为数错了；第ⅩⅩⅨ与第ⅩⅩⅦ页衔接无间隙。

这些校样都没盖印厂出厂章。因为大部分正文的注释都在存留的校样上，这些注释也是其中一部分，故出厂日期应与其一致。它们属于校样 B111—131、B132—145 以及 B146—168 的一部分；与后面第Ⅴ章和第Ⅵ章的注释一致，最后两个注释除外。

因为校样 B 是按校订手迹排的，就产生了 A₁ 与 B 本里都有的文字之间的对照。B 本中韦伯的校对（B₁）一部分是异文，又改回 A₁ 里的正字。A₁ 很多页边填上了校样 B 和 B₁ 的页数，这也说明这些校样与校订手迹 A₁ 对照过。

《宗教社会学论文集》第一卷献词页的校样上用铅笔加引号写着"至白头"，这一页与《过渡研究》正文密切相关，上面盖有 1920 年 7 月 2 日印厂出厂章。①

另外还有一页保存实力的手填页码的拼版校样，（手写的"266"），该页附有两页手写的补充。② 第 1 页上有外人用铅笔注明："第 1 稿，未付印"，第 2 页上有页码 266a，左下角用同一字体注明："第 2 稿"，左上角有玛利亚娜·韦伯用墨水写的"1920 年 5 月 29 日？"两页纸上都有"至白头"，几个字出现在献词页上稍有不同。

---

① 《宗教社会学论文集》第二卷献词页上的文字是：
玛利亚娜·韦伯
1893 年 "至白头"
1920 年 6 月 7 日
1893 年玛利亚娜·韦伯与马克斯·韦伯结婚那年。1920 年 6 月 24 日韦伯去世。

② 手稿存于莫尔·西贝克出版社文献库，上架号：BSB-慕尼黑，汇编第 446 号，OM14。

4. 版本 C

以"Ⅲ. 世界宗教的经济伦理·比较宗教社会学初探"为题，收入《宗教社会学论文集》第一卷［蒂宾根：J. C. B. 莫尔（保罗·西贝克）出版社1920年版］第237—573页的文字是最后版本，即版本C。这个版本1920年10月10日问世，1920年11月4日德国图书贸易报发布。① 这个版本是付印的依据。A本、A_1本、B本及B_1本的偏差全都收在正文下面的评注里。［指《马克斯·韦伯全集》第一部分第19卷（儒道卷）。——译者］

保存下来用于出版的文本一览

（各文本的页码系韦伯全集儒道卷的页码。——译者）

A	A_1	BB_1	C
导论			
83—122	—	—	83—127
124—127			
儒教与道教 Ⅰ. 社会学基础：A. 城市、君侯与神			
128—132	—	—	128—179
148—154			
158—163			
167—170			
172—174			
176—179			
第Ⅱ章　社会学基础：B. 封建俸禄国家			
180—181	—	—	180—226

---

① 参见1920年10月16日蒂宾根J. C. B. 莫尔（保罗·西贝克）出版社1920年，第Ⅷ号通函。还有1920年11月4日刊行的莱比锡德国图书贸易每周新书和即将出版的新书索引第45期。

续表

A	A₁	BB₁	C
187			
194—195			
200—205			
207—208			
210—212			
第Ⅲ章 社会学基础：C. 行政管理与农业制度			
254—255	—	—	227—255
第Ⅳ章 社会学基础：D. 自治、法律与资本主义			
256—259	—	—	256—284
263—266			
268—269			
271—284			
第Ⅴ章 士等级			
258	—	285—331	285—331
293—298			
302—309			
311—314			
317			
320—326			
第Ⅵ章 儒教的处世之道			
332—348	340—348	332—369	332—369
350—352	350—362		
第Ⅶ章 正统与异端（道教）			
370—377	370—449	370—375	370—449
383—392			
408—411			

续表

A	A₁	BB₁	C
第Ⅶ章　正统与异端（道教）			
414—421			
424—438			
446—449			
第Ⅷ章　结论：儒教与清教			
450—454	450—478	—	450—478
455—463			
464—478			
过渡研究：宗教拒世的阶段与方向理论			
479—522	479—522	—	479—522

《儒教与道教》论文中有一部分文字（A 本和 A₁ 第 73 页以后、B 本和 B₁ 第 146 页以后、C 本第 346 页以后）既在 A 本和 A₁ 中，也在 B 本和 B₁ 中保存下来，由此可以更好地理解各个修订阶段之间的关系。B 对 A 本和 A₁ 本的某些改动，比如"西方"的写法从拉丁语的改成了德语的，还有变音改成了上面加两点（例如 Ä 代替了 Ae、Ü 代替了 Ue），估计这些不是韦伯改的，而是排字工改的。A 和 A₁ 本中的官僚一词从 Bürokratie 改成 Buerokratie，却是韦伯要求的。

C 本与保存下来的有韦伯校对手迹的校样（B₁）的偏差表明，至少后面还有一个改动，可能在拼版校样里校出来的。有的改动韦伯后来又加了工，比如本书第 292 页：

A369	手校稿 A₁369	B本改动结果，B₁保留下来，C509
儒士的官僚体制通过暴力和神灵信仰的号召，事实上成功地把教派限制在适当的范围内，防止燎原。	儒士的官僚体制通过暴力和神灵信仰的号召，果然成功地把教派限制在适当的范围内，防止燎原。	儒士的官僚体制通过暴力和神灵信仰的号召，在很大程度上成功地把教派限制在适当的范围内，防止燎原。

B₁中的改动，排字工似乎没改清楚，有的地方根本没改。也许是下次校的时候又改回去了。如果是后面一种情形，就是说，韦伯在肯定还有的校对里没有对排字工的偏差提出指责。比如有些地方B本与C本一致，但B₁却不一样，就能说明韦伯默认了排字工的做法。

从加工手稿A₁中还可以看出，韦伯最初试图按照他信得过的人注的音标来拼写中国字和中国名字，后来的校样中有不少拼写改动。① 某些拼法可能是由韦伯称之为把关人的在出版社工作的策勒长老最后改定的。②

二、韦伯的语言习惯

韦伯的时间界定往往非常泛，只能是个大概，通常无法细究。例如"奴隶制时期的莫斯科"（本书第91页）、"古罗马"（本书第80页）、"埃及托勒密王朝时期"（本书第80页）、"蒙古人统治"时期（本书第85页）、"都铎王朝时代"（本书第93页）、"战国时代的中国"（例如本书第144页，这个说法经常出现）、"封建时代"（例如本书第146页，这个说法经常出现）、"各封建国家实际上完全独立的时代"（例如本书第119页）、"19世纪的黑人大帝国"③（例如本书第113页）、埃及"古代帝国"（例如本书第118页）、"利奥波德统治下的奥地利"（例如本

---

① 参见后面马克斯·韦伯的中文拼写与版本考据。
② 参见本书第36—37页。
③ 指非洲殖民地。

书第 122 页）。

韦伯对资料来源也是泛泛一指，爱用"根据编年史"、"根据传说"、"古代笔记里"或"古代文献里"一类说法。具体源出哪部著作，要查韦伯的注释。除此之外，我们尽量指出详细出处。

韦伯使用的大部分著作都是严谨的学说著作，但有两部是伪著，只是当时还没有人辨出。J. O. P. 布兰德和埃德蒙德·巴克豪斯主编的《西太后统治下的中国》（参见本书第 214 页）立足于伪资料。埃德蒙德·巴克豪斯称之为他的发现的"中文资料"其实是他自己写的或让别人写的，有的是依据已经发表的文献，有的则纯系编造。巴克豪斯翻译的"文献"又被 J. O. P. 布兰德润色。埃德蒙德·巴克豪斯爵士的生平与伪造成为休·特里沃－罗波尔的研究对象，罗著题为《北京隐士——埃德蒙德·巴克豪斯爵士的隐秘生活》。特里沃－罗波尔在他的论著（第 236 页）中指出：在美国发表的李鸿章回忆录问世不久就被揭穿其伪作面目，韦伯使用了回忆录的德译本。①

三、马克斯·韦伯的中文拼写

在研究过程中，马克斯·韦伯必须面对大量中文拼写，其中一部分相当纷乱。在校订的各个阶段他对拼写没有坚持一贯，经常模棱两可。起初他一般来说还是按照文献中的拼法来写，这点可以从手改修订本 A_1 看出来，到了 C 本里，拼写就常常从简了，可能是为了简便德语发音。由于排字工很难分辨韦伯手写的拼法，又增加了排版的难度。这么一来，韦伯手写的拼法就被大量"歪曲"了，后来又被韦伯和出版社的"把关人"改正过来，后者改得更多，但也有一部分没改。

文献主要是英语和法语的，韦伯和"把关人"在改成德文拼写时尽管没有持之以恒，但还是遵照下面的原则：

① 根本不带撇，例如天、田、典拼作 tien，而非 t'ien。

---

① 哈根（Hagen M.v.）（编译）：《李鸿章回忆录》，柏林，卡尔·西基斯蒙德出版社 1915 年版。

② sh 写成 sch，上帝写作 Schang-ti 而非 Shang-ti，但神 shen 和社 she 没有全改过来。

③ hs 写作 h，例如孝＝hiao，但"活卖"仍作 hsiao mai，经常出现的县仍作 hsin。

④ Ch 写作 Tsch，例如周礼写作 Tschou-li 而非 Chou-li。

⑤ ou 写作 u（从法文转来），例如布帛写作 pu po，而非 pou po，"侯"写作 heu 而非 heou。

特别提起注意的是，武字在法文中拼作 ou，出于不知，把 Ou 拼成了 U。

四、版本考据注解

（本节涉及韦伯全集儒道卷注解格式，略。——译者）

五、评论

在指出韦伯关于世界宗教经济伦理的其他论文《印度教与佛教》、《古犹太教》、《新教伦理与资本主义精神》以及《新教教派与资本主义精神》的时候，只要韦伯没有强调当年的文库本，就都是指《宗教社会学论文集》里的最终版本。

因为韦伯自己没有使用中文原文，而是依据二手资料和译文，所以指出这种二手出处，当然也只能指出可能指出的。有几处提到詹姆斯·理雅各主编的《中国经典》，指出了卷数和页数。涉及引文时则指出韦伯引用的译文的章节。中文表达往往不在当页注释，而是放到词汇表里（韦伯全集儒道卷后面有一个难词注释表，因对中国读者意义不大，本书未收入。——译者）。

只有在韦伯没有明确给出文献出处的地方，才做了补充和矫正。其余全放在书后"韦伯引用文献索引"内。韦伯在论述时指出依据的文献，但有些地方只是推测，评注仅仅试图在这些语焉不详之处加一些注释和说明，以利于理解文意，使读者不至于转向。一般不在韦伯使用的文献之外提供与课题有关的别的信息或文献，尤其不着眼新的研究成果来评论韦伯的课题和问题。这样做不仅超出了版本考据的框架,而且指出的新成果不久也会被超越,因为韦伯触及的所有核心课题的研究状况都在不断改变中。对明显的事实错误自然要指出来,但是,所有在专业界尚无共识的问题,一概原封不动,对韦伯评价的相当复杂的个别情形也不予置评。

到此,这里考据的论著层次已经一目了然,但不能由此说更好地理解了韦伯著作的内部联系,尤其不能由此肯定韦伯其他晚期著作的先后顺序,只能放弃做这类结论的尝试。

根据《马克斯·韦伯全集》的出版原则,只有在特殊情况下才能动原文,所以一开始就放弃了统一韦伯使用的拼写,尤其是中文拼写,这个难题只好留在书后的难词表里解决。

各朝代的起始和政期,以香港大学出版社1960年版董作宾主编的《中国历史年表》上下卷为准。公元前841年以前的年代不确切。①

---

① 参见本书第151页韦伯的脚注①。

导论：
世界宗教的经济伦理——
比较宗教社会学初探*

* 本书分别发表在雅菲的《社会科学文献》第41—46卷（1915—1919）上；第1部分仍是两年前抄正后对友人宣读时那样，未做任何改动。由于服役（1914年8月2日，第一次世界大战爆发后第二天，韦伯作为后备见习少尉到海德堡驻军指挥部自愿报名，被任命为海德堡后备野战医院管理委员会军事成员。1915年9月30日野战医院管委会被解散，韦伯如愿被解除军职。参见"版本考据"。——译者），当时不可能按照意愿附上学术"参考资料"，仅在各篇开头做了简短的文献指示；而对各方面的处理，详简不一的原因也在于此。尽管这样，当时还是将这些文章付印了，理由是，在那场对每一个人来说都意味着是一个生活时代的战争结束以后，好像不可能再回到从前的思想上去了。当时还有个规定：这些文章要和《社会经济学大纲》中包含的关于《经济与社会》的论文同时发表，解释并补充其中有关宗教社会学的那一章（当然，它们在许多方面也会通过这一章得到解释的）。即使是当时的样子，这些文章看来也能胜任这个任务。它们那种素描式的特征是不得已而造成的，对内在价值的论述也详略不均，将来别人的研究工作肯定会比我们能做到的要好得多。笔者在写这些论文时，使用的资料都是翻译过来的，所以，即使在已经完成的形式上，这些论文也永远不能奢望成为任何一种"终结"性的东西。就现在的形式来说，它们也许能对宗教社会学的课题有所补益，对经济社会学的课题可能也有点用处。在目前出版的这部论文集中，除改正了一些小的疏漏外，我还尽量去克服描述方面，特别是对中国社会情况的描述方面的严重缺陷，修改到一个外行在供他使用的资料的基础上所能做到的最好程度，同时补充了某些原始引文。

这里所说的"世界宗教",用完全价值无涉①的方式来理解,就是最能把为数极多的信徒吸引到自己周围的那五种宗教的或受宗教制约的生活准则系统:儒教的、印度教的、佛教的、基督教的、伊斯兰教的伦理。此外,还要加上第六种需要一并研究的宗教,即犹太教,这既是由于它包含理解最后提到的两种世界宗教的重要历史前提,也是由于它对于发展近年来一再讨论的西方近代经济伦理②具有特殊历史意义。说到意义,其中一部分确定如此,而一部分则似是而非。其他宗教,只在对于历史联系不可缺少时才予以考虑。关于基督教,首先要涉及收在这个集子之首的从前发表过的两篇论文③,以后的研究要以这两篇的知识为前提。

我希望,通过叙述本身能逐渐说清楚,究竟什么是一种宗教的"经济伦理"。我们要研究的并非仅仅是作为一种(在某些情况下当然也是十分重要的)认识手段的神学大纲式的伦理理论,而是扎根于各种宗教的心理与实际联系中的**行动的实际动力**。下面的叙述尽管十分简略,却让人认识到:经济伦理往往是十分复杂的东西,受到多方面的限定;另外,我们也会看到,表面上相似的经济组织形式与一种极不相同的经济伦理结合起来,就会按照各自的特点产生出极不相同的历史作用。经济伦理不是经济组织形式的简单的"因变量",同样,经济伦理也不是反过来从自己一方去塑造经济组织形式。

从来没有一种经济伦理只取决于宗教。相对于一切由宗教的或者别的(就宗教而言的:)"内在"因素所决定的人对世界的看法来说,

---

① 价值无涉,是韦伯倡导的一种社会科学研究方法的准则,要求研究人员在进行研究时,不能带任何价值取向,学术研究只解决"是什么"的问题,不解决"应当是什么"的问题。——译注(本书未特殊标识者均为译注)

② 韦伯此处主要指维尔纳·桑巴特的两部著作:《19 世纪的德国国民经济学》(19 世纪德国经济发展卷 7),柏林 G. Bondi 出版社 1903 年版;《犹太人与经济生活》,莱比锡 Duncker & Humblot 出版社 1911 年版。

③ 指收在 M. 韦伯的《宗教社会学论文集》第 1 卷开头的《新教伦理与资本主义精神》和《新教教派与资本主义精神》。

经济伦理显然有一种在最高程度上由经济地理的与历史的现实决定的纯属固有规律性的标准。诚然，生活方式的宗教定规也是经济伦理的诸因子之一——请注意：仅仅是**之一**。但是，宗教的这种定规本身，在现有的地理、政治、社会和民族的界限内自然又受到了经济与政治因素的深刻影响。要想详尽具体地展示这些依附关系，无异于把船驶向无垠的大海。因此，本书的解释仅仅是一种尝试，目的在于——剖析那些对有关的宗教的实际伦理影响最大并形成了这门宗教独特的——这里指的是把它同其他宗教区别开来，但同时对于经济伦理又十分重要的——性质的社会**阶层**生活方式的定向因素。毫无疑问，这样的社会阶层不能总是同一个阶层。在历史的进程中，那种所谓的权威阶层也是可以变换的。任何个别阶层的权威影响从来都无排他性。但是，对于每一种现存的宗教来说，往往都能确定这样一些阶层：它们的生活方式至少曾经特别有影响，并起过支配作用。我们先举几个这样的例子。儒教是受过传统经典教育的世俗理性主义的食俸禄阶层的等级伦理。不属于这个**教育**阶层的人都不算数。这个阶层的宗教的（您要愿意，也可以说是非宗教的）等级伦理的影响，远远超出了这个阶层本身，它规定了中国人的生活方式。早期印度教则与此相反，是由一个受过传统经典教育的人的世袭种姓作为代表，这些人什么官也不当，以个人或团体的礼仪牧师的身份来发挥作用，并且作为等级划分的坚定的定向中心点而塑造社会秩序。只有受过吠陀①教育的婆罗门②被视为完美的宗教等级传统的体现者。后来才出现了一个与之抗衡的非婆罗门苦行僧阶层，再往后，到了印度中世纪，印度教中出现了平民秘传教徒③下层对救世主的热诚而神圣的信仰。——佛教的宣

---

① 梵文 veda 的音译，婆罗门教和印度教最古老的经典，约在公元前 2000—前 1000 年成书。

② 梵文 brahmana 的音译，意为"清净"，婆罗门教和印度教称之为"人间之神"，印度的第一种姓，印度一切知识的垄断者。

③ 秘传宗教的成员，需经严密挑选、考验，被接纳后还需行秘密入会礼，然后才能聆听秘密的教义、教规，参加秘密举行的仪式，且皆不得外传。

传者是离乡背井、严格内省、看破红尘的托钵和尚。从完整的意义上说，只有他们才是佛门弟子，别的一切人都是宗教价值不高的俗人：是客体而非信仰的主体。——伊斯兰教最初是征服世界的武夫们的宗教，一个由有纪律的、为信仰而战的斗士组成的骑士团的宗教，它不像十字军时代模仿基督教那样禁欲。在伊斯兰教的中世纪，内省—神秘的苏非派①以及由此发展而来的小市民阶级的修道团体，效仿基督教修士们，不过较之有了远为广泛的发展，在纵欲的平民手艺人的领导下，扮演了至少也能同武夫们较量的角色。——犹太教从流亡时期就是一种市民的"贱民"的宗教，以后，我们会认识这种表达在那个时代的精确含义②的，到了中世纪，落入了这个民族特有的受过文学和宗教仪式训练的知识分子阶层的领导下，这个阶层代表着一个日益贫民化的理性主义的小市民知识界。最后，基督教作为流动拜师的手工学徒们的教义开始了它的发展进程。它在自己的外部和内部发展的所有时期中一直是城市特有的宗教，主要是市民的宗教，在古代是这样，在中世纪和清教中也是这样。与其他一切城市都不同的西方城市和仅仅在世界上这个地方出现的市民阶级是基督教的主要舞台，对于古代圣灵式的教区虔敬是这样，对于中世纪晚期的托钵修会③和宗

---

① 伊斯兰教的神秘主义派别，产生于7世纪末期，一方面以《古兰经》的某些经文为依据，另一方面又接受了新柏拉图主义、印度瑜伽派等外来思想。初期阶段的主要特征为守贫。8世纪中叶进入第二阶段，以神秘主义为特征，奉行内心修炼、冥想以致与安拉合一。11世纪发展为第三阶段，纳入伊斯兰教正统教义。

② 关于"贱民"这个概念，韦伯在《印度教与佛教》里定义为："贱民这个词的特殊含义，不应简单理解为从某种狭隘的共同体立场出发所说的'怪异的'、'蛮夷的'或者'着了邪魔'的劳力者部族，而仅仅指全部意义上或重点上的**客籍**民族。"

③ 托钵修会，亦称"乞食修会"，天主教修会之一。13世纪有方济各会、多明我会、加尔默罗会、奥斯定会；15世纪又有增加。初期规定不置恒产，会士以托钵乞食为生，因得此名。它们渗入社会各阶层，在各地会长之上还有省会长和总会长，总会长直属于教皇。

改革时期的诸教派,直至虔信派① 和卫理公会② 也都是这样。

下面要讲的命题绝不是主张:一种宗教信仰的特性是生动地体现这种特性的那个阶层的社会状况的简单因变量,是其意识形态以及物质的或观念的利益状况的反映。相反,几乎没有什么能比这样的解释更彻底地误解我们讨论的立场了。不管由经济和政治规定的对具体的宗教伦理的社会影响多么深刻,这种伦理的特征最初还是来自宗教的本源,主要来自它自己宣布和预言的内容。到了下一代人,这些内容常常被彻底重新解释一番,因为要适合全体信徒的需要,又往往主要是**宗教**需要,然后,别的利益领域才能发挥作用,当然,这些作用往往相当有力,有时甚至还是起决定性作用的。我们确信,虽然社会支配阶层的变化对于各种宗教往往都有深刻的意义,但是,另一方面,一种宗教一旦定了型,也总会对截然不同的阶层的生活方式产生相当深远的影响。

人们曾试图这样解释宗教伦理同各种利益状况之间的关系,结果,前者似乎成了后者的一种"因变量"。这种解释不仅是所谓的历史唯物主义的(这里不做讨论),而且是纯粹心理学的③宗教伦理的一种十分普遍的、有几分抽象的阶级限制可能是由"愤世"理论派生出来的,这种理论从弗·尼采那光辉夺目的论文④问世后即名声大噪,从那时

---

① 虔信派:德国路德教的教派之一,始于17世纪中叶,初期的小组自称"虔信团契",因得此名。反对死板地恪守宗教教条,主张内心虔诚,拥护路德教的两大改革:讲道的重点不应放在教义上,而应该放在道德上;唯有生活上堪称虔诚表率者才可担任路德教的牧师。

② 卫理公会,基督教新教卫斯理宗教教派之一。美国独立以后,美国卫斯理派的教徒脱离圣公会而组成的独立的教会。

③ 关于当时的宗教心理学学派,参见施勒与查纳克主编的5卷本《历史上的与当代的宗教》,J. C. B. 莫尔(保罗·西贝克)出版社1909—1913年版,第4卷第2209页以后的《宗教心理学》一文。

④ 即《道德谱系论战》第一篇"善与恶,好与坏"里谈及奴隶起义的第十章。

起，心理学家们也开始刻意研究^①它了。如果说，对怜悯与博爱的伦理神化是被亏待的人——无论是先天不足的，还是后天不济的人——的一次伦理的"奴隶起义"，也就是说，义务伦理是被诅咒去干活、挣钱的粗人反对无拘无束地生活的统治阶层的一种由于软弱无力而被压抑的报复感情的产物，那么，这显然给宗教伦理类型学中最重要的问题作出了最简单的解答。可是，对愤世本身的心理学意义的发现十分幸运，成果十分丰硕，那么在评价愤世的社会效果时也就要求十分谨慎。

关于决定生活方式本身的形形色色的伦理"理性化"的动机，以后还要反复讲。在多数情形下，生活方式与愤世毫无关系。

宗教伦理中对苦难的评价无疑经历了某种典型的变迁。正确地讲，这种变迁说明尼采最先奉行的理论有某种正当性。对待苦难的原始立场最初主要形象地表现为共同体在宗教庆祝活动中如何对待那些受疾病或别的不幸事故造成的被伤痛折磨的人。长期痛苦和悲伤的人、慢性病人以及别的不幸的人，就其苦难的种类看，不是魔鬼附身，就是他侮辱过的某位神灵的愤怒压着他。容忍他在他们中间，会给迷信共同体带来祸害，无论如何，不准他参加祭祀宴席和献祭品。因为他的样子令神灵不快，会激怒神灵。祭祀宴席是喜庆人的天地——即使在耶路撒冷被围困时也是这样。

宗教把**苦难**当作被神厌恶的征兆和隐秘的罪过，这就从心理学上迎合了一种极其普遍的需要。有福之人很少满足于他有福这个事实，他还另有一种需要：还要这方面的**权利**。他愿意相信，这也是他"应得的"，尤其是：与别人比较，他该有福。而且，他也愿意能让他相信：福浅的人由于没有相同的福分，同样只能得到自己应得的东西。福，也愿意"名正言顺"。如果把"福"这个一般性的表达理解为一切荣誉、权势、占有、享受之类的财富，那么，这就是宗教要为一切统

---

① 韦伯此处指的可能是路德维希·克拉格，克氏在《性格学原理》一书中援引了尼采的愤世理论。参见克拉格斯:《性格学原理》，莱比锡，J. A. Barth 出版社 1910 年版，第 9—13 页。同时韦伯可能也指马克斯·舍勒的《论愤世与道德的价值判断》（莱比锡，Willhelm Engelmann 出版社 1912 年版）及《现象学与同情理论》（哈勒，Max Niemeyer 出版社 1913 年版）。

治者、占有者、胜利者、健康者，简言之：一切有福之人效劳的最普遍的公式，即幸福的神义论。①这种神义论扎根于人的最强烈的（"法利赛人的"②）需求中，因此很好理解，即使它的作用常常得不到足够的重视。

反之，使这种立场幡然改变的路，对苦难进行宗教神化的路，却比较崎岖。苦修苦练既节制正常的营养和睡眠，也禁绝房事，这种种形式唤起或保护了心醉神迷的、恍恍惚惚的、歇斯底里的，一言以蔽之：一切非常状态的"卡里斯马"③，这些状态被奉为"神圣的"，所以，它们的出现形成了巫术禁欲的对象。这些都是由最初的经验造成的。苦修苦练的威望是一种观念的后果，就是说，一定形式的苦难和由苦难引起的反常状态，是获得超人的亦即巫术的力量之途。古老的戒律和为祭祀的纯洁而节欲，都是相信鬼神的结果，都有同样的作用。后来又出现了一种独立的新事物，这就是"救赎"祭祀的发展，"救赎"祭祀对个人的苦难采取了原则的新立场。原始的共同体祭祀，特别是政治团体的祭祀，无视任何个人利益，部族神、地域神、都市神、国家神只关心诸如晴雨、猎获、克敌等涉及整体的利益，整体在共同体祭祀中求助于神。个人要消除自己遇到的灾祸——主要是疾病——不是求助于共同体祭祀，而是以个人的身份求助于巫师——年纪最大的个人"灵魂救助者"。术士们以鬼神的名义创造他们的奇迹，他们和鬼神的威望使他们无需顾忌地域和部族的属性，这种方便在有利的条件下又导致了一种独立于民族联合体之外的"教区"的形成。某些——并非所有的——秘仪走上了这条道路。它们预言，要把作为个人的一

---

① 亦译"上帝正义论"、"辩神论"，为神辩解，以神为正义，设法调解正义至善的神与人世的邪恶和灾难的矛盾。

② "法利赛人的"，法利赛人意为"隔离者"，公元前2世纪—公元2世纪犹太教中的一个派别的成员，主要是文士和律法师，除遵守《律法书》外，也信奉口传律法，强调维护犹太教传统和犹太人的生活规范，主张与异己者严格隔离。基督教《圣经》中称法利赛人为言行不一的伪君子，因此，"法利赛人的"又可作"伪善的"、"假仁假义的"解。

③ 参见本文后面作者的解释。

个人从疾患、贫穷、困顿和危险中拯救出来。术士摇身一变，成了神秘论者：这一类的世袭王朝或者一种受过教育的人的组织出现了，该组织拥有按照某种规则规定的首领，他既可以自己充任某位超人的肉身，也可以仅仅充任他的神的代言人与执行人：充任先知。于是，出现了同情个人苦难本身、救人脱离苦难的宗教团体活动。布道与预言自然都是为那些**需要搭救**的人做的。这些人及其利益成了使命性的"灵魂救助"工作的重点，这种工作也正是为此而产生的。指出缘何酿成了苦难：让人忏悔"罪孽"——主要指触犯礼仪规定的行为；告诉人通过何种行为可以消除苦难，现在成了术士与牧师们的典型业绩。凭着这些，他们的物质的与理念的关注实际上可以越来越多地为那些平民百姓的主旨服务。在这条道路上再迈出一步便意味着：由此产生一种在周而复始的典型的困顿压力下对"救世主"的信仰。它以某种救世主神话，也就是某种（起码是相对的）理性世界观为前提，苦难于是又成了这种世界观的最重要的对象。掌管植物荣枯和对季节有重要意义的星宿运行的诸神成了关于苦难、死亡、复活之神传说的最好的代表，这位神保证身临困境的人今生必能转运，来世必能幸福。或者由古代英雄传奇演化而来的民间形象——如印度的黑天[①]——经过童话、爱情传奇和战争神话的一番塑造，变成了热切的救世主崇拜对象。在遭受政治磨难的民族——例如古代犹太人——那里，救世主（莫舒阿赫）的名字首先附在古代英雄传奇中流传下来的那些力挽狂澜的救星（如基甸[②]、耶弗他[③]）的身上，并由此来规定"弥赛亚"[④]的预

[①] 黑天，梵文 Krishna，印度教大神毗湿奴的第八化身，被印度教教徒奉为诸神之首和本尊。据《薄伽梵往事书》第 10 篇神话记载，黑天幼年顽皮出众，屡行神迹，除妖降魔；青年时吹牧笛与牧女恋爱；后来与其兄进城，杀死国王、救出父母、夺回爱人，并建起宫廷。黑天的英雄业绩受到大神毗婆的尊敬，毗婆承认他是宇宙大神。在《薄伽梵歌》中，黑天被称为最高的宇宙精神。

[②] 基甸，又名耶路巴力，《旧约全书·士师记》中以色列人的士师和救星。

[③] 耶弗他，《旧约全书·士师记》中以色列人的士师和救星。

[④] 救世主。

言。在这个民族身上，而且仅仅在这样的连贯性中，一个民族**共同体**的苦难，而不是个别人的苦难，由于极其特殊的条件，变成了宗教救赎寄望的对象。救世主同时具有个人的和普遍的品格，准备拯救个别人和一切求助于他的个别人，这是规律。救世主可能有各种造型。琐罗亚斯德教①有许多抽象的概念，在该教的后期形式中，一种纯粹构想的形象在救世经济中扮演了中介人兼救世主的角色。也有恰恰相反的情形，即某位通过奇迹和幻化的再现而被承认下来的历史人物升为救世主。对于实现极其不同的可能性起决定性作用的是纯历史的因素。

然而，从救赎希望中产生的却总是一种苦难的神义论。

救赎宗教的预言首先依赖的不是伦理这个前提，而是礼仪这个前提。例如，伊琉欣努秘仪②的今世与来世的好处——就都依赖仪式的纯洁性，依赖听伊琉欣努弥撒。但是，随着法律具有越来越重要的意义，那些保护法律程序的专职神所扮演的角色也就越来越重要了，正是这种角色赋予了这些护法神维护传统秩序的任务：扬善惩恶。当预言决定性地影响宗教发展时，"罪孽"不再仅仅指触犯宗教秘仪，而是主要指不信先知及其戒律，所以总是充当各种不幸的原因。您看，先知本人绝不总是被压迫阶级的后人或代表。我们将看到，相反的情形几乎成了规律。再者，先知的教义内容也绝不是主要产生于被压迫阶级的观念圈内。不过，需要救世主和先知的，通常并不是有福之人、有钱之人和统治者，而是受压迫的人，至少也是有困苦之虞的人。因此，在绝大多数情形下，预言性地宣布的救世主的信仰主要在受益较

---

① 波斯人琐罗亚斯德于公元前6世纪创建的宗教，中国史称"祆教"、"火祆教"、"拜火教"，主张善恶二元论，认为火、光明、清净、创造、生是善端，黑暗、恶浊、不净、破坏、死是恶端，人有选择善恶的意志和决定自己命运的权力。该教的箴言是："善思、善言、善行"。

② 公元前7世纪到公元4世纪，希腊秘传宗教伊琉欣努派的一种秘密宗教仪式。相传农业女神德莫特尔之女佩尔赛福涅被冥王哈德斯掠为冥后。德莫特尔寻找女儿，路经伊琉欣努，得到当地人的款待。她为了报答他们的款待，授以农业技术，并令年年举行秘仪。参加者需经过严格的考察和接收仪式，每年于佩尔赛福涅回阳世期间，前往伊琉欣努德莫特尔庙举行祭祀，祈求丰收及来世幸福。此外，还有戏剧演出和宴会。这一切都是秘密举行的，非伊琉欣努派内之人不得参加。

少的社会阶层中有着其恒久性的地盘，它们或是完全取代了这些阶层中的巫术，或是做了理性的补充。当先知或救世主本人的预言不能充分满足社会上受益较少的人的需要时，往往就会从这些人中间产生一种处于官方教义之下的大众次级救赎信仰，这种现象带有很大的规律性。但是，正因为如此，创立理性的不幸神义论的任务通常也就落到救世主神话中已经萌生出来的理性世界观上了。不过，这种神义论又往往给苦难本身安上了一种它本来全然不知的正面价值，这种情形并不罕见。

由自我苦行自愿造成的苦难，随着伦理的以及有奖有惩的神德的发展，已经改变了原来的含义。如果在原始祈祷形式中由于自我苦行——这是卡里斯马状态之源——巫术的鬼神强制升级了，那么，即使这种鬼神强制形式变成了请求神拯救，也依然留在祈祷苦修与礼拜斋戒规章中。此外，又出现了一种忏悔苦修，这种手段是通过悔罪平息诸神的愤怒，通过自罚来避免受罚。对死者的哀悼最初（在中国尤其明显）是为了防止死者忌恨，后来，与丧事有关的许多斋戒轻易地转到了同有关的诸神的关系上，使自我苦修，最后还有不情愿的清苦本身这一事实，都成了神更中意的事实，相比之下对人间财富的无拘无束的享受，使得享受者们更加难以接近先知或牧师们的影响。

随着世界观理性的增加，对在人们中间分配物质财富的伦理"精神"的需要也越来越多。这样一来，那些个别因素也许能大显身手了。宗教——伦理的研究日益理性化，蒙昧的观念被排除了，于是，神义论遇到了越来越大的困难。个人"毫无道理"的苦难太常见了。那些最成功的人，往往都不是最好的人，而是"坏蛋"，不仅用某种"奴隶道德"来衡量是这样，而且用统治阶层自己的标准来衡量也是这样。个别人前世犯下的未加考虑的罪孽（轮回），或者先人犯下的一直报应到第3代和第4代的过失，或者——最根本的——一切被造物的堕落本身，都是对苦难和不平的说明，希望个人将来在人间或者彼岸（天堂）更好地生活（转世），或者希望后代能这样生活（寄希望于弥赛亚的国度），都是调整信条的预言。关于神和世界的形而上的观点招致了对神义论的无法消除的需要，同样只能造出很少的——我们将要看到，总共只有 3 种——对命运与功劳之间不一致的问题做出理性上令人满意的回答的思想体系：印度的因果报应论、琐罗亚斯德教的二元论和隐蔽神的预定论教令。不过，这些理性上最完美的解决方法，只有在十分特殊的情况下，才以纯粹的形式出现。

对苦难与死亡的神义论的理性需求发挥了无比强大的作用。这种需求直接创造了诸如印度教、锁罗亚斯德教、犹太教等宗教，在一定的意义上还塑造了保罗派①及后期基督教的重要特征。直到 1906 年，在回答不信神的理由时，为数相当多的无产者中只有少数人以近代自然科学的理论为依据，多数人则指出此岸世界秩序"不公正"——似乎本质上因为他们相信世界内部的革命调整。

愤世可以给苦难的神义论加上某种色彩。但是，调节不完备的此举命运的需要不仅不总是，**而且**按照常规甚至没有把愤世的色彩当作标准的**基本**特征。不义之人之所以能在尘世过好日子，是因为等待他的是地狱，而等待诚实的人的则是天堂，诚实的人在尘世间偶尔也会犯罪，但毕竟也要自食其果，这种信仰无疑更接近报复欲。但是，经过亲自考察，您很快会相信，即使这种偶尔冒出来的想象方法也根本不总是由愤世所决定的，它毕竟总是社会上被压迫阶层的产物。我们将看到，"愤世"参与规定宗教信仰的基本特征的例子为数极少，其中只有一个明显的例子。然而，作为社会上受惠较少的阶层，其宗教规定的理性主义的诸种特点之一，愤世可以在任何领域中发挥作用，而且已发挥了作用，这样说才是对的。根据各种宗教预言的特点，这种作用大不相同，但几乎都微不足道。如果想从这个源头引出"禁欲"来，那就大错而特错了。在本来的救赎宗教中，无一例外，都有对财富与权势的不信任，其原因主要在于救世主、先知和祭司们的经验：

---

① 古代基督教的一个异端教派，公元 5 世纪起流传于亚美尼亚和小亚细亚，据说其领袖是具有摩尼教倾向的被革职的保罗（撒摩沙塔的）。该派反对正统教会的教阶制度、隐修主义和偶像崇拜，主张二元论，认为世界和肉体来自恶神，人要用清洁的神秘礼仪来获得解救。

尘世上受惠的、"饱食"的阶层，求解脱——不管是什么样的解脱——的要求一般很少，因此，从那些宗教的角度来看，这些阶层的人都不怎么"虔诚"。理性的宗教伦理恰恰在那些不受社会重视的阶层的土壤中成长起来，同样先把根深深地扎在这些阶层的内部环境之中。牢固地占有社会的荣誉与权势的阶层，喜欢在他们富有的特殊品质方面，往往是血统方面，编织他们的等级传说：他们的（真正的或表面的）**存在**，是养活着他们的尊严感的东西。社会上受压迫或地位上受歧视（或者不受重视）的阶层则与此相反，他们最容易从相信委托给他们的特殊"使命"中获得尊严感；他们的**本分**或者他们的（功能的）成绩确保或构成了他们应有的价值，这种价值因此进入了他们的来世，进入了神向他们提出的"任务"中。这种事实本身说明，伦理预言的精神力量之源最初在社会上受惠较少的人身上。不需要作为一种杠杆的愤世，对自身的物质与精神调节的理性利益就足够了。另外，先知与祭司们的宣传，不管有意还是无意，也都曾经为愤世的民众效过力，这一点是不容置疑的，但绝不是普遍适用的。主要是这种根本消极的力量，就我们所知，从来不是塑造各种救赎宗教特点的本质上形而上的思想之源，一般说来，一种宗教预言的方式并不是必不可少的，或者仅仅是支配性的，它不过是某种阶级利益的传声筒，这种阶级利益可能是外部的，也可能是内部的。我们将看到，不管在哪里，只要没有用先知的预言把民众卷进具有伦理特点的宗教运动之中，他们就总是自觉自愿地受制于巫术的粗暴的原始力量。另外，那些大的宗教伦理系统的特点，与其说是由统治阶层和被统治阶层那赤裸裸的对立决定的，不如说是由大大个人化了的社会条件决定的。

为了避免一再重复，这里打算对这些关系再做几点注释。经验研究人员决不能把各种宗教预言和提供的彼此不同的福祉仅仅理解为"彼岸之物"，甚至在特殊情况下也不能这样理解。根本不是任何宗教或任何世界宗教都认为彼岸是特定的预言的天下。姑且撇开这一点不谈，除了基督教中仅仅在某些场合出现的例外和少数典型的禁欲教派，一切——古朴的与教化的、预言的与不预言的——宗教的福祉，首先都是纯粹此岸的：健康、长寿、发财。中国、吠陀、琐罗亚斯德、古犹太、伊斯兰等宗教的预示，同样也是腓尼基、埃及、巴比伦和古日耳曼宗教的预示，也是印度教和佛教给虔诚的俗人的预示。只有宗教造诣很高的人，苦行僧、和尚、苏非派、托钵僧①才去追求某种——用那些最纯的此岸财宝来衡量——尘世以外的福祉。即使这种尘世之外的福祉也绝非仅仅是**彼岸**的。就是在这种福祉本身不言而喻时，也不是。从心理学的角度来看，眼前的、**此岸**的特征恰恰是与寻求解脱的人最有关的彼岸的东西。清教对得救的确信：确实感觉到不会失去神恩，是这种禁欲的信仰对福祉单纯从心理上的把握。确信能够进入涅槃②的佛教和尚的无宇宙论③的爱感、印度教信徒的崇拜神（对神的炽烈的爱）或麻木的狂奋、鞭笞派④的狂热和无忧无虑的托钵僧的纵情的狂奋、对神的狂热与着迷、对圣母与救世主的热爱、耶稣圣心崇拜、寂静派⑤的祈祷、虔敬教徒对襁褓中之耶稣及圣痕的爱抚、热爱黑天的性欲与半性欲的狂欢⑥、伐拉彼派⑦信徒们精心设计的礼拜午餐、

---

① 托钵僧，伊斯兰教苏非派教团的高级成员，即按照苏非派教义完成修炼功课的修道士，穿"托钵僧服"，以乞讨和受施舍为生，因争执钵收放施舍物而得名。

② 梵文 Nirvāna 的音译，意译"圆寂"，是佛教全部修习所要达到的最高理想，一般指熄灭"生死"轮回而后获得的一种精神境界。小乘以"灰身灭智、捐形绝虑"为涅槃（《肇论·涅槃无名论》）；大乘则主张"诸法实相即是涅槃"（《中论·观法品》），而实相即是因缘所生法上之"空性"，故与"生死"世间无别。

③ 无宇宙论，哲学名词，相信神是唯一的和绝对的实在，一切有限的事物都没有独立的存在。

④ 13世纪中叶出现于意大利北部的一个天主教苦行派别。教徒常结队游行，手举十字架，口唱圣诗，并以皮鞭自笞直至流血，认为这是最高圣德，可借以赎罪。

⑤ 始于中世纪欧洲的一种天主教神修学派，认为人要修德成圣，必须绝对寂静，逃避外务，合一于天主。

⑥ 毗湿奴教派三大节日之一黑天生日节，每年公历8月8日是黑天的诞辰，毗湿奴教派信徒不得进食，一起到河中沐浴、油身，对黑天进行礼拜。

⑦ 印度教哲学家伐拉彼（1479—1531）创立的重要的虔修教派，亦称幸福道。崇拜大神黑天，信仰黑天青年时代与众牧牛女调情的艳事，主张拜神不必靠斋戒和肉身苦行，而是靠爱神、爱宇宙。该派盛行于印度北部和西北的商人中。

诺斯替教派[①]的手淫迷信行为、神秘合一的以及万有一如的内省毁灭的各种形式：所有这些状态，毫无疑问，都是为了**它们本身**按照感情价值直接供给信徒的东西而被追求的。从这个角度来看，它们完全产生于酒神节[②]的或在肉身崇拜中造成的宗教陶醉，图腾崇拜的食肉欲，人肉筵宴，古老的、宗教神圣化了的吸大麻、鸦片和尼古丁行为，以及各种形式的巫术的陶醉行为。为了心理异常和由此决定的有关状态的内在价值的缘故，它们被认为是特别神圣的。尽管那些理性化了的宗教除了直接把福祉据为己有以外，又给那些典型的宗教行为注进了一种形而上的意义，使纵酒宴乐升华为"圣礼"，不过，对原始的狂荡还是完全没有进行释义。它到底只是神秘的泛灵论性质的，而没有像一切宗教理性主义那样包括在一种万有的宇宙救世服务条例中，或者只有微弱的倾向。虽然如此，福祉对于信徒们来说首先仍然特别具有现实性质，就是说：它的内容主要是典型的宗教的（或巫术的）行动、按照一定的方法进行的苦行以及冥想所引起的那种状态、那种感情表象本身。

这种状态，从其精神看，也像其外表一样，可以有一种昙花一现的气度非凡的仪表。最初当然都是这样。只能通过宗教的非凡性来区分宗教的状态和世俗的状态。但是，一种通过宗教手段达到的特殊状态也可以被当作一种在其后果中保存下来的、控制着整个人及其命运的"福态"来追求。升华了的宗教救世教义中有两种最高的设想："转生"与"解脱"。"转生"是古老的巫术的幸福。它的意思是，通过纵

---

① 罗马帝国时期希腊——罗马世界的秘传宗教，出现略早于基督教。认为物质世界不是至高神所创，而是低于他的一位"巨匠造物主"所造。至高神的本质是"心灵"、"生命"和"光"，与物质世界平行存在的是真实的精神世界，它由高神的无数流出体所充满，其中最大的是"范型人"。世人的灵魂都从"范型人"而来，肉体则从物质世界而来。前者处于后者之中，就不得解脱，只有把握诺斯（真知），才能得救。对于肉体，应该禁欲清修。但在公元2世纪以后，该教内出现了另一种试图以性解放的方式来达到诺斯的运动。韦伯此处指的即是这种运动。

② 指希腊罗马宗教中为酒神狄俄尼索斯举行的各种节日。起初秘密举行，共3日，只有妇女参加，后来男子也被允许参加，次数多达1个月5次，成了狂欢酒宴的节日。

欲的行为或者通过有计划的苦行获得一种新的灵魂。人们在极度狂奋中暂时获得它，但是，它也可以被当作持久的表象来追求，通过神秘的苦行手段来获得。只有愿意作为英雄加入武士共同体，或者作为礼拜共同体的一员参加巫术的舞会或狂欢，或者愿意与诸神共进祭餐的青年才会有新的灵魂。因此，私人与共同体生活的重要时期中的英雄苦行、术士苦行、少年神化以及圣礼转生习俗都是很老的了。不过，除了使用的手段不同以外，主要是这些行为的目的不同，对"为了什么应当转生？"这个问题的回答不同。

用不同的宗教（或巫术）观点来评价的从心理上影响宗教的现状，可以在极其不同的观点指导下建立起秩序来，不过，本文不打算进行这种尝试。这里要做的是，联系上面讲的，完全一般性地指出：阶层是我们所说的宗教信仰的最重要的体现者，由于阶层的性质不同，在宗教中被当作最高目标来追求的（此岸的）天堂和转生状况也只能各不相同。尚武的骑士阶级、农民、工商业者、受过文学训练的知识分子在这种追求中必然有不同的倾向，这种倾向本身虽然不能单方面地规定一种宗教的心理特征——这将得到证明——但却对它有深远的影响。前两个阶层与后两个阶层之间突出的对立非常重要。因为在后两个阶层中，知识分子始终是理性主义的体现者，工商业者（商人、手工业者）至少可能是理性主义的体现者。理性主义可以有极其不同的特征，在一种情况下偏重于理论，在另一种情况下又偏重于实践，但是，这些特征一直都对宗教态度起着重要的作用。特别是**知识分子**阶层的特点，在这方面的影响最大。为了在一定程度上给他们的全部内在的东西雅致地配上地地道道的陈旧的方法——还没有一种宗教改革是从这里发祥的——他们除了别的感觉以外，也需要把某种宗教状态的感觉作为一种经历来品味，不管我们的现代知识分子是否意识到了这一点，对于当前的宗教发展都无关紧要，但是知识分子阶层的特点过去对于各种宗教却非常重要。他们那时的首要事业是把宗教的福祉提炼成"救赎"信仰。如果把从困顿、饥渴、疾病——归根结底——苦难与死亡中解放出来也算在内的话，那么，"救赎"观念的设想就很古老了。但是，只有在它成为一种系统地理性化了的世界观的表达和立场时，才具备了特殊的意义。因为愿意并能够按照自己的思想和心理素质表达的东西，同样取决于这种世界观和立场。利益（物质的与理念的），而不是理念，直接控制着人的行动。但是，"理念"创造的"世界观"常常以扳道工的身份规定着轨道，在这些轨道上，利益的动力驱动着行动。世界观决定着，人们想——别忘了，还有能够——从哪里解脱出来，又到哪里去；或是从政治与社会的被奴役地位解脱出来，到某个此岸的未来天国去；或者从宗教仪式的不洁造成的污点，或注进身体内的不洁中彻底解脱出来，得到一种灵魂美、肉体美或纯精神存在的纯洁性；或者从人类永无止境、毫无意义的激情与渴求的角逐解脱出来，达到神圣体验的宁静状态；或者从凶残与罪恶的奴役下解脱出来，得到天父怀中永恒的、无限的爱；或者从占星术士想出来的星宿位置支配下的奴役中解脱出来，获得自由与分享隐藏的神性的尊严；或者从表现为苦难、困顿和死亡的暂时的框子和威胁人的地狱惩罚中解脱出来，得到人间或天堂的未来存在中的永恒的幸福；或者从带着逝去时代行为的无情报应的轮回循环中解脱出来，达到永恒的安宁；或者从无聊的烦恼与琐事中解脱出来，达到无梦之眠，还有许多可能性。在这些后面，一直隐藏着一种对现实世界中被认为特别"没意思的"东西的立场，也就是这样一种要求：世界结构在其总体上是一种，或者可以、应该成为一种随便怎样有意义的"宇宙"。这种要求是特殊的**宗教理性主义**的核心产物，完全是由知识分子阶层提出的。这种形而上的需求的道路、结果及其作用范围极不相同，但毕竟可以讲一些一般性的。

世界观与生活方式同时在理论、实践、智力和目的性方面的彻底理性化的现代形式，取得了一般性的结果：宗教，这种特殊的理性化的方式，越是进步——从世界观的智力结构的立场来看——它本身就越是被推向非理性。理由很多：其一是，前后一贯的理性主义的计算并不是一帆风顺地发展起来的,在音乐中,毕达哥拉斯的"小音程"①就试图抗拒彻底的音响物理倾向的理性化,因此,各民族、各时代自己伟大的音乐体系主要是通过方式方法来区分的,它们或者掩盖、回避这种不会消逝的非理性,或者反过来为丰富这种音色服务。与此相比,理论世界观的困难就更多了,而实际生活的理性化尤其难。即使在这里,那种理性地条理化的生活方式的几个大类型,主要还是由它们得到的那些非理性的、干脆被现成地承认下来的前提塑造出来的。这些前提是什么呢?它们恰恰是在起码可以说非常大的程度上由某种特征历史地、社会地规定下来的东西,在这里则是:在决定性的时刻作为有关生活方式的代表的那些阶层的**利益状况**,包括由社会决定的外部利益状况和由心理决定的内心利益状况。

混入实际理性化中的非理性的特征是一个避风港,唯理智论的那种占有超现实价值的、备受压抑的需要越是认为尘世已经被这些价值剥夺了,它就越要退到那些非理性的特征中去。在原始世界观中,一切都是具体的巫术。这种统一性后来表现出分裂的趋势,一方面是理性地认识并把握自然,另一方面则是种种神秘的经历,其不可名状的内容是除了无神机械论以外人世唯一有可能达到的彼岸:实际上是一种不可企及的神赐的个人福祉的冥世。如果不留余地地得出了这样的结论,每个人就只能作为个别的人去寻找自己的幸福。在人们把世界观的理性化当作由自然规律控制的宇宙的理性化来进行的一切地方,都出现了用进步的唯理智论的理性主义来适应各种形式的现象,当然最突出地表现在那些特别强烈地由热衷于真正用头脑理解世界及其"精神"的正派知识分子规定的宗教和宗教伦理中,例如亚洲的,特别是印度的世界性宗教中。冥想:进入蛰居的幸福深沉的静穆清虚之中,对于一切宗教来说,都成了人可以达到的最高和最终的福祉,一切别的宗教状态的形式只是这方面的相对可贵的代用品。这对于宗教同包括经济在内的生活的关系,有意义深远的效果。这些效果产生于这种

---

① 小音程,半音的 1/5 音程。

冥想意义上的神秘经历和追求这种经历的心理前提。

对一种宗教的发展起着决定性作用的阶层以往曾经是有骑士风度的战斗英雄，或者政治官员，或者经济上会赚钱的阶级；或者是这些阶层站在实际生活中，进行实际活动；或者是最终由有组织的教权制来控制宗教，两者天差地别。

从对崇拜与神话，或更高程度上的灵魂之助（也就是悔罪与劝罪）的使命性的研究中发展起来的教权制的理性主义，处处打算垄断对宗教救世财富的保护，也就是赋予这些财富只有这种教权制才能赋予的、个别的人达不到的"圣礼恩"或慈善机构的形式，并且进行适当的调节。个别人或自由团体通过内省、纵欲的和禁欲的手段所做的个人救赎探索，由于其权力利益的立场，必然十分可疑，必须从宗教仪式上整顿并进行教权制的监督。另一方面，任何政治官僚阶级都怀疑作为从国家机器役使下解放出来的根本出路的个人救赎追求和自由结社，也怀疑那些竞争的、道貌岸然的慈善机构，尤其打心眼里看不起对彼岸功利精神目标的不切实际的幸福的追求。宗教义务对于一切官吏来说不过是职务的或社会的国民义务与等级义务：宗教信仰符合规定，因而具有官僚制决定的仪式主义的特征。具有**骑士**风度的武士阶层也喜欢转向此岸，不事"巫术"。不过，它也像一切英雄精神一样，既不需要也无能力理性主义地正视现实："命运"的非理性。也许，一种不一定按照决定论想象出来的"厄运"（荷马史诗中的"命运女神"）思想站在鬼神之后或之上，这些鬼神被想象成能给人间英雄以恩、仇、荣誉、战利品或死亡的热情而强悍的伟大英雄——巫术是打击处于自然力之上或之内的鬼怪的强制性的魔法，或者说是简单地换取神的欢心。**农民**特别受制于自然，依附原始力，他们的整个经济存在就是这样。因此，巫术特别适合农民。只有从其他阶层或者被奇迹的力量批准为巫师的先知们出发的强大的变革，才能把他们从深陷的宗教信仰的原始形式中拔出来。麻醉品或舞蹈造成的纵情欢乐和心醉神迷的着魔状态，在骑士们眼中有失体统，因此与它们的等级感格格不入；在农民那里却取得了与知识分子的"神秘主义"同样重要的地位。最后，西欧式的"**市民阶层**"以及在别的地方相当于这些阶层的人：手工业者、商人、家庭工业企业主以及他们那种只有在近代西方才有的土生土长的衍生物，都是——这对于我们至关重要——似乎都是有可能采取最暧昧的宗教立场的阶层。中世纪城邦——教皇的基础——中的罗马教廷的圣礼慈善机构、古代城邦和印度的秘传圣礼恩、近东地区纵欲内省的苏菲派和托钵僧信仰、道教的巫术、佛教的冥想和在亚洲秘法传授者所做的灵魂指导下进行的承恩仪式、从崇拜黑天到崇拜基督的全世界热爱救世主和信仰救世主的一切形式、理性的法律仪式主义与犹太人除去了一切巫术的犹太教堂训诫、圣灵古典教派和禁欲的中世纪教派、清教徒和卫理公会教徒的预定恩与伦理转生以及一切个人救世探索的形式恰恰在这些阶层中扎下的根特别深，比其他任何阶层都深。当然，其他各阶层的宗教信仰也无意于依附那种被认为同它们特别亲和的性质。不过，在这方面，"市民阶层"一眼看去似乎是由更多方面的因素决定的。尽管如此，同宗教信仰的各种类型的亲和性还是从这个阶层中冒了出来。生活方式的实际理性主义的趋势对于他们是共同的，是由他们那种完全脱离了经济的自然限制的生活方式决定的。他们的全部存在建立在对自然与人的技术的和经济的计算与控制上——尽管带有原始的方式。在他们身上，也有僵化在传统主义中的沿袭生活技术的方式，这种情形处处有，一直有。但是，恰恰在他们身上，一直存在着这样的可能性，即使程度极不相同：同技术和经济的理性主义趋势相结合，复活伦理理性主义的生活监督。他们并非在任何地方都能够坚持反对（往往是）巫术的一成不变的传统。在通过预言为他们建立起宗教基础的地方，这种基础可以属于两种经常讨论的预言基本类型中的任何一种："示范"预言，即做出通往幸福的生活、往往是内省的和麻木或亢奋生活的榜样的预言；"使命"预言，即以某位神灵的名义向人世提出要求的预言，这些要求必然是伦理性质的，而且往往是积极禁欲性质的。后一种要求积极入世行动的预言，恰恰在这里找到了一块特别有利的土壤，可以理解，市民阶层越是在社会上起决定作用，越是从宗教与种姓的禁忌约束与分化中解脱出来，这块土壤就越有利。积极的禁欲：**不是**被神占有或者讨神欢心的内省的奉献，受那些有教养的知识分子阶层影响的宗教把这种奉献当作最大的幸福，**而是**带有当神的"工具"的感情的、神所愿意的行动，在这里可以成为受偏爱的宗教仪态，与西方同样出名的神秘主义以及纵欲的或麻木的心醉神迷状态相比，这种仪态总是占有优势。这倒并不是说它仅限于这些阶层。在这里，绝对没有这样明确的社会决定性，转向贵族与农民的琐罗亚斯德教的预言与转向武士的伊斯兰教的预言也都同以色列人的和古基督教的预言、布道一样，具有这种积极的性质。相反，佛教、道教、新毕达哥拉斯派诺斯替教和苏非派的宣传则没有这种积极的性质。不过，我们将会看到，使命预言的某些特殊的结论却恰恰被移植到了"市民"土壤中。

使命预言使信徒们感到自己不是盛圣水的器皿，而是神的工具，所以同某种特定的神的设想有很深的亲和性，这种神是超自然的、人格化的、有喜怒哀乐、有宽容慈悲、有要求、有惩戒的造物神，与示范预言的那种非人格化的，因为仅仅是冥想的现状而可以理解的最高本质正好相反——当然不可能没有例外，但这却是规律。前一种观念控制着伊朗、近东以及从这里延伸出去的东方的宗教信仰，后一种则控制着印度与中国的宗教信仰。

这些区别中丝毫没有原始的东西。相反，可以看出，它们只是在非常相似的原始泛神论的鬼怪观念与英雄主义的诸神观念得到很大程度的净化以后才出现的，当然，也是在前面提到的与被当作福祉推崇和追求的宗教状态的大力协助下才出现的。对这种宗教状态的阐释，要视不同的情况而定：最被推崇的得救状态究竟是冥想的神秘的经历，还是恣意委身于神的麻木的心醉神迷，还是梦幻的灵感与"使命"？今天流行的立场是：感情内容是唯一原始的东西，思想仅仅是感情内容的再合成。当然，这种立场在很大程度上是有根据的。由此出发，人们似乎喜欢把这种因果关系，即心理联系先于理性联系，视为唯一决定性的因素，把一种东西仅仅视为对另一种东西的说明。不过，根据事实，这似乎走得太远了。向超感觉的或意识之内的神的观念的发展也是由一系列纯历史的因素规定的,这一发展产生了广泛的影响,对得救体验的形成方式有非常深远的影响。尤其是那位超感觉的神,这一点我们以后还要讲,艾克哈特大师①有时把"马大"置于"玛利亚"之上,这只不过是因为他认为,如果没有西方的宇宙与上帝信仰的一切重要组成部分的完整的任务,神秘主义者本身关于神的泛神论体验就是不可行的。②一种宗教的理性因素,它的"教义",例如印度的因果报应论、加尔文教的预定论③信仰、路德教的用信仰辩护、天主教的圣事说④,同样有其固有的规律性,由天神观与"世界观"中产生的理性的宗教救世规程在某些情况下也为塑造实际的生活方式带来了有深远意义的成果。

如果所追求的福祉的形式受到统治阶层外在利益状况及与之相适应的生活方式的强烈影响,也就是受到社会分层本身的强烈影响——这也正是我们在迄今为止的说明中提出的前提——那么,整个生活方式的方向不论怎样有计划地理性化,也会反过来受到这种理性化所遵循的终极价值最深刻的规定。当然,不总是这样,更不是只能这样。但是,只要**伦理的**理性化出现了,并且产生了影响,那么,这通常也就是宗教决定的评价和立场,并且往往至关重要。

对于外在的和内在的利益状况间相互联系的方式来说,有一点十分重要。迄今提到的由宗教预言的"最高的"福祉并非也是最普遍的

---

① 艾克哈特大师(约1260—1327),中世纪德意志神秘主义哲学家和神学家。认为上帝即万物,万物即上帝;人为万物之灵,人的灵性与神性相通,人可与上帝合而为一,与万物混成一体,无我泛爱,获得真正的自由。马丁·路德普遍宣扬了他的神学思想。

② 艾克哈特在注释《新约·路加福音》第20章第38节"耶稣探望马大和玛利亚"时,提出了一种大胆的见解:玛利亚注重感情的满足,马大则注重理性的实践。

③ 加尔文教的主要神学教义,认为基督受死以行救赎,不是为全体世人,只是为上帝的选民;一切取决于上帝的旨意,人是无能为力的,尤其无能力解救自己;谁被上帝选中,谁被弃绝,都与各人本身的行为无关,完全由上帝预先规定。

④ 天主教认为圣事有7件:圣洗、坚振、圣体、告解、终传、神品和婚配。

福祉。进入涅槃、与神性达到的冥想的一致、纵情或麻木的神迷心窍状态，绝不是任何人都能达到的。即使在被削弱了的形式中，即宗教的麻醉或梦幻状态可以成为全面的民间崇拜的对立面的形式中，上面讲的种种状态起码也不是日常生活的组成部分。在全部宗教史之初，就有我们认为十分重要的关于人们不同宗教**资格**的经验事实，它在加尔文教徒对预定论的"神恩个别主义"那鲜明的理性主义理解中变成了教义。备受推崇的宗教性的幸福——形形色色的萨满①、巫师、苦行僧以及灵媒的心醉神迷的幻想能力——不是每个人都能达到的，具有这一类能力是一种"卡里斯马"，虽然在某些人身上可以唤起这种卡里斯马，但不是人人都有的。由此产生了各种强烈的宗教信仰的发展趋势：根据卡里斯马的资格差别进行等级划分。"英雄主义的"或"名家大师的"②宗教信仰反对"民众的"宗教信仰——这里的"民众"当然决不能被理解为在世俗的等级制度中被置于社会较下层的人，而应是**在宗教方面**"没有音乐天赋的人"（"教育"）。巫师与圣舞师的同盟、印度沙弥③的宗教地位、被明确地承认为教区中特殊等级的古基督教的"苦行僧"、保罗派的尤其是诺斯替教的"灵媒"、虔敬派的"教会"、一切本来的"教派"——在社会学上叫作：只吸收**有宗教资格的人**的团体——最后还有全世界一切僧侣团体，都是这种意义上的造诣极高的宗教信仰中社会地位的体现者。每一种名家大师的宗教信仰在其本身固有的发展过程中都受到某个"教会"——按照慈善机构的样子靠官员组织起来的施恩团体——的各种教权制之职权的彻底反对。因为教会作为慈善机构的体现者，力图组织起民众宗教信仰并用自己那种从职位上垄断和推荐的福祉来取代宗教名家大师宗教的以及等级的特有资格。教会，按其本质，即其神职人员的利益状况，在福

---

① 萨满，通古斯语族民间宗教中的巫师。
② 在这种条件下，必须去掉今天附着在"名家大师气质"这个概念上的任何价值怪味。为了释去种种负担，我宁愿采用"英雄主义的"宗教信仰这个说法，当然，前提是用它来表达某些这一类的现象还差强人意。——原注
③ 沙弥，佛教称谓，指7岁以上20岁以下受过十戒的出家男子，俗称"小和尚"。

祉公开的意义上只能是"民主的"，就是说，只能支持神恩普遍主义，支持一切纳入其管理范围内的人的伦理充裕性。这个过程同政治领域内进行的官僚制反对等级制贵族政体的政治特权的斗争形成了社会学的对照。任何发达的政治官僚制也同教权制一样是必要的，按照平均主义和它当作权力竞争者反对的等级特权实行十分相似的"民主"。千奇百怪的妥协作为斗争的成果出现了，这种斗争不总是公开的，经常是潜在的，例如乌里玛①的宗教信仰同托钵僧的宗教信仰的斗争，古基督教的主教同灵媒们、英雄主义的宗派主义者以及同禁欲卡里斯马的教皇最高统治权的斗争、路德教牧师公会与英格兰圣公会②反对禁欲的斗争、俄国东正教反对其他教派的斗争、儒教的官方祭祀反对佛教道教以及宗派主义的种种救世尝试的斗争。为了争取民众，把握民众，大师们的宗教要求不得不向日常的信教可能性让步——这样做势必要在最大程度上决定日常宗教影响的方式。如果让民众留在巫术的传统中——几乎一切东方宗教都是这样——那么，这种影响要小得多，远不如去掉那些理念的要求，却也为了民众，或者正是仅仅为了民众，去推行一种日常生活的伦理理性化。除了最后作为这种斗争的产物出现的名家大师的宗教信仰与民众的宗教信仰的关系之外，或者正因为如此，具体的大师宗教信仰本身的性质也对"民众"的生活方式的发展并由此对有关宗教的经济伦理具有决定性的意义。因为，不仅它是本来那种"示范"的实际宗教信仰，而且，根据它赋予宗教大师们的不同生活方式去彻底创造一种理性的日常伦理的可能性也极悬殊。

大师的宗教信仰同经济场所的日常事务的关系，由于这种宗教信仰所追求的**福祉**的性质不同而极不相同。

如果大师们的宗教信仰中，福祉与救赎手段具有冥想的或纵情的

---

① 乌里玛，伊斯兰国家有名望的教法学家和神学家，他们在大法官的领导下对国家问题和民事纠纷提出意见和判决，权力很大。

② 基督教新教主要教派之一，产生于16世纪，是英国教会脱离罗马教廷的产物，初期在教义、礼仪方面多承袭天主教传统，17世纪以后受到加尔文教的影响，赞成宗教改革运动。

心醉神迷的性质，那么，从这里是找不到通往人间实际日常行动的桥梁的。于是，不仅经济和人间一切行动一样成了宗教的劣等品，而且根本不能从被奉为最高幸福的仪态中直接得到发展经济的任何心理动力。冥想的与心醉神迷的宗教信仰，骨子里倒是特别反经济的。神秘的、纵情的、心醉神迷的经历是十足的非常现象，与平常现象和一切理性的目的行动背道而驰，正因为如此，才被奉为"神圣"。于是，在奉行这种路线的宗教中，"凡人"的生活方式与名家大师团体的生活方式之间出现了鸿沟。宗教团体内部的宗教大师等级的统治于是很容易滑到人类崇拜的邪道上去：大师作为圣人直接受崇拜，或者他的赐福、他的神秘力量被凡人当作促进世俗得救与宗教得救的手段。就像农民是地主生活的来源一样，凡人最终不过是佛教与耆那教①的比丘②的贡奉来源，使他们能不从事往往要影响得救的个人的世俗的劳动，完全献身于普救。就是凡人本身的生活方式在这个过程中也有可能得到某种伦理的调节。因为大师是凡人现成的牧师：听取忏悔的神父和灵魂的神师，就是说，有很大的影响。不过，他是按照**自己的**生活方式来影响没有宗教修养的凡人的，或者根本没有影响，或者只在礼节、仪式及冥想的细节上有点影响。因为人世上的努力原则上对于宗教无足轻重，与追求宗教目标正好背道而驰。纯粹的"神秘主义者"的卡里斯马仅仅为他自己服务，而不像真正的巫师那样为他人服务。可是，当那些宗教资历很深、造诣很高的人联合成按照神的意志追求人世的生活方式的禁欲教派以后，情况就完全不同了。为使这点在本来的意义上得以实现，无疑有两个前提：其一，最高的福祉不能是冥想性质的，就是说，不能是与人世对立的永恒的超自然的存在或者可以纵情地、麻木而心醉神迷地理解的神秘合一，因为这种东西总是在日常作

---

① 耆那教，南洋次大陆的一种宗教，公元前6世纪与佛教同时兴起，主张业报轮回、灵魂解脱、非暴力和苦行。

② 比丘，《大智度论卷三》称：比丘有乞士、破烦恼、出家人、净持戒、怖魔5种含义，此处指乞士。

用之外，在现实世界的彼岸，背离了现实世界。其二，宗教信仰必须尽量去掉求神保佑方法的巫术的和圣事的性质。因为这些巫术和圣事总会贬低人世间行动的价值，认为它在宗教上最多只是相对重要并把救世决定寄托在非日常理性进程的成就上。如果撇开全世界到处都有的理性主义的小教派不谈，那么，仅仅在西方禁欲的新教的重要教会与教派的形成中，就完全实现了两件事：世界的脱魔和救世道路的改变——从冥想地"逃避世界"变成了积极禁欲地"改造世界"。西方宗教信仰那种纯粹由历史决定的非常特殊的命运参与了这两件事。一方面是这种命运的社会环境的影响，特别是对它的发展起决定作用的阶层。另一方面则是它的天性：超自然的上帝和历史上第一次由古犹太教的预言和摩西五书①教义决定的救世方法与救世道路的特点。关于这些，有的在对以前的文章的分析中做了说明，有的以后再讲。如果宗教大师作为神的"工具"被派到人世来，学会了一切神秘的救世方法，并被要求：在人世的秩序中通过他的行动的伦理质量，而且仅仅通过这一点来证明，他是受命于神来救世的——实际上就是：受命于他自己——那么，"世界"本身在宗教上大概更加可能作为被造物，作为罪恶之渊而被拒斥、丧失价值，因此，它在心理上更加被肯定为人间"使命"中神所喜欢的作用的舞台。这种世俗的禁欲虽然是出世的，因为它看不起地位与美色、好酒与美梦、纯世俗的权力与纯世俗的英雄自用，谴责它们都是天国的对头，但是，正因为如此，它才不似冥想那样逃避世界，而是想要按照神的戒条使世界在伦理上理性化。因此，在更深一层的意义上讲，比起古希腊罗马和世俗天主教的百折不挠的人的天真地"接受人世世界"来，这种世俗禁欲更加入世。那些宗教修养很高的人的仁慈与入选资格，正是在凡事中考验出来的。不过不是一般的凡人凡事，而是为神服务的、在方法上**理性化**了的平凡

---

① 亦称《律法书》，《旧约》的前5卷：《创世记》、《出埃及记》、《利未记》、《民数记》、《申命记》。据犹太教传说，这5卷书是上帝通过摩西之口宣布的律法，它构成了犹太教的教义和教规。律法书的作者究竟是不是摩西，一直有争论。

行动。理性地上升为使命的平凡行动成了救赎的保证,宗教大师们的教派在西方形成了生活方式(包括经济行动)在方法上理性化的酶,而不像亚洲那些冥想的或纵情的或麻木的神魂颠倒的人的团体那样,充当渴望脱离人世间的活动的无理智状态的活塞。

  在这两极之间有着形形色色的过渡和组合。因为宗教也同人类一样,不是挖空心思编出来的书。它们是历史的产物,并非逻辑上或仅仅心理上无矛盾地构成的产物。它们经常忍受着往往同它们直接相悖的动机,每一种宗教都一贯谋求挡别的宗教的路。"一贯"在这里是例外,而不是规律。救赎之路和福祉本身,通常在心理上并不明确。就连古基督教的修道士和贵格会教徒①在寻神时也有十分强烈的冥想特征,但是,他们的宗教信仰的总体内容,特别是那位超自然的造物神和他们确信神恩的方式,一再为他们指出了行动之路。另一方面,佛教僧侣也行动,只不过他们的终极目的:追求解脱、逃避轮回之轮,把这种行动从一贯的**世俗的**理性化过程中抽走了。西方中世纪的宗派主义者和别的教会团体都是宗教渗入日常生活的体现者,在更加全面发展的伊斯兰教兄弟会中找到了自己的原本;双方的典型阶层都是小市民,特别是手工业者,不过双方的宗教信仰却截然不同。表面看来,作为教派的大量印度教的宗教团体似乎同西方的一样,但是,福祉本身和传播幸福的方式截然相反。因为我们还要分别考察那些最重要的大宗教,所以这里就不再举例子了。从任何角度来看,这些宗教不能彼此相容,不能简单地共同纳入一种多类型的链条中,在这些类型中,每一种对于另一种都意味着一个新"阶段"。它们都是极其复杂的历史的个体,它们合起来也只是那些可能由无数个别的值得考虑的因素在想象中形成的组合的一个很小的部分。

  下面的解释绝不是**系统的**宗教类型学,当然也不是纯粹历史的研

---

① 贵格会亦称"公谊会"、"教友派",基督教新教的一派,17世纪中叶英人G.福克斯创立。该派宣称教会和《圣经》都不是绝对权威,每个教徒都能直接受"圣灵"感动。反对设立牧师和固定化的宗教仪式,主张和平主义。

究。下面的解释仅在这个意义上是"类型学的"：它注意的是，从宗教伦理的历史现实来看，对于同**经济**信念的巨大对立的联系有典型的重要性的东西，忽视其他的东西。它从不主张提供所阐释的十分完整的宗教图像，但必须把每一种宗教**不同于**其他宗教，**同时**对于我们的比较研究又十分重要的独到之处弄个水落石出。在做解释时，如果不考虑那些特别需要强调的重要的东西，那么，势必会使它们比这里描绘的图像柔和。然而，几乎总是要加上别的东西，有时甚至比现在所能做到的更加有力地指出：现实中一切质的不同，最终都可以被理解为各种因素混合关系的纯粹量的区别。不过，如果总是强调这种不言而喻的东西，那么就太不上算了。

　　那些对于经济伦理很重要的宗教特征会引起我们对某种特定的东西的极大兴趣，这就是：它们同经济理性主义的关系的特点，这种表达不够清楚，应当是同那种从 16 世纪和 17 世纪以来就开始把西方作为一种那里土生土长的资产阶级生活方式的局部现象来把握的经济理性主义的关系的特点。因此事先要提醒一下："理性主义"可以有判然不同的含义。视情况而定，可以指冥思苦索的系统论者靠世界观设计出来的那种理性化；精益求精抽象的概念逐步从理论上把握现实；相反，也可以指另外一种理性化：通过精益求精地设计合适的手段，有计划、有步骤地达到某种特定的实际目的。虽然两者相辅相成，但毕竟迥然有别。即使在对真理的有头脑的理解之内，也分出了类似的类型：人们曾试图把英国物理学与大陆物理学的区别归因于这些类型。但是，我们所要研究的生活方式的理性化，却可以接受极其不同的形式。从没有任何形而上的东西和几乎没有一点宗教驻留的残余这个意义上说，儒教已经走到了或许还可以叫作"宗教"伦理的东西的最外部的边界上，儒教是如此理性，同时，在没有和抛弃了一切非功利主义标准的意义上是如此清醒，以至于除了边沁的伦理系统以外，还没有一个伦理系统能与之相比。但是，它与边沁的和一切实际理性主义的西方类型完全不同，尽管人们不停地将它与它们做着实的与虚的类比。相信某种有效的"法规"的"理性"，是文艺复兴的最高艺术理想，反对传统束缚、相信自然比例力量的理性主义也是文艺复兴的生活观，尽管带有柏拉图化的神秘主义。"理性"还有一层含义，就是"计划性"，这样的理性也是最坚忍的禁欲、神秘的苦行和冥想的方法，例如瑜伽和后期佛教的轮藏术。这样的形式方法的理性，加上区分规范地起作用的东西与经验地给出的东西的理性，就是系统而明确地以坚定的救世目的为方向的实际伦理的一切形式。下面，我们感兴趣的是后一种理性化过程的形式。试图先对它进行决疑，是毫无意义的，因为这种描述本身就是想为此作出贡献。

为了能做到这一点，描述本身必须大开大合，必须是"非历史的"，即对各种宗教伦理的一一描述都比其实际发展过程在系统性和本质上都更加一致。各种宗教内部存在的大量的对立、大量的多余发展和旁系发展，在这里只能忽略不谈，而我们认为重要的方面，则往往在比它们的实际情形更高的逻辑完美性和静止性上得到阐释。如果滥用这种简化，将会产生"错误的"历史结论。不过，至少从意图上说，不是这么回事。被强调的往往是一门宗教的全貌中那些对于形成**有别于其他的**宗教**实际**生活方式起决定作用的特征。[①]

最后，在谈正题之前，还有几段开场白，用来说明描述中频繁出现的术语的特点。[②]

宗教的结社与共同体在充分发展时属于统治共同体型：它们是教权制的共同体，就是说，它们的统治权力建立在对施舍或不施舍福祉的垄断上面。一切统治权力，世俗的与宗教的，政治的与非政治的，都可以被视为从某些纯粹型中演变出来或者接近这些纯粹型的权力。这里所说的纯粹类型的内容在于这样一个问题：统治本身需要什么样的合法性基础？我们今天的共同体，特别是政治的，包括"合法"统

[①] 要注意，考察的顺序从东向西，在地理上纯系偶然。实际上，决定这种做法的，不是外在的地域分布，而是描述的内在的目的性理由。——原注

[②] 详细的论述参见《社会经济学大纲》（蒂宾根，J. C. B. 莫尔出版社）中的"经济与社会"章。——原注

治型在内。就是说，发号施令的合法性对于拥有发号施令权的人来说，建立在理性地制订、规定或强迫接受下来的法规上，反之，使这些法规合法化又要以理性地制定或解释"宪法"为基础。不是以某位个人权威的名义，而是以非个人的规范的名义发号施令，命令本身的颁发，也要服从规范，而不是随心所欲、恩宠或特权。"官员"是指挥权的体现者，他从不把它当成个人的权力来行使，而总是把它当成"公共"的封地，这是某些人由制订的法规规范地控制的特殊的共同生活的封地，这些人可以是特定的，也可以不是特定的，但总可以按照规律性的标准来确定他们。"权限"，一种客观地划定的可能的指挥对象的范围，圈定了它的合法权力的范围。官员可以在诉讼程序中向上级上诉，这种"上级"等级制与"市民"或团体成员对立。在今天的教权制团体——教会中，也是这样。神父或牧师有他的划定了的"权限"：这种权限是由法规确定的。这也适用于最高教会首脑：今天的"教皇不谬性"是一个权限概念，其内在含义与从前（英诺森三世①时代）不同，"官域"（在教皇不谬性中指在讲坛上释义）与"私域"也像在政治的（或别的）官员身上那样彻底分开了。在资本主义经济中，工人与生产手段"分开"了，同样，在政治的和等级制的团体中，官员与（实物形式和货币形式的）行政手段也彻底分开了，两者极其相似。

这一切虽然早在古代就有了许多萌芽，但只是在充分发展中才特别现代化了。过去还有别的合法统治的基础，它们的残余现在到处可见。我们想至少从术语上对它们做个简明扼要的说明。

1. 在后面的讨论中，"**卡里斯马**"这个词应被理解为一个人的一种**非凡的品质**（不管是真的、所谓的还是想象的，都一样）。"卡里斯马权威"则应被理解为对人的一种统治（不管是偏重外部的，还是偏重内部的），被统治者凭着对这位特定的个人的这种品质的信任而服从这种统治。神秘的巫师、先知、劫猎头领、战争酋长、所谓的"专制"暴君，或许还有个人党魁，这些人对他们的信徒、追随者、被征服的

---

① 英诺森三世（1160—1216），罗马教皇（1198—1216）。

军队、政党等进行的统治就是这样的统治类型。他们的统治的合法性建立在对非凡的、超越常人品质因而受到推崇的东西（最初作为超自然的东西被推崇）的信仰与献身上面，也就是建立在神秘信仰、启示信仰和英雄信仰上，这些信仰之源是由奇迹、胜利和其他成就，由被统治者的康乐考验出来的卡里斯马品质。一旦未能经受住考验，或者有卡里斯马资格的人显出被他的神秘力量或被他的神遗弃了，这种信仰就会连同所需要的权威一起消失，或有消失的危险。运用统治，并不遵照普遍的准则，既不遵照传统的准则，也不遵照理性的准则，而是——原则上——凭借具体的启示与灵感，因此，统治是"非理性的"。在不受任何现存的东西约束这个意义上说，统治是"革命的"："书上写着——我却要告诉你们……！"

2. 后面的"**传统主义**"应当叫作：对作为不可更改的行动规范的日常习惯的精神适应与信仰，因此，建立在这种基础之上，即建立在对（真的或所谓的或想象的）一再发生过的事情的敬畏的基础之上的统治关系应当叫作"**传统主义**权威"。建立在传统主义权威的基础之上，其合法性仰仗传统的那种统治的最重要的形式是家长制：家父、丈夫、家长、族长对家族同胞的统治；主人和旧奴隶主对农奴、依附农、解放奴隶的统治；主子对家仆、家臣的统治；君主对家臣、内廷官吏、大臣、幕僚、封臣的统治；世袭领袖与君主（国父）对"臣民"的统治。家长制的（和作为其变种的世袭制的）统治的特点是：它有一种坚不可摧的规范系统，这些规范之所以坚不可摧，是因为它们被视为神圣的东西，触犯它们，会带来巫术的或宗教的祸害。除此之外，它还有一块主子可以随意施其恩威的地盘，这种恩威只是根据"人的"关系，而不是根据"事的"关系来评价的，因而是"非理性的"。

3. 建立在对超凡的神圣性或价值的信仰之上的卡里斯马统治与建立在对平凡的神圣性的信仰之上的传统（家长制）统治，早就私下里瓜分了一切统治关系的最重要的形式。"新"法令只能通过卡里斯马体现者插进按照传统发挥作用的圈子内，这就是先知的预言和卡里斯马战时君主的命令。启示与剑，这两种非凡的权力也是两种典型的革新家。但是，一旦大功告成，它们也就沦为典型的凡物了。随着先知或战时君主的去世，产生了继承人问题。解决的办法可以是选举（最初不是"推选"，而是按照卡里斯马挑选），也可以是用圣礼把卡里斯马实体化（通过授予圣职指定继承人：教权制的或罗马教皇式的"继承"），也可以是对家族的卡里斯马资格的信仰（世袭卡里斯马：世袭王位制与世袭等级制），总是由此开始了随便什么形式的**常规统治**。君主或僧侣的统治不再凭个人的品质，而是仰仗谋得的、继承的品质或凭借通过选举得到的承认。凡化，就是说传统化的过程开始了。更重要的或许是：随着统治组织的持续，卡里斯马统治者依靠的人事部门也在凡化：他的门徒、信徒、追随者凡化成了牧师、封臣，特别是：官吏。最初根本不懂经济全靠礼物、恩赐、战利品养活，过着共产主义生活的卡里斯马共同体，变成了一个靠土地收益、规费、实现津贴，简言之：靠俸禄过活的阶层，他们是主子的辅助人员，从封赏、授予和聘用中得到了他们的合法权力，以各种方式据为己有，一般说来，这就叫作世袭化，它也可以借着主子强大的权力的崩溃从纯粹的家长制中发展起来。被授予职务的终身牧师或封臣凭着封赏通常都有一种固有的权力，他对行政管理手段的占有很像手工业者对经济生产手段的占有。他可以从他的规费或其他收入中支付管理费用，也可以只把向臣民征收的贡赋中的一部分上缴君主，其余的留归己用，他可以在模棱两可的情况下将职务传给后人或转让转卖给外人，就像处理他的其他财产一样。如果发展是通过把这个阶段的君主权力据为己有来实现的话，那么，就要讨论**等级制**的世袭制了。

但是，在这个阶段上，发展很少停止下来。我们随处都能发现（政治的或教权制的）君主同根据地位据为己有的贵族权力的所有者或篡夺者之间的斗争。他试图剥夺他们，他们也试图剥夺他。他有一个完全依附于他、受他的利益制约的官吏机构，与此相联系，他把行政手段牢牢地掌握在自己手中（政治君主与教权制君主——在西方，从英诺森三世到约翰二十二世[①]——独有的金融财政、世俗统治者供应君主与官吏的特有的仓库和武库),他越能成功地抓住这种官吏机构和行政手段,斗争就越有利于他,而不利于日益被剥夺的等级制特权所有者。君主在剥夺等级制贵族权力的斗争中依靠官吏阶层的帮助,这个阶层在历史上有非常不同的性质:神职人员(典型地在亚洲和中世纪早期的西方)、奴隶与当事人(典型地在近东)、解放奴隶(在有限的程度上典型地对于第一古罗马帝国)、人文主义的文人(典型地在中国),最后还有法学家(典型地在近代西方,教会和政治团体中都有)。不管在哪里,君权的胜利以及对分裂的贵族权力的剥夺至少意味着有可能进行行政管理的理性化,也常常意味着这种理性化的出现。不过,我们会看到,这种理性化的程度和内容在各地极不相同。尤其要加以区分的是下面两种理性化:(1)由世袭君主进行的行政管理与司法的理性化,这位君主能在功利方面和社会伦理方面使臣民幸福,就像一位大家庭之长对其家属所做的那样;(2)由受过专门训练的法官实施的对所有"国家公民"有普遍约束力的法律规范统治的**形式的**理性化。不管这种区别多么易变(如在巴比伦、拜占庭、霍亨斯陶芬家族统治下的西西里、斯图亚特家族统治下的英国、波旁家族统治下的法国),它毕竟存在着。近代西方"国家"和西方"教会"的诞生,基本上都是法学家的作品。至于他们从哪里得到了进行这一工作的力量和思想内涵以及技术手段,不是这里讨论的课题。

随着形式主义的法律理性主义的胜利,在西方,除了沿袭下来的统治类型之外,又出现了一种合法的统治类型。它虽然不是官僚制统治的唯一变种,但却是其最纯的变种。近代国家官员同地方官员的关系,近代天主教司铎同助祭的关系、现代银行与资本主义大企业中的官员同职员的关系都是这种统治结构的最重要的类型,这在前面已经提到过。对于我们的术语至关重要的特征,只能是刚刚讲的:不是凭

[①] 约翰二十二世(?—1334),教廷被迫迁往法兰西南部阿维尼翁后的第二代教皇,1316—1334年在位。

着对有卡里斯马禀赋的个人——先知与英雄的信仰和献身而服从，也不是凭着神圣的传统和对传统秩序定下来的个人君主，或许还有他那些通过特权和封赏的私权而得到承认的被授予官职和拿官薪的人的忠诚而服从，而是受普遍规定的客观职责的非人格的制约，这种职责同与之一致的支配权力——权限一样，是由理性地制定的规范（法律、决定、规章）严格规定的，在这里，统治的正当性成了有目的地设想出来、用具体形式规定下来并公布出来的普遍的**法规**的合法性。

前面概述的类型的区别一直渗透到它们的社会结构与经济作用的所有具体方面。

也许能用一种系统的说明来证实，这里选择的区别与术语的方式在多大程度上是有目的的。这里只需强调：它们根本无意于成为唯一可能的方式，尤其是，根本不打算要求一切经验的统治组织都必须完全符合这种类型。相反，大多数统治组织都是多种形式的联合或处于过渡状态。我们将不得不一再造出诸如"世袭科层官僚制"一类的词来，表示有关现象的一部分属于理性的统治形式，另一部分属于传统主义的——在这种情形下则是等级制的——统治形式。其中有些在历史上广泛流传过的极其重要的形式，例如封建的统治结构，其重要特征根本不能简单地归入上面的 3 种不同形式中，而只能通过与其他概念组合（在这种情形下，就要与"等级"、"等级荣誉"组合），才易于理解。还有的形式，例如民主政体中的干部（一方面是轮流担任最高职务之类的形式，另一方面则是公民投票的统治），或者士绅统治（传统主义统治的一种特殊形式）的某些方式；一方面可以用卡里斯马概念的独特的变化，另一方面可以用别的变化被理解为"统治"原则，但是，它们本身恰恰是政治理性主义最重要的历史催产素。这里推荐的术语并不想机械地歪曲无穷无尽的历史多样性，而只是想为了一定的目的创造有用的概念性的辨认方向的标记。

这同样适用于最后一个术语区别。我们把**等级**地位理解为：第一，通过一定的人类群体的**生活方式**（往往是他们所受的教育）的种类区别所规定的正的或负的社会荣誉机会；第二——以统治形式的理解术语为出发点——这种机会往往喜欢独到地同为了从法律上保护有关的阶层而对贵族特权或收入及盈利机会进行的垄断联系起来。一个"等级"是在完成所有这些标志的情况下（当然也不总是这样）的一种通过一定的生活方式、专门的荣誉概念以及法律上垄断的经济机会（并非永远按照团体形式组织起来，但总是以任何方式社会化了）的人类群体。群体间的交往（指"社会性"的来往）与通婚都是门当户对的典型标志，没有这些来往则表示地位差异。阶级地位则与此不同，应指：第一，最初由典型的、有重要经济意义的地位，即在从事所追求的工作中对方法或技巧的占有，决定的供给与盈利机会；第二，由此带来的普遍的典型生活条件（例如服从某个资本所有者的车间纪律的必要性）。一种等级地位既可以是一种阶级地位的原因，也可以是其结果，但两者都不是必然的。阶级地位本身首先可以由市场来决定（劳动市场与物资市场）——今天，这是当代的特殊典型情形，但也未必绝对如此。在市场规模较小的情形下，几乎没有地主与小农，各种剪息票者范畴（土地股票、人类债券、公债、有价证券等的持有者）的含义和标准都大不相同，"占有阶级"与主要由市场决定的经营阶级要分开。今天的社会主要划分为阶级，而且在很大程度上划分为经营阶级。但是，在受过教育的阶层的典型地位特权中有一种令人感触颇深的等级制的划分因素（清楚不过地表现为有毕业文凭的人对经济的垄断和在社会上的优先权）。过去，等级划分的意义还要重要得多，特别是对于社会经济结构。因为它一方面通过消费的限制与调节，通过地位的——从经济理性的立场看：理性的——垄断，另一方面通过有关统治阶层示范的等级制惯例的影响对社会经济结构产生作用。这些惯例可以具有仪式公式化的特征，下面我们首先要研究的亚洲的等级制划分的情形在很大程度上就是这样。

儒教与道教

关于文献

J. **理雅各**已经在《中国经典》中编译了本书中并非断章取义地引用的中国古典文献之伟大的核心著作，并加了校勘注释，其中有些还被选入到**马克斯·米勒**的《东方圣典》之中。了解**孔夫子**本人的（或者被认为是孔夫子本人的，对于我们完全一样）及其最重要的弟子们观点的捷径，大概要算**理雅各**编的带有导言的小开本（《孔子的生平与教诲》伦敦 1867 年版）中的三部论著：《论语》（译为《孔子语录》）、《大学》（译为《大的学习》）和《中庸》（译为《关于中的教义》）。此外还有著名的鲁史（《春秋》）。**孟子**著作的译本见于《东方圣典》和费伯的《孟子的思想》。**老子**名下的《道德经》已经有了许多译本，出色的德译本是施特劳斯的 1870 年本，英译本是卡勒斯的 1913 年本。与此同时，耶拿的迪德里希斯出版社出版了**卫礼贤**编的一本很好的中国玄学家与哲学家选集。近年来，研究道教近乎时尚。关于国家关系与社会关系，除了里希特霍芬那本侧重于地理，但也附带考虑到这些问题的巨著以外，**威廉斯**早期的通俗作品《中华帝国》对于入门依然有用。《当代文化》（第 2 卷第 2 章第 1 节）中有奥托·弗兰克那出色的素描（带资料）。关于城市，有在《巴伐利亚科学院论文集（十）》里面**普拉特**的文章①。迄今论述中国一个（近代）城市经济的最佳著作是 K. 比歇尔的一位弟子周毅卿博士提供的（《宁波市的实业企业形式》，《综合政治学杂志》第 30 期增刊，蒂宾根 1909 年）。关于**古代**中国的宗教（所谓的"汉学"），参见 E. **沙畹**在《宗教史评论》

---

① 普拉特文章的题目为《论中国前三个朝代的制度与管理》。

第 34 页、第 125 页及以后的论述。关于儒教与道教的宗教和伦理，值得推荐的是德沃夏克的《来自非基督教的宗教史领域的描述》中的两篇，因为有恰如其分的逐字逐句的摘录。此外还有各种宗教史教科书中的描述（在贝特霍尔特主编的蒂宾根 1908 年本中有威廉·格鲁伯写的一章，尚特皮·德·拉·索塞本中有 E. 巴克利写的一章），论述官方宗教的则首推**德·格鲁特**的那些鸿篇巨制。他的主要著作是《中国的宗教系统》（迄今面世的几卷主要是研究礼仪的，尤其是丧礼）。《当代文化》中体现了他对存在于中国宗教系统的总体观点。关于儒教的恕道，见其激情澎湃的论战文章《中国的宗派主义与宗教迫害》（载于《阿姆斯特丹王家科学院纪程·文学丛书》第 4 卷第 1、2 册），关于宗教关系史，见其收在《宗教科学文献》第 7 卷（1904 年）中的文章，参见 1903 年《法国远东学校学报》第 3 卷第 105 页**伯希和**的评论。关于**道教**，见同一卷第 317 页伯希和的文章。关于明朝奠基人的圣谕（1671 年"圣谕"的前身），见 1903 年《法国远东学校学报》第 3 卷第 549 页以后**沙畹**的文章。站在康有为的现代改革派的立场上描述儒家学说的有**陈焕章**的《孔门理财学》，纽约哥伦比亚大学的博士论文（1911 年在纽约出版）。——**威廉·格鲁伯**的佳作《话说北京民俗》（发表在 1901 年的柏林皇家民族学博物馆馆刊第 7 辑上）非常生动地反映出不同的宗教系统对生活方式的影响。**该作者**的另一部著作《中国人的宗教与文化》也可供参考。关于中国哲学方面的资料有 W. 格鲁伯发表在《当代文化》第 1 卷第 5 册上的文章和该作者 1902 年在莱比锡出版的《中国文学史》。在传教士文献中，乔斯·埃德金斯的《中国的宗教》（这里用的 1884 年第 3 版）很值得一读，因为书中再现了大量的对话。道格拉斯的《中国社会》中也有一些可取的资料。需要进一步浏览的文献则是那些著名的大型英、法、德语杂志，此外还有《比较法学杂志》和《宗教科学文献》。关于近代中国情况方面的参考书有 **F. V. 里希特霍芬**的几本日记以及**劳德里**、**莱尔**和**纳瓦拉**等人的书。关于道教，参见本书第Ⅶ章的注释。

E. 康拉迪在 V. 普夫卢克格－哈通主编的《世界史》（1911 年）第

3 卷中描述了古代中国的一部现代情调的发展史。这本书还在印刷中时，我便看到了**德·格鲁特**的新作《"宇宙一体论"——中国的宗教与伦理、政治学与科学的基础》（柏林 1918 年）。在简短的入门性的概述中，特别要指出的是最优秀的专家之一罗斯托恩男爵的《中国人的社会生活》，同类的早期文献中，应指出 J. 辛格尔的《论东方社会关系》（1888 年）。

比大量的描述更有教益的是通读由英国的一批志士费时数十载翻译的冠以《京报》名义的（原先规定仅供内部使用的）皇帝对帝国官员的训喻录。具体论述时引用了其余的文献和翻译的原文。文献和碑刻的原文只有极少的一部分被翻译了过来，给我这个外行增加了困难。遗憾的是，身边没有一位汉学专家来检验我的工作。因此，我顾虑重重，怀着极大的保留将这一部分也一并付印了。

第 I 章　社会学基础：
A. 城市、君侯与神

　　货币制度——城市与行会——同近东比较的君侯管理与神明观——中央君主的卡里斯马大祭司地位

货币制度

　　我们心目中早在史前时期的中国，就是一个拥有巨大城池的国家了，这同日本截然不同。只有城市才有被封为受祭礼的地方神。诸侯首先是城主。直到战国的官方文书中，"国"仍被称为"贵都"或"敝邑"。19世纪后叶的彻底征服苗族（1872年）也打上了强制城市化、即集体迁入城市的烙印，同公元3世纪以前古罗马的做法如出一辙。后果是，中国行政的税收政策明显地损乡益城。① 中国自古以来就有国内贸易市场，这种贸易对于满足广大地区的需要是必不可少的。尽管如此，由于农业生产的特殊重要性，直到近代，货币经济也不如埃及托勒密王朝时期② 那样发达。货币体系——当然从某一方面只能看成是衰败的产物——就是充足的证据，铜币对银锭——其成色的验证权掌握在行会手中——的汇率变换不定，此一时彼一时，此一地彼

---

① H. B. 莫尔斯也这样总结过他的看法，参见《中华帝国的贸易与行政》（纽约1908年）第74页。事实上，没有消费税和非固定收入税，近代以前关税一直极低，只以消费观点制定粮食政策，这些基本事实都支持这一判断。不过，钱能通官，资力雄厚的商人买通了官僚界，其实也就开了生财之道。——原注

② 托勒密王朝，公元前332—前30年。

一地。①

中国的货币制度②在貌似现代的成分中保存着十分古朴的特征。"财"字至今保留着"贝"的古老含义。据说，直到1578年，云南（一个产矿省！）还用贝币纳贡。"币"字中还有"鳖甲"的含义③，"布帛"，即"绢币"，周代就已经存在了，绢在历代都可以用来纳税。除此之外，珠、玉、锡也是货币功能的古老的体现者，篡位者王莽（自公元7年起）试图——没有成功——建立一种龟甲、贝同金、银、铜一起充当支付手段的货币等级。④ 相反，帝国的理性主义的统一者秦始皇——据不可靠的资料——只允许制造"圆"形的铜币与金币（镒与钱），禁止使用别的交换与支付手段，结果也没有成功。银似乎后来（公元前2世纪末武帝时期）才成为铸币用金属，到了1035年⑤才成为南方诸省的税收，这无疑主要出自技术原因。金要从沙中淘，采铜在技术上相对容易些，银则只能实打实地开矿得来。然而，中国人的采矿技术和铸币技术都停留在非常原始的阶段。据说公元前12世纪起，可能是公元前9世纪起，制造的硬币——直到公元前200年才见

---

① 向符合我们的"镑库"本位制（"镑库"是1873年以前汉堡贸易商之间通用的计账单位，汉堡银行曾为楷模）的体系过渡，只能通过皇帝废除铸币、发行纸币来实现，所以是第二位的。一个地方由于铜币突然紧缺，需要增加地方银行券的发行量，这两者又造成了贴现差和银锭投机，直到近期，这类现象仍引起混乱。1896年6月2日的《京报》上随皇帝诏书公布的报告中指出了这种混乱状况和政府采取的杯水车薪的措施。关于通货状况的最佳叙述，见H. B. 莫尔斯的《中华帝国的贸易与行政》（纽约1908年）第5章第119页及以后12页。还可参见约瑟夫·埃德金斯的《中国的金融与物价》一书。中国古代文献见沙畹编的《司马迁》第3卷第30章。——原注

② "货币"亦称"货"，意为"交换手段"（订货＝贵重的交换手段）。——原注

③ 除了莫尔斯的《中华帝国的贸易与行政》的有关章节外，还可以参见乔斯·埃德金斯的《中国货币》（伦敦1913年），以及《亚洲丛刊》1837年第3集第3期上刊载的拜奥特的一直很有用的旧作，该文基本上仰仗权威人士马端临（1254—1323，元代史学家，《文献通考》的作者。——译者）本书校对时，我才读到W. P. 魏的纽约博士论文《中国的货币问题》，（载于《历史、经济等研究》第59期，纽约1914年），该文头一节有一些内容。——原注

④ 货币等级分28品。

⑤ 即宋仁宗景祐二年。

诸文字——是浇铸的，不是压刻的。这些硬币因此极易仿制，成色也很悬殊——直到17世纪，成色差异还远远大于各种欧洲硬币（英格兰金币的成色差将近10%）。拜奥特称过18枚面值相同的11世纪的铜币，最轻的2.70克，最重的4.08克，6枚公元620年的铜币，最轻的2.50克，最重的4.39克。仅由于这个原因，它们就不是唯一可用的流通尺度。黄金储备由于鞑靼人钱袋里的金子而骤增，不久又骤降。因此，金银早就变得稀缺，尽管银矿在相应的技术条件下会很有开采价值[①]。铜一直是日常交易的通用货币。编年史作家，特别是汉代的编年史作家深知，西方的贵金属流通量要大得多。年年有一大批靠实物贡品供应的大型丝绸商队把西方的黄金带入国内。（发现过罗马铸币）这种贸易随着罗马帝国的灭亡已停止了，直到蒙古帝国时期才又得到转机。

在墨西哥——秘鲁银矿开工后的一个时期，银的大部分产量作为丝绸、瓷器、茶叶的等价物流入中国，使西方国家的贸易有了好转，白银对黄金贬值〔1368年（明太祖洪武元年）＝4∶1；1574年（明神宗万历二年）＝8∶1；1635年（明毅宗崇祯八年）＝10∶1；1737年（清高宗乾隆二年）＝20∶1；1840年（清宣宗道光二十年）＝18∶1；1850年（清宣宗道光三十年）＝14∶1；1882年（清德宗光绪八年）＝18∶1〕并未阻止铜对银的比价下跌，这种下跌是由于货币经济对银的需要不断增长，而引发了银的身价倍增所造成的。采矿是政权的经济特权，造币也是这样：早在《周礼》的相传9个机构（九府）

---

① 以后要讨论的地相占卜迷信（在每一次地震时）都一再导致对采矿业的压制。不过，拜奥特在前面引用的文章中将中国的矿业同波多西（玻利维亚的一个省）比较，确实是一种可笑的夸张。在里希特霍芬以后，这已成为定论。据说，云南银矿从1811年（清仁宗嘉庆十六年）到1890年（清德宗光绪十六年）的开采量只有1300万两（尽管矿区使用费相对低廉，仅占15%）。早在16世纪（1556年），开办一个银矿需要花费30000两银，银产量整28500两。对采铝的重重禁令阻碍了获取作为副产品的银。只是在中国人统治有号称银国的缅甸的后印度（柬埔寨、安南）时期，持续的白银流入量才猛增；此外，经布哈拉与西域通商，特别是在13世纪，白银作为丝绸的等价物流入中国，16世纪以后，又通过对欧洲人的外贸换回了白银。根据编年史推论，除了技术上的不足，**天下不太平**是银矿收益通常很微薄的重要原因。——原注

中，就有造币局长①了。矿山一部分由皇家靠摊派徭役自营②，一部分由民间私办，不过前提是产品由官家统购；③将铜送往京都造币局——造币局出售超出国家铸币需求量的剩余部分——的高额运费大大提高了铸币的造价。成本自身已相当可观。公元8世纪时（据马端临的记载为公元752年④），共有99家现存的造币场，据称各场每年生产铜币3300缗（1缗合1000钱）。各场用工30人，用料铜21200斤（1斤合550克）、铅3700斤、锡500斤。每1000钱的成本为750钱，即75%。还需加上垄断性的造币局奢求的造币利润⑤：通常是25%，仅此一点，就是以使打击谋取暴利的盗铸伪币的斗争无望了，尽管这种斗争经久不息地贯穿于各个世纪。矿区还受到外敌入侵的威胁。为了满足大量铸币的需要，政府常常从国外（日本）购买造币用铜，或者没收私人储备的铜。皇室的经济特权和直接经营有时扩及全部金属矿山。银矿向有关的官员缴纳矿山使用费（在19世纪的广东占20%—33.3%，加上铅则达55%），扣除上缴政府的总数后，落在他们手里的这笔进项，构成了他们在当地的主要收入来源。金矿（主要在云南省）也同其他各种矿山一样，分成块转给矿山师傅（手艺人）进行小本经营，按其产量缴纳使用费，最高达40%。直到17世纪仍有关于矿山开采技术十分落后的记载，其原因——除了下面要讲的地相占卜⑥以

---

① 即泉府。
② 乾隆皇帝写的明代史：《御纂通鉴纲目》（乾隆皇帝主持官修的《御批通鉴纲目》，亦称《御批通鉴辑览》，德拉玛瑞译，巴黎1861年，第362页。——译者）报道了1474年（明宪宗成化十年。——译者）的庞大的徭役：强制征募的开矿徭役人数高达55万人（？）。——原注
③ 买入价与原价不相称，充分说明了开采量相当不足。——原注
④ 即唐玄宗天宝十一年。
⑤ 据前引魏的文章第17页称，中国古代铸币政策中的造币利润不详。这实不可信，因为，要是这样的话，尽人皆知的规模庞大的盗铸活动就无利可图了。编年史也详细地报道了（见下文）相反的事实。——原注
⑥ 关于风水的作用，见《汉学论丛》第2期［H.哈弗雷特的《安徽省》（？），1893年］第39页。——原注

外——是后面要讨论的中国政治、经济及思想结构中固有的普通的传统主义，它一再使各种严肃的币制改革失败。关于铸币贬值，我们从编年史中还获悉到，古代（庄王与楚①）曾强令把贬值货币用于流通，但也失败了。从（汉）景帝那儿报告了首次金币的贬值——打那以后就一再发生——由金币贬值而引起的商业的巨大混乱也说明了这个问题。祸根却显然是造币金属**储量**②的波动，抵御草原夷狄的北方所受的通货波动之苦，恰恰比早就靠金属流通手段富起来的商业中心地南方大得多。每一次战争的财政需要都依赖暴力的铸币改革和将铜钱用于武器制造（如同我们在大战中使用镍币一样）。和平的缔造意味着铜在国内泛滥，因为"复员"士兵可以随意利用军事物资。任何政治动乱都可能关闭矿山，据报道，铸币短缺与过剩都引起过惊人的——即使排除了可能的夸张也是非常大的——价格波动。大量私人的，无疑受到官吏们默认的伪币工场一再出现，各种贪官污吏也总是不把国家垄断放在眼里。国家实行货币垄断的尝试一次次地失败，绝望中只好一再允许私人按照现成的铸模造币（最早在公元前175年汉文帝时），后果自然是货币制度乱得一塌糊涂。虽然在汉武帝进行的第一次这样的试验以后很快就成功地建立了硬币垄断，清除了私人造币工场，并且通过改善造币技术（镶硬边的钱币）重新提高了国币的信誉，但是，为了资助对匈奴战争（这始终是历代历次货币混乱的原因），不得已发行了信用货币（由白鹿布制成），而且，银币容易伪造，这都使得这次试验最终失败。汉元帝统治时（公元前40年前后）造币金属奇缺③，

---

① 应为楚庄王。

② 据拜奥特复述的一段引自《文献通考》的笔记（《亚洲丛刊》第3集第6期，1838年第278页）称，汉元帝（公元前48—前33年）统治时期，全国铸币储量估计有730000万（73亿钱），1万等于10000钱（铜币），其中330000万（33亿钱）归国库所有（据《汉书·王嘉传》统计：都内钱33亿，水衡钱15亿，少府钱18亿。——译者）(!)，马端临认为，这是**低储量**。——原注

③ 编年史（指《文献通考》。——译者）中（马端临）指出，按重量计算，当时铜价是粮价的1840倍（别的资料说是507倍），而汉铜则是米价的1—8倍（在共和制最后一个世纪的罗马，铜对小麦的比价也是惊人的）。——原注

这大概是政治动乱的一种后果,接着篡政的王莽推行了他那些枉费心机的货币等级试验(28品铸币!)由政府制造金银货币的事,仅仅是暂时现象,自此似乎再没有提过。公元807年(唐宪宗元和二年)第一次发行了仿照银行流通手段①的国家流通手段②,但是,仅仅在开始时获得了银行方式的金属储备,以后就越来越难了,在蒙古人统治下,这种情况尤甚。纸币的贬值同对硬币贬值的记忆结合起来,从此牢牢地加固了镑库本位制(以"两"为单位的储备银条是大宗贸易支付往来的基础)。铜价虽然低廉,但是铜本位制却不仅意味着造币成本惊人的昂贵,而且由于货币运输费用高,对于货币经济的流通与发展都是一种十分不便的货币形式:1缗1000枚串起来的铜钱最初折合1盎司白银,后来只合1/2盎司白银。由于工业和艺术用铜(佛像),即使在太平盛世,可支配的铜量不稳定也仍然十分重要,并且影响着物价和租税负担。币值大跌大落及其对物价的影响,使一次又一次建立以纯粹(或接近纯粹)的货币税为基础的统一预算的努力都难逃失败的规律,不得不重新退到实物税的路上,其不言自明的结果是经济的僵化。③

---

① 四川的重铁币早在公元1世纪时就引起了那里16家行令在商业往来中发行证券(交子),即银行货币,这种证券后来由于无支付能力而不能兑换。——原注
② 10世纪的"便钱"纸币后来由国库兑换。——原注
③ **编年史**(马端临)上的1份古代的中国国家岁入清单(参见《文献通考》卷一,《田赋考》。——译者)如下:

公元前997年(应为公元997年,宋太宗至道三年,宋真宗即位。——译者)	公元后1021年(宋真宗天禧五年。——译者)
粮食……………21707000 石	22782000 石
铜钱……………4656000 贯(1 贯合 1000 钱)	7364000 贯
粗绢……………1625000 疋	1615000 疋
细绢……………273000 疋	182000 疋
丝线……………410000 两(应为 1410000 两——译者)	905000 两
纱(精丝绸)5170000 两	3995000 两
茶………………490000 斤	1668000 斤
干鲜秣…………30000000 石	28995000 石

对于中央政府来说，在同货币制度的关系上，除了要考虑直接的战争需要和其他财政动机外，一定要牢牢把握住物价政策。通货膨胀倾向——为了刺激铜钱生产而放松对造币业的控制——由于采取了反对通货膨胀后果的措施而起了变化：关闭了一部分造币场。① 最重要

（接前注）　　薪…………………280000 束　　　　？
　　　　　　　煤（"褐煤"）……530000 称　　26000 称
　　　　　　　铁…………………300000 斤

此外，公元前 997 年（应为公元 997 年。——译者）还有造箭用木材、鹅毛（造箭用）和蔬菜。

公元 1021 年则有皮革（861000 斤）、麻（370000 斤）、盐（577000 石）、纸（123000 斤）。

公元 1077 年（宋神宗熙宁十年。——译者）（将要谈到的王安石的货币经济与贸易垄断政策改革）：

　　　　　银………………………………… 60137 两
　　　　　铜………………………………… 5586819 贯
　　　　　粮食……………………………… 18202287 石
　　　　　粗绢……………………………… 2672323 疋
　　　　　丝与薄绢………………………… 5847358 两
　　　　　秣………………………………… 16714844 束

茶、盐、干酪、糖、蜡、油、纸、铁、煤、红花、皮革、麻的进贡数量被史学家毫无意义地按总重量（3200253 斤）混算。至于粮食，根据别处记载，是按每人每月 1.5 石口粮计算的（只是石的标准变化极大）。最后一份清单中的银收入是前两份中没有的，这也许是贸易垄断造成的，也许可以用至今仍然存在的由征税人把铜换算成银的做法来解释，或者由于后一份是决算，前两份是预算（？）。

与此相反，明朝 1360 年的第 1 次决算只有 3 项：

　　　　　粮 ……………………………… 29433350 石
　　　　　钱（铜钱与纸币）…………… 450000 两（银）
　　　　　绢 ……………………………… 284546 疋

就是说，银增加了，这是一个长足的进步，而且废除了大量的实物，实物当时显然只在使用它们的地方财政中存在。正因为扣除的东西不详，所以很难知道更多的数字。

1795—1810 年间，中央政府收入了 421 万石粮食（1 石合 120 市斤），白银收入的相对值和绝对值猛增，这是因为，自从美洲发现了天赐白银以后，中国在对西方国家的外贸中取得了巨额顺差（最近的发展不在我们的考虑之中）。

据编年史书记载，古代的惯例是，让离京城较近的地区进贡便宜的实物，边远地区，离京城越远，进贡的东西的价值越昂贵。关于赋税及其作用，参考后面的叙述。——原注

① 马端临举过公元 689 年（唐武则天永昌元年。——译者）的例子。——原注

的则是，货币本位政策参与决定了禁止和控制外贸：一则害怕自由进口时货币外流，二则担心自由出口^①商品时外币泛滥。迫害佛教徒和道教徒固然主要是由宗教政策造成的，但也常常有单纯铸币财政的原因；佛像、花瓶、寺院器具和装饰品，总之，一切由于寺院艺术的刺激而动造币原料制造艺术品的做法，都不断危及货币：大量熔化硬币导致货币严重短缺、铜被囤积、物价下跌，结果出现了以物易物的经济。^②国库系统地劫掠寺院、规定铜制品税率^③，最后^④还试图推行对青铜器和铜产品的国家垄断，这种垄断后来导致了对全部金属商品生产的垄断（目的在于控制私造伪币）——两种措施都不是长期可行的。后面将要讨论的时松时紧地强调防止土地积聚的禁令，总是使大量的铜落到执行这种禁令的官员们的手里。除了高额货币占有税以外，物价政策和国库的动机也在货币短缺时期造成了最大限度的货币集中。^⑤除了铜币以外，铁币也作为铸币时兴过一段的货币，但是，向铁币过渡的多次尝试都未能使状况好转。周世宗^⑥（10 世纪时）统治时代记载的官方呈文要求放弃铸币利润、解除对金属使用的控制（以避免对金属制品价格的垄断，同时避免由此刺激工业用金属），但是未能实施。

纸币政策出自类似的考虑。银行债券最初显然具有证券性质：通常是确保批发贸易不受铸币混乱的影响，后来又具有了流通手段的性质，主要用于区域间汇兑，因此刺激了伪造活动。技术前提是公元 2

---

① 如公元 683 年（唐高宗弘道元年。——译者）卖给日本粮食（当时那里盛行铜币制造）。——原注

② 例如编年史记载的公元 702 年（唐武则天长安二年。——译者）。——原注

③ 第 1 次在公元 780 年（唐德宗建中元年。——译者）。——原注

④ 公元 8 世纪时，造币官员们称：1000 个单位的铜精制成艺术品（花瓶）以后，其价值相当于 3600 个单位的铜，就是说，铜用于工业比用于金融业有利。——原注

⑤ 公元 817 年（唐宪宗元和十二年）规定，私人贮现钱不得超过 5000 贯（每贯合 1000 钱），自此经常这样规定。按照铜币持有量规定不同的转让时限。——原注

⑥ 原文 Schi-tong，当系 Schi-tsong 之误，指后周世宗，公元 954—959 年在位。

世纪以后引进的造纸工业以及与此配套的木版印刷工艺①，特别是凸版代替了凹版工艺。国库最早在9世纪初开始剥夺商人手中的汇兑——谋利机会。最初采取了偿还基金（从1/4—1/3）的原则，后来又多次发行以国库对银行的垄断为基础的钞票，不过，自然没有坚持到底。纸钞最初用木版印刷，后来改为铜版。由于纸的质量低劣，钞票磨损很快，纸钞至少变得模糊不清了，这是战争和铸币短缺造成的。纸钞面额缩小到最小单位，不收磨损的不能辨认的票子，征收作为替代品的新钞票的印刷成本费②，金属矿藏严重枯竭③，由于兑换地迁到内地④而增加了兑换的困难，还有最初纸币的回收期相对较短，后来延长了好几倍（22—25年）⑤这样做往往是为了对付面值不断减少的新钞票，最后还有一再——至少部分地——拒绝接受作为纳税手段的纸币，凡此种种，都使纸币的信誉一落千丈，尽管政府三令五申，在每一笔大宗支付中纸币都要占一定比例⑥，有时还完全禁止用金属支付，但都无济于事。另一方面，一再将纸币支付手段全部撤出流通又导致了通货紧缩，物价下降。也曾一再试图有计划地增加流通手段，但是很快都失败了，这是因为，从财政的动机看，这种做法有导致不可遏止的通货膨胀的苗头。在正常条件下，纸币流通量同金属货币流通量之间的比例，大体保持在18世纪英国的界限上（1：10或者更低一些）。战

---

① 最初好像是用于官吏的官印，从秦始皇以来，这些官吏就是从封建制向世袭制国家过渡的标志。——原注

② 例如1155年（南宋高宗绍兴二十五年。——译者）中国北方的鞑靼（即女真族）统治者要求1.5%的工墨钱（金国海陵王曾颁旨，使用年久、字迹磨灭的纸钞可以在当地官库兑换新钞，每贯扣除15钱工墨费。——译者）。——原注

③ 到1107年（即宋徽宗大观元年。——译者），纸币在支付汇票人那里贬值到1/100。——原注

④ 如1111年（即宋徽宗政和元年。——译者）为边界战争发行了纸币。——原注

⑤ 这是规律性的形式，最初也是由商界有关人士推荐的。就此而言，这种纸币具有无息国库债券的性质。——原注

⑥ 1107年（即宋徽宗大观元年。——译者），由于鞑靼人（辽、金）战争，每一笔万钱以上的支付中都有半数为纸币，这是常事。——原注

争、矿区陷于蛮夷之手以及在大规模聚敛财富和大兴土木建造佛教庙宇时期——在非常小的范围内——的工业（确切地说：工艺）用金属，都导致了通货膨胀，战争的伴生现象往往是汇兑破产。蒙古人（忽必烈可汗）进行过分级发行金属债券的试验（？）。众所周知，这种做法曾被马可·波罗大加赞赏。① 结果却是纸币大肆泛滥。1288年纸币贬值80%。不过，随着白银大量涌入，银又进入了流通领域。于是，人们又试图确定金、银、铜的汇率（金对银的汇率是10:1，实际是10.25:1，1两银=2005钱，就是说铜贬值一半）。严禁私人持有金条和银条，贵金属只能充当证券的预备金。对贵金属业和铜业实行国有化，根本不再铸造金属货币。这实际上导致了单一的纸币本位制，随着王朝的覆灭，抵赖了债务。

明朝虽然又逐步开始有秩序地铸造硬币（金银比价应为4:1，典型地说明了贵金属比价不稳定），目的却是先［在1375年（明太祖洪武八年）］禁止用金银充当货币，然后［1450年（明代宗景泰元年）］禁止用铜充当货币，因为与**金属货币并存**的纸币贬值了。单一的纸币本位制有成为终极货币体系之势。编年史最后一次提到纸币是1489年（明孝宗弘治二年），16世纪有过强制性地铸造铜币的试验，但马上就失败了。通过16世纪开始的直接贸易，欧洲大量白银涌入，才使情况好转。16世纪末，批发业流行称量银本位制（银锭本位制，实际上是镑库本位制），又开始铸造铜币，尽管铜对银的比价变得对铜极为不利②，但是，（各种）纸币自1620年（明光宗泰昌元年），明朝的禁令——清朝继续坚持了这一禁令——以来，一直受到全面压制，货币的金属储备也一直缓慢但都极有意义地增长着，其表现是，国家结算结构中货币经济的比重增加了。第二次太平天国暴动时发行的国币最

---

① 他的叙述让人难以接受。用字迹模糊不清的旧票换新（**票**！）时只扣3%，任何需要金银的人都可以要求用金银兑付纸票，这是不可能的，即使马可·波罗的意思——至少在字面上是**可能的**——理解为：只是用于说明**工业**的**目的**，也是不可能的。他还报道了用贵金属兑付纸钞的强制交易。——原注

② 据说19世纪中叶从500:1跌到1100:1。——原注

后在兑取时贬值，甚至根本不能兑取。

条块形状的银子的流通毕竟有很大的困难。银子总得过称，各省银号可以合法地使用比港口城市大的称来补偿他们那较高的费用。银的纯度需经冶炼场检验。由于用银支付所占的比例越来越大，中央政府要求为每一块银子提供产地和检验地的证明。铸成鞋状的银子在每一个地方都有不同的品位。

显而易见，这些状况势必导致镑库本位制。大商业城市中银号行会的票据在各地均可兑现，它们着手在其他城市建立行会，强制用镑库本位支付各种商业债务。19世纪不乏启用国家纸币的建议［1831年（清宣宗道光十一年）的上疏①］。论据全是旧的一套，例如17世纪初和中世纪的：工业用铜危及货币流通，因而危及物价政策，此外，镑库本位制还把对货币的支配权交给了商人。但是，这些建议并未被采用。官吏是最有权势的既得利益者，他们的薪俸基本上可以用银子支付。他们中间的广大阶层用商业反对北京政府干预货币本位的利益一致，因为他们收入的多寡取决于商业。无论如何，所有地方官吏一致反对强化财政权力，尤其反对强化中央政府的财政监督，下面我们将看到这一点。

铜的购买力虽然大幅度下降，但在近几个世纪内这种下降是潜移默化的，这种渐变过程是小资产阶级和小农群众对改变现状毫无兴趣或兴趣不大的部分原因。——这里姑且不考虑中国式的支付与信贷往来中银行技术方面的细节，只注意：称量计算单位，两，有3种主要形式和几种辅助形式，打着银号印记的铸成鞋状的银锭品位极不可靠。很久以来**不再对铜**币进行任何强制性的课税。在内地，铜本位是唯一有效的。反之银储备量的增长速度，特别是1516年（明武宗正德十一年）以来，十分惊人。

我们现在面临两个独特的事实：（1）贵重金属占有量的猛增，在一定程度上促进了货币经济的发展，特别是在金融领域的发展，这是

---

① 乔·埃德金斯：《中国货币》第4页，1890年。——原注

不容置疑的。但是，贵金属占有量的增加并设有伴随着传统主义的解体，而是与传统主义不容置疑地强化携手并进的，就所能看到的而言，资本主义现象没有任何明显的进步。（2）人口的惊人增长（以后再谈其规模）既没有刺激经济形式的发展，也没有受到资本主义经济形式的刺激，不如说（至少）与静态经济形式相联系。对此有说明的必要。

城市与行会

在西方，古代和中世纪的城市，中世纪的罗马教廷和正在形成的国家，都是财政理性化、货币经济以及**政治性**很强的资本主义的体现。但是，我们看到，中国的寺院却令人望而生畏，被视为破坏金属本位制的洪水猛兽。**像**佛罗伦萨那样的创造了标准金属货币并为国家的铸币政策指出道路的城市，在中国是没有的。我们看到，不仅国家的货币政策失败了，而且国家推行货币经济的尝试也失败了。

直到近代，寺禄和其他许多俸禄①的典型配给方式是（还主要是）实物津贴，这是很特殊的。中国的城市虽然与西方城市有许多相似之处，但在最重要的几点上都不同于西方。汉字中的"城"是"要塞"、"城堡"的意思。西方古代和中世纪的"城"也是这个意思。在中国，古代的城是诸侯的住地②，直到近世，它仍然是帝王代表及其他高官要人的住地：它是这样一个地方，在这里，如同在古希腊罗马的城市里和奴隶制时期的莫斯科一样，花销的主要是**息金**，一部分地租，一部

---

① 秦与汉的官吏俸禄（据沙畹在他的《司马迁》第 2 卷附录 1 中称）分 16 等，是部分定为货币、部分定为米的固定的实物津贴。作为失宠的标志——例如司马迁的《孔子世家》中写的孔子的遭遇（《史记·孔子世家》："孔子曰：'鲁今且郊，如致膰于大夫，则吾犹可以止。'桓子卒受齐女乐，三日不听政；郊又不致膰俎于大夫。孔子遂行，宿乎屯。"《史记》，中华书局 1959 年，第 1918 页。——译者）——是国君拒绝给他们一份应得的祭祀肉。不过，毕竟在当时中国的突厥发现了用纯货币结账的文书。——原注

② 到了公元前 4 世纪，石建筑代替了木建筑。这以前，栅栏式的国都很容易经常迁移。——原注

分官俸,还有别的政治性的收入。除此以外,中国的城市,同世界各地一样,自然也是商业和手工业中心——只是手工业的排他性显然不及西方中世纪。乡村也有村祠保护下的市场权。不存在受国家特权保障的城市市场垄断权。①

中国以及整个东方的城市组织与西方截然不同的是,没有城市的政治特点。它不是所谓的古希腊"城邦",没有中世纪那样的"城市法"。因为它不是拥有固有的政治特权的**共同体**,没有西方古代那种所谓住在城里的自我武装的军人等级意义上的市民阶层。从来没有过像热那亚的"合作公社"或别的"巫术同盟"之类的军事盟誓团体,没有为了自治时而同封建的城市统治者斗争,时而又同他们结盟的依靠自己自治的市区防御力量的势力,如执政官、市议会、商团式的政治行会与同业的工会联合会。② 城里人反抗官吏的起义时常发生,逼得他们逃入城堡。不过,起义的目的总是撤换某个具体的官儿,或者取消某项具体的规定,尤其是某项新的课税,从来不是争取一种哪怕是相对的、明文规定的、政治性的城市自由。很难按照西方的形式来实现这种自由,因为从未摆脱过宗族的羁绊。迁到城里的居民(特别是有钱人)仍然保持着同祖籍的关系,那里有他那个宗族的祖田和祖祠,就是说,还保持着同他出生的村子的一切礼仪性的和个人的关系。这有点像俄国农民等级的成员,既使这位农民成了工厂工人、帮工、商人、制造商、文学家,在城里找到了固定的工作场所,仍然在城外他的米尔③里保留着永驻权(包括在俄国与此有关的权利和义务)。阿

---

① 耶稣会的 L. 盖拉德的关于南京的文章(《汉学论丛》第 23 卷,上海 1903 年)没有提供很多关于中国的城市制度的知识。——原注

② 关于行会在中国的重要意义,我们以后再谈,那时将说明中国的行会与西方的区别及其原因,中国的行会是相对于具体个人的**社会势力**,这种势力及其经济作用的范围都比当时西方大得多,因此,这种区别就更突出了。——原注

③ 俄语译音,13 世纪至 20 世纪初俄罗斯的村社。

提卡市民的家神克利斯提尼①以后的市民协会以及萨克森人的"商神"在西方都是类似状况的残余②。但是，在那里，城市是一种"社区"，在古希腊罗马同时也是祭祠团体，在中世纪是盟誓兄弟会。在中国却只有雏形，没有成为现实。中国的城市神③仅仅是地方守护神，而不是社团神，通常是一个被册封了的城市官员④。

根本没有武装起来的城里人的政治盟会，这是问题的症结。在中国，直到目前还有行会、汉莎⑤、同业公会，有的地方还有"城市行会"，表面上类似英国的商业行会。我们将看到，朝廷官员非常信赖形形色色的城市居民社团，现实地看，这些社团在非常大的程度上把握着城市经济生活的命脉，比朝廷的行政管理厉害得多，在许多方面也比西方的一般社团更牢靠。从某种角度看，中国城市的状况似乎让人想起半是城镇商号时代、半是都铎王朝时代的英国城市的状况。只是一眼看去就有非同寻常的区别：即使在那样的时代，英国城市的特点也一直是有明文规定的"自由"。这种特点在中国则不存在。⑥与西方截然不同，但又与印度的情况十分一致的是，作为皇帝城堡的城市

---

① 指雅典的克利斯提尼（公元前570—前580年），雅典民主政治的开山鼻祖，曾任雅典首席执政官，领导平民大会通过全面改革政治制度的方案。他在进行改革时强调公民权利平等的原则。

② 即使在中国，也并非每一个城里人都同出生地的祖祠保持着联系。——原注

③ 城隍，古代传说中守护城池的神，后来成为道教中剪恶除凶、护国保邦之神。

④ 在官方神殿中，财神是万能的城市神［934年（后唐清泰元年）城隍被封为王，明太祖曾封京师城隍为帝，开封、临濠、东和、平滁的城隍为王，封各府的城隍为公，各县的城隍为侯］。——原注

⑤ 原指城市内或城市间的贸易同盟，如13世纪时北德意志各海港间的贸易同盟，17世纪时吕贝克、汉堡、不来梅三港之间的贸易同盟、1909年创立的柏林市工商同盟。现在成为大海运公司和航空公司的代称。

⑥ 关于中国的城市参见E.西蒙的《中国城市》（巴黎1885年，不很准确）。——原注

所拥有的受到法律保障的"自治"①远比农村要少：城市形式上由"乡区"组成，每乡由一位专门的地保（长者）管理，城市往往隶属于若干低级的行政区（县），有时也隶属于若干拥有完全独立的国家行政的高级行政管理区（府）②——十分有利于歹徒。单从形式上讲，城市就不可能订立契约——无论是私法的还是政治的，也不可能包揽诉讼，而且根本不可能以法人的身份出现，农村却具备这种可能性——我们将看到是通过何种方式具备的。在印度（同全世界一样）有时也出现某一个强大的贸易行会对城市的**实际**控制，但是，这种控制并不意味着对上述状况的补充。

原因在于此地彼地城市的起源不同，古希腊罗马的城邦——无论其基础是何等强大的地主所有制——最初都是海上贸易城市；中国则基本上是一个内陆国家。单就航海技术而言，中国帆船的实际航行距离有时也很长，航海技术（罗盘与指南针③）也很发达，但是，对于如此之大的内陆版图来说，海上贸易的相对意义就微不足道了。此外，几个世纪以来，中国一直放弃自己的海军力量——主动贸易必不可缺的基础——最后，为了维护传统，众所周知，对外接触只限于一个口岸（广东）和少数（13家）特许的商号，这种结果并非偶然。每一张地图和保存下来的报告都表明，"皇家运河"本身的开凿也只是为了**避免**从海上将南方的稻米运到北方，因为海盗，主要还是台风，使海路不安全。直到近代的官方报告还指出，海路为国库造成的损失足以抵偿改建运河的庞大开支。另一方面，西方中世纪典型的内陆城市，虽然同中国和近东的内陆城市一样，通常是王公贵族为了获取货币租金和税收而设立的，但是，欧洲城市很早就变成了拥有种种固定权利的

---

① 为某一地方的**安宁**对政府负责的名誉官员（参见 A. 贾尔斯的《中国与中国人》，纽约1912年，第77页），基本上只有转递**申请书**和办理公证的职能。他有一枚（木制的）印章，但身份**不**是官员，而是受最低地方品官管辖。——城市中也不设特别的市政**税**，有的只是政府公布的义塾、济贫、水利等捐项。——原注

② 北京由5个行政区组成。——原注

③ 自然主要是用于内陆交通。——原注

高度特权化了的联合体，这些权利被有计划地扩大了，而且还能够扩大，因为当时封建的城市统治者没有掌握城市管理的技术手段，而且城市是一个军事联合体，在骑兵到来时能够成功地关上城门。与此相反，近东的大城市，如巴比伦，其全部存在都取决于官僚制与王室对运河建设管理的恩典。中国的城市也是这样，尽管中国的中央行政管理极弱。城市的繁荣并不取决于市民的经济与政治魄力，而是取决于朝廷的管理职能，尤其是对江河的管理。① 我们西方的官僚制度还很年轻，部分是从自治的城市国家的经验中学来的，中国皇帝的官僚制历史悠久。城市在这里——基本上——是行政管理的理性产物，城市的形式本身就是最好的说明。首先有栅栏或墙，然后弄来与被围起来的场地相比不太充分的居民，常常是强制性的②，而且随着改朝换代，如同在埃及一样，或者要迁都，或者改变首都的名字。最后的永久性的首都北京，只在极其有限的程度上是一个贸易与出口工业基地。

以后要谈到的微乎其微的皇家行政管理的伴生物，正如已经指出的：城里与乡村的中国人实际上"自己管理自己"。在城里同在农村一样，除了宗族——本书将一再论及宗族的作用——之外，对于那种不属于任何宗族、不属于某个年代久远的强大宗族的人来说，职业联合体是支配其成员的全部存在的最高主宰。无论在任何地方（除了——另一种形式的——印度种姓制），个人对行会及同业公会（两个概念在语义上并无区别）的依附都不及中国。③ 除了少数从来没有得到中央政府正式承认的垄断行会以外，中国的行会实际上私占了对其成员的

---

① 如同在埃及一样，法老手持作为"统治"象征的役鞭，而汉字中的"统治"（政）也是持棍的意思，在古汉语中，这个字（治）的意思是"调整江河"，"法"的概念则与"疏通江河"一致（参见普拉特的《4000 年前的中国》，慕尼黑 1869 年，第 125 页）。——原注

② 传说始皇帝强制全国 12 万（？）户首富迁入他的首都，建立了一个移民社区。乾隆皇帝主持编写的明代编年史报道了 1403 年（明成祖永乐元年）迁往北京的富人移民区 [《御纂（批）通鉴纲目》，德拉玛瑞译，巴黎 1865 年，第 150 页]。——原注

③ 关于这方面，目前可以参考 H. B. **莫尔斯**的《中国的行会》（伦敦 1909 年）。早一些的文献中还有麦高恩的《中国行会》，（载于《皇家亚洲协会华北支部期刊》，1888 年第 9 期）和**亨特**的《1821—1844 年南京条约以前的广东》（伦敦 1882 年）。——原注

审判权。① 一切对其成员有意义的事都处于它们的控制之下：度量衡、货币（银锭加印）②、护路③、对成员的信贷监督以及我们所说的"支付条件卡特尔"④、规定供货时限⑤、存储时限与付款时限以及保险费和利率⑥；打击买空卖空及其他非法交易、照章补贴转账债权人⑦、调整货币的地方行情⑧、特许某些货物长存储⑨。对于手工匠人主要是：调整并限制徒工数目⑩，有时还要保守生产秘密⑪。每一个行会都拥有几百万资财，常常用于购买公田，向会员征税，收新入会人的入会费和保证金

---

① 这在形式上似乎特别适合于会馆，这种会馆由来自外省的（**官员与**）商人组成（相当于我们的"汉莎"），肯定产生于 14 世纪以前，可能 8 世纪时就有了，宗旨在于防止本地商人的敌对行动（常常写在章程的前言中），实际上强人入会（谁要做买卖，就必须冒生命危险），拥有会所，按照官员的薪俸和商人的销售额收取一定比例的会费，惩罚会员互相向法院起诉，管理用来代替故土的专门的墓地（家乡公墓。——译者）上的坟莹，承担与非会员发生冲突时的诉讼费，负责向中央权力机构（当然，按照索要行贿）控告地方当局［例如 1809 年（清仁宗嘉庆十四年。——译者）对地方当局的稻米禁运提出抗议］。除了外地官员与商人的行会，还有外地手工业者的同业公会：针匠来自江苏和温州的泰州（应为来自江苏泰州和浙江温州。——译者），金箔匠行会里**只**有宁波人。这些组织是部落工业组织的残余（例如，金箔匠行会就不允许向本地人传授技艺。——译者）。在所有这些情况中，由于汉莎成员一直受到威胁，于是产生了行会的绝对权力，例如类似伦敦与诺夫哥里德的汉莎的惩罚纪律，不过远远不够严厉。但是，坐地行会与同业公会（公所）还通过开除、抵制和私刑（19 世纪还出现过一名会员因违反了最高收徒权量的规定而被咬死的事）来对每一个会员实行近乎绝对的统治。——原注

② 例如由牛庄的大型行会同盟。——原注

③ 也是牛庄。——原注

④ 在会馆（"汉莎"）中尤其普遍。——原注

⑤ 梧州的鸦片行规定何时准许鸦片上市。——原注

⑥ 宁波、上海以及其他地方的银号行规定了利息，上海的茶行规定了存储与保险费。——原注

⑦ 例如温州的药行。——原注

⑧ 银号行会。——原注

⑨ 例如鸦片行，因为前面提到过对鸦片出售季节的规定。——原注

⑩ 也包括自家人徒工。——原注

⑪ 温州宁波的金箔匠不准接收任何本地人入行，不准对本地人传授任何技艺。不同民族间的宗教、职业的生产分工尤其明显。——原注

（用于福利事业），赞助戏剧演出并料理穷哥们的丧事①。

大多数职业团体都面向每一个从事相应工作的人（而且通常对于他来说，入会也是本分）。但是，不仅有大量被认为拥有世袭垄断权或世袭绝技的古老的宗族与部族行业和残余②，而且还有由国家权力的财政政策或攘外政策造成的行会垄断③。在中世纪，中国的行政管理一再试图分阶段过渡到靠礼治来满足需要。这就使得在民族之间进行分工的流动的宗族与部族工业，有可能通过强制性地由上面组织起来的以满足政府需要为目的并同职业挂钩的工业团体这样一个中间阶段，过渡到某些行业可以自由招收徒工的固定的手工工场。这就决定了在相当一部分行业中，仍旧保存着宗族与部族工业的特点。在汉代许多职业操作仍然是严格的家庭秘密，又例如福州漆制造工艺就在太平之乱中失传了，因为掌握福州漆秘密的宗族被灭绝了。一般说来没有对手工业的城市性垄断。虽然被我们称为"城市经济"的城乡之间的地域分工形式发展起来了——如同在全世界一样——而且也有了具体的城市经济政策措施，但是，系统的城市政策，即（西方）中世纪取得统治地位的同业公会——只有它们才真正想推行"城市经济**政策**"——所推行的城市政策，尽管出现了某些萌芽，却从来没有开花结果。尤其是，公共权力虽然一再采取礼治，但是从来没有创造出一种能与鼎盛的（西方）中世纪媲美的行会特权系统。正是由于没有这种法律保证，才使中国的职业团体走上了西方闻所未闻的冷酷的自助道路。这种自助也决定了，中国没有一种互助式地调节自由工商业的受到公认的、正规的、牢固可靠的**法律**基础，这种基础为西方所熟知并且促进

---

① 如要与西方国家相比，则救济制度与宗教性质（共同崇拜）都不够发达。入会费有时交给一尊神（寺库），本义是为了保证这笔钱不被政治强权侵吞。如果是寺庙充当集会场所，那么通常只有贫穷的手工业同业公会才这样做，因为它们买不起自己的会馆。演的戏是世俗的（不是西方那样的"玄妙戏"）。宗教性的结义团体（会）很少关心宗教利益的发展。——原注

② 例如前面提到的宁波的例子，这样的例子还有很多。——原注

③ 主要是广东的公行，它的13家商号直到签订《南京条约》时仍然垄断着全部对外贸易。这是少数建立在政府赋予的特权基础上的行会之一。——原注

了中世纪手工业中的**小资本主义**的发展。中国之所以没有这种基础，原因在于城市和行会没有自己的政治与**军事**权力，这一事实可以从军队与行政部门中的官吏（和军官）组织的早期发展中得到解释。

同近东比较的君侯管理与神明观

同埃及一样，在中国作为一切理性经济前提的治水，对于从有确切历史记载以来就存在的中央权力及其世袭官僚制的产生是至关重要的，一个明确的例证是孟子提到的一个建于公元前7世纪的封建诸侯的所谓同盟①［指公元前651年（齐桓公三十五年）的葵丘之会，发起人是建立了霸业的齐桓公。《孟子·告子下》提到过这个同盟及其"五禁"："五霸，桓公为盛。葵丘之会诸侯，束牲、载书而不歃血。初命曰：'诛不孝，无易树子，无以妾为妻。'再命曰：'尊贤育才，以彰有德。'三命曰：'敬老慈幼，无忘宾旅。'四命曰：'士无世官，官事无摄，取士必得，无专杀大夫。'五命曰：'无曲防，无遏籴，无有封而不告。'曰：'凡我同盟之人，既盟之后，言归于好。'"］。与埃及和美索不达米亚相反，起码在华北，帝国的政治胚细胞，筑堤防洪和修运河以利内河航运（主要是为了运粮草）是第一位的，以灌溉为目的的运河建设只是第二位的。而在美索布达米亚，这却是能否开垦沙漠地区的前提。治水官吏与在很古的文献中就已经提到的"警察"——当时是一个列于"生产等级"之后、"宦官"与"搬运夫"之前的阶级——形成了文字出现以前的纯粹世袭官僚制的萌芽。

问题是，这种状况在多大程度上不仅有了——毫无疑问的——政治性质的结果，而且也有了宗教性质的结果？近东的神是以人间国王为模特塑造的。对于几乎不知下雨是怎么回事的美索布达米亚和埃及

---

① 灌溉的调节早在文字发展时期就已经完成了（文字的发展或许多以灌溉为前提的行政管理有关）。统治（政）意味着手中执杖，"法"的古代说法与排水有关（普拉特：《4000年前的中国》，慕尼黑1869年，第125页）。——原注

的老百姓来说,一切祸福,特别是收成,都取决于国王的作为和管理,国王直接"造出"收成来。在中国南部某些治水重于一切的地方,也有这种现象,即使算不上酷似,至少也有相似之处。从锄地向园艺的直接过渡是通过灌溉实现的。但是,在中国北部,尽管灌溉已经十分发达,自然事件,特别是降雨,仍然是举足轻重的因素。在近东,古老的中央集权官僚制的行政管理无疑有利于这样一种观念的出现:最高神是一位天王,他从无中"创造"了世界和人并且作为超凡的伦理统治者要求被造物恪尽职守:这是一种只有在这里才能占上风的神明观。但是还要接着补充一句:它之所以能占上风**这个事实,单**从那些经济条件中还不能推演出来。而且正是在近东,天王登上了至高无上的、最终——不过只是在著于流放途中的《以赛亚二书》中(《以赛亚书》是《圣经·旧约》大先知书之一,共66章,其中第40—55章称《以赛亚二书》,写成于巴比伦囚房时期,作者不详,收录神谕、诗歌和论文,表达了期望犹太人得救的心情)——登上了绝对超越尘世的权力宝座,他恩赐给巴勒斯坦作为丰收之源的雨水和阳光①,使这个地区同沙漠地带成为鲜明对比。在神明观的对立中,显然还有别的因素在起作用。这些因素中的相当一部分不是在经济领域,而是在**外交**政策领域。我们还要作进一步的阐述。

近东与远东神明观的对立绝不是自古以来就尖锐之极地存在着。在中国古代,一方面,每一个地方团体都知道有一位由沃土之灵(社)和收获之灵(稷)融合起来的伦理惩戒神格发展而成的农民的双重神(社稷),另一方面,又有作为宗族祭祀对象的祖灵的庙(宗庙)。这些神灵合起来(社稷宗庙)成为农村地方祭祀的主要对象,最初可能还是被自然主义地设想为一种半物质的神秘力量或实体的乡土守护神,其地位大致相当于(早就基本上更为人格化了的)西亚的地方神。随着诸侯权力的增加,耕地之灵变成了诸侯**领地**之灵。随着高贵的英雄主义的发展,在中国,同全世界一样,也明显地出现了一位人格化了

---

① 我们将看到,这正是耶和华送给以色列人的。——原注

的天神,有点像古希腊的宙斯,被周朝的创始人(武王)同地方神一并尊为二元的组合神。随着皇权——最初是凌驾于诸侯的宗主权之上——的出现,祭天成了作为天"子"的皇帝的垄断权;诸侯祭土地和祖先之灵,家长祭一族的祖先之灵。神灵,特别是既被设想为天本身,又被设想为天王的天神(上帝)在这里和全世界都一样,泛灵论与自然主义的多变的性格,在中国,恰恰在诸神中最强大的万能的神身上,越来越变成非人格的了①,这同近东正相反,那里在泛灵论的半人格化的神灵和地方神之上又突出了那位人格化的超凡的造物主和世界的王位君主。长期以来,中国哲学家的神明观一直矛盾百出。王充②认为,虽然不能拟人地理解神,但神毕竟有一个"躯体",似乎是一种液体。另一方面,这同一位哲学家又用人死以后魂——类似以色列的"鲁阿赫"(灵与气息)——回到神的完全"无形状态"来作为他否认不死的根据:这种见解也表现在铭文中。不过,越来越受到重视的恰恰是最高的超凡力量的非人格性。在儒家哲学中,11 世纪仍有人代表的关于某个人格神的观念,12 世纪以后在甚至被康熙皇帝(《圣谕》的作者)奉为权威的唯物论者朱夫子(朱熹)的影响下消失了。伴随着人格观念的持久的残余,完成了向非人格化的发展③,关于这种情况,以后再讨论。不过,正是在官方祭祀中,这种非人格性占了上风。——在闪米特人的东方,肥沃的土地,有天然水源的土地,最初

---

① 据说(参见后面),在周朝(理雅各编的《书经》序第 193 页及以后几页这样认为),受祭的人格天神,与其并立的是"6 位尊者",被非人格的概念"皇天后土"取代了。皇帝及其陪臣的神灵由于善行而升了天(可以从天上显灵,警告世人,参见理雅各书第 238 页),没有地狱。——原注

② 王充,公元 27—97 年,东汉哲学家,反对当时流行的天是神明的说法,认为天地都是由"气"形成的。

③ 例如,公元前 312 年秦王诅咒仇人楚王的铭文就说明了向非人格化发展的不稳定。因为,这位楚王"违犯礼法"、破坏盟约相继被唤来作证和复仇的有:1. 天;2. 上苍统治者(即一位人格化的天神);3. 河神(盟约可能就是在这条河上订立的)。(参见沙畹的《司马迁》第 2 卷附录 3 中的铭文以及沙畹发表在《亚洲期刊》1893 年 5/6 月号的文章,见第 473—474 页)。——原注

也是"太阳神的土地",同时还是他的住地。土地指的是能带来收获的大地,在这里,农民土地的太阳神也变成了以地域为纽带的政治团体的地方神:乡土神。但是,在闪米特人那里,地被视为神的"财产",天,中国式的非人格的但有灵性的天,可以作为某位天上的主宰的竞争对手出现的天,并没有被构想出来。以色列人的耶和华最初是一位住在山上的司风暴与自然灾害的神,他在战争中呼风唤雨为英雄助阵,他是军事征服者歃血同盟的盟神,同盟的结合通过与他达成的协定置于他的保护之下,中介人则是他的祭司们。因此,对外政策一直是他的领地,关心这个领地的有他的全部最伟大的先知:在强大的莫索米亚洪水猛兽国家面前惊恐万分的时代的政论家。通过这种情况,他获得了自己最终的形象:外交政治是他的活动舞台,这里有战争和突变中的民族命运。但是,由于这个民族不能独立创造一个世界帝国,始终是处于列强之间的一个小国并最终屈从它们,所以,他变成了一尊"世界神",仅仅是超凡命运的操纵者,在他的眼中,就连他选出来的民族也只具有被造物的意义,各按其行为,或受福佑,或遭遗,此一时也,彼一时也。

相比之下,历史上的中华帝国,虽然屡遭战事,却一直是一个安宁的世界帝国。固然,中国的文化发展一开始就打上了军事化的烙印。士,后来的"官",本意是"勇士"。仪礼规定的皇帝亲自讲圣的后世"讲学堂"(辟痈),最初很像一座几乎在全世界典型的军事狩猎民族中流行的"男子聚会所",这是脱离了家庭去驻营的武装起来的青年预备队的兄弟会所在地,这些后生经过了至今仍然存在的理所当然的考验以后,还要举行"冠"礼(六礼之一,男子的成人礼,《仪礼》中有"冠礼"篇)。典型的年龄组制度究竟发展到什么程度,还是不得而知。似乎可以从语源学的角度推知,妇女最初只从事耕作,无论如何不参加家庭以外的祭祀活动。男子聚会所显然是(卡里斯马)军事首领之家:这里进行外交活动,例如接受敌人投降;这里存放着战争武器;胜利纪念品(如割下来的耳朵)也被送到这里(《诗经·鲁颂·泮水》:"矫矫虎臣,在泮献馘。");还为青年预备队编组进行和谐有致的射箭训练，君侯则按照训练成绩选拔自己的侍从和官吏（直到近世，射箭仍具有重要的礼仪作用）。先灵很可能——尽管不一定——也在那里给后人以告诫。如果这一切属实，那么，关于原始母系制的报道也就与之相符了：今天看来，母权制最初在一切地方似乎都是父亲的**军事**活动疏远了家庭的结果。① 在历史上，这是十分久远的事了。在中国和全世界（直到爱尔兰），由于马匹的使用，最初是充当拉战车的役畜，达到了登峰造极的程度，个人主义的英勇战斗使以步兵为主的男子聚会所解体，用造价昂贵的武器装备起来的受过高超训练的孤胆英雄备受尊重。不过，中国的这个"荷马"时代也很久远了，在中国，埃及和美索布达米亚，这种骑兵战争**技术**似乎都从未导致过"荷马"的希腊和中世纪那样的个人主义的**社会**制度。对治水以及君主官僚制的直接统治的依赖似乎曾经是决定性的平衡力量。与在印度相似的是，战车和盔甲兵由各地区负责**提供**。骑兵部队的基础不是西方封建团体中的那种个人契约，而是根据账册规定的支前义务。孔夫子的"高尚的男子"——君子（绅士）本来毕竟是习过武的骑士。但是，经济生活的静态事实的沉重压力使战神从未登上过奥林匹斯（希腊东北部的一座高山，被古代希腊人视为神山，希腊传说中的诸神都住在山顶上）：中国皇帝行耕田仪式，他变成了农夫的保护神，早已不再是骑侠君主。虽然纯粹的冥冥神话② 没有取得杀伐决断的作用，但是，从儒士的传统开始，意识形态日益转向和平主义，而且我们将看到的是逆转。

在天之灵，于是——尤其是在消灭了封建制度以后——在民间的信仰中完全同埃及的诸神一样，被视为一种可以控告人间的官，从皇上直至最小的芝麻官的理想的上诉法庭。在埃及（还有美索布达米亚，不过不那么明显），出自官僚制的观念，被压迫者和穷人的诅咒特别可

---

① 关于上面说的，参见 M. 奎斯托恩（康拉迪的学生）出色的（莱比锡）博士论文：《古代中国的男子社会与年龄层》（1913 年）（《东方语言研究所通报》第 18 卷，1915 年第 1 页）。是否像康拉迪假设的那样，中国盛行过图腾崇拜，只有专家才能断定。——原注

② 上面提到的奎斯托恩的论文，在《老子》的某些尚存的神话中发现了这种冥冥神话的残余。——原注

畏：我们将看到，这一点对毗邻的以色列伦理的影响①，**这种**观念，而且**只有**它，也成了帮助平民百姓反抗官吏以及一切特权者、有财产者的一种迷信的大宪章②，而且是一种令人望而生畏的武器，这是官僚制同时还有**和平主义**信念的独特标志。

任何真正的人民战争的时代，在中国毕竟都处于遥远的历史时代。不言而喻，中国的战争时代并没有随着官僚制的国家制度而中断。中国军队开到了印度后方直至中土耳其斯坦。早期的文献记录史料对**战争**勇士推崇备至。按照官方的见解，得胜将军被**军队**押载登基的事，历史上毕竟只有一次（公元元年左右的王莽）——其实，这种事当然并不罕见，不过总是表现为礼仪形式；或者通过礼仪承认的征服；或者通过反叛违背礼仪的皇帝来实现。公元前8—前3世纪是塑造中国精神文化的至关重要的时期，这时的帝国是政治诸侯们的一个非常松散的联盟，周王在政治上已经变得昏庸无能，诸侯虽然在形式上完全承认他的宗主权，但是，彼此却为了争当盟主而反目，特别是操戈。与西方神圣罗马帝国的区别主要在于，周王宗主**同时**是，并且主要是正统的**大祭司**，这很**像**处于卜尼法茨八世③所要求的地位的西方教皇，这是一个可以一直追溯到史前时代的重要事实。这种必不可少的功能决定了周王一定要维系他的宗主地位，这样一来，就形成了在规模和实力方面不断变化的列国文化统一的基本要素。礼仪（至少在理论上）平等是促进统一的黏合剂。在这里也同西方中世纪一样，是宗教的统一决定着名门望族可以按照礼仪在列国间自由迁徙：贵族政治家可以在礼仪上不受妨碍地从为某位君侯效劳转向为另一位君侯效劳。公元前3世纪建立了统一帝国——从这以后仅有过短期的分裂——至少从原则上和理让上给国内带来了安宁。从此，"合法"的战争在国内不

---

① 参见收在《世界宗教的经济伦理》中，韦伯的另一部著作《古犹太教》。

② 1215年英王约翰因惧怕内战而给予臣民自由的宪章。自颁布日起就成为英国人民反抗压迫、争取自由的依据。

③ 罗马教皇，1294—1303年在位，主张教皇权力高于世俗君主，下令禁止教士向各国君主纳税。

可能再出现了（春秋无义战）。抵御与征服蛮夷则是政府的纯粹的公安任务。天于是在这里不再具备在战争、胜利、失败、放逐和思乡时受到的崇敬。如果不考虑蒙古人袭击的时期，那么，自从修筑了长城以后，这种命运原则上已经不那么重要，也不再是绝对非理性的了，在宗教冥想平和发展时期，已经是不可思议的了，不再时时被视为构成危险的或已经化险为夷的命运或是左右全部生存的棘手问题，尤其不是大众同胞之事。老百姓不过是变换他们的君主而已，或是篡权上台的，或是成功入侵的，两种情形都仅仅意味着征税人的变换，而不是社会制度的变迁①。几千年来未被动摇过的国内政治与社会生活的古老制度被置于神的保护之下并揭示出这种保护。以色列人的神也关注内部社会关系：作为惩罚他的子民用战祸破坏他所制定的古老的联邦制度的理由。但是，同远为重要的偶像崇拜相比，这种破坏仅仅是各种罪恶中的一类。反之，对于中国的天威来说，古老的社会秩序就是一切。上苍在进行统治时是这种制度的永恒性和不被扰乱的效用的维护者，是受到理性规范统治保障的太平盛世的卫士，而不是或喜或忧的非理性的命运突变的根源。这种突变就是不太平，天下大乱，因此是典型的恶魔所致。太平及国内秩序的最好的保障是一种非人格化的力量，正是由于非人格化，这才是一种特殊的超尘拔俗的庄严肃穆的力量，这种力量中没有激情，特别是没有作为耶和华的最重要的特征的"怒"。中国人生活的这些政治基础自然有助于那些鬼神信仰因素获胜。天下一切向祭祀发展的巫术中都形成了这类因素。不过，在西方，由于弘扬了英雄神，最终由于弘扬了平民阶层人格化的伦理救世主神，这类鬼神信仰因素便在发展中夭折了。典型的狂欢式的原始大

---

① 因此，奥·弗兰克再三强调，满族统治不被视为"外来统治"。不过，在革命亢奋时期便不是这样了，太平宣言（这里指的是刊入《颁行诏书》中的《奉天诛妖檄》和《奉天讨胡檄》，这些檄文都揭露了满族贵族统治中国的罪行，号召人民"各各起义，大振旌旗"，推翻清朝统治。——译者）就是生动的例证。——原注

地崇拜，即使在中国也被骑士及后来的儒士贵族政体根除了。① 既没有舞蹈——古代的战舞消失了——也没有放浪形骸的性解放、疯狂的音乐以及别的迷醉形式，甚至没有任何残迹，唯有礼仪行为似乎具备了"圣礼"的特点，但这种礼仪行为恰恰一点也不放浪。天神在这里也胜利了：哲学家们根据司马迁的《孔夫子传》(《史记》卷47《孔子世家》）来说明这一点：山川之神统治着世界，因为雨水来自山上。② 但是，他是作为天上秩序之神，而不是作为天上千军万马之（武）神得胜的。这是典型的中国式的信仰转折。在印度，由于别的原因，这种信仰也以别的形式占了上风。信仰，再加上不可变动的、稳定的**礼仪与历法**，使无穷与永恒成为最高信仰力量，在这里，降妖伏魔的礼仪法则与作为农业民族基础的自然法则融为**一体**，成为统一的"道"。③

---

① 黄帝的6个辅臣之一后土被尊为"土地神"（参见米歇尔译、注、编的《十六国疆域志》，巴黎1891年，第51页第215个注释）。[《周礼·大宗伯》："先告后土"。郑玄注："后土，土神也。"公元前113年汉武帝开始奉祀。唐以后，又以后土为守墓神。道教中也有后土神，北宋徽宗政和七年（117年）尊为"承天效法厚德光大后土皇地祇。"——译者] 据此，当时（黄帝时期）几乎不可能有大地崇拜，因为如果这样，这种称号就是渎神的了（后土者，垢也）。——原注

② 《史记》卷47《孔子世家》：吴客曰："谁为神？"仲尼曰："山川之神足以纲纪天下，其守为神，社稷为公侯，皆属于王者。"王肃注："守山川之祀者为神，谓诸侯也。"韦昭注："足以纲纪天下，谓名山大川能兴云致雨以利天下也。"

③ 因为"道"这个概念的"宇宙一体论"的根源显然就在**这里**，在这种融和之中。这个概念后来（以远比巴比伦的源于肝脏的概念以及埃及的形而上学的概念高明的方式）发展成一种"对应"的宇宙系统（进一步的哲学解释——凡不在我们第7章的考虑之内的——您只好查阅格鲁伯那本被引用的关于"宇宙一体论"的文笔漂亮的书，从纯粹系统性的角度看，该书没有讨论起源问题）。不过，很清楚，同礼仪的绝对定型一样，对历法制定和历法本身的计时解释，以及，与二者相联系，源于后面要讲的神秘主义的理性的道——**哲学**，都是第二位的。最古老的历法（夏小正，"小调准器"）似乎绝少神创论的包袱，显然是在始皇帝的历法改革以后发展起来的。后来，政府残酷迫害任何私人擅撰历书的做法，以此为前提，制定了计时的基础书：《时宪书》。这本书被当作民间读物大量重印，为"日师们"（职业时占家）提供了资料。太史（原文为 La schi，显然是笔误或印刷错误。——译者）（"高级作家"）们的非常古老的历法当局，既是天文学家——（历法——）部门之源，也是占星术士——（预兆——）部门之源，同时也是模范、示范地构想出来的宫廷编年史之源，宫廷编年史家与历法制定者最初是兼职的，参见下面。——原注

现在，人们的终极感觉已经不是超凡的造物主神，而是一种超神的、非人格的、始终如一的、永恒的存在，这种存在同时也是永恒秩序的无穷的作用。非人格的天威对人"无言"①，天通过地上的统治方式，就是说，在自然与传统（作为宇宙秩序的一部分传统）的固定秩序启示人们，还——世界各地都一样——通过人间发生的事件启示他们。老百姓境况好，表示上天满意，就是说：地发挥着作用。反之，一切坏事则征兆着巫术暴力破坏了神圣的天地和谐。这种乐天的宇宙和谐观对于中国来说是非常根本性的，它是从原始的鬼神信仰中逐渐成长起来的。在这里，同世界上其他地区一样，最初的信仰②也是充斥着宇宙并且表现在自然事件及人物行动与境遇中的善（益）灵与恶（害）灵、"神"与"鬼"的二元论。人的"灵魂"也被认为——这一点符合全世界流行的关于大多数赋魂力的假设——是由生于天上的神气和地下的鬼气复合而成的，二气在人死后重又分离。所有哲学流派的共同教义于是都把"善"灵概括为（天上的和男性的）阳——原理，而把"恶"灵概括为（地上的和女性的）阴——原理，世界就是在阴阳之原理的结合中产生的。如同天地永存一样，这两个原理也是永存的。但是，由于巫师勇士们降福的卡里斯马被认为同来自赐福的天威、来自阳的吉祥神之灵是一回事，所以，中国的这种彻底的二元论又受到了乐观的削弱与支持，全世界几乎都是这样。具有卡里斯马资格的人显然有制服恶魔（鬼）的力量，而且，天威肯定也是社会宇宙的至善至高领导，所以，神之灵在发挥其功能时必将受到人间俗世的支持③。只要镇住邪恶的鬼之灵就行了：以后天所保护的秩序就能正确地发挥作用了，因为，如果天不准，恶魔就不能为害。神与灵都是强有力的本质。但是，没有哪一位神，或者被神化了的英雄，或者同样强有力的

---

① 《论语·阳货》："子曰：'天何言哉？四时行焉，百物生焉。天何言哉？'"
② 以下主要参见格鲁伯的《中国人的宗教》，尤其是第33—34页、第55—56页。——原注
③ 这种动机说明，有时也被帝党用来反对权倾的嫔妃（妾）：妇人当政意味着阴凌阳。——原注

精灵，是"全知"或"全能"的。儒教徒的清醒处世哲理在虔诚的人遭遇不幸时毫无偏见地断言："神的意志多变"(《孟子·离娄上》："天命靡常")。一切超人的本质虽然都比人强大，但是远比非人格的至高无上的天威要低，而且也低于沐浴天恩的皇帝大祭司。谁来担任作为祭祀对象的超人共同体？只有天威和与之相似的力量才——作为这类想象的结果——在考虑之内并决定超人共同体的命运①。反之，受到巫术影响的具体的精灵也能决定具体个人的命运。

人自然在完全交换基础上同这些神打交道：为多少福利奉献多少礼仪。如果某位保护神尽管接受了一切牺牲供奉和美德，仍不足以保护人们，就只能换掉它。因为只有经受了**考验**的真正强有力的神灵才配受崇拜。这种交换实际上常常发生，特别是由皇上来承认那些经受了考验的神灵为礼拜对象，为它们封号受衔②，必要时再废黜它们。只有一位神灵经受了考验的卡里斯马才是正当合法的。虽然——马上就要说到——皇帝要对灾害负责，但是，由于失灵的预言或别的神谕而酿成失败的计划的神，也因此而名誉扫地。1455 年（明景宗景泰六

---

① 在国家祭祀活动中（参见格鲁特《宇宙一体论》中的栩栩如生的、入微入细的描述），除了祭 1. 天，这个天（据格鲁特说）在大型祭祀活动中是作为皇帝的第一位祖灵出现的；2. 地（"后土"）；3. 皇帝的先祖以外，自然还要祭；4. 社稷，土地与田野收成的保护神；5. 日月；6. 神农，农耕术的发明人；7. 养蚕的发明人（由皇后主祭）；8. 先朝伟大的皇帝，1722 年（清圣祖康熙六十一年）起则改为所有先帝（不包括死于非命的或被成功的起义——缺乏卡里斯马的标志——推翻的）；9. 孔子及其学派的几位泰斗。——所有这些（基本上）全由**皇帝亲祭**。此外还有：10. 雨与风神（天神）及山、海、河神（地祇）；11. 作为历法神的木星（中国古代称木星为"岁星"。木星每 12 年绕太阳一周，每年移动木星轨道的 1/12，古代以木星所在的位置作为纪年的标准，故称岁星。）；12. 医术的创始人与春神（或许是作为巫术疗法之源的昔日的冥间放浪的标志）；13. 武神［被封为神的武将关帝（关羽），公元 2—3 世纪］；14. 经典学问之神（反对异端的庇护神）；15. 北极灵［1651 年（清世祖顺治八年）被封］；16. 火神；17. **火炮神**；18. 要塞神；19. "东方圣神"（东岳泰山）；20. 龙王——水神或建筑——砖瓦——粮仓诸神；21. 被封神的地方官。这些（10—21），（通常）都由主管官员奉。君不见，到头来整个外在的国家组织都被封了神号。但是，最高的牺牲显然要奉献给非人格的神灵。——原注

② 《京报》充斥着官员们提出的这类封神申请，这同相应的天主教的程序是（转下页）

年），一位皇帝还公开责难了泰山灵。在别的场合，这一类神灵也被停止了祭祀和供奉。如司马迁在为伟大的帝王中的"理性主义者"和帝国统一的缔造者始皇帝所作的传（《史记·秦始皇本纪》）中指出的，他曾下令砍一座山，以示惩罚，因为这位山神非常倔拗，硬是不让他进山[①]。

中央君主的卡里斯马大祭司地位

皇帝自身的事情，也要严格按照卡里斯马原则处理。这种被习惯了的政治现实是全部构想的出发点。就连皇帝本人也只能通过他的卡里斯马品质证明自己是奉天命做人君的。这完全符合——世袭卡里斯马地调节的——卡里斯马统治的先天基础。卡里斯马，无论在哪里，都是一种非常的力量（maga，常作 mana，马那，美拉尼西亚与波利尼西亚语中的"力量"之意，中太平洋诸岛土著宗教的基本观念，指一种超自然的非人格的神秘力量，任何一种不同寻常的东西之所以如此，都是由于具有马那。马那附着于自然事物、人、鬼魂、精灵之中，本身并不是崇拜对象。但具有马那的人都可以使别人获福或遭祸。Orenda，奥伦达，北美休伦族印第安人语，意思同马那），体现在魔法

（接前注）一致的：晋升要逐步完成并视以后奇迹的证明而定。例如，1873 年（清穆宗同治十二年）根据有关当局呈报的"黄河大神"在水灾危险面前的态度，先批准了对该神的祭祀，但是，封神的申请却一直被悬挂到呈报它又建了功勋为至。1874 年（同治十三年）呈报（据同年 12 月 17 日《京报》报道）了它的灵像制止了洪峰猛涨以后，它才得到了相应的封号。1874 年 7 月 13 日（据当日《京报》报道）申请承认湖南一座龙王庙的神力。1878 年（清德宗光绪四年）批准了新的封号："龙神"（见当日《京报》）。又如，1883 年（同年 4 月 26 日《京报》报道）有关官员申请批准晋升黄河流域一位被封为神的已故前品官，因为人们看见其幽灵在水上徘徊，出生入死参与镇河。欧洲人非常熟悉的官员（李鸿章——1878 年 12 月 2 日《京报》报道——等人）类似的申请也屡见不鲜。1883 年 11 月 31 日，某御史以魔辩士的身份抗议封某位命官为神，因为此人政绩平平（同日《京报》报道）。——原注

① 《史记·秦始皇本纪》：秦始皇"浮江，至湘山祠。逢大风，几不得渡。上问博士曰：'湘君何神？'博士对曰：'闻之，尧女，舜之妻，而葬此。'于是始皇大怒，使刑徒三千人皆伐湘山树，赭其山"。

力量与英雄业绩中，新教徒只能通过神秘的苦修的考验来确定自己有了卡里斯马（换一种说法，也可以叫获得"新灵魂"）。不过，卡里斯马品质（本来）也是可以丧失的：英雄或巫师也可以被他们的精灵或神"摈弃"。一个人只有不断通过新的奇迹、新的英雄业绩来证实卡里斯马的存在，他的卡里斯马品质才有保障，至少巫师或勇士不能让自己及其追随者遭到明显的失败。同狭义的呼风唤雨，妙手回春及其他非常技艺①一样，英雄力量最初也被视为神秘的品质。有一点对于文化发展至关重要，即：战争君主的**军事**卡里斯马与（通常是：气象学）术士的**和平主义**卡里斯马两者是否掌握在一只手中这样一个问题。答案如果是肯定的（皇帝教皇主义），问题则是：两种卡里斯马中的哪一种最初成为君主权力发展的基础？在中国——如前所述——基本的、在我们看来已经是史前时代的命运——似乎是由治水的重大作用参与决定的②——使皇权从**神秘的**卡里斯马中产生出来，世俗权威与精神权威集于一身，不过后者占有十分强大的统治地位。帝王的神秘卡里斯马固然必须用战果（或者避免明显的失败）来证明，但主要还要靠风调雨顺、五谷丰登、国泰民安来证明。但是，他为了有卡里斯马才能所必须具备的个人品质，却被礼仪论者和哲学家相继变成了礼仪和伦理：他必须按照古代经书的礼仪和伦理规定**生活**。因此，中国的君

---

① 对于前万物有灵论（原始宗教中的万物有灵论的萌芽）和万物有灵论的观念世界来说，根本不可能**区分**什么是"魔法"，什么不是。从使用特殊的力——后来称为"灵"——这层意思上说，就连种地和各种日常的、以取得某种成果为目的的行为也是一种"魔法"。这里只能从**社会学**的角度来区分：拥有超常的品质把心醉神迷状态同日常状态分开，把职业术师同常人分开。"超常"后来又理性地演化为"超凡"。制造耶和华神殿里装饰品的手艺人被耶和华的灵与气迷住了，正如医学家被那种使他能取得自己的成就的力量迷住了一样。——原注

② 但**不能**仅仅用这一点来说明。因为，如果真是这样，美索布达米亚也会出现同样的发展。不能不接受这样一个事实：帝权与圣权关系中的这种——正如 G. 杰利纳克偶然发现的——具有中心地位的重要发展，常常基于我们不明晰的"偶然"的历史命运。——原注

主首先是一个大祭司，译成伦理语言的古代神秘宗教的祈雨师。① 由于伦理理性化了的"天"保护着一种永恒的秩序，所以，君主的卡里斯马取决于他的德性。② 他也像所有具备天生卡里斯马的统治者一样，不是那种舒舒服服的近代统治者那样的受神福佑的君主，这些人凭着统治者的称号要求，犯下蠢行"只对上帝"负责，其实是：根本不负一点责任。他是那种古代真正的卡里斯马统治意义上的受神福佑的君主。按照上面的分析，就是说：他必须造福于民，以此来证明自己是"天之子"，是天所认可的君主。如果做不到这一点，他还是没有卡里斯马。如果江河决堤，如果奉献了一切牺牲，天仍不下雨，那么，正如明确教导的那样，就证明了皇帝不具备天所要求的卡里斯马品质。在这种时候皇帝就要公开忏悔他的罪孽——这样的事近百年来仍有发生。编年史里就有封建时代诸侯的罪己诏③，这种习俗一直存在，直到1832年（清宣宗道光十二年）还有这样的记载：皇帝公开忏悔以后，接着就下了雨④。要是这样做了还是无济于事，他就要准备让位，过去大概

---

① 缺雨（或雪）会在宫廷与礼仪官员范围内引起最激烈的讨论与建议，遇到这种事，《京报》总是充斥着要求采取形形色色的补济措施的奏章。例如1878年（光绪四年）的险恶旱情（特别参见1878年6月11—24日《京报》所报道的消息）。国家天文学家的衙门（即委员会）援引古典占星术的权威指出日月色彩以后，翰林院的一位翰林的奏折就指出了由此产生的忧虑并要求，虽然要把这份鉴定公之于众，但不应让年幼的皇帝听到太监们关于凶兆的废话，还应为皇宫加岗；此外，还望摄政两宫履行她们的道德义务，这样，就不会不下雨了。这份奏折与对贵妇人的生活方式忧心忡忡的解释以及对当时已经降雨的提示一起发表了。同年早些时候曾建议（1878年1月14日《京报》报道）册封一位"天女"（1469年故去的隐士），因为她常在荒年赈济，此外，还批准了几次类似的晋升。——原注

② 这一儒家正统说的基本命题在大量的皇帝诏书、翰林院的鉴定与奏折中曾一再被强调过。前一个注释中提到的翰林院"学士"的鉴定以后还要一再引用，其中有这样的话："唯有这种德性可以影响天威……"（参见下面的注释）。——原注

③ 见彭亚伯前引书第53页。——原注

④ 1899年（光绪二十五年）（据10月6日《京报》报道）有一份（太后发动军事政变而被置于她的监护之下的）皇帝的圣旨，其中，他痛心自己可能成为干旱之由的罪孽并附言：诸王与大臣也都通过不对头的生活变迁认识到了他们造成干旱的过失部分。——在同样的形势下，两位垂帘听政的太后1877年（光绪三年）都答应听从一位御史之谏：她们应当持"虔敬态度"，因为她们这种态度有助于消除干旱。——原注

是准备献祭。他像官员一样受到御史们根据职权作的申饬。① 尤其是一个违反了古来不变的社会秩序——作为高于一切神圣事物的非人格的规范与和谐的宇宙的一部分——的君主,假如他改变了绝对神圣的祖宗孝道的自然法则,那么(根据并非无关紧要的理论),就要被证明他被自己的卡里斯马抛弃了,陷入了恶魔的控制之中。人们可以处死他,因为他是一个匹夫②(相对于担任公职的人而言)。只有主管当局才有权这样做,当然不是每个人,而是大官们(像在加尔文教里等级拥有抵抗权一样)。③ 因为,就连国家秩序的维护者:官界,也被认为沾上了卡里斯马④,因此,在同样的意义上,也被视为神圣的制度,像君主本人一样,每一个官吏本人直到近代仍旧是可以被罢免的。官吏的资

---

① 参见前一个注释的结尾部分。——1894 年(光绪二十年),当一位御史批评了慈禧太后干政不合礼法(参见 1894 年 12 月 28 日《京报》的报道)以后,却被罢了官,并被流放到蒙古驿道上服苦役,但并非由于这个批评本身不能被接受,而是由于它"只凭道听途说",并无实据。1882 年(光绪八年),一位翰林院学士提出了这样的要求(见 1882 年 8 月 19 日《京报》的报道):愿太后多关心政务,因为皇帝年轻、稚嫩,皇室成员的工作是最佳的,否则太后周围的人会开始批评她的领导。这位学士可算比较会看这位女强人的意图了。——原注

② 别的理论则宣扬不准对皇帝复仇(公元前 6 世纪),诅咒碰那戴皇冠的头的人要倒大霉,它们同这种追究君主责任的理论针锋相对(E. H. 帕尔克:《古代中国简史》,伦敦 1908 年,第 308 页)。这种理论与皇帝的整个地位,主要是教皇地位,从来没有确立起来。仅仅由军队宣布的皇帝似乎只有一次成为合法的君主。但是,"百姓"对大领主的拥戴最初无疑是除了指名以外取得王位的合法条件。——原注

③ 君侯的一整套卡里斯马观念涌进了一切中国文化驻足之处。南诏王摆脱了中国的统治以后〔南诏:唐代云南以乌蛮族为主体的政权,历时 253 年(公元 649 年—902 年)。《新唐书·南诏传》:"南诏本哀牢夷后,乌蛮别种也。"唐初为蒙舍诏,贞观二十三年(公元 649 年)细奴罗建大蒙国,据南诏。蒙舍诏一向靠拢唐王朝,也正是在唐王朝的积极支持下,蒙舍诏才得以一统六诏,称南诏。公元 741 年(唐开元二十九年),唐玄宗册封南诏王袭云南王,加封其子为"上卿兼阳瓜州剌史都知兵马大将军",从此南诏成为归服于唐王朝的地方性"国家"。说"南诏王摆脱了中国的统治"与史有出入〕,有一段由沙畹译的关于他的铭文(《亚洲期刊》第 9 集,1900 年第 16 卷第 435 页)这样写道:国王有"蕴含着平衡与和谐的力量"(借用中庸),他具有(如苍天那样的)"覆荫之能"。作为他的德性的象征,文中提到了"不朽的业绩"(与吐蕃结盟)。他也像中国的模范皇帝那样,找出了那些"旧家族",把它们拢在周围,这点可以同《书经》对照。——原注

④ 参见倒数第 2 个注。下面将接着指出,品官被视为神秘力量的体现者。——原注

格也以卡里斯马为前提：在他们管辖的区内出现的任何社会的或宇宙气象的动乱都说明：他们没有得到神灵的恩宠。不问原因如何，他们只能立即辞职。

官僚界的这种地位，从对于我们来说的某个史前时期起就处于发展中了。《周礼》中传下来的半是传说性质的周朝古老的神圣秩序，正处于从原始家长制向封建制过渡的转折点上。

第 II 章 社会学基础：
B. 封建俸禄国家

分封制的世袭卡里斯马特征——重建官僚制的统一国家——中央政府与地方官——公共负担：徭役国家与捐税国家——官员与税收包干

分封制的世袭卡里斯马特征

很显然，中国的政治分封制最初与（西方所谓的）封建领主土地所有制本身并无干系。倒是这两者在酋长**宗族**摆脱了男子聚会所及其衍生物的古老的束缚以后，都产生于"氏族国家"，比如印度就是这样的典型。据一条简短的资料说，**宗族**最初提供战车，它也体现着古代的等级制划分。初具规模的真正的政治制度出现于用文字记载历史之初，是所有征服帝国最初的行政结构的直接发展，这种结构适用于19世纪的黑人大帝国，也适用于"中国"（中央王国），即：直接由常胜统治者当作领地权让其官吏：个人当事人与家臣管理的王宫周围的"畿内"地区（王畿千里），日益由纳贡诸侯控制的"畿外"地区被合并起来，国王，中央王国的统治者，只是在必须维护他的权力及与此密不可分的贡品利益时，而且在他力所能及时，才干预畿外地区的行政。当然，离王家领地区越远，受到的干预就越少、越弱。畿外地区的统治者究竟是可以被罢黜的王公还是世袭的；《周礼》的理论中承认他们的臣民有权向周王上诉，这种上诉权实际上运用得如何；是否经常导致周王干预；与王公同级的或低于他们的官员是否像理论上说的那样由周王的官员任免并在实际上依赖于后者；三师三少（公与孤）[①]的中央行政实际上是否可以延伸到王家领地以外；畿外国家的防御力量实际上是否可供宗主调遣，这些都是一度完全不稳定地解决了的政治问题。从这种状况中发展起来的政治封建化，在这里发生了与我们将在印度看到的极为彻底的贯彻形式[②]相同的转变：只有握有**政治**权力的统治者及其随从的宗族才要求考虑，让他们占据从朝贡诸侯直至其宫廷官员和地方官员的附庸地位，他们也确实如愿以偿。主要是王族，不过也有及时臣服并保留自己全部或部分统治的诸侯的宗族。[③]最后，还有那些受到表彰的英雄与忠良的宗族。无论如何，卡里斯马早就不再严格地附着在具体的个人身上，而是附着于他的宗族，我们以后在讨论印度的情形时（《印度教与佛教》），将进一步认识作为一种典型的后者。造成等级的并不是通过自发地称臣托庇及授勋封地而获得的采邑，而是——原则上至少是——恰恰相反：高贵的宗族属性决定着受封的资格，家庭出身等级越高，封官级别也就越高。我们发现，在中国封建的中世纪，大臣乃至某些使臣的职位都攥在某些家族手心里，就连孔子也是上流社会的一员，因为他出身于一个统治者家庭。后来的碑文中也曾出现的"名门望族"就是这种卡里斯马宗族，它们主要靠政治决定收入，其次靠世袭地维系的地产来支付它们的地位所需的经费。同西方的对立，当然从某种角度看是相对的，但决非无足轻重。在西方，采邑的世袭性是水到渠成的。采邑主的地位按其有无裁判权来划分，恩赐按服务方式来划分，最后，骑士等级同其他等级，特别是同城市贵族的等级划分，是在一个已经牢牢地通过土地

[①] 三公三孤，周代以太师、太傅、太保为三公，少师、少傅、少保为三孤，合称公孤。以后历代沿用，略有变化，西晋称三师三少。

[②] 参见韦伯《世界宗教的经济伦理》中的另一部著作《印度教与佛教》。

[③] 由于具有卡里斯马宗族祖灵的威势，人们往往似乎害怕剥夺被征服的宗族的全部土地（E. H. 帕尔克：《古代中国简史》，伦敦1908年，第57页）。除此之外，宗族卡里斯马对分封与俸禄机会的决定作用即使不是祖灵的强大地位的唯一源泉，也反过来说明了这种地位。——原注

专有以及所有（广泛）可能的交换获利机会组织起来的社会内部完成的。最早的德国中世纪的（在许多方面仍处于假设阶段的）世袭"王公"的世袭卡里斯马地位似乎很**像**中国的情形。但是，在西方封建制度的核心地区，氏族的坚实结构在传统的等级制覆灭的条件下，由于征服与变迁，显然变得十分松散，战争的需要迫不及待地把每一个受过军事训练的健全男子全都吸收到骑士阶层中来，就是说，允许每一个像骑士那样**生活**的人享有骑士地位。后来的发展才导致了世袭卡里斯马并最终导致了"门第证明"。中国则与西方相反，宗族的世袭卡里斯马——在我们所知道的时期内——始终是第一位的（至少从理论上讲是这样①），也一直有一举成功的暴发户。（具有决定意义的）不是（**像**后来西方那样的）具体**封地**的世袭性——倒不如说这是一大弊端——而是由世袭的宗族等级产生的对特定**等级**的封地的要求。至于周朝"设立"了五等爵（公、侯、伯、子、男），采用了按爵位封地的原则，似乎只是传说；但是，说当时的高级封臣（诸侯）都是从古代统治者的后裔中挑选出来的，倒是可信的。② 这与日本早期的状况一致，是"氏族国家"。魏（推翻汉王朝以后）迁都洛阳，据编年史记载，也把"贵族"一并带到了洛阳。他们由贵族自己的宗族和旧的卡里斯马宗族组成，最早当然是：部落酋长家族，当时已经是受官封与享官俸的人的子孙了。即便在当时（！）他们也仍按照家里的某位**先人**曾经有过的**官职**来分配**爵位**（并据此分配俸禄要求权），这同罗马贵族阶层及俄罗斯公国贵族的原则毫无二致。③ 战国时代高级官职也完全被某些具有很高的世袭卡里斯马级别的宗族攫为己有。④ 只是到了始皇帝

---

① 《书经》里有一句格言："人惟求旧，器非求旧，求新"。——原注

② 资料参见 Fr. 赫斯的《中国古代史》（纽约 1908 年）；《亚洲期刊》第 3 集第 12 卷第 537 页及以后几页，第 13 卷第 381 页及以后几页比昂特译的《竹书纪年》。作为公元前 18—前 12 世纪时期资料的青铜器铭文和《书经》颂篇，参见弗朗克·H. 查尔方特的《早期中国铭》，刊载在（匹茨堡）《卡内基博物馆纪要》第 4 卷（1906 年 9 月）上。——原注

③ 见《亚洲期刊》第 14 集第 10 卷（1909 年）沙畹第 2 个注释。——原注

④ 见哈尔勒茨编的《国语》，卢万 1895 年，第 2 页。——原注

时代（从公元前 221 年起）才在封建制灭亡的同时出现了真正的"宫廷贵族"：这时编年史中才第一次提到"赐爵"①［《史记·秦始皇本纪》："是岁（秦始皇二十七年，公元前 220 年）赐爵一级"］。同时，由于财政吃紧，被迫第一次实行捐官——就是说：按照货币占有量来选拔官吏——所以，尽管原则上仍维系着等级差别，世袭卡里斯马制还是瓦解了。1399 年（明惠帝建文元年）还有贬为"庶民"（民）的说法②，当然条件变了，含义也大不相同了③。在封建时代，分封制符合世袭卡里斯马的等级分层，取消了对下属的封建并向官僚行政过渡以后，与世袭卡里斯马等级分层相适应的是很快就确定下来的俸禄职位制：在秦和承秦制的汉，都按钱租与米租分为 16 等④（秦汉两代沿用的都是战国商鞅制定的"20 等爵"，自下至上为：1. 公士；2. 上造；3. 簪袅；4. 不更，以上相当于士；5. 大夫；6. 官大夫；7. 公大夫；8. 公乘；9. 五大夫，以上相当于大夫；10. 左庶长；11. 右庶长；12. 左更；13. 中更；14. 右更；15. 少上造；16. 大上造即大良造；17. 驷车庶长；18. 大庶长，以上相当于卿；19. 关内侯；20. 彻侯，亦称通侯或列侯，以上相当于诸侯。战国时期秦国五大夫以上有食邑。汉初改为公大夫以上有食邑，官大夫以下得免役，后又改为五大夫以上才得免役）。这已经意味着封建制度被彻底铲除了。过渡呈这样一种状况：官职被划分为等级不同的两大类，一类是关内侯［20 等爵中的第 19 级，次于彻侯（列侯），有食邑和按规定户数征收租税之权］——**土地**俸禄职位；另一类是列侯（即彻侯，汉时因避汉武帝讳，改为通侯，又改列侯，20 等爵的最高一级。有食邑和按规定户数征收租税之权。封邑大者万户，小者百户。列侯一般住在京师，而不住封地。封地内的行政由中央派员负责）——以一定的村落为依托的**租税**俸禄职位。关内侯是纯粹封建时

---

① 见沙畹（1897 年）编的《司马迁》中《始皇帝传》第 139 页。——原注
② 乾隆皇帝主持编写的《御纂（批）通鉴纲目》（明纪），德拉玛瑞译。——原注
③ 在当时指：将获得学位的人（秀才、举人、进士），并因此不服徭役、不受鞭刑的人，降为役奴。——原注
④ 见沙畹主编的《司马迁》第 2 章附录 I 第 526 页第 1 个注释。——原注

代旧封地的继承人。列侯自然意味着**实际上**对农民非常广泛的统治权。在骑士军被诸侯军以及后来招募农民组成的训练有素的皇家常备军取代以前,这两种官职一直存在。古代封建制度与西方封建制度尽管有内在的差异,但其外在的相似性却广泛地存在着。在中国也同世界各地一样,特别是那些(由于经济原因或军事训练不合格)不能服兵役的人,自然自古以来就被剥夺了一切政治权利。这种现象肯定在封建制度出现之前就已有之。据说,周代国君在战争与大刑之前要先问"万民"(《周礼·秋官司寇》:"小司寇之职,掌外朝之政,以致万民而询焉:一曰询国危,二曰询国迁,三曰询立君。"),即武装的宗族,这符合募兵存在时的一般状况。估计随着战车的出现,古代的兵制瓦解了或陈腐不堪了,世袭卡里斯马的封建制崭露头角,以后扩及政治职位。我们已经引用过的有关行政组织的最古老的文献《周礼》[①],展现出一种非常公式化地设计出来的[②]、非常理性化地由官吏领导的国家制度,其基础是科层官僚制指导的灌溉以及同样由他们指导的专门养殖(丝)、徵兵名册、统计、仓廪。不过,实现这种国家制度似乎很成问题,因为行政管理的理性化在另一方面,根据编年史记载,正是作为封建诸侯国竞争的产物出现的[③]。人们毕竟会相信,在封建时期以前

---

① 拜奥特译:《周礼》(周的礼仪),2卷,巴黎1851年。据说出自公元前1115—前1079年的成王政府。只有其核心部分才被认为是"真"的。——原注

② 把宰相(冢宰)、农耕大臣(司徒)、祭祀大臣(宗伯)、军机大臣(司马)、司法大臣(司寇)、劳动大臣(司空)称为天官、地官、春官、夏官、秋官、冬官,无疑是士的作品。由天上的大官决定的预算的前提,无疑也是非历史的。——原注

③ 司马迁为我们保存了秦与汉的实际行政组织(见沙畹负责编的《司马迁》第2卷附录Ⅱ中谈到的同样的行政组织),除两位大臣(左、右丞相)外,还有(直到武帝时)作为军事首领的太尉(秦及汉初所设的官职,全国军事首脑,与丞相、御史大夫并称三公,汉武帝时改称大司马);作为宰相兼御史台及各郡官吏首领的中丞[即御史中丞,汉代为御史大夫(仅次于丞相的中央最高长官)之佐,在殿中兰台(皇家图书馆)掌管图书];外督刺史[地方监察官,监察各郡行政;内领侍御史(中央监察官),考察文书计簿、劾按公卿奏章];掌管祭祀的奉常(秦代所设官职,汉景帝时改为太常。为九卿之一,掌管宗庙礼仪,兼掌选试博士。历代沿置,成为专司祭祀礼乐之官),同时也是大占星家、大占卜家、大医生,而且特别对堤坝和(转下页)

有过一个埃及"古代帝国"式的家长制时代①。因为在这两个国家——在皇家保护下成长起来的——水利与建筑的官僚制的非常久远的历史是不容怀疑的。这种官僚制的存在从一开始就控制着战国时代的封建性质并将儒士阶层的思维——我们以后将会看到——一再纳入管理技术与功利主义的科层官僚制的轨道。但是，政治的封建制度毕竟还是统治了500多年。

（接前注） 运河负责；然后是博士（秦及汉初掌管古今史事待问及书籍典守。至武帝时，设五经博士，自此以后博士专掌经学传授）（儒士）；郎中令［郎中，战国时所置官职，汉代沿置，属于郎中令（后改光禄勋），管理车、骑、门户、内充侍卫，外从作战］：宫中（门户）监督；卫尉［战国时所设官职，汉代为九卿之一，掌管宫中卫生，同时为南军（西汉守卫未央宫的屯卫兵）首领］：宫廷侍卫长；太仆（春秋时所设官职，秦汉沿用，九卿之一，掌皇帝的御马和马政）：兵器库长；廷尉（秦时所设官职，汉景帝时改称大理，武帝时复称廷尉，九卿之一，掌管刑狱之司法官）：司法长官；典客（秦代所设官职，汉景帝时改称大行令，武帝以后称大鸿胪，掌管少数民族宾客的接待事宜）：主管诸侯与蛮夷君侯的长官；宗正（秦代所设官置，汉代沿用，皇族事务机关的长官，多由皇族人出任。《后汉书·百官志》三："掌序录王国嫡庶之次，及诸宗室亲属远近，郡国岁因计上宗室名籍。若有犯法当髡以上，先上诸宗正，宗正以闻，乃报决。"）：皇家监督；治粟内史（秦代所设官职，汉景帝时改称大农令，武帝时改称大司农，九卿之一，掌管租、税、盐、铁及国家财政收支）：仓廪监督（因此是农耕及通商大臣）；少府（战国时代所设官职，秦汉沿用，九卿之一，皇帝私府的长官，掌管山海地泽收入及皇室手工业制造）：皇室家政长官［他下面是由一名宦官出任的尚书（战国时代所设官职，亦称掌书，秦汉沿用，为少府的属官，掌管文书章奏，武帝时地位逐渐重要，成帝时设尚书五人，分曹办事，隋代始分六部，明代以后相当于国务大臣）］；中尉（秦汉武官职，掌管京师治安，汉代兼北军——守卫京师的屯卫兵——首领）：首都警察长官；将作少府（秦代所设官职，汉景帝时改称将作大匠，职掌宫室、宗庙、陵寝及其他土木营建）：建筑监督；詹事（秦代所设官职，西汉沿用，掌管皇后、太子家事）：皇后及太子家务的管理者；内史（西周时设置的官职，历代沿用，汉景帝时分左、右内史，掌管京畿地方事务，相当于后世的京兆尹。各代"内史"的含义不一）：京官；后来与典客（参见上面）合并的主爵中尉（秦代所设官职，汉景帝时改称主爵都尉，掌管封爵事务，汉武帝时改为右扶风，成为地方行政长官，职掌也全变了）：督察封臣。您看，这个单子——与理性的因而在历史上不十分可信的《周礼》的设计截然不同——表明了通过附加的司法、水利及纯粹的政治利益从家政、礼仪及军事管理中产生的世袭官僚制的全部非理性。——原注

① "家长制"当然不是指独裁制，而是指世袭卡里斯马的**宗族**家长制，其中某位礼仪祭司拥有突出的权力，他最初可能是通过指定产生的（经书也认为开始是指定），以后就按世袭卡里斯马流传下来。——原注

一个各封建国家实际上完全独立的时代构成了公元前9—前3世纪这一时期的历史。关于刚才简单提到的这一封建时代的状况，编年史①提供了一幅毕竟还算清楚的画面。周王是宗主，诸侯在他面前要下车，"合法的"政治财产权力只能源于他一个人的赐予。他接受诸侯进贡，进贡的任意性不断削弱他的权利，使他陷入尴尬的依赖关系。他按等封侯，陪臣与他没有直接来往。②封地起源于交付守卫的城堡，后来这种城堡就变成了赏赐，这种报道屡见不鲜（例如封国秦的起源）。从理论上讲，在需要继承时，应当重新申请封地，皇帝也通过裁度及时地将封地赐给合格的继承人；据史书记载，当父亲对继承人的规定与皇帝做出的指定发生冲突时，皇帝往往让步。骑士封地的规模似乎变化不定。编年史中有这样的记述：③封地应包括10000—50000亩（1亩＝5.26英亩，亦即526—2630公顷）土地和100—500个人。在别的地方，1辆战车的地位折合1000个人是正常的④，根据另外的记载（公元前594年），4个居民单位（大小自然不一定⑤）＝144个武士。还有（以后）一定的——后来往往是很大的——居民单位折合一定数量的战车、甲士、马匹及粮草（家畜）⑥。后世的税收、徭役及征兵摊派

---

① 通过（部分）翻译，首先，司马迁的《史记》（公元前1世纪，沙畹编）可供使用了。P.彭亚伯又将从编年史中提炼出来的秦、韩、魏、赵、吴等封建国家的政治发展作了分类汇编（见前引彭亚伯的书第7页，该书尽管难免带有往往给人质朴印象的"基督教"的见解，但仍很有用）。如果引彭亚伯的书时未加说明，则指《秦史》。此外，还有一再引用过的《国语》。——原注

② 这项政治原则对于附庸（陪臣）至关重要，这可以毫不费力地用下面这个事实来解释：许多政治封臣都出身于本来独立的、后来朝贡的诸侯。封臣本人给国王的贡品——除了应尽的军事义务以外——都被认为出于自愿，国王也有义务回赐（关于这种关系，参见E.H.帕尔克的《古代中国简史》，伦敦1908年，第144—145页）。——原注

③ 引自P.彭亚伯（耶稣会）《秦国史，公元前777—前207年》。——原注

④ 根据赫斯的一处对管子的解释（《中国古代史》，纽约1908年），在最先理性化的秦国，就是折合1000名食盐消费者。——原注

⑤ 因为E.H.帕尔克在《古代中国简史》（伦敦1908年）第83页上的陈述似不可取。——原注

⑥ 在讨论土地征税时还要再谈这个问题。——原注

的全部方式显然继承了封建时代的这些传统：古代征车骑，后来才征军队兵员、劳役和实物税，再往后才是货币税，下面我们将看到这一点。

可以找到共同封地，亦即长子统领的共同遗产。① 在皇室中，也同时存在着长子继承权和由统治者或最高官员从皇子及皇亲中指定继承人的做法。有时，封臣也以长子或嫡出之子的继承权旁落于比长子年轻的儿子或庶出之子为由反抗皇帝。后来，出自与祭祖有关的礼仪原因，形成了一种规矩：从比过世君主辈分低的人中选择继承人，这个规矩一直被沿用到君主制末期。② 从政治上说，宗主权几乎萎缩到不复存在。这是由于，只有**守备国境的封臣，即边疆总督，才打仗**。皇帝——可能正因为如此——仅仅是和平主义的教主。

皇帝是拥有礼仪特权的大祭司：只有他才有权奉献最高的牺牲。封臣反抗皇帝的战争在理论上被认为是礼崩乐坏，将遭诅咒、倒大霉，但这并不能阻止战争时有发生。同罗马帝国的罗马主教要求主持公会议。③ 一样，编年史中多次提到皇帝本人或其使节要求召集诸侯大会；在各大封臣掌家宰（在《周礼》中为辅佐天子之官。郑玄注："变家言大，进退异名也。百官总焉则谓之家，列之于王则大。"）（施主）大权时期，这种要求被嗤之以鼻（儒家理论自然认为这是一种礼仪的冒犯）。这种诸侯大会经常召开，例如公元前 650 年（周襄王二年）的一次（葵丘之会）就主张"无易树子"，"士无世官，官事无摄"，"无专杀大夫"，"无曲防，无遏籴"，提倡孝道，"敬老"和"尊贤育才"（参见《孟子·告子下》）。

帝国的统一，实际上不是表现在这些不时召开的诸侯大会上，而

---

① 非长子的**礼仪**地位较低，这于长子有利。非长子们不再是"封臣"，而是官吏（大臣），不再在家里老的大祭坛上供，而是在旁系祭坛上供。（参见司马迁《礼书》）——原注

② 结果是，在君主制的最后几十年里，一个小皇帝接着一个小皇帝登基，朝廷一半由某位亲戚（恭亲王）、一半由两宫太后主持。——原注

③ 基督教世界性的主教会议，公元 325—787 年共召开过 7 次基督教公会议，皆由罗马帝国皇帝主持，以后的 14 次公会议只是天主教的会议，除第 1 次——公元 869—870 年的君士坦丁堡第 4 次公会议——外，皆由罗马教皇主持。

是表现在"文化统一"上。同西方中世纪一样，中国的文化统一也有3个代表因素：(1) 等级制骑士风范的统一；(2) 宗教的亦即礼仪的统一；(3) 士阶级的统一。礼仪的统一及车骑战斗封臣与封城所有者等级的统一表现为同西方类似的形式。在西方，"野蛮人"与"异教徒"是一回事，在中国，夷狄与半蛮的主要标志是礼仪不端，从秦起，直到后来，都把错误地贡奉牺牲的诸侯视为半蛮，反对礼仪不端的诸侯的战争被视为千秋功业。后来北方异族曾多次入主中国，建立征服者的王朝，只要正确地遵从礼仪规则（和士等级的权力），每一朝都被礼仪传统的支持者说成是"正当"的，至少作为表现文化统一的理论而要求诸侯遵守那些"国际法"的要求，一半来源于礼仪，一半来源于骑士等级制。人们曾经试图通过诸侯大会来达成国内和平的协议。从理论上讲，当邻国国君正在服丧，或处于困顿之中，尤其是遭逢饥荒威胁时，去攻打人家，是非礼的；对于这样的困君，理论上认为，尽同胞之情，济危扶困，是取悦于神的业绩。谁要是危害了他的领主，或是为不义之事而战，他就不能在天上或祖庙里得到一席之地。① 通告会战的地点与时间被视为骑士风尚。战争必须以任何一种方式做出裁决："一定要知道，谁胜谁负"②，因为战争是神的公断。

诸侯政治的实践通常当然与此大相径庭。实践展示的是大小封臣之间的一场无情的战争；陪臣抓住一切机会为自己争取独立，大诸侯则专等机会袭击邻国，整个时代是一个——据编年史推导——充满血腥战争的时期。不过，理论并不是无足轻重的，而是文化统一的重要表现。统一的支持者成了士，亦即精通经书的人。诸侯为了巩固自己的势力，利用士来为自己行政的理性化服务，这很像印度的王公利用婆罗门、西方的公侯利用基督教神职人员的做法。（公元前）7世纪的颂歌并不赞美贤哲与士，而是颂扬武夫。古代中国骄傲的恬淡寡欲以及对"来世"利益的全然拒斥就是这种战争时代的遗产。不过，公元

---

① 见前引彭亚伯书第54页。——原注
② 见前引彭亚伯书第66页。——原注

前753年（秦文公十三年），秦国却任命了一位正式的宫廷史官（也叫宫廷天文学家）（《史记·秦始皇本纪》：文公"十三年，初有史以纪事，民多化者。"）。诸侯的"典籍"——礼书与编年史书（先例集录）——扮演了掠夺对象的角色①，士的重要性显然提高了。他们掌管账簿和诸侯间的外交换文，史书中记载了大量（可能是当作范例编辑的）这样的换文；他们采用了颇似"马基雅维利式"的手段：用战争与外交两条道路来战胜邻国诸侯，一面结盟，一面筹划战争。主要是通过理性的军队组织、存储政策与税收政策：显而易见，作为诸侯的账房先生，他们完全能做到这些。②诸侯之间试图在挑选士时互相施加影响，挑拨离间。士们则互通信息，变换仕途，从一国宫廷到另一国宫廷，过着像中世纪末期西方神职人员和世俗知识分子那样的流浪生活③，并且也像后者一样，感到自己是一个统一的阶层。

各国争夺政治权势的竞争成为诸侯经济政策理性化的催产素。④这种理性化是士阶层的杰作。一位叫（商）鞅⑤的士被视为理性的国内

---

① 这些古代典籍的技术性质只好搁置不谈。纸张是**很晚**时期的（进口）产品。但是，书写与计算很早以前就有了，肯定在孔子以前很久就有了。以后还要提到罗斯索恩的推测。他认为，礼仪文献是口头流传下来的，因此"焚书"是传说。格鲁伯似乎不承认这种推测，他在近期著作中仍然认为"焚书"是事实。——原注

② 编年史（彭亚伯前引书第133页）保存了为某次同盟计划进行的各国军事力量的计算。根据这种计算，每1000平方里（1里=537米）的面积可以提供600辆战车、5000匹马、50000名丁（其中10000名辎重兵，余为战士）。公元前12世纪的一份（所谓的）税制改革计划（从近东情况类推，估计是引进战车以后几百年的事）要求同样的面积提供10000辆战车。——原注

③ 参见彭亚伯前引书第67页。——原注

④ 战国时代是一个充满爱国主义的时期，特别是在与夷狄接壤的边境国家（主要是秦）里。当秦王被俘时，"2500"个家族捐款支持战争继续进行下去。公元112年（汉安帝六年），汉朝的一位皇帝曾试图在财政困境中借这种"君子债"——众所周知，17世纪利奥波德统治下的奥地利也有过类似的尝试——似乎成效不大。——原注

⑤ 约公元前390—前338年，秦孝公在位时，商鞅两次主张变法，奠定了秦国富强的基础。孝公死后，商鞅被秦国贵族车裂而死。

行政管理的创始人。另一位士，魏冉①，那个后来凌驾于各国之上的国家理性化军队制度的创始人。庞大的人口数字，尤其是诸侯及其臣民的财富，在这里也像西方一样变成了达到政治目的的权力手段②。同西方一样，这里的诸侯及其学问兼礼仪谋士必须首先同诸侯自己的大夫做斗争，因为大夫的反抗使他们受到了同他们以往为自己的封建领主所准备的同样命运的威胁（《孟子·告子下》："五霸者，三王之罪人也。今之诸侯，五霸之罪人也。今之大夫，今之诸侯之罪人也。"）。诸侯结盟以反对私封（《孟子·告子下》："无有封而不告。"赵岐注："无以私恩擅有封赏而不告盟主也"），士制定了这样的基本准则：官位世袭有违礼仪、渎职会招致诅咒而倒霉（夭折）③（《孟子·告子下》："士无世官，官事无摄"），这些清楚地表现出由封臣（即由具有卡里斯马资格的大家族）进行的旧的行政管理向有利于官吏行政变化的特点。创设了诸侯的亲卫兵④，由诸侯全面装备并供应给养的设有将校的军队取代了封臣的兵员，这些同税收政策、仓廪政策结合起来，带来了军事领域内相应的变革。具有卡里斯马资格的名门望族带着自己的战车和仆从追随诸侯上战场，他们同平民百姓之间的等级对立在史书中自然处处作为前提，有严格的服饰制度⑤；"名门望族"试图通过联姻政策⑥巩固他们的地位，就连战国的理性制度，例如那些（商）鞅们在秦国制定的制度，也坚持等级差异。"贵族"与庶民始终有严格的区别，不过很清楚："庶民"自然仅指被排斥于封建等级、骑士战斗及骑士教育之外的平民宗族，而不是指隶农。"庶民"的政治立场与贵族相

---

① 战国时秦国大臣，拥立秦昭王，他初任将军，后四次为相，曾保举白起为将，连克三晋，并取楚郢都。秦昭王四十一年（公元前266年）被罢官。
② 彭亚伯前引书第142页。——原注
③ 这两点均见彭亚伯转述的一位士的报告。——原注
④ 彭亚伯前引书第61页。——原注
⑤ 彭亚伯前引书第59页。——原注
⑥ 彭亚伯前引书第61页。——原注

异。① 不过，以后我们毕竟会看到，农民大众的处境十分困难，在中国也同全世界一样，只是世袭制国家的发展才导致了诸侯同无特权的阶层联合起来反对贵族。

重建官僚制的统一国家

战国时代的争斗使诸侯国的数目越来越少，只剩下少数几个实行理性行政管理的统一国家。最后，秦王在公元前221年，在排挤了名存实亡的王朝（东周）和其他封臣以后，终于大功告成，以"始皇帝"的名义吞并了全中国，建立起"中央帝国"即统治者的世袭领地，也就是说，把中国置于自己的官吏管理之下。取消了旧的封建卿士寮②，代之的是两宰相（左丞相、右丞相）；地方军队司令官与民政长官分开（类似古罗马晚期的制度），两长官都受君主的监督官的监督（类似波斯的做法），由这些监督官发展出后来的巡回"御史"，在这种基础上，形成了真正的"独裁制"。还出现了严格的官僚制度：广招贤士，按功绩和恩宠擢拔官吏。独裁制与官僚制取代了旧的神政封建制度。对官吏队伍的这种"民主化"起作用的，不仅有处处行得通的独裁者同平民阶层反对等级贵族的自然联盟，而且还有财政因素：正如已经指出的，史书把首行**卖官鬻爵**归于这"第一位皇帝"（始皇帝），绝非偶然。卖官的结果必然是把富裕的平民变成了食国家俸禄的人。然而，反封建的斗争是原则性的。严禁以任何形式转让政治权力，包括在皇族内部。等级制的划分虽然未被触动③，但是，随着固定的职务等级制的确

---

① 彭亚伯前引书第38页。——原注
② 商末西周开始设置的执掌国家政事的官署，类似西方古代的枢密院。卿士寮长官为左、右卿士，一说为三左三右：三左即大史、大祝、大卜；三右即大宰、大宗、大士。
③ 这位皇帝在史书中流传下来的一篇刻石中说："贵族与平民各守其序"（彭亚伯前引书第261页）。在另一篇刻石中区别出"贵族、官史和平民"（《史记·秦始皇本纪》载秦始皇琅玡台刻石中有："尊卑贵贱，不逾次行。"秦始皇芝罘刻石中有："职臣遵分，各知所行，事无嫌疑。黔首改化，远迩同度，临古绝尤。"）。——原注

立（战国时某些国家已经有了这种等级制的萌芽），出身卑下的官吏的升迁机会增加了。实际上，新的皇权正是借助平民的力量来反对封建势力的。在这之前，平民出身的人只有在特殊的条件下，而且仅仅在士阶层内部，才有可能使自己的地位上升，在政治上有所作为。在战国时代的史书中，从行政管理理性化开始以来，才有了出身贫寒低微的人成为诸侯心腹的例子，他们能取得这样的地位，完全靠他们的知识。①士凭着他们的能力和谙熟礼仪，要求挑选甚至优于君王近亲的最高职位。②不过，这样的地位不仅在诸侯重臣中有争议，而且士通常也觉得自己处于一种非正式地位，类似不管部长，也可以说是诸侯的"忏悔神父"。中国的封建贵族同西方的一样，对于他要垄断的官职，绝不让外（国）人染指，因此才有士反对封建贵族的斗争。早在始皇帝（秦王嬴政）初年——公元（前）237元（秦王政十年），那时尚未统一——就有关于驱逐外国士（和商人）的报道（《史记·李斯列传》："会韩人郑国来间秦，以作注溉渠。已而觉。秦宗室大臣皆言秦王曰：'诸侯人来事秦者，大抵为其主游间于秦耳。请一切逐客。'"又，《史记·秦始皇本纪》："大索，逐客。"）。但是，为了江山，他又撤回了逐客令③，从此以后，他的丞相一直由一位自称是出身卑贱的暴发户的士担任（《史记·李斯列传》：斯曰："斯，上蔡闾巷布衣也，上幸擢为丞相，封为通侯，子孙皆至尊位重禄者。"又，李斯先为秦国长史，除"逐客令"后，恢复了长史的官职，以后官至廷尉，秦始皇统一中国后，才担任丞相职）。帝国统一以后，独裁者的讲理性反传统的绝对

---

① 见彭亚伯的《韩国史》，《汉学论丛》第31卷第43页（关于公元前407年的魏国诸侯政权），这段以后还要讨论。——原注

② 同上一个注释。——原注

③ 士李斯一直是铁腕大臣（长史），传统迫使他上书言明士（以及包括商人在内的外国人）对于巩固（秦王）江山的作用（彭亚伯前引书第231页）（见李斯：《谏逐客书》。李斯在书中叙述了历史上异国士对秦国变法改革的不可磨灭的贡献，质问"客何负于秦哉？"批评逐客是"非所以跨海内、制诸侯之术"；进而指出后果，"今逐客以资敌国，损民以益仇，内自虚而外树怨于诸侯，求国无危，不可得也。"）。——原注

主义——正如他本人在他那些刻石中明确地表示的①——也开始对士教养阶层的社会势力施以重压。古不能凌驾于今，释古者不能凌驾于君："皇帝要高于古代"②。他在一切浩劫中试图——如果我们可以相信传说的话——毁灭全部古籍和士等级本身。经书被焚，据称460位儒生被坑，并由此打开了纯粹绝对主义的闸门，一泻千里，不可收拾，这种绝对主义不看出身、教育，全靠私人宠幸。最突出的例子是任命了一名宦官③为家政总管④兼次子（胡亥）的老师。皇帝死后，这个宦官和那个暴发士（李斯）合谋反对长子（扶苏，不满秦始皇焚书坑儒，劝其不要再对儒生重法绳之。始皇怒，使扶苏北监蒙恬于上郡）和军队的司令官（大将军蒙恬），拥立次子即位。士教养贵族在中世纪的几百年内一直同纯粹东方苏丹制（一种极端家长制的统治制度，君主具有至高无上的权威）的宠幸政治进行斗争并取得了间歇性的成果。现在，这种宠幸政治同地位平等化及绝对独裁勾结起来，有如决堤之水，大有吞没中国之势，皇帝为了显示他所要求的地位，把自由民的旧称"民"改为黔首，"黑头"，其含义无疑等于"臣民"。皇帝大兴土木，庞大的徭役、沉重的负担⑤（修筑万里长城、阿房宫）要求肆无忌惮地

---

① 例如在司马迁的《秦始皇本纪》（沙畹编，第5卷第166页）中保留的一部刻石称：一切反**理性**的行为都是不可饶恕的（琅玡台刻石中有"奸邪不容"）。大量别的刻石（泰山刻石、芝罘刻石、碣石刻石、会稽刻石）（出处同上）颂扬了皇帝在宇内建立的理性**秩序**。这种"理性主义"并未阻止他派人去寻长生不死灵药。——原注

② 司马迁的《秦始皇本纪》（沙畹编，第2卷第162页）中传说的始皇帝的格言。此外，战国时各国儒臣的意见，甚至王安石（公元11世纪）的意见基本上都不反对这种主张，关于这点以后还要讨论。——原注

③ 赵高，秦始皇时任中车府令，行符玺事。尝教秦始皇少子胡亥书及狱吏令法事。秦始皇死后，与丞相李斯合谋，伪造诏书，逼始皇长子扶苏和大将军蒙恬自杀，立胡亥为二世皇帝。任郎中令，控制胡政。后又杀李斯，任中丞相，不久杀二世，立始皇孙子婴为秦王。后被子婴所杀。

④ 宦官管家最早似乎见于公元前8世纪。——原注

⑤ 万里长城耗用的徭役人数，据说达到3万人（？），总的徭役负担数字就更大了。确切地说，万里长城是在漫长的几个朝代中逐渐筑成的（因为据艾丽瑟·雷克吕斯说至少砌了1.6亿立方米岩块，所以，所需的劳动量可以大致估计出来）。——原注

在全国摊派劳力、横征暴敛①,很像(埃及)法老帝国的做法。另一方面,对始皇帝的继承人(秦二世胡亥)手下的那位铁腕宫廷宦官(赵高)有过这样一份明确的报道②:他曾建议,统治者应当与"民众"结合,授予官职时不应考虑等级地位或教育程度;现在是用武力而不是礼治天下的时候:完全符合典型的东方世袭制。再一方面,皇帝也抵制术士们③——借口提高他的威望——试图让他"隐而不露"的做法,就是说,把他像达赖喇嘛那样隔离起来,把行政全部交给官吏,他宁肯保留最原始意义上的"独裁"。

对这种残酷的苏丹制的强烈反抗,同时分别来自旧家族、士等级、对构筑工事(万里长城)怨声载道的军队和被沉重的征兵、徭役、苛捐杂税压得喘不过气来的农民,军队和农民起义都是由出身卑贱的男

---

① 特别要考虑的是,筹集服役军士和服刑犯人所需的给养。编年史(彭亚伯前引书第275页)估计,运达消费地的费用是货物原值的182倍(由于路上消耗,只有1/182能够运达固定地点,而且这也还是侥幸运到的)。——原注

② 彭亚伯书第363页。这个宦官本人出身于曾遭贬谪的贵族家庭。——原注

③ 编年史,尤其是司马迁的《秦始皇本纪》(沙畹编,第2卷第178页)对这种尝试作了某些报道。计划的炮制者似乎是方士"卢生",秦始皇曾委派他去寻找长生不死灵药。据说,"真人"应当"隐而不露"(以后要讨论的老子原理的一种独特的应用)。但是,始皇帝实际上刚愎自用,**各方"贤人"**都抱怨,他不能适时地征求他们的意见(前引书第179页)(《史纪·秦始皇本纪》:"卢生说始皇曰:'臣等求芝奇药仙者常弗遇,类物有害之者。方中,人主时为微行以辟恶鬼,恶鬼辟,真人至。人主所居而人臣知之,则害于神。真人者,入水不濡,入火不爇,陵云气,与天地久长。今上治天下,未能恬倓。愿上所居宫毋令人知,然后不死之药殆可得也。'于是始皇曰:'吾慕真人,自谓"真人",不称"朕"。'……侯生卢生相与谋也:'始皇为人,天性刚戾自用,起诸侯,并天下,意得欲从,以为自古莫及己。专任狱吏,狱吏得亲幸。博士虽70人,特备员弗用。丞相诸大臣皆受成事,倚办于上。上乐以刑杀为威,天下畏罪持禄,莫敢尽忠。上不闻过而日骄,下慑伏谩欺以取容。秦法,不得兼方,不验,辄死。然后星气者至300人,皆良士,畏忌讳谀,不敢端言其过。天下之事无小大皆决于上,上至以衡石量书,日夜有呈,不中呈,不得休息。贪于权势至如此,未可为求仙药。'于是乃亡去。")。他的后继人二世皇帝才像一个"真人""隐士"那样生活在其宠幸的监护之下,但也正因为如此而不亲朝政(前引书第266页):这是士在方士、宦官(两者经常结成同盟,以后再谈)当权时的典型的怨言。二世的覆灭使得"扈从",即封建主,早在汉朝开国皇帝治下就又卷土重来了,尽管始皇帝的整个科层官僚制保存了下来,特别是士的影响又东山再起了。——原注

子领导的。① 不是贵族阶层，而是一个暴发户，取得了胜利，推翻了秦朝，在天下重新陷于四分五裂之际，建立了新的王朝政权，重新一统天下。但是，胜利果实最终还是落到士手中，他们的理性的经济与行政管理政策又一次对皇权的建立起了决定性的作用，并且在当时比他们一直与之斗争的宠幸和宦官行政高出一筹，不过，定乾坤的主要是士的礼仪与先例知识以及——当时还是一种神秘技艺的——书写技艺。

始皇帝创造了或者说力图创造文字、度量衡以及法律和行政管理规则的统一性。他自诩消灭了战争②、缔造了和平和国内秩序，这一切都是他"夙兴夜寐"③所致。并非所有外在的统一性都保存下来。但是，最重要的是废除了封建制度贯彻由官吏治理的原则，官吏的资格是通过个人进取获得的。尽管儒士们咒骂这种世袭制的新发明是对古代神政秩序的亵渎，它还是被汉朝保留了下来，并且最终有利于士。

很久以后又发生了向封建制倒退的现象。司马迁的时代（公元前2世纪），在主父偃和武两位皇帝④治下，从分封给皇子的官职中复活了的封建主义，又一次被镇压下去。先是皇帝派大臣到诸侯小朝廷任总督，行监职；然后把所有官吏的任命权都收归皇帝的大朝廷；然后（公元前127年）要求把封地再分封给诸侯的子孙，以削弱诸侯的势力；最后（在武帝治下）把以前只有贵族才能要求的朝廷官职授予出身卑贱的人（其中有一位曾做过猪倌）。贵族们强烈地抗议这最后一项措施，但是，士们却（在公元前124年）贯彻了使他们得以保留高官

---

① 陈涉，军队起义领袖，是工人（雇农）；刘邦，农民领袖和汉朝的奠基人，是一个村子的农田守护人（泗水亭长）。他的宗族同其他农民宗族的联盟构成了他的中坚力量。——原注

② 彭亚伯前引书第259页（所谓的刻石）。（参见《史记·秦始皇本纪》中的泰山刻石）。——原注

③ 彭亚伯前引书第267页（参见《史记·秦始皇本纪》中的泰山刻石）。——原注

④ 应为：武帝和主父偃。主父偃，武帝时任中大夫，主张进一步削弱割据势力，下令推恩，使诸侯多分封子弟为侯。武帝采纳他的建议，下"推恩令"，从此各王国封地日益减少，名存实亡。

的措施。我们以后还会看到，士同——当时与贵族结盟，后来与宦官勾结反儒的以及为了巫术的利益而反对大众教育的——道教的对立怎样演化成了决定中国政治与文化结构命运的斗争。不过，这种斗争在当时并没有彻底解决这些问题。在儒家的等级伦理中，封建残余继续发挥着强大的作用。孔夫子要求把古典教育作为成为统治阶层一员的决定性前提，实际上这种教育仅仅局限在世袭的"旧家族"中，对于孔夫子本人来说，这可以是一种虽然没有讲出来，但却不言而喻的前提，起码习惯上是这样。人们把具有儒家教养的人称为君子——"君侯式的男子"，本来的意思是"勇士"，在孔夫子本人口里则意味着"有教养的人"。君子这个词儿产生于那种对于政治权力有世袭卡里斯马资格的宗族进行等级制统治的时代。不过也不能全然不承认"开明"世袭制的新原则，即：只有个人的功绩才是当官，包括当统治者的资格。① 社会秩序中的封建因素日趋衰败，在各个基本点上，世袭② 成为儒教精神的基本结构形式，这点以后还要论及。

中央政府与地方官

同一切处于不发达的交通技术条件下的世袭制国家组织一样，中国行政管理的集中化程度也十分有限。即使在建立起官僚国家以后，仍然不仅存在着"京"官（即旧的世袭皇权中雇佣的官吏）与"外省"官吏之间的对立以及两者的等级差别，而且——除了各省的一批高级职务——官职任命权，特别是——集中化的尝试一再失败以后——几乎所有的财政管理权最后都移交给了各省。在历次重大的财政改革时期，人们都为这个目标斗争过。王安石（公元 11 世纪）和其他改革家

---

① 当然，这一原则的推行缓慢**之极**，而且理论上也不时出现反复。实际情况如何，以后再谈。——原注

② 制编年史中（参见彭亚伯前引书第 67 页以及前面引用过的段落）鲜明地暴露了（儒家）与诸侯的对立，诸侯十分仇视和蔑视那些出入各国宫廷的游说之士。参见彭亚伯前引书第 118 页上（商鞅）同秦孝公朝中大人物的论战。——原注

都要求切实实行统一财政：上缴扣除征收费用以后的全部税收和帝国预算。但是，巨大的运输困难和地方官吏的利益一再往这瓶酒里兑水。除非统治者异常精明，从已公布的账目来看，地方官在申报有纳税义务的土地面积和纳税人口时，总是少报40%左右，这已成为规律了。① 基层和省里征税费用当然还要事先扣除。这样一来，剩给中央国库的就是一种十分摇摆不定的收入了。最后，国库只得投降：从18世纪初到现在（1914—1915年）规定地方长官按照类似波斯总督的方式只上缴规定为标准总额的贡税，仅仅在理论上有按需要变化一说，以后还要谈这种情况。这种税收定额的后果是从**各个**方面巩固了地方长官的权力地位。

　　地方长官负责向上推荐行政区的大多数官员。地方官员虽然由中央政权任命，但是，正式官员②的数目极小，结果是，他们不可能有本事管理好庞大的辖域。由于中国官员的职责简直是包罗万象，所以，像只有一名官员的普鲁士一个县那么大的行政区，即使几百名官员也难切实管好。帝国就像一个由太守领地组成的以大祭司为首的联邦，

---

① 马端临提供的中央金库的总收入额尤其能说明问题，中国作者往往把这种收入的巨大差异（特别是16世纪时的差异）归之于这个原因（申报的土地与人口数少于实际数目）(《亚洲期刊》1938年第3集第5卷和第6卷第329页上拜奥特的文章）。1370年（明太祖洪武三年）注册的可征税土地是840万顷（＝4800万公顷），这以后，1502年是420万顷，1542年是430万顷，1582年却又是700万顷（＝3950万公顷），其含义十分清楚［1745年（乾隆十年）——实行摊丁入地法30年后——16190万公顷］。——原注

② 《京报》在1879年度末，对当时活着的通过了二级学位，即完全有资格出任正式职务的后补官员的大致数目做了一个估计，根据是及第者的平均年龄——两级（举人与秀才）的录取上限是死的——和生命概率——如果太高，则高龄及第者数目不会太少；如果太低，因为从军队，特别是旗人中借用以及靠捐买文凭取得候补资格的生员也算到及第人数中，则录取人数不会很多。但是即使假定当时活着的候补生大约有30000人，而不是整21200人，那么，在假定3.5亿人口的条件下，也仅仅能在11000—12000人中录取1名这样的候补官员。在包括满洲在内的18个省份中，只有1470个基层行政区，每个区有一名独立的行政官员（知县），这就是说（在同样的前提下），大约248000名居民中有一位官员；如果算进高级的拿预算俸禄的独立官员，则每200000名居民设一个较高的官职。如果把一部分非独立的非常设的官吏也算进去，就会产生一种新的比例，按照这种比例，例如在德国，只需大约1000名陪审推事（转下页）

权力形式上——也仅仅是形式上——掌握在大地方官手里。历代皇帝则在打下统一的江山以后,按照工程师的方法运用世袭制的看家手腕巩固他们的个人权势:官员任期短,正规为3年,期满后派往外省;①禁止官员在其故乡省份任职;禁止官员的亲戚在同一个辖区内任职;此外还有一套系统的密探制,其表面形式是所谓的"御史"。但是,所有这些客观上都无助于建立一种缜密的统一管理,理由马上就讲。在中央合议当局,一个衙门的头儿同时被安插在另一个衙门里当差,这种原则并不能从本质上促进统一,倒是阻碍了行政管理的精确化,面对各省份,这种统一性就更疲软了。我们看到,每一个大的地方行政管区都争着从征税费用中留足本地的回扣——只是在遇到强悍的国君时才暂时中断这种做法——并且伪造土地注册数。如果某些省——作为军事要地或军械库所在地——财力"拮据",就会有一套复杂的分配系统,把外省的多余收入转到该省来。此外,无论中央还是各省,都没有可靠的预算,而是只有传统的拨款。中央政权对地方财政不甚了了,我们将看到其后果如何。

直到最近几十年,同外强签订条约的,是地方长官而不是中央政府——它从来就没有过做这种事的机关。几乎所有真正重要的行政制度形式上都出自省的长官之手,其实,正如我们将要看到的,出自他们的下属,而且是非正式的胥吏。因此,直到近代,中央政府的条令仍旧常常被下级权力机关当作**伦理**示范的建议或愿望,很少当作符合

（接前注）　（通过第二次国家考试的候补文职人员）级的行政官与法官就足以应付一切了。——如果以中国警方登记的家庭与人口数为依据,就会得出完全不同的数据。萨哈洛夫的资料［《帝俄公使馆——一个圣职使团——的工作》,阿伯尔与麦克伦堡（韦伯误作马肯贝尔格。——译者）译,柏林1858年］为1895/96年度提供的数字表明,原籍（不是任职地点）在北京和另外两个行政区的军政官员人数,1845年:整26500名,1846年:竟然有15866名拿俸禄的和23700名候补的（两个极不协调的数字）。此外显然不仅把取得两级学位的人（秀才、举人）,而且把候补官员和满族武官都包括在考虑之列了。——原注

① 某些最高官员在应急理由下往往可以打破这一禁令:例如李鸿章在直隶当了几十年最高行政长官。但是,这一原则直到近年执行得相当严格,尽管允许可以一次性地延长3年。——原注

皇权的大祭司卡里斯马特点的成命,一眼可以看出,中央政府的这些条令与其说是条令,不如说是对工作的批评。诚然,每一个具体官员本身随时都可以被任意罢免。但是,中央政府的实际权力并不能从中得到任何好处。因为,不准任何官员在原籍省份任职和三年届满即从一省调往他省或从一职调为他职的这一原则,虽然不能使这些官吏发展成为封建诸侯那样的同中央政府闹独立的势力,从而维系了帝国的表面统一,但是却付出了代价:这些正式官员从来未能在其管辖领域内扎下根来。一个品官,由一大帮宗亲、至交和私人关系陪着,到一个完全陌生的省去任职,他通常听不懂当地的方言,下车伊始全靠翻译通话。此外,他也不了解以大量先例为基础的该省地方法规(习惯法)。他诚惶诚恐,生怕触犯这些先例,因为它们是神圣传统的表现。因此,他完全依赖某个非官方的谋士的指教。这位谋士也同他一样,是读书人,但由于祖籍本地,故熟悉风土人情,很像一位忏悔神父,被我们这位太守尊为"老师"。他对老师毕恭毕敬,少不了阿谀奉承,除此之外,他还要依赖的,**不是**由国家发薪的正式的下属官员——他们也必须是外地人——而是列于**非正式**幕僚的助手,这些人的待遇要由他自己解囊。他必然要从尚未取得职务的本地候补官员中挑选这样的助手,条件是:具有合格的办公能力,他可以信赖他们的本地人情事故经验,也必须信赖他们,因为他现在毫无主见。最后,当他在一个新的省份就任太守职务时,还要依靠省里其他官厅头目[①]的圆滑的

[①] 通常是6人。但是,除了"总督"以外,真正重要的官方人士只有太守、按察使和布政使。布政使原为独揽大仅的最高行政官员。太守最后变成了常设按察使(从前往往是宦官)。布政、按察两官是规定的正式官员,其他"部门"都是非正式的。连最低的(县)官——其正式名称的含义为"牧"——也有两名秘书:管司法的和管财政的。他的上级("府")毕竟还有明确的,或者说可以具体规定的职能(水路、农业、种马饲养、谷物运输、兵丁安置、警察意义上的一般行政管理),本质上却是一个与上级官厅沟通联系的监察与中转官厅。最低级的官员的职能简直是百科全书性质的:他实际上无所不管。在大省官厅里还设了负责盐政和筑路的特别"道台"。同一切世袭国家一样,这里也出现了负有使命掌有权限的特别官员。关于中国的"法律家"(通晓前例者)概念和律师,请参照阿拉巴斯特尔的《中国刑法评注》(我手边没有)。——原注

人情事故本领，他们毕竟比他多几年地方关系知识。显而易见，结果必然是：实权落在那些非正式的本地出生的胥吏手中，正式官员根本无力监督、修正这些胥吏的工作，官衔越高，越力不从心。不论是中央行政任命的地方官员，还是中央官员，对于地方事务都不甚了了，无法采取彻底的理性措施。

中国的世袭制采取了举世闻名的高度有效的手段防止官员摆脱中央政府的控制而形成分封等级，这就是实行**科举制**，根据文凭授予职务，不看出生及世袭地位。这项措施虽然对于形成中国的行政与文化的特点具有决定性意义，但是，鉴于前面讲的那些情况（大权旁落，正式官员管不了非正式胥吏的工作），不可能建立一套精确地运转的国家机器。我们以后进一步讨论官吏的形成时，将会看到，阻力还来自官吏的等级伦理的最深刻的本质，这种等级伦理部分地是由宗教决定的。世袭官僚制在中国也同西方一样，是坚实的内核，形成一个强大的国家有赖于这个内核的发展。合议厅的出现以及各"部门"的发展，在中国和西方都是典型现象。但是，中西官僚制工作的"精神"却截然不同，我们就会看到这一点的。

只要这种相异的"精神"立足于纯粹的社会学因素，它就与公共负担制度有关，中国的发展就是与货币经济的变动相联系的。

公共负担：徭役国家与捐税国家

在中国也同世界其他地区一样，最初是这样一种状况：赐予部落酋长及王公一块田，由国民共同耕种。① 这就是普遍的徭役义务的起源，这种义务后来由于水利建设的急需又有了进一步的发展。通过河渠管理来"造"田，使王土思想（《诗经·小雅·北山》："普天之下，莫非王土。"）日趋明朗，这种思想一再出现，至今仍（像英国一样）以术语的形式存在着。不过，在中国也同埃及一样，皇上很难阻挡出

---

① 8块方田围着当中的国田（公田）的"井田制"也是由此而产生的。——原注

租的王田同收税的私田之间差异的扩大。另一方面，税收似乎分别从——根据残存的术语——通常的馈赠、屈服者的纳贡义务和对王土的索取发展而来。国有土地、纳税义务、徭役义务在变换的关系中长期共存。三者中以何为主，一方面看当时国家货币经济的程度——我们已经看到，由于货币本位的种种原因，这种货币经济极不稳定———方面看太平程度，最后还要看官僚机器的可靠程度。

世袭官僚制的渊源是排水和开挖运河（《尚书·禹贡》："禹别九州，随山浚川，任土作贡，禹贡。"），亦即营造。君主的权力地位则起源于臣民绝对不可避免的徭役；最初是为了治水（同埃及和近东一样）；统一帝国则起源于在越来越大的范围内统一治水的日益增长的利益，这种利益又同保护耕地不受游牧民族侵扰的政治安全需要结合起来。这些起源生动地体现在传说中，（传说的）"圣"帝禹曾经开挖运河、治水排涝，第一个真正的官僚制的统治者"始皇帝"，同时也是运河、道路和城堡的最伟大的造主，尤其是万里长城的建设者（其实只有一段是在他手里完成的）。这些建设除了用于灌溉，还用于国库的、军事的和供粮的需要，例如从长江到黄河的著名皇家运河，就是为了从南方往蒙古人可汗[①]的新都（北京）运输米贡。据官方报道，5万名徭役劳动者同时修筑一条河的堤坝，建筑时间一再延长，几个世纪才完工。孟子早就认为，满足公共需要的真正理想的形式是徭役而非税收。同近东一样，中国的皇上在占卜指出适合作新都的地点以后，也不顾他的臣民的反抗，把他们迁到自己周围。充军发配的刑犯和强行征募来的兵丁守卫着堤坝和闸门，也提供了一部分构筑和开挖劳力。在西部边陲各省，借助军队的劳力一步一步地从沙漠中开垦出农田。[②]保留下来的诗歌中有对这种单调命运的可怕的重负的哀怨，特别惧怕

---

① 官称是："贡物漕运"。参见耶稣会教士冈达尔的"帝国漕运"，载于《汉学论丛》第4期，上海1894年。——原注

② （关于屯垦的）记载和单据，有一部分保存在奥勒尔·施坦因从土耳其斯坦收集的出土文物中（公元元年前后）。开垦旱地（不毛之地）的进度为每日3步（**沙畹**：《奥勒尔施坦因从东土耳其斯坦出土的中国之物》，牛津1913年）。——原注

那修万里长城的徭役①,古典学说不得不强烈反对为了君王私人的埃及式的建筑目的而耗费臣民的徭役,在中国,这种耗费也是公共劳动的官僚制组织发展的伴生现象。另一方面,徭役制度一旦崩溃,不仅在中亚地区沙漠向前推进了,吞噬了如今已完全沙化了的耕地②,而且帝国的政治支付能力也彻底动摇了。史书上也抱怨农民不好好耕种皇家土地,只有奇人才能统一地组织领导徭役国家。

但是,徭役仍旧是满足国家需要的古典形式。(17世纪时)在皇帝面前讨论过这样一个问题:应当用自然经济的办法(通过徭役),还是货币经济的办法(通过投标)来完成皇家运河的修复工程。这次讨论说明,在满足国家需要方面,这两种制度是相辅相成的。当时决定,为建筑物拨款,因为否则修复工程会耗费10年。③ 在和平时期,曾一再努力征调军队服徭役以减轻平民的负担。④

除了兵役、徭役和摊派以外,赋税也出现得比较早。王田上的徭役似乎很早(公元前6世纪)就在秦国废除了,秦国的统治者后来(公元前3世纪)成为全中国的"始皇帝"。

贡赋当然在很远的古代就已经存在了,王宫中的需要,几乎同全

---

① 见沙畹前引书第XI页以下几页。这种徭役往往是近乎终身制的,妻子没有丈夫,不如不养儿(《太平御览》卷571引杨泉《物理论》:"秦始皇起骊山之冢,使蒙恬筑长城。死者相属。民歌曰:'生男慎勿举,生女哺用铺。不见长城下,尸骸相支柱。'")。——原注

② 无从确定,公认的气候变化是否也是影响因素之一。徭役制度的崩溃本身已经足够了。因为在这些地区,只有在不出现"经费"问题时,才能保持土地的耕种价值。一个劳动者从来没能靠土地满足自己的全部生存需要,他生产的仅仅是口粮,这点口粮也许还得靠特殊的作物栽培。显然,尽管需要巨大的补贴,还是保持了土地的可耕状态,这样做仅仅是为了供应守备部队和使节不易长途运输的物品。——原注

③ P.D. 冈达尔,耶稣会,《帝国漕运》(《汉学丛刊》第4期,上海1984年)第35页。——原注

④ 在明朝统治下,1471年(明宪宗成化七年)以前一直规定:进京粮食的运输,一半由军队负责,一半由平民负责。1471年又补充规定:军队单独服这桩徭役(乾隆帝主持编纂的《御纂(批)通鉴纲目明史》第351页,德拉马赫译,巴黎1865年)。——原注

世界一样，按特殊的实物贡赋分摊给各地区①，这种制度一直延续存在到当代。实物贡赋制与世袭军队及官僚队伍的创设密不可分。因为两者（世袭军队和官僚队伍）都由皇家仓廪养活，由此发展出固定的实物俸禄。但是，正如文献记载的，与此同时，国家的货币经济，至少在汉朝时，即我们的纪元开始时，已经有了长足的进步。②临时的徭役（主要用于建筑目的，此外也用于邮驿和交通）、实物与货币贡赋以及规费，同为宫廷的某些奢侈要求③服务的皇家自营经济（以王侯的家丁为劳动力，专门从事加工宫中所需要奢侈品的自给自足的经济）同时并存，这种局面在日益向货币经济转化的大趋势之下一直存在到今天。

向货币税转移还特别扩及土地税，直到目前，土地税都是最重要的税种，不过，这里不打算详细追述它的有趣的历史。④下面，我们将在必要的范围内进一步讨论农业制度。在这方面，只需指出：在这里也同西方的世袭制国家一样，由于未投资于土地的财富对于粗放的皇帝行政来说仍然是"看不见"的，所以，有时税制的差异较大，不过

---

① 参见前引书第 284 页上的注释反映的公元 11、12、14 世纪中央政府的决算账目。据编年史记载，总的来说，实物贡赋应按距离京城的远近分等缴纳，例如，一类地区送带草的粮；二类地区只送粮，依此类推，送的东西越来越值钱，就是说，加工程度越来越高。这十分可信，也与其他报告相符。——原注

② 参见沙畹在前引书（《奥勒尔·施坦因由东土耳其斯坦出土的中国文物》）写的 A. 施坦因对公元 98—137 年间的考古发现。军官的饷银是由货币支付的（第 62 号）。问题是，士兵是否也发饷，他们的服装至少有一部分是花钱买来的（第 42 号）。尤其是（当然是很晚时期的）一个寺院的支出账目（第 969 号）表明了发达的货币经济：在雇佣工厂里干活的工匠的租金，还有其他一切支出，都用货币。与这种状况相比，后来出现了严重的倒退。——原注

③ 仅 1883 年（光绪九年）（1 月 23 日、1 月 24 日、1 月 27 日、1 月 30 日、6 月 13 日、6 月 14 日的《京报》）皇家作坊就给宫里提供了总值 405000 两白银（成本！）的丝绸和瓷器。此外还有各省的实物贡奉，其中至少有一部分（丝绸、珍贵纸张等）用于宫内，其余的（铁、硫磺等）用于政治目的。山西省在 1883 年（12 月 15 日《京报》）申请过用钱抵物，因为该省要缴纳的实物（除铁以外）必须事先去买，但是这份申请未获批准。——原注

④ 关于这方面，参见**拜奥特**发表在《亚洲期刊》1838 年第 3 集第 6 卷上的依旧十分有益的文章。——原注

还是在日益朝着统一税制的方向发展，方法是把其他各种贡赋都折合成土地税的附加税。一切看不见的财富都容易消散，这种趋势大概是一再试图用自然经济的方法，即通过徭役和摊派来满足国家需要的原因之一。除此之外，实际上处于第一位的因素大概是：通货状况。在粗放管理的世袭制国家，土地税有两种发展趋势：其一是向货币税转化，这里也包括其他一切负担，特别是徭役和别的摊派；其二是向份额税转化，最后变成按固定的比例固定摊派给各省的贡税。前面已经简短地谈到了这个十分重要的过程。清帝国的安定使朝廷放弃了不固定的收入，导致了著名的1713年［应为1712年（康熙五十一年）］的诏敕（"盛世滋丁，永不加赋"，以康熙五十年的丁额为准，以后新生丁口，不再加赋）。这一诏敕被誉为中国18世纪繁荣之源［10年之后（康熙六十一年），全国人丁户口增加到2490多万，田地增加到735万顷，社会生产力提高，财富增加，出现了繁荣盛世的局面］，它有意把各省的土地税变成了固定的贡税，我们马上要谈到这一点。除土地税之外，盐税、矿山税特别是关税在中央行政的收入中也起着重要的作用。对于中央行政说来，向北京缴纳的贡税其实也是一种传统地规定下来的贡税。只是同欧洲列强的战争和太平天国革命（1851—1864）造成的财政困境才使罗伯特·哈尔兹爵士的辉煌的财政管理下的"厘金"税［1853年（咸丰三年），清政府开始征收的一种商品过关税。清政府为筹措镇压太平天国革命运动的军饷，先在扬州仙女镇设厘金所，对当地米市课以1%的税。1尺的1%是1厘，故称"厘金"。以后逐渐推广到全国，沿用到1931年。厘金名目繁多，如坐厘、货厘、统税、统捐、产销税、落地税、山海捐、铁路捐等，税率也不限于1%］，处于帝国财政的中心地位。

  课税定额化的后果是：徭役榨取、证件强制及一切不准自由迁徙的规定，对职业选择、房产关系和生产方针的一切控制，都变得可有可无而被废除。帝国的安定局面与课税定额化及其上述后果密不可分并进而带来了人口的猛增。中国的土地登记账目有时当然乱得很，从这种账目来看，中国那种变动幅度很大的人口密度在清朝统治初年并不比1900年前的始皇帝时代高多少。所谓的人口数几百年来一直在5千万—6千万之间摇摆，不过，从17世纪中叶到19世纪末却从6千万猛增到3.4亿—4亿①，尽人皆知的中国人的营利欲无论在小范围内还是在大范围内都得以施展，积累起可观的个人财富。尽管人口数量有了惊人的增长，物质生活大大地改善了，但是，中国的精神特点在这一时期却是完全凝滞的。在经济领域内，虽然有似乎很有利的条件，但是却没有出现任何一点点近代资本主义发展的萌芽。另外，中国一度很重要的出口贸易也未能复苏，而是只能在唯一的一个在严格控制下对欧洲人开放的口岸〔广东（广州）〕进行进口贸易。根本没有听说过从人民内在的自发的资本主义热情中产生过冲破这些藩篱的努力（倒是只有其反面！）。在技术、经济和行政管理方面，也没有一点点欧洲所谓的"进步"的发展，尤其是帝国的税收力量，至少从表面上看，已无力提供外交政策所要求的急需的任何一种严肃的冲击力，以上就是这个时代最引人注目的特点。尽管对人口数字有种种批评，但是中国人口在这一时期的异乎寻常的增长是不容置疑的。何以解释在人口猛增的情况下出现的上述种种呢？**这是我们的中心课题。**

既有经济的原因，也有精神的原因。前者马上就要谈到，是彻头彻尾的国家经济性的，即以政治为前提的，但是也同精神原因一样，来自中国的领导阶层——官员及候补官员等级（"品官"）的特点。下面就谈这些官员，而且先谈他们的物质状况。

---

① 这些数字当然极不可靠。因为可以这样考虑：1713年税收让步以前那段时期的官员，喜欢在报告中减少或者固定有纳税义务人（当时有人头税！）的数目，随着税额固定以后，他们也就无心这么干了（参见下面）。从这以后，官吏的兴趣倒了个个儿：炫耀人多。因为这以后只有被告知人口数量的神灵才关心这些数，如果人口数高，就说明有关的官员有**卡里斯马**。19世纪的某些数字（例如四川省不正常的人口增长数）也十分可疑。不过，达吉恩（《中国人口》，《北京东方研究会杂志》第3卷第3号，1893年）估计19世纪80年代14个省的人口数为3.25亿。——原注

官员与税收包干

我们已经看到，中国的官员最初是以皇家粮仓中的实物俸禄为生。后来，货币薪俸逐渐取代了实物俸禄，并且永久地固定了下来。形式上由政府付给官员薪俸，但是，政府只用自己的钱支付实际从事行政管理的人员中一小部分人的薪俸，这点薪俸也只是他们收入中的微不足道的一小部分。当官的根本不能靠它糊口，更谈不上用它来负担为尽职守所需的行政费用。实际情况一直是：官员也同封建主或太守一样，要向政府担保上缴一定的捐税，官员自己的行政费用则要从他实际拿到手的捐税——税收与规定的费用——中支付，结余归己。虽然这断非官方承认的权力，但实际情况却如此，不容置疑，而且肯定是政府收入定额化以来存在的比例造成的。

1713年[①]的所谓土地税固定化，实际上是皇上在财政上向拿官俸者的一次投降。因为对土地的纳税义务其实并**没有转化为固定的地租**（例如在英国就是这样），固定了的倒是中央行政给省郡官员**开的当地税收的价码**，他们必须从这笔款项中拿出一个总的数额作为贡税上缴皇上。从效果来看，通过中央行政永远固定下来的，只是作为这些太守们的俸禄的税收量。[②] 官员把他从本区行政管理中抽取的收入用作自己的俸禄，这种收入其实并没有同他的私人收入分开，这倒是符合一

---

① 应为1712年，康熙五十一年。

② 这意味着准则。这个判断源自：在有关省份，从此，有一定数量的单位"有纳税义务"，其余"免税"。事实上，在周期性的人口调查中就是这样列举的。当然不是一定数量的居民可以免税，而是这个数不被当官的**算为**纳税的。人口调查的两种范畴的区分，不久——1715年（康熙五十三年）就被皇帝当作毫无意义的事被废除了。——原注

切非常世袭制的行政;①相反,那些吃官俸的人则竭力反对把纳税人提供的土地税(或其他任何义务)包干算在他们的税收总额中的做法。要说帝国政府真的打算这样固定税收,那可纯系无稽之谈。按照世袭制原则办事,当官的不仅要从供他支配的收入中支付本区一切民政和司法经费,而且还要支付那些非正式的幕僚的薪金,据行家估计,即使一个最小的行政单位(县)也要有30—300名这样的幕僚,不少是从县民中补充的。我们在前面讲过,没这样的幕僚班子,当官的根本无法在一个他不熟悉的省份施政。他的私人开销同管理费用不分,所以中央政府无从知道各省各郡的实际总收入,各省各郡的总督太守们也无从知道各州各府的实际收入,余推亦然。纳税人一方则坚持一条原则:竭力反对**不按传统**固定下来的捐税。下面我们将看到,他们何以能够在很大范围内成功。这种反对不顾一切地一再试图增加附加税的做法的斗争本质上取决于权力状况,所以具有不稳定的性质。撇开这一点不谈,当官的还有两种增加收入的手段。其一是提高征税经费的追加额(至少10%),如遇逾期(未纳税),则征追加额,逾期可能是当事人有意或无意(常常是无意)造成的,有时是由官吏故意造成的;其二是把实物税转为货币税,货币税先换成银两,又换成铜钱,再换回银两,征税人有权规定变换的汇率②,这种伎俩尤为常见。特别

---

① 最近30年的一切直接税的设想都落空了。这是因为,它们主要要收官俸税。对官员收入的世袭制的理解,一直非常形象地体现在官员服丧的效果中。太古时服丧是为了回避亡灵对在他死后继承他遗产的人的忌恨,这一含义在那些官宦之家特别清楚地保存了下来。死者生前所有物中最重要的部分(包括遗孀和其他人祭),要陪他一起赴黄泉。除此之外,继承人还必须长期避免进入寿室和接触遗物。必须着素衣、别居陋室、节制享受他们的财产。对职务的评价不过是"俸禄",而对俸禄的评价又不过是拿俸禄的人的私产,以至于遇上有服丧义务的丧事(父母大人过世),就要无条件地辞职。许多官职经常大批空缺,许多官员一时不能使用,由于居丧而失去官职的等待复者众多,这一切,尤其在瘟疫流行时,真是一场在政治上压得人喘不过气来的大劫。有时,皇帝以国家利益为重也禁止服丧过长(传统的为父母服丧期为3年),由于惧怕鬼神,又再三嘱咐服丧,违反了哪一样(服丧过长或不服丧),都要受笞刑。李鸿章的母亲去世时,尽管太后严厉警告他,只准请假,不准辞职,但是无济于事(《京报》1882年5月1日)。——原注

② 因此,有势力的人总是愿意缴纳实物并且实际上也是这样做的。——原注

值得注意的是，根据世袭制原则，求官员办事，应当"酬"谢，可是又没有法定的规定费用的清单。官员的总收入加上这笔额外收入，首先用于支付他的职务的实际杂费和这项职务所负责的行政开支。用于国内行政的本来的"国家"开支（在总支出中）所占的部分很小，简直微乎其微。直接处于最基层税收之源的胥吏的总收入是其上级官员抽取他们的收入的基金。胥吏向上司缴纳的不仅是根据传统的纳税登记册他理应上缴的那笔相对说来往往不算大的款项，而且在上司就任时以及逢年过节都得送"礼"，上司的欢心影响着他的命运，为了巴结上司，就得尽量送厚礼。① 同时，他还得给上司那些非正式的谋士和下属准备丰厚的小费，只要他们能影响他的命运（如果他想拜见上司，就得一直打点到看门人）。逐级行贿，一直要贿赂到宫中宦官，宦官甚至收受最高级的官员的贡物。专家们② 估计，仅土地税一项，官方公布的税收量与实际税收量之间的比例，就达 1∶4。中央政府与省郡官员之间达成的 1712—1713 年度的妥协，在货币经济形式方面，大致符合西方封建义务的自然经济的固定做法。差异首先在于：在中国也同一切专门的世袭制国家一样，问题的关键不是封地，而是俸禄；不是自我武装的骑士——他们的服役是君王的依托——如何履行军事义务，而是世袭制国家典型的规定费用与捐税俸禄者——他们的行政管理是中央政权的依托——的实物贡纳和货币贡纳，尤其是后者。与西方相比，还有一点重要的差异：西方有俸禄，也有规定费用与捐税俸禄，最初流行于教会中，后来世袭制国家也依样模仿。但是，这种俸禄或是终身制的（被正式免职的情况除外），或者也像封地一样是世袭专有的，甚至往往可以通过买卖来转让。作为俸禄基础的规定费用、关税、捐税是通过特权或固定的习惯确定下来的。在中国，我们已经看到，恰恰对那些"在册"的官员可以随便免职和调动，就是说，他必须在

---

① 这使人联想到在美国由得胜党当选的党魁委任的官员通过支部头目为自己和党的金库收税的做法，只是这种税大体上是严格规定下来的。——原注

② G. 贾米森和帕尔克。参见后者在《中华帝国的贸易与行政》第 85 页以及下面几页的计算与评价。——原注

短期内调往他任。一方面（主要）是为了维护中央政权的利益，同时也是为了使其他替补官员有机会上任，这也是常见的。① 作为**整体**的官僚阶级享有巨额俸禄收入是有保障的，但是，个别官员的地位极不稳定，获得一官半职要花巨大的代价（学费、买官费、礼品费、"规定费用"），往往要背一身债，所以当了官，就要在短暂的任职期内尽量地捞上一把。由于没有固定的估价和保障，所以他可以使出浑身的解数来。当官就能赚钱，是不言而喻的事，只有搜刮过甚才该指责。②

但是，这种状况还带来了别的意义深远的效果。首先通过调任制度，中央政府对于官员个人的权力地位得到了最有效的保障。每个官员都由于这种不停的变动和机遇的持续变换而成为同别人竞争俸禄的对手。他们的个人利益不可能调和，因此他们的境遇全看同上司的微妙关系：这个官僚阶层的全部内在权威性的精神联系也都与此息息相关。官吏中有"派系"，主要是按同乡会和师承学派的传统特点形成的。北方各省的"保守派"在近几十年内遭到中部各省的"进步派"与广东人的"激进派"的反对；这一时期的圣谕也谈到了同一个衙门内宋（学）方法教育的信徒与汉（学）方法教育的信徒之间的对立。由于官员必须是外省人这个原则，由于官员必须不断地从一省调往另一省，加之任命官厅很注意在同一辖区和同一官阶中尽量混合搭配对立的学派和不同籍贯的官员，所以至少在这一基础上未能形成危及帝国统一的地方派系分裂主义：分裂主义的基础完全是另外一码事，下文就要谈到。另一方面，官员对上面的软弱是以前边讲过的对下边的同样的软弱来换取的。这种俸禄制的另一个远为重要的后果是它本身带来的行政与经济政策的极端**传统主义**。至于传统主义所依据的**心态**，以后再讨论。不过，除此之外，传统主义也有相当"理性"

---

① 这种观点十分清楚地体现在1895年1月11日《京报》上刊载的一份敕诏中。诏书指责某些（低级）官吏有3年以上的俸禄，以至别的候补官员不能"替补上来"。——原注

② 大量文告披露了这类事实。例如，1882年3月23日《京报》载：广东的一个官儿在短短几个月内就**超常地**（请君注意！）搜刮了10万两白银。福建的一个雇来的文书能够买下江苏地方行政长官的位置，海关官员每年有10万到15万两白银的收入。——原注

的依据。

对传统的经济与管理形式的任何干预，都会侵犯统治阶层的无法估量的诉讼费与俸禄利益。由于每个官员都可能被调到受到减少收入威胁的地位，因此，整个官僚阶层在这种情况下万众一心，至少也像捐税负担者一样强烈地阻挠改变诉讼费、关税及捐税制度的尝试。西方式的对关税、护送税（中世纪西方旅游者由武装士兵护送，要纳一笔税）、渡桥及通行费、堆料及道路权、诉讼费及其他收入机会的专有权则与此相反，它把其中的利害关系变得一目了然，通常能够实现那些特定的利益群体的联合，并且用武力，或通过妥协，或通过特权排除具体的交通障碍。但是，在中国却根本谈不上这些。只要考虑处于统治地位的**最高**官僚阶层的利益，这种收入机会在中国就不是私人独占的，而是由这个可调动的**整个**官僚等级独占的。这个等级**联合起来**反对任何干预，团结一致，怀着切肤之恨迫害每一个倡导"改革"的理性主义思想家。只有暴力革命，不管来自下面，还是来自上面，才能给中国带来转机。取消用拖船在大运河上运送贡品以利于便宜数倍的海上轮船运输、改变沿袭的海关征税方式和旅客运输方式、变革请愿及诉讼程序，任何一种革新都会危及每一个官员眼前的或未来可能的收费利益。粗看一下1898年皇上的一整套改革设想并且明白：即使部分地贯彻这些设想，也会给官员的收益带来巨大的变化，就可以估计到，联合起来反对改革的物质利益是何等强大，改革又是何等无望，因为没有任何独立于这些既得利益者的机构。这种传统主义也是地方分裂主义的根源。分裂主义首先是财政分裂主义，决定它的是：地方官员及其非正式随员的俸禄不能不受到种种管理集中化的严重危害。这是帝国行政管理对中央理性化的绝对障碍，同样也是推行统一的经济政策的绝对障碍。

不过，还有一点：**货币**经济的推行，并非如我们所期待的那样，削弱了传统主义，反而恰恰强化了它，认识这一点十分重要，这是东方大多数纯粹世袭制的国家组织的普遍命运。因为，恰恰是货币经济，而且只有它，才通过它的俸禄为统治阶层创造了营利机会，这些机会不是仅仅普遍强化了"食利者精神"①，而是把维护对于俸禄收益至关重要的现存的经济**条件**变成了参与获利的阶层的控制一切的利益。我们看到，正是随着货币经济的进步和同时稳步发展的国家收入的**俸禄化**，在埃及、伊斯兰国家和中国，经过短暂的过渡阶段，出现了人们习惯地称之为"僵化"的现象。只要没有完成俸禄的专有化，那种过渡阶段就会持续下去。因此，东方世袭制及其货币俸禄的普遍后果是：通常只有对国家的军事占领或成功的军事革命、宗教革命，才打碎过食禄者利益的坚硬外壳，能够创造全新的权力分配，进而创造全新的经济条件，不过一切内部革新都由于遭到前边说到的抵制而失败了。正如我们说过的，近代西欧已成为历史的伟大的例外。原因首先在于，西欧没有统一帝国中的和平条件。我们还记得，在这个世界帝国中，阻止行政管理理性化的拿国家俸禄的阶层，正是战国各国理性化的有力的促进者。但是，鞭策现已不复存在，市场竞争迫使私人经济企业理性化，同样，在我们这里和战国时代的中国，政治权力的竞争也迫使国家的经济与经济政策理性化。另一方面，在私有制经济中，任何一种卡特尔化都削弱着理性的计算——资本主义经济之魂，同样，各国之间强权政治竞争，也使行政管理活动、财政经济及经济政策的理性化萎缩了。这个世界帝国再也得不到战国各国竞争中存在过的理性化的动力了。但这并非唯一的理由。即使在各诸侯国竞争的时代，中国行政管理与经济的理性化比起西方来也更受限制，这是因为，在西方——除了已经提到的独占的区别外——存在着强大的独立势力，王公政权可以同这些势力联合起来打破传统的束缚。在非常特殊的条件下，这些势力还可以依靠自己的军事实力挣脱世袭制权力的束缚，例如5次伟大的决定西方命运的革命：12世纪和13世纪的意大利革命、16世纪的尼德兰革命、17世纪的英国革命、18世纪的美洲革命和法国革命就是这样做的。难道中国就没有这种势力吗？

---

① 关于这种精神，参见 E. H. 帕尔克的《中国，其历史、外交与商业》（伦敦1901年）。"彼乃20万石（粟）君"（指每年有这么多地租的收入）是对富裕男子的常见的分类。——原注

第Ⅲ章　社会学基础：
C. 行政管理与农业制度

封建制度与财政制度——军队制度与王安石的变法试验——对农民的财政保护及其对农业制度的影响

封建制度与财政制度

中国人**营利欲**的异乎寻常的强烈和发展早就是不容置疑的事了。其厉害和肆无忌惮——只要不是宗族同胞——为其他任何民族的竞争所不及，不过，由垄断行会为了经营利益而从伦理上大幅度调节的批发商和外贸商，尤其是后者，不在此例。中国人的勤奋与劳动能力一直被认为无与伦比。我们已经看到，中国的商业获利者在其行会中的组织之强大，是地球上任何一个其他国家所没有的，这些组织的自治实际上几乎不受任何限制。自18世纪初叶以来，中国经历了如此巨大的人口增长，再加上贵金属储量持续增加，按照欧洲人的概念，不能不认为这是资本主义发展的绝好机会。我们一再回述被置于这些讨论之冠的问题。尽管有那样有利的条件，还是没有出现资本主义的发展，前边已经叙述了对这一事实的某些说明。不过，对此我们还不能满意。在中国的发展中，与西方形成最尖锐的对立的最引人注目的现象是：18世纪初叶以来的时代特征，**不是**——如英格兰那样——从事农业的农民人口的（相对）**减少**，而且巨大的**增长**；也不是——如德意志东部那样——农业的大型经营，而是农民的小块土地经营，日益决定着农村的面貌；最后，与此相联系的是，牛的存栏数极少，很少宰牛

（实际上只用于牺牲祭祀），不喝牛奶，"吃肉"是"身份高贵"的同义语（因为"吃肉"意味着分享牺牲肉食，这种权力属于当官的），这一切何以如此呢？

一个不是汉学家的人，根本不可能根据他所能利用的资料的状况来描述中国农业制度的发展。① 在我们的讨论中，只有在国家制度的特点体现于中国农业政策的难点中时，才考虑农业制度的发展。因为，无论如何一眼就能看出：农业制度的最深刻的变化是由政府的军事与财政政策的改革决定的。正是由于这个原因，中国的农业史表现为在税收及由此造成的对土地财产处置的各种可能同时出现的原则之间的单调往复。在打碎封建制度以后，对土地财产的处置就与（农业史的）内在发展毫无关系了。

在封建时代，毫无疑问，农民至少有一部分——如果绝非必然或盖然是**全部**的话②——是封建主的佃户，他们要为封建主提供贡租，无疑还有劳役。编年史中所说的兼并状态指的是：由于战争的威胁和

---

① 这里不可能深入探讨中国人的史前史，尤其是汉学家们认为的中国人的原始游牧状态。当然，史前时期中亚游牧民族的不断侵扰一再征服过河套平原。但是，只有蒙古人有时打算在耕作农民的优越的文化面前以游牧民自居（禁止在京城周围一定范围内开垦土地）。中国人不喝牛奶——这比一切传说更清楚地说明了太古耕作和园艺的连续性——皇帝大祭司的礼仪活动中包括作为典范的犁地（天子藉田，《后汉书·显宗孝明帝记》注，礼记曰："天子亲耕于东郊，为藉田千亩，冕而朱纮，躬秉未耜。……言亲自蹈履于田而耕之。"——译者），而对这些，不管古代统治阶层的一部分还是全部都是牧民出身，对于文化的延续都失去了意义。"男子聚会所"（参见前述）的存在当然同游牧状态不相干，而是说明，这种共同体从事战争和**狩猎**，妇女们则从事田间耕作。不吃牛奶的习惯在中国显然已经很悠久了，这与"游牧民族"的假设相悖。大牲畜是役备或牺牲，只有小牲畜供通常肉用。

关于同财政制度有关的农业制度史，参见 N.J. 科哈诺夫斯基的《中国的土地所有与农业》（海参崴1909年，载于《东方研究所通报》1907/8 年度第 23 卷第 2 分册）和 A.J. 伊万诺夫的《王安石及其变法》（彼得堡1906 年）。可惜我不能使用别的俄文文献。（眼下我也找不到 A.M. 费尔德的《中国的土地所有权》，载于《皇家亚洲学会中国支部期刊》1888 年第 23 卷第 110 页，同样找不到这个杂志的几乎一切文章）。

② 因为似乎是，他们在始皇帝时期保存了一定程度的防御力量。如果不是这样，就不一定存在我们所谓的对于封建主的"庄园领主制的隶属"，而会有埃及—近东式的对王公政权的臣服，这种臣服是由政治或治水决定的。——原注

不安全，或者由于纳税、借贷而欠债过多，农民纷纷"投奔"有产阶层的门下，就是说，甘为他们的佃客。政府通常竭力抑制这种兼并状态，试图维持农民直接纳税的义务，但主要还是为了阻止具有政治危险的地主阶级的崛起。不过，根据详细的报道①，汉朝统治下至少曾经出现过这种状况：地主为**种他们地的农民**纳税。军事"篡位者"王莽，也同军事君主始皇帝一样，试图通过推行土地上属皇家所有来根除地主的地位，不过似乎没有成功。我们不知道，在多大程度上出现过西方式的徭役农场经营的初始状况。不过把这种徭役农场经营——如果能够指出，有过这种经营——视为典型现象，是断断不可能的，更不能把它视为封建主义的产物。因为，对于封地的法律处理方式并不能确定，这些封地是否可以作为西方特有的真正的地主经济？一个不是专家的人手头的资料根本不能使人确切地认识耕地共同体的方式。至于这种耕地共同体是否并且可能怎样与封建制度相联系——这往往很典型②——或者如何由财政造成的——经常是这样——就只能存疑了。这件事本身也许是可能的。例如，公元624年唐朝统治时，为了便于收税，农民被按照小的行政区（乡）组织起来，在乡里，保障他们都有一份地产（唐初继续推行北魏开创的均田制。据《唐六典》卷三《尚书户部》："百户为里，五里为乡；两京及州县之廓内，分为坊，郊外为村。里及村坊皆有正，以司督察。四家为邻，五家为保。保有长，以相禁约。""凡给田之制有差：丁男、中男以一顷；中男年十八已上者，亦依丁男给。老男、笃疾、废疾以四十亩；寡妻妾以三十亩，若为户者以减丁之半。凡田分为二等，一曰永业，一曰口分。丁之田二为永业，八为口分。"），或许是由国有田分配的。③虽然允许退田和——在这种情形下——卖田，但前提是，买了地以后必须到另一个

---

① 参见拜奥特的叙述，出处同前。——原注
② 参见 R. 伦哈特在施莫勒尔年鉴中的表述（这是对莱科姆伯的《土地不动产的沿革》一书的评论。莱科姆伯的书十分有价值，但有些片面。伦哈特的表述并非在一切方面都是正确的。对于古代的表述尤其不正确，但在这一点上却是贴切的）。——原注
③ 现实不容置疑，因为日本就采用了这种制度，参见后面。——原注

纳税共同体（乡）去。地主的联合毫无疑问决不会停止在这种仅仅是相对的封闭性中。把居民非常激进地组合为连带的纳税、徭役和征兵联合体无疑表明，史书强调指出的土地耕作**义务**（为了财政利益）一直是第一位的，相应的对土地的权利则是派生出来的。不过，看来似乎没有从中产生与日耳曼的或俄罗斯的或印度的情形一致的村社共产经济。西方所谓的乡村公地的存在只能作为一种年代久远的现象从偶然的线索中推导出来。皇家税制并不是以村庄而是以**家户**及其有劳动能力的成员〔丁，通常把15—56岁（的男子）算作丁〕作为纳税单位，并且至迟于公元11世纪初——也许还要早得多——把他们联合成人为的责任联合体（公元11世纪王安石变法，其中保甲法规定：民户编制10家为1保，5保为1大保，10大保为1都保。凡家有两丁以上者出1人作保丁）。村庄同时是一种拥有广泛自治的联合体，关于这一点，以后还要讨论。我们现在最关心的是这样一个由于财政干预而决非不言自明的事实：另外一种最初也许仅限于贵族的联合体[①]，从我们尚不能把握的很早的时期起，就把（被认为极有价值的）全体农业人口联合起来了，并没有受这种财政措施的破坏。

　　可以肯定的是，几千年来，**宗族**绵延，香火不断，族长的地位十分突出。中国古代的地主经济可能就是由这里产生的。如上所述，最初，兵役和公共负担均由宗族分摊，族长负责——据类推和后来的变化反推——分摊和履行义务，在私有制确立以后，就是说，个别家庭正式占有（或使用）土地以来，我们不时听说族长的职能被最富有的地主所取代（公元1055年的传说），负责分摊土地负担，因此，有威望并且在聚敛财富的机会中享有特权的"长老"变成了地主，日益贫穷的族人则变成了他的佃户，这是一种非常广泛的现象。[②] 除了族

---

　　① 康拉迪认为，可以指出中国有图腾联合体。如果他的论断无误，那么，就可以肯定有过这种仅限于显贵的联合体。因为，宗族的发展似乎在任何地方都是新兴的统治阶层脱离（基本上是平民性质的）图腾联合体的形式。——原注

　　② 顺便提一下，当时人们并不觉得富人的这种特权是一优先权，倒是认为是公差。人们试图通过假装卖地和分家来摆脱这种负担。——原注

人——在任何地方都习惯于主动要求对土地和奴隶占有的垄断权的上层①，还有过多么大的隶农阶层，这不是一个外行所能确定的。不过，肯定有过隶农，而且农民中的一大部分或许是绝大多数，都曾经是隶农。公元前4世纪只允许（当时能够做官的）官家占有隶农；隶农既不被课（土地税），也不服役（徭役），而是显然由主人替他们纳税，如果未能获得免税权的话。据史书记载，当时每一家最多可以占有40名隶农，由此可以推断，**当时**的地主与奴隶经济的规模比较小。中国历代都有奴隶制，但是其经济意义只有在通过商业和国家供应大量积累货币财富的时期，作为债务奴隶或债务隶农，才显得真正重要起来，这点以后再谈。

农业制度的重大变革似乎总是来自政府，并且总是与调节兵役和纳税义务有关。据说始皇帝曾经实行过全国普遍**解除武装**。此举无疑主要是针对被他彻底镇压的封建主的兵力。② 同时也确立了以后在中国经常反复的"私有财产"。这就是说：土地将为迄今为止从负担（何种负担？）中解放出来的农民家庭（何种家庭？大概很难确定）所专有，新的国家负担将直接加在他们头上。这些负担部分是赋税，部分是徭役，部分是应征加入皇帝的世袭君主制的军队。对于以后的发展显然十分重要的是：相对来说在多大程度上关心防御力量？在多大程度上关心服徭役的义务？在多大程度上关心农民的纳税能力？究竟是实物税占的比例大，还是货币税占的比例大？连起来看，军队的兵员究竟是被迫服役的臣民还是雇佣兵？最后，行政上采用了何种技术手

---

① 占有奴隶的权利在中国也一直受到限制。——原注

② 但是，导致他的王朝覆灭的起义过程似乎说明，直到那时，广大农民阶级还是拥有武装的（在德国，直到农民战争以后才解除了农民的武装）。因为汉朝的创始人和别的起义者（陈胜、吴广、项羽等）都是农民，并且依靠（至少可以说，也依靠）他们的**宗族**的防御力量。——原注

段，以确保人民完成各项不同的负担？① 现在，所有这些因素都变了，贯穿于全部中国文化的儒士各派的对立大部分也植根于这类管理技术问题之中。这种对立，在蒙古人大军压境时期，也就是公元11世纪初表现得十分尖锐。当时一切社会改革者面临的中心问题始终［完全同格拉古（格拉古兄弟，公元前2世纪时罗马的保民官，他们在位时曾利用罗马共和国国民大会的立法权力发动罗马革命）的问题一样］是维持或创建一支足以抵御西北蛮夷的有战斗力的军队和为此所需的财政手段：货币或实物支付。保证农民——以变换的方式——尽义务的典型的但绝非中国特有的手段是，组织有连带责任的强制性的联合体（每5—10家组成一个联合体，以此为基础再组成更大的联合体），并根据财产把地主划分为不同的纳税等级（例如5等）。此外，还一直试图保持并增加有纳税能力的农民的数量，抑制财产积累及荒地或粗放耕种的土地出现：确定最高财产限额，把土地占有权同有效的耕种结合起来，开辟移民地并以每个农业劳动力得到的平均土地占有份额——这种份额类似俄国的份地——为基础对土地进行可能的再分配。

中国的税务管理，由于计量技术十分落后而面临着巨大的困难，这也同在土地登记方面一样。唯一的一部真正科学的"几何"著作②，基本上来自印度人，它似乎让人悟出，不仅当时的知识水平达到的三角学测量法行不通，而且具体地块的测量几乎达不到古代日耳曼人的技术，根本赶不上古代罗马测量师的地道的原始技术。令人吃惊的丈量错误——同中世纪银行家的计算错误一样令人吃惊——似乎是家常

---

① 例如，在鲁国（儒教的模范国家），当时的户口单位上一度填写着：战车1辆、马4匹、牛10头、甲士3人、（未着甲胄的）步卒64人。显然，这个税单的前提是：联合成相应的户口单位的宗族通过支付军饷来提供他们本身所需的军事力量。动用直接的强制征募似乎成了辅助手段［我们以后会发现，类似的状况在印度是如何发展成为地主俸禄的（参见《印度教与佛教》）］。在别的场合，中国的征兵安排直接扩及各家各户。鲁国的制度就已表明，这已不再是封臣招兵买马，而是世袭君主征兵的前期阶段，就是说，消灭了作为**军事**制度的封建制。欧洲也有类似的现象（德尔伯吕克出色地描述了欧洲封建军队的这些关系）。——原注

② 《算法统宗》（明朝数学家程大位著，为珠算专著），参见《亚洲期刊》1883年第3集第5卷上拜奥特的文章（以《文献通考》为基础所做的叙述）。——原注

便饭。度量单位：中国"尺"，虽然经历了始皇帝的改革（秦始皇统一度量衡的改革），但是，显然一省一个样。皇尺（=320毫米）通常是最大的：还有255、306、315、318、328毫米的。基本的土地丈量单位是亩，理论上指最初合100×1步的一长条土地，后来又合200×1步，1步有时合5尺，有时合6尺。在后一种情况下（1步＝6尺），假如以1尺＝306毫米为基准，那块长条地的面积就是5.62英亩，100亩＝1顷（＝5公顷62英亩）。在汉朝，亩产1.5石米的12亩地，用俄国人的话来说，是每个人必不可少的"人头份地"。最早的记载好像是说，在文王（公元前12世纪）以前，每人估计有50亩地（当时每亩合3.24英亩），其中1/10，也就是5亩地是为国库种的公田，这样，每个人占有2.916公顷就被视为正常的了。这个记载一点也不可信。① 一千多年以来，通常一直不是以地亩，而是以**家户**为计算单位，如前所述，户的分类可能是按照"丁"——**有劳动能力**的个人——的数目进行的。② 土地分类却极粗，简单地分为"红地"和"黑地"，也就是（也许可以肯定是）水浇地和非水浇地。于是产生了两个税级。或者按照休耕程度分为：（1）无休耕地（即水浇地）；（2）三年轮种地；（3）牧草式经营地（牧场）。在最早的流行记载中，一户正常的土地占有量为：第1种100亩（5.62公顷）；第2种200亩（11.24公顷）；第3种300亩（16.86公顷）。这似乎也符合以家庭作为纳税单位，而不是以土地作为纳税单位的说法。家庭规模与年龄构成方面的差异有时导致这样一种思想：把较大的家庭置于好地上，把较小的家庭置于坏地上。这种思想究竟在多大程度上变成了现实，当然令人生疑。人口迁徙虽然往往是拉平口粮水平、纳税能力和徭役负担能力的简单易行的办法，但是，这种可能性很难成为全部正规的税额评定的基础。

---

① 必须时刻注意，中国历史上被沙畹认为唯一确切的最早的**纪年**是公元前841年。——原注

② 据今天估计，在并非纯园艺耕作的条件下，一个5口之家靠15亩（约85英亩）地刚能糊口。对于我们来说，这个数字总是几乎难以置信的。——原注

或者按照财产账把家庭分为有耕畜的家庭和无耕畜的家庭（公元5世纪时）。这种人头税（租）制度却总是随着形形色色的纯土地税（租）制度的变化而变化。一种是实物比例税，例如，根据大臣商鞅的建议（公元前360年），这种比例就极高（据称为毛产量的1/3—1/2），反映出该国统治者的强大和农民的软弱无力。尽管实物税的比例极高，而据史书记载，农民开荒的热情却有增无减，因为这涉及他们的自身利益。后来所占的比例通常较低（1/10—1/15）。另一种是根据土地好坏规定的**确定**实物税。章帝（公元前78年）① 统治时似乎就是这样，公元4世纪时（似乎）也是这样，每次都根据相当粗的土地分类来确定实物税。最后一种是货币税，例如公元766年（唐代宗大历元年）推行的税制（每亩15钱）。歉收迫使人们在公元780年（唐德宗建中元年）不得不用实物纳税，税务部门在估定了货币价值的条件下允许这样做——但都是漫天要价。国家推行货币经济的尝试一而再、再而三地碰壁，只好重新求助于这类实验，其目的显然是为了能够建立一支军事上切实可用的军队，就是说建立一支**雇佣**军。税收形式不断地变化。公元930年（后唐明宗长兴元年）在篡位者后唐②统治下，作为税收被征来的实物又被"返卖"给纳税人，其后果可想而知。至关重要的是，没有一个可靠的收税科层，公元960年（宋太祖建隆元年），宋朝曾试图建立这样一个科层。但是，公元987年（宋太宗雍熙四年）Pao tschi③ 的奏本④，却用阴暗的笔调描绘了纳税人大规模逃税的场面，神宗皇帝统治下的王安石的全面登记土地的试验（1072年）也夭折了：到他下台时尚有70%的土地未规定税率。1077年的预算虽然表现出以牺牲实物收入为代价的货币收入的增长，但还远远谈不上以货币

---

① 原文为Tschang ti，如系公元前78年，应为昭帝。此处应是章帝（公元78年）。
② 韦伯显然误把朝代名当作人名了。
③ 疑为包拯或庞藉，但年代都不对，前者生于公元999年，后者生于988年。
④ 疑为"包孝肃奏议"，公元1050年前后，包拯作为户部副使兼工部员外郎与陕西转运司议盐法，支持范祥所建的通商法。

为主作预算。公元 13 世纪的纸币经济也同章帝（公元前 1 世纪^①）统治下的硬币贬值一样，一再造成向实物税经济逆转的后果。只是到了明朝，才在庞大的谷物收入和（相对）大量丝绸收入之外，增加了可观的银两收入。清帝国的安定——部分是蒙古人被佛教驯化的结果——加上在 1712—1713 年度的捐税配额，使捐税降低到一个适度的固定总额（19 世纪前半叶，约占产量的 1/10）。"对土地的义务"以及对土地耕作监督的最后残余被根除了。近几十年的皇帝诏书**禁止**什长履行收税的责任。^②

始皇帝以后的两千年中，所有的"丁"，即所有有劳动能力的人，因而也包括所有需要服徭役的人，都要从事义务耕种；宗族及由其组成的保甲都是纳税责任体，此外还规定了土地最高占有量和迁徙权，所有这些，毕竟不是单纯的理论，而是人们时时有切肤之感的现实。只要捐税和徭役负担转嫁给了**家庭**^③，正如我们已经看到的，这是常见的情形，因为建立土地账似乎很难。那么，财政当局就会鼓励甚至**强迫分家**，以便尽量提高纳税人及徭役负担者的数量。这可能对中国典型的小**生产**的出现产生了巨大的影响。但是，从社会角度看，这种影响又相当有限。

这一切措施虽然都阻碍了更大的**生产**单位的出现，但是——从实际后果来看——它们却促进了作为土地财产的体现者（或者，在土地由上级逐级占有时，作为土地使用权的体现者）的旧式农民宗族的聚合：宗族^④**实际上**是（纳税）责任联合体的骨干^⑤。一切打算造成分地

---

① 应为公元 1 世纪。

② 1833 年 6 月 14 日《京报》。——原注

③ 纳霍德在他对普夫卢格－哈通的《世界史》第 3 卷日本史的叙述中，提供了包含了分田分地的计算的**日本**户籍登记的例子。——原注

④ 从什伍的意义看，这种联合体是由 10 个**宗族**组成的。人们一再试图用家庭或个人来取代宗族，但只是后来才取得成果。——原注

⑤ 如果说俄国作家想在平常的土地份额中重新找到俄国农村公社的份地的话，那么，不应忽视，只有在俄国的前提下，才能从这些纯粹由财政决定的处置中，特别是村落联合体的责任中产生一种**村落**共产主义。但这种村落（在中国）似乎不存在。——原注

原则意义上的财产平等的尝试，都由于行政手段不足而一再失败。11世纪以及后来几位君主的纯粹从财政动机出发的"国家社会主义"的实验造成了一种明显的后遗症：人们对中央政权的任何干预都极为反感，在这方面，地方职务俸禄者同所有人口阶层是一致的。中央政府的主要要求（例如公元10世纪时）并不是（税收）包干，而是要把除地方需要之外的全部义务（包括徭役和税收）的剩余都置于**它的**支配之下。但是，这种要求只被几位能力非凡的皇帝在短期内有效地贯彻过，多数情况下则一再碰壁。如前所述，在满族人统治下，这种要求最后被放弃了。为了充实这个画面，也许还需要至少再强调一下国库农业政策的几个方面。

在农业制度中最初取得特殊地位的是**桑蚕**业，这对于满足宫廷自身的需要和外贸都十分重要，接着是"水"（经过灌溉的）稻栽培。养蚕是园艺和家庭手工业的非常古老的分支，据史书记载，早在公元5世纪时，就同果木生产一起在农活中强制性地占了一定的比例。水稻栽培可能是所谓的"井田"制实际的抑或原始的基础。在中国作者看来，井田制堪为真正的国家土地分配制度的典范①（例如，孟子就把井田制作为仁政的理想，并提出"正经界"的主张）：一块方田，三三见九，周围的8家共同为国库（或许为地主）耕中间的那块田。很难设想曾经广泛地推行过这种制度，它同史书中关于土地所有权命运的确切记载不符。"废"井田（例如公元4世纪晋朝统治时）似乎与"王田"制完全被税收所代替一致，"复井田"被公认为毫无结果，废与复交替进行。可以肯定，井田制只存在于局部地区，无疑主要是在稻田灌溉方面，只是间或用在一些可耕地上。无论如何，不像过去有些人认为的那样是中国农业的根本制度，而仅仅是古代公田（王田）原则

---

① "井田"制似乎是按照表示一块分成九份的方田的汉字（井）来命名的，但似乎至少**还有一个原因**：灌溉渠道和永久性的围田造堤防洪措施对于水稻种植是必不可少的。在整个亚洲（例如爪哇），这都意味着占有关系的彻底变革，而且无论在哪里都特别意味着财政干预，其基础是不可或缺的引水工程。不过，这种往往被认为很古老的制度，很有可能是在最初族人为族长代耕土地的做法中理性化了。——原注

偶然被用于水稻栽培的形式罢了。

不管农业制度如何变化，不断重新形成的皇邑和封地在法律上总是占有特殊地位，它们都是终身制的，但如果后代有能力继承先辈承担的义务，一般也会重新受封受赐。这些封赏显然部分是俸禄，用以维持解甲将士的生计，因此规定，受封的人必须60岁告老（有如日本人的"隐居"）。这种按将士等级划分的军事封邑在公元1世纪（东汉）以及7—9世纪时（唐）尤其惹人注目，直到明朝还在发挥作用。只是满人才让它们衰败了，或者说用他们的"旗田"取代了它们。在各个不同的时代都有官员的官田（代替实物津贴，尤其在作为实物津贴的仓廪制度衰败时）。封赏的另一部分则是给平民的小块封地，要应付各种摊派［治水、修桥、补路等徭役，完全同古希腊罗马一样：公元前111年的土地法（土地法，格拉古兄弟在位时进行了相当彻底的土地改革，把被贵族强占的公地分给无地的农民。但他们的改革被武装贵族的暴力镇压下去了。后来的几次土地立法完全废弃了格拉古兄弟的土地改革。公元前111年的土地法是所有这些立法的综合，它宣布：任何私人占有的意大利和行省土地是私产，大土地占有不再受任何限制），在中世纪更甚］。这种财产状况（在中国）到了18世纪才被重新确立。①

此外，还可以看到，在（始皇帝的）"私有财产"确立后，土地分配经历了种种变化。如前所述，在国内严重动乱时期，大地主经济往往应运而生，伴随它的是赤手空拳的农民把自己交托于人，他们卖光了土地，备受欺凌。最高财产限额的思想自然导致总是把农民束缚于乡土，确切地说是束缚于责任联合体内。这些干预活动在形式上完全取决于徭役财政，于是导致了公元4世纪时东晋（在经过古代若干发端之后）首次宣布了**土地逐级**国有（即土断。东晋时，南迁的士族建立了大量的侨郡县，广占田园，兼并激烈。朝廷不问占地亩数，不征赋税。长此以往，影响了中央的财政收入。公元341年，晋成帝实行

---

① 担负着运河摊派的皇家运河沿岸的居民在太平天国起义中发挥了重要的作用。——原注

土断,把侨郡县王公以下的人都作为土著,编入当地户籍,征收赋税。后来又多次行"土断",整顿户籍,搜出大量挟藏户口,扩大了中央财政来源)。据报道,这样做的重要意图显然是实现全面的徭役整顿。这里提到的——理论上!——每年重新分配(给15—60岁的人)等量的头份的思想,出现于公元3世纪的三国鼎立时期,这时人头税(按照人丁缴纳)与土地税(最初很简单,以庄户为纳税对象)联合的粗犷的制度已经造成了根本不能令人满意的结局。公元485年(北魏太和九年,朝廷颁布均田令,农民计口授田,官吏按等级授以公田)以及唐朝(公元7世纪)也出现过这种均分土地并且(在理论上!)多次发生"社会政策"性的变化(照顾孤寡老人、残废军人以及诸如此类的个人)。继承的财产、按照巴登公田的方式转让的财产以及由级别决定的财产可以通过各种方式互相结合。例如,公元624年(唐高祖武德七年),唐朝国家规定,可以把一定数量的土地作为各户的世袭财产,并按家庭人口数又赏赐了一些土地。从这样形成的纳税单位中,产生了粟贡和徭役,其中部分是累加的,部分是交替的。11世纪初,允许的土地占有量是按等级划分的。土地不足时,允许迁移:当时北方有许多迁移地,可能为贯彻这项政策提供了至少是间或有的机会。在迁移或土地过剩时可以打破常规出卖,否则只有在"真正困顿"(没有埋葬费)时才允许先在族内出售。实际上,不久就又出现了非常自由的土地交易,均田的试验失败了,特别是公元780年(唐德宗建中元年)的新税制(由以资产多少为准代替以人丁为本,定居者分夏秋两次缴税,户税缴钱,地税纳粮;户税以资产为宗,不分丁男中男,租庸调及其他徭役捐钱并入户税;地税以土地质量分等;商人在所在州县纳税1/30,与定居者负担均等;保留丁额。两税制奠定了唐末至明朝中叶中国税制的基础)实行以后,政府对服兵役和徭役能力的关心程度又减弱了。正如我们已经看到的,所有这些措施都同财政及军事需要有关。均田制失败以后,政府满足于通过干预租税构成来保护农民利益,但也不得不一再强调,严禁为了私用而要求派徭役,尤其是派信差和驿马(公元10世纪)。免服徭役的官员利用这个机会聚敛土地、大发横财，因此朝廷于 1022 年（宋真宗乾兴元年）专门为他们规定了土地的最大占有量。这一切干预造成的土地所有的极不安定的特点以及对土地占有摊派的负担，据史书记载，在极大的程度上阻碍了对土地的任何改良。礼仪之邦一再受到财政与军事破产的威胁，这些困难成为许多土地改革试验的动因，引起人们对方针路线的关心。11 世纪王安石的著名变法就是一个例子，变法的重点是军事财政。我们现在来看看这次变法的局限性。

军队制度与王安石的变法试验

在始皇帝统治下，全国被解除了武装［据传说，由官员在 36 个为此而设的郡中收缴来的武器都被铸成了大钟（《史记·秦始皇本纪》："收天下兵，聚之咸阳，销以为钟鐻，金人十二，重各千石，置廷宫中"）］，按理，天下应当太平了（秦始皇在他的诏书中再三宣布天下太平）。但是，还要把守边塞，因此，老百姓被迫轮流去边关服役，同时还要为皇室的土木工程服苦役（兵役与徭役各一年）。不过，这种期限仅仅停留在理论上。如前所述，随着统一帝国的建立，平民百姓用于建筑目的的徭役负担极大增长。不过，军队基本上依旧是一支职业军队。这支禁卫军挑起了连年内战。因此，汉朝试图用强募的军队来代替（或者补充）常备职业部队。凡年满 23 岁的男子都应在常备军中服役 1 年（卫士），然后在民兵中服役 2 年［材官士（西汉时根据地理特点训练兵种，内郡平原及山阻地区训练步卒，称为"材官"，后世多称供差遣的低级武士为材官士）］；规定训练射箭、骑马和驾车，直到 55 岁止。每年服徭役 1 个月，可以雇人代劳。这些计划旨在缔造一支庞大的军事力量，但究竟在多大程度上实现了，还很难说。无论如何，公元 6 世纪时，徭役非常繁重：视收成好坏，在理论上每家有一个劳动力一年正式要服三旬徭役。此外还要参加军事训练以及到遥远的西部戍边，中国的诗歌对这种使骨肉多年分离的戍边颇多怨词。徭役不断地增加，在刚才提到的唐朝的土地改革中规定，不纳税的人所服徭役达五旬。有时，同时征集100多万人参加大规模的江河工程，有形式上的普遍防卫义务（民兵义务不过是空话，只会阻碍有技术、有用处的军队出产），宋朝统治时期，除了地方军（厢军）和民兵（乡兵）这两支互相融合而衰亡了的军队以外，还有作为常备军的"禁军"。"禁军"的新兵当时是强征来的（至少在某些省份），还按照近东的做法，将被征的兵在脸上烙上印证（1042年，即宋仁宗庆历二年）。从可以找到的一切资料分析，组成军队核心的往往是雇佣兵，他们的可靠性一直很成问题，主要取决于定期的雇佣金。长期财政危机迫使政府1049年（宋仁宗皇祐元年）缩编军队，当时帝国正面临北方蛮夷入侵的威胁。在这种形势下，王安石试图通过一场理性的改革，为建立一支应付自如的能派上用场的军队创造资金条件。如果把这种改革实验称为"国家社会主义"的话，那么，只有从非常狭隘的意义上来理解，这种提法才是贴切的。就是说，它很像托勒密诸王实行的垄断的银行政策与粮食存储政策（尽管并不完全相同），这种政策建立在高度发达的货币经济基础上。

实际上①，这次试验是想通过有计划地补贴，调节农作物的种植，通过中央政府手中垄断的有计划的粮食销售制度，同时通过用货币税取代徭役与实物税（均输法）（授权总管六路的发运使，根据库藏和收支情况，凡朝廷所需货物，可动用国库拨款并移用六路财赋，尽量在价格低廉的地方或就近采购，存储备用；丰年歉年互相调剂），来创造**货币**收入，获得资金创建一支纪律严明、训练有素、无条件服从皇帝调遣的强大的国民军。从理论上讲，每两个成年人中有一个应征入伍，为此目的，进行了人口登记。配合人口登记，恢复了由**推选**出来的长者负责的十家组制度（保甲法），保甲负有惩戒责任，各户轮流值夜。此外，武器（弓箭）通过国家分发给轮流参加地方民兵的应征者，马匹由国家购买，交给体检合格服骑兵役的人使用和饲养，每年检查，如果领走马匹的人失职，可能要缴纳赔偿金。国家的仓库一直

---

① 参见前边引的伊万诺夫的书第51页上王安石的奏章。——原注

由实物税填充，摊派给有钱人管理：这是一种能叫人倾家荡产的重负，同时也带来了形形色色可想而知的敲诈勒索，从现在起要转到领薪俸的官员手里，被置于货币经济基础之上，为系统地扶植经济服务。政府赊贷谷种（青苗）、赊贷实物或货币，利率20%。地产要重新评价、重新分等，进而确定租税、徭役（募役）和个人份额。还想用货币税收入雇工，以取代可用货币代偿的徭役。除了推行货币税以外，垄断粮食贸易是从那时起以各种形式出现的改革建议的核心点。政府应在粮价低廉的（收获）季节买粮入库，并由这种库存中进行前边说的赊贷，不过也从中牟利。缔造一支**专业**官吏队伍，特别是训练有素的**法官**，应当在技术上保证变法实现；全体地方官厅每年提出和判定的预算，应当从经济上实行统一的财政管理。

王安石的（儒家）反对派除了反对制度本身的黩武性质以外，还特别指摘危及官僚威望的全民皆兵，因为会导致起义；由于取消了商业，而让人顾虑纳税力；尤其是皇帝的"谷物高利贷"：有息赊贷种子和货币税试验①。王安石的变法在军制这个关键问题上彻底失败了，根据各种类比，无疑由于没有一个在这方面必不可少的行政班子，在农村的经济状况下不能很快地收缴货币税。他（1086年）死后的封号和祭奠安排在12世纪又被取消了。早在11世纪末，军队的核心已经又由雇佣兵队组成了。缔造专业官吏队伍时威胁到儒士的俸禄利益——他们的利益正是全部变法斗争中举足轻重的力量——他们深知如何阻挠建立专业官吏队伍。后妃们一开始就对新法持反对立场，因为她们的宦官们已经看出了改革会危及她们的权力利益。②

如果说王安石变法在关键问题上失败了，那么它似乎还是留下了深刻的痕迹，以后要讨论的中国的"自治制度"就是通过这种多次提到的十家与百家联合体（应为10家保、50家大保、500家都保）的理

---

① 参见前边引的伊万诺夫的书第167页及后面几页和190—191页上苏轼反对王安石的两份报告，还有其他对立面的异议，其中在196页上司马光的。——原注

② 我们以后再讨论这些与内政结构有关的方面。——原注

性化保存至今仍在发挥作用的形式。

政府对土地分配的深刻干预，后来也曾多次出现。公元1263年（宋理宗景定四年），在反对蒙古人的战争中，政府为了筹措资金，用国债券没收超过规定的占有界限（"100亩"）的土地，随之而来的各代也不时通过没收而使国家的直接财产猛增（明朝开国时，浙江仅有1/15的土地是完全的私产）。国家仓库制度（均输）本身很古老①，早在王安石的计划之前就已经起着重要的作用，15世纪以后逐渐成为固定的形式：秋冬买入，春夏卖出，逐渐成为了维护国内安宁所进行的调节物价的手段。最初购买不是自愿的，而是强制的；缴售的收成比例通常在1/2上下浮动，然后按税结算。税率浮动幅度很大，占收获量的1/15—1/10，即极低的比例，如前所述，在汉代是正常税率，不过要考虑到，还有附加的徭役。正因为如此，税率并不能反映现实的负担，所以我们对税率的具体发展不感兴趣。

对农民的财政保护及其对农业制度的影响

作为国库收入性质的形形色色土地改革努力的成果，无论如何，可以从两个方面来看：（1）没有产生理性的农业大生产；（2）政府对土地占有的任何干预方式以及经营方式都引起了全体农业人员深刻的不信任的嫌恶：许多中国财政学者提出的放任自由理论在农业人口中越来越受欢迎。消费政策与饥荒对策措施当然不可避免地保存了下来。除此之外，却只有政府保护农民的政策受到了人民的欢迎，因为这种保护政策反对资本主义的积累，即反对把当官、做生意和收税收租时积累起来的财产变为田产。我们在前边已经部分地提到过这种立法，仅仅由于这种感情，它就足以成为可能，并且出于同样的理由，允许对财产的占有状况进行非常深刻的干涉。这种立法是从专制政府同封臣和未来自己就能充分自卫的和有身份的宗族的斗争中产生的，后来

---

① 公元8世纪仓库里应该也有绢和麻了。——原注

一再反对地主经济中以资本主义为前提的改革。

干预的方式也有了很大的变化，前边的叙述已经指出了这种变化。在史书中，对于诞生了"第一个皇帝"始皇帝的秦国和孝公（公元前361—公元前338年）的政府有这样一则报道：他的大臣卫鞅（即商鞅）教给他作为："最高智慧"的"如何做人君"之术。税制改革中最重要的是：用普通土地税代替耕地徭役。除了税制改革，土地分配就首当其冲了：强迫家庭分门立户、对于独立门户的新家给予税收优惠、生产任务繁重时免除徭役、户口登记、不准报私仇。所有这些都是对地主经济的产生与维系进行斗争的典型手段，同时也是典型的人口至上的国库主义的表达。如前所述，立法左右摇摆：政府有时通过限制自由流动把无地农民交给地主，有时却又让农民投奔豪门成为隶农，然后再解放他们。但从总体上看，保护农民的倾向还是占决定性的优势。公元485年（北魏统治下），出于人口至上论的考虑，政府公然允许出卖多余的土地。公元653年（唐高宗永徽四年），为了保护农民利益，政府颁令，严禁土地交易，特别禁止富人买地，公元1205年（宋宁宗开禧元年）又颁令禁止卖地和作为买主的隶农留在土地上。① 后两项禁令使人清楚地认识到，在它们颁布之前——正如其他材料指出的——早就存在着事实上变卖转让了的土地私产。中国要阻止的，正是全世界许多地方已经出现的那种发展，特别是在古希腊城邦，例如雅典出现的发展：在商业或政治活动中积累起来的货币财富，总是要在土地上寻找投资机会，买进负债的农民，把他们当作债权或跟小块土地一起买来的隶属佃农使用。不过，这些枯燥的重复已经够了，因为它们并不能提供一部真实的"经济史"。至今缺乏这方面的重要数据（价格、工资等）。综上所述，可以得出这样一个结论：多少世纪以来，或者说，1500多年以来，土地占有的性质极不稳定，土地所有权极不合理，取决于政治与财政，忽而肆意干涉，忽而放任自流。儒士们拒绝**编纂**一部法典，他们的典型理由是：老百姓如果**知道**了自己的权利，

---

① 这一禁令实际上似乎抑制了永佃权的发展，小块租田似乎至今仍不常见。——原注

就会藐视统治阶级。在这种状况下，维系作为**自助联合体的宗族**就成了唯一的出路。

因此，中国**今天的**不动产清除了那些明显的现代特征外，仍然保留着最古老的结构的痕迹①：全部耕地都登记注册。国库规定：每一份卖地文书都须经有关的国家部门盖印（税契，要交一定的手续费）——这规定当然总是以遭到民众的阻挠而失败。买卖文书、地契抄本和纳税收据都已被视为财产证明。所有这些，都大大简化了（单纯权利证书转让的）土地转让过程。每一份卖地文书（卖契）都有这样的条款："为了合法目的确实需要钱"才卖地，今天这已成为空洞无物的格式。不过，联系前边提到的公元485年的明文规定，这一条款肯定让人认为，最初只是由于"真正需要"才被允许卖地的，此外，今天同样流于形式的亲戚优先购买权，昔日却必须履行。今天仍然存在着一种被视为"陋习"的惯例：卖主，有时还有他的后代，遇到困难时，可以根据单据②向买主索要一笔或几笔追加付款作为"布施"③。中国典型的买地者，也同西方古代城邦一样，是富有的货币持有者和债权人，但是最初土地占有是通过赎还权与宗族相联系的。因此，真正的民间转让形式也不是无条件的永久性出售，而是有赎回保留的出售（活卖），到处都有这种急茬买卖，或者是永佃（因为永佃者的地位是田面，表面的拥有者，显然不及田底，土地的拥有者）与农田典当（抵押仅限于城市地产）。

农业制度的其他诸种现象也指出了同样的方向：土地的古老的宗族局限性同土地购买者的金钱势力抗争；世袭政治权力的干预虽然是

---

① 满族卫戍部队的旗田，负有公差义务的边境部队，运河沿岸居民、道路两旁居民的世袭禄田等等，显然不在考虑之中。——原注

② 黄伯禄在《中国关于财产的技术观念》（上海1897年，载于《汉学论丛》第11期）第20条中是这样翻译这个词的。——原注

③ 而且要诉诸法庭！法官虽然只能驳回起诉，但总是"奉劝"买主：心不要太硬，还是给点钱好。只有有势力的人才能幸免这种纠缠（参见黄伯禄的上文）。下面还要谈这个问题。——原注

为了斡旋，但主要还是出自对国库财政的关心。《诗经》和汉朝的编年史书中使用的术语，也像罗马法一样，只有私产与公产之分：王田上的国家佃农、私田（"民田"）上的纳税人。不得分割与转让的祖田（坟地和供祭祖用的田地）仍然是家庭财产（族产）[1]；正妻的长子及其后代承袭遗赠者的地位。但是，世袭制取得胜利以后，包括土地在内的财产依法须在全部子女中进行实物分配（析产），立遗嘱人的指示仅仅具有伦理约束力（概念本意上的"委托赠与"在罗马法和民法法系中，指通常用遗嘱的方式把财产作为礼物赠与某人，同时附加一定的义务，即将该项财产转交给特定的最后接受人，后者在法律上却不具备接受该项财产的资格，或者至少不能接受遗赠人指定的数额）。租佃形式最后有分租（地主和佃农共同承担生产手段和劳务，产品共同分配的租佃形式）、物租（佃农向地方缴纳实物地租的租佃形式）、钱租（佃农向地主缴纳货币地租的租佃形式），佃农缴纳"保证金"（押租），以求得不解约（获得永佃权）。农田租佃契约的一般格式[2]则明白无误地告诉我们，可以把佃农想象成古代南欧那种小块地租佃关系意义上的隶农（罗马帝国后期和中世纪的佃农，由小自由农、半解放的奴隶和充当农业劳动力的异邦人发展而来。隶农以劳务、实物和货币的形式支付地租。法律规定，隶农是自由人，但债务和限制自由迁徙的法律使他们世代依附土地）。隶农除了种田的权利以外，还要承担种田的义务，一般说来，他们总是欠出租人的债。典型的出租人则是通过出租来利用分散土地的大地主贵族，这同前边讲的是一致的。特别是那种继承和购买了大量小块土地的宗族里的家族共产体，它们把这种分散地主制的产权证书保存在特别卷宗里，并且登记在账本上。[3] 在土地

---

[1] 《京报》上经常提到祖田。——原注

[2] 例如前引黄伯禄文第119页上第23个附录。我们已经谈过，租佃相对来说不算常见。除了1205年关于永佃权的一般禁令，**收租之难大概是决定性的因素了**。——原注

[3] 前面引的黄伯禄的文章（《汉学论丛》第11期第12页，第31期第152页、第157—158页）。——原注

登记册上，用一个专门的共产体名①。就像在一家公司名号下一样，登记上所有零星地块②：这个名称同家堂匾额上刻的名字是同一个。家庭共产体由其长者统治佃农，连语调都是家长制的，很像古希腊罗马或南欧的地主或英国的乡绅。同在全世界一样，在中国，古老的名门望族以及靠经商、从政致富的暴发户，为了确保他们的权力地位能代代相传，也把家户牢固地集中在共产体中。显而易见，这是被世袭制打碎了的古代贵族的等级制优越地位的经济代偿形式。

在某些方面具有相当规模③（可惜不能从统计学的角度确定下来）的大地主贵族所有制，只是在某些方面具有悠久的历史，而且毕竟在很大程度上是零星地块。然而，这种大地主所有制毕竟延续至今，可是过去可能更为普遍，伴随它的是世袭制国家里典型的佃农。中国有两种独特的情况对地主的权力起着调节作用：其一是不久就要进一步讨论的宗族权力；其二是国家行政管理与司法的粗线条和软无力。一个想毫无顾忌地利用其权力的地主，很难通过一种及时周到的司法裁断来行使自己的形式权利，除非他有后门，或者高价行贿发动行政当局的权力手段为自己服务。即使这样，国家官员要想为地主榨取地租

---

① 称例如"永和家"。——原注

② 土地登记册和土地账的格式互相联系，最早由 1890/91 年度《中国评论》上一则报道（《中国的土地占有制》）做了说明。登记单位是在登记时作为一个宗族的族长行使职权的祖先所说的族产（如果当时已经分家，就是当时的部分财产状况）。在析产或所有权变化时，原始登记号及其内容仍旧保留，不过要注明，现在由谁（或谁家）来纳税或纳部分税以及何种税。10 名（或 10 名左右）族长组成一个十家组。根据古法，这种组织至今仍联合起来为纳税作保并负责维护治安。这种十家组也占有公田，公田由族长轮流经营（或出租）。各族长敛他那一族的税。谁要是到 11 月 16 日仍拿不出纳税单据的话，十家组就可以剥夺他的田产。如果一族的家计不能纳税，就要没收该族的祖田。十家组的构成是变动着的：刚才提到的报道也说到一位族长（或支族长）同其他 9 位联合提议，组成一个新十家组。族产规模十分悬殊。若干十家组组成一个百家组，同样是为了应付规定的负担，最初是军事和摊派的。关于宗族，下面还要进一步讨论。——原注

③ 据说，虽然出现了在一定程度上有联系的 300 公顷的地产，但是，远远超出这种规模的个别地主的连成一片的地产还很少见，我最近读到的刘文先（？）氏（在法兰克福）作的博士论文（《中国农村田产的优点及经营》，柏林 1920 年）也没有提出数字。——原注

时，也得像为自己榨取税收一样（小心谨慎）。任何动乱都会引起中央政府的担心而使他丢掉乌纱，因为，动乱是危险的神秘灾难的征兆。土地出租者和出典者的非常典型的习惯做法表明，这种局面断了他们进一步榨取佃户的路。小生产的巨大劳动强度①及其经济优势，在地价昂贵②和农业贷款利息相对低廉③的情况下，显得很突出。由于土地非常零散，所以几乎不可能进行任何技术改良。尽管货币经济广泛存在，但是传统仍然居于支配地位。

在中国，社会平均化的倾向也同世袭官僚制相吻合。适应水稻精耕细作技术的农业生产，几乎全是小农经济，工业生产则是手工操作。继承过程的实物分配（分家析产）使土地所有持久性地相当强烈地民主化了，虽然个别继承共同体放慢了这一过程。几公顷土地是一笔可观的财产，不到1公顷（15亩＝85英亩）土地在**不种果菜的情况下**足够养活5口人。社会制度中的封建成分，至少从法律上被剥夺了它们的等级特征。近几十年间的官方报告还一直把农村的"名士"说成在社会上举足轻重的阶层。不过，这些"乡绅"却没有下层所具备的受到国家保护的地位（参见下文）。根据法律，直接凌驾于小市民和小农之上的，是世袭官僚制的国家机器。无论从法律上看，还是主要从事实上看，都没有中世纪西方的封建的中间层。

另一方面，具有西方特征的资本主义的依附关系，直到近代才在欧洲的影响下以典型的形式传入中国。为什么？

---

① 没有"星期日休息"一说，最多大概有15天官方规定的节假日。——原注

② 大约15年前，在实行园艺栽培的平川地区，每公顷售价3000—4000马克（比西方高数倍的货币购买力也需计算在内）。据说获利7%—9%（确切地说，因为劳动收益随着土地成色的提高而减少，根据前面的说明，就是这种"地租"的百分比）。——原注

③ 8%—9%，在中小工商业中约12%—30%。——原注

第IV章　社会学基础：
D. 自治、法律与资本主义

  没有资本主义的依附关系——宗族组织——乡村自治——经济关系的宗族制约——法律的世袭结构

没有资本主义的依附关系

  在各国角逐政治权力的时代，在世袭制国家里普遍存在的以政治为前提的诸侯御用赞助人和供应商的资本主义，在中国似乎也同全世界一样，在同样的条件下起过十分重要的作用，干过一番带来高利润率的大业。同时，采矿和商业也被当作财富积累的源泉。据说，汉朝有过，以铜钱计，拥有数百万家财的大富翁（《史记·货殖列传》："桀黠奴，人之所患也，唯刀间收取，使之逐渔盐商贾之利……终得其力，起富数千万。""师史能至七千万。""关中富商大贾，大抵尽诸田，田啬、田兰。韦家栗氏，安陵、杜杜氏，亦巨万。"）。但是，政治的一统天下在中国也像在统一的罗马大帝国一样，带来了资本主义倒退的后果，这种资本主义本质上扎根于国家及其与别国的竞争。另一方面，以自由交换为方向的纯粹市场资本主义仅仅停留在萌芽阶段。在工业内部，当然也有别的地方，例如即将讨论的合作企业形式内，商人的地位明显地比技术人员优越，这种优越性早已清楚地体现在协作中通用的利润分配方案中。地方之间的工业显然也常常带来投机利润。古代对农耕的经典评价很高，说它是唯一真正神圣的职业（农本）。但是这并未妨碍人们早在公元前1世纪（像在《塔木德》，这一注释、讲解犹太教法律的著作，在犹太教的地位仅次于《圣经》，通指自古至今的全部犹太教规范文集中一样）就认为，工业的获利机会比农业高，商业获利机会最高。

然而，这些并不意味着向近代资本主义发展的起点。西方特有的制度在中世纪的城市中发展出了生机盎然的市民阶级。但是，这种制度（在中国）不是根本没有，就是面目皆非。在意大利城市的商法中，早就有了经济的理性物化了的资本主义"经营"的法律形式与社会基础，但是在中国这些都不存在。中国早就有了私人信贷发展的萌芽：宗族为其成员担保，但却仅仅存在于税收和政治刑法中，没有以后的发展阶段。从西方的家庭合股形式中，产生了后来的"无限商业公司"（至少在意大利是这样），在中国，基于家庭共同体的继承人的合股形式变成了营利共同体，恰恰在有产阶层中起过类似西方家庭合股形式的作用，但却具有截然不同的经济含义。中国的**官**，是官也是收税人——事实上当官的就是收税人——他们有积累财富的理想机会[1]，在世袭制国家里总是这样。退职官员把他们多少算是合法的所得用于地产投资。子辈们为了维系财力，甘做继承共同体中的共同继承人，并且提供资金让家里的几个成员就读，给他们创造机会，争个有收入的官职，进而使他们的继承共同体富裕起来，再进一步给族人创造当官的机会。这被广泛地认为是理所当然的。于是，在靠政治积累财富的基础上，尽管这个基础并不牢靠，发展起都市贵族和出租零星土地的大地主贵族，后者既没有封建的印记，也没有资产阶级的特征，而是靠政治投机，纯系升官发财。就是说，在中国也同一切世袭制国家一样，典型的不是理性占优势的经济获取，而是——除了同样把货币所得用于土地投资的商业以外——控制着财富，尤其是土地积累的内政掠夺的资本主义。这是因为，官员发财，如前所述，还靠税收投机任

---

[1] 广东的"河伯"（海关监督官兼关税负责人）以其巨大的蓄财机会而闻名：头一年的收入（20万两）抵了捐官费，第二年的还了"礼钱"，最后一年、第三年的归己（据《华北导报》的计算）。——原注

意规定纳税义务换算成通行货币的汇率。科举考试提供吃这碗饭的候补资格。因此，各省总是不断地分摊，只有例外的情况下才固定下来。停止在某州开科考试，是对当地名门望族最有效的惩罚，因为最容易从经济上感受到。家庭营利共同体的这种做法显然与理性的经济经营共同体的发展背道而驰。不过，家庭营利共同体除此之外还受到**宗族**的**严格**束缚。下面，我们就联系这个问题来讨论我们已经一再接触到的宗族联合体的重要性。

中世纪的西方，**宗族**的作用就已烟消云散了。可是在中国，**宗族**的作用却完完全全地保存了下来：它既是最小的行政管理单位，也是一种经济合股方式。而且，甚至有了某种程度的发展，这在其他地方，甚至印度，都是闻所未闻的。上面的世袭制政府同与它抗衡的下面的结构缜密的宗族组织发生了冲突。迄今为止，相当一大批具有政治危险的"秘密社团"都是由宗族组成的。① 村庄多以宗族姓氏命名②，有的村子只有一族，就以占多数的代表姓命名。村庄也可以是宗族联盟。古老的地界说明，土地不是分给个人的，而是分给宗族的。宗族共同体在相当大的范围内维系着这种状况。从人口最多的宗族中推举村长，村长往往是有报酬的。（族）"长"辅佐村长，并且有权罢免他。下面就要讲到，每一个宗族都有独立惩处其成员的权力，而且行使这种权力，尽管近代国家政权没有正式承认这种权力。③

世袭行政权力肆无忌惮地干涉宗族：机械地把它们组成责任联合体（兼管纳税和治安的保甲组织）、命令它们移居、重新分配土地、按丁——有劳动能力的个人——划分人口。尽管如此，宗族的团结与维系仍然完全依赖祖宗崇拜，这是不容置疑的。这种祖宗崇拜是唯一不受专制教皇主义政府及其官吏控制的民间崇拜。它由作为家庭牧师的家长在家族的帮助下进行管理，但无疑是古典的而且古老的民间崇拜。

---

① 例如太平之"乱"（1850—1864年）的中坚力量。直到1895年，太平教创始人的宗族洪（氏）一党仍被视为秘密社团而遭受迫害（据《京报》）。——原注

② 例如（据康拉迪前引书）：张家庄上"张姓家族的村子"。——原注

③ 正式承认的是皇族对其成员的审判，也叫家权。——原注

早在穷兵黩武的远古时代的"男子聚会所"里,祖灵似乎就发挥过作用。顺便说一下,这似乎与真正的图腾崇拜很难一致,似乎说明,在男子聚会所的形式下,君主及其仆从的仆从特征及由此发展而来的世袭卡里斯马是可以推断出来的最古老的组织形式。① 不管实际情况如何,在历史上,中国人民的最基本的信仰一直是相信祖宗神灵的力量,虽然不是只相信自己祖灵的力量②,但基本上是;相信自己的祖灵起着在天神或上帝面前转达后辈愿望的**中介人**的作用——这种作用从礼仪和文化上得到了证明;③ 相信必须无条件地向祖灵贡献牺牲,以使他们心满意足,保持良好的情绪。皇帝的祖灵几乎与天神的仆从同列。④ 一个中国人,如果没有子嗣,无论如何,必须领养立嗣,如果他还未

---

① 也许两者——"朋辈式"的与"统治式"的男子聚会所——在同一地域关存。奎斯托恩整理的笔记(前引书)**总的说来**更赞成第一种("朋辈式"的),也是对的。不过,传说中的尧帝是在祖庙里把政府移交给他的接班人舜的[《尚书·舜典》:"正月上日,(尧)受终于文祖。""月正元日,舜格于文祖。"]。一位国王用**臣民**的祖灵要发怒来威慑他们[《尚书·盘庚中》:(盘庚对反对迁都的臣民说:)"汝共作我畜民,汝有戕则在乃心,我先后绥乃祖乃父;乃祖乃父,乃断弃汝,不救汝死。"]。赫斯收集的这一类例子还有:帝之祖灵遇到失政时会显灵,要求汇报。《书经》中盘庚的言论(理雅各书第 238 页)佐证了后面的一种设想(指"统治式"的男子聚会所。《尚书·盘庚中》:"予念我先神后之劳尔先,予丕克羞尔,用怀尔然,失于政,陈于兹。高后丕乃崇降罪疾,曰:曷虐朕民?……汝万民乃不生生。暨予一人猷同心,先后丕降与汝罪疾,曰:曷不暨朕幼孙有比!")。康拉迪在前引书中道出了图腾崇拜的残余(虽然很重要,但不可全信)。——原注

② 前边提到的对一个倾覆王朝末代国君的宽大处理,是由于顾忌先祖之灵——总之,先帝是有威力的——会不得安宁[参见 1883 年 4 月 13 日和 7 月 31 日的《京报》:明王朝的代表有张团(?)对在明祖田上种地深感忧虑]。另外,前边提到的对绝后的亡灵正式的国祭以及过继制——参见本文——也出自同样的顾忌。——原注

③ 参见《经书》上周公的言论(理雅各书第 175 页,应为 351 页《余滕篇》:"武王有疾,周公作余滕",175 页是《汤誓篇》,无周公言论),向先祖(而非向苍天)为生病的(周武)王祈祷,参见上书第 391 页及后面几页。——原注

④ 天神被说成"诸神之首",这清楚地来源于格鲁特(宇宙一体论)提供的证据。据 1898 年 9 月 29 日《京报》上发表的公报称:谴责皇帝与康有为(当时的)失败的改革尝试的是"祖宗之灵"。苍天除了自己的功劳以外,也看到了祖宗的功劳。因此,儒家教义似乎也认为:苍天静观王朝罪孽,只是到了不可救药时才采取有力的措施。这当然是一种狭义的"神义论"。——原注

立嗣就过世了，那么他的家族也要为他身后拟嗣①——与其说是为他，倒不如说是为了他们：为了在他的亡灵前心安理得。这些控制一切的观念的社会效用是明摆着的：其一是宗法权力的强大②，其二是宗族自身的团结。在埃及，控制一切的是死者崇拜，而不是祖宗崇拜，同美索不达米亚一样，那里宗族的团结在官僚制和财政至上的影响下也被破坏了（只是要比美索不达米亚早得多）。在中国，宗族的团结都得到了维护和加强，发展成为一种同政治上的统治者权力对等的势力。

宗族组织

每一个宗族原则上在村里有自己的宗祠③（直到现在仍是这样），除了祭祀器具外，祠内往往有一块匾，上书宗族承认的"德律"（家法、家规）。因为自己赋予自己规约的权利，对于宗族来说实际上一直是不容置疑的，它所起的作用不仅是凌驾于法律之上，而且——甚至在礼仪问题上——也是反法律的。④宗族对外团结一致。如上所述，除了刑法以外，并不存在互助责任，但是宗族总是尽量解决族人债务。在长老主持下，宗族不仅能对族人鞭笞和除名——后者意味着剥夺公民权利终身——而且也像俄国的米尔一样，能放逐人。往往很高的消费性的借贷急需基本上也是在宗族内部解决的，济危扶困是富裕族人义不容辞的。当然，一个非本族人如果叩了许多头，也得借钱给他，

---

① 也有取消立嗣的，因为当了人家的继子不好再给生父上供。——原注
② "杀父"被视为十分恐怖的（要处以"凌迟"的）事件。哪个省要是出了这种事，那就跟遇上天灾一样，省长要被罢官（1894年8月7日《京报》）。一个醉汉杀了祖父，致使并没有教育儿子这样做的父亲（1895年7月12日《京报》）也受到惩处，"忍受了长辈最严厉的处罚"。——原注
③ 有时支族也有其"次祖祠"。——原注
④ 根据古典礼仪，立嗣只能在宗族内部实行过继。家法对过继的规定——即使在同一村子里——也是天差地别的。有些旧礼仪几乎普遍被废除了，甚至明文规定：儿媳现在不仅只为公婆服丧，而且也为父母服丧了。还有，也是明文规定：现在不仅要为父亲服"深"丧，而且要为母亲服"深"丧。——原注

因为这个绝望了的人如果自杀，他的亡灵就会来报仇，谁也不愿意担这种风险。① 好像没有谁痛痛快快地主动还过账，起码在他知道自己有一个强大的宗族作后盾时是不愿意还账的。不过，最初只在宗族内部有过明确规定的济贫义务和信贷援助。必要时，宗族也同外族械斗：② 在中国，只要涉及个人利益和个人关系，那种义无反顾的勇敢就会同由拉夫和雇佣兵组成的政府军队绰绰有余的怯懦形成鲜明对比。在必要时，宗族还施医舍药、操办丧事、照顾老人和寡妇，特别是兴办义塾。宗族拥有财产，主要是田产（"祖田"——氏田③），富裕的宗族往往还有大量义田。宗族通过出租（往往 3 年后拍卖）来利用这种氏田，但是转让需经 3/4 多数通过，收获分配给家长。典型的分配方式是：男人和寡妇每人 1 份，59 岁以上的人每人 2 份，69 岁以上的人每人 3 份。在宗族内部，世袭卡里斯马原则与民主原则融为一体。所有已婚男子享有平等的表决权，未婚男子只有咨议权，妇女没有宗族参议权，如同没有继承权一样（只有要求陪嫁的权利）。长老们发挥管理委员会的职能，每人代表族里的一个**支系**，但首先要由全体同胞每年选举产生。长老们的职责是：收税、经营族产、分配收获，特别要祭祖、管理祠堂和义塾。即将退位的长老按照年龄顺序提出候选人；如果候选人拒绝，再依次推举年龄较轻的。

通过购买或承租共同得到土地并分配给家长，至今仍很常见。达官、商贾以及其他终身离土的人，都得到补贴和一份家谱抄本作为证明，他们受宗族裁判权辖制，但可以赎回他们的分产权。在古制占

---

① A. 梅尔克斯把"不指望任何人"读成"不指望任何东西"，其原因很可能是，在这里也害怕向神"呼唤"，怕自杀向他的魂儿"呼唤"。——原注

② 械斗的原因除了税额分摊不均和报血仇外，主要是风水——地相占卜——引起的邻里之间的冲突。后面还要讲到，每座建筑，特别是每座新坟，都可能给已有的坟墓中的祖灵带来伤害，或者激怒岩石、溪流、山丘等的神灵。由于涉及双方的风水利益，所以这种械斗往往很难调停。——原注

③ 《京报》上报道过用 17000 两银子购买 2000 亩地（1 亩 = 5.62 英亩）的例子。地租除去祭祀用外，还明确提到：1. 照顾孤寡；2. 为孩子们办学（1883 年 12 月 14 日）。——原注

统治地位的地方，世袭田地很少落到外人手里。妇道从事的家庭纺线、织布和裁缝业使独立的纺织工业只能在有限的范围里出现，特别是，有时他们还自产自销。①头戴脚穿的多是自家制品。由于宗族也是对于每个人十分重要的祝祭（通常一年两次祭祖）的主持者和家长写家史的对象，直到目前人们还认为，向学徒及贫苦的帮工提供低息资金，使他们成为独立的工匠，是宗族的事务；前边已经说过，宗族长老们挑选他们认为有资格读书的后生，并为准备、考试、捐官提供全部费用。因此，这个联合体（宗族）除了意味着对家计自给自足的经济支持以外，显然还意味着对市场发展的限制；**从社会角度**说，对于宗族成员，**包括**在异乡，特别是城里生活的人的存在来说，宗族就是一切。②

正因为如此，"城市"对于它的多数居民来说，从来不是"故乡"，而是典型的"异乡"，我们在前边已经大致提到了，城市**没有**现在要讲的有组织的**自治**，这更突出了它同乡村的差异。或以毫不夸张地说，中国行政管理史上充满了朝廷力图在城区**以外**发挥行政功能的努力。除了在税收方面达成了妥协，这种努力只获得了短期的成功，由于皇家行政独特的粗线条管理，不可能获得永久的成功。真正的官员为数甚少，这种粗放管理是由财政决定的（反过来又决定着财政状况）。正式的皇家行政，事实上只限于市区和市辖区的行政。在这些地方，皇家行政不会碰到外面那样强大的宗族血亲联合体，如果能同工商行会和睦相处会大有作为的。一出城墙，皇家行政的威力就一落千丈，无所作为了。因为除了本身就足够厉害的宗族势力外，它还得面对**乡村**本身有组织的自治。也有不少农民住在城里，这种城市就叫作"耕民城"，所以只存在管理技术上的差异："城市"是没有自治的品官所在地，"乡村"则是没有品官的自治区！

---

① 参见 E. 西蒙的《中国城市》（巴黎，1885 年）以及隆和涛合著的《中国的乡村与城市生活》伦敦版及其他（1915 年）。——原注

② 直到 1899 年（光绪二十五年）（10 月 12 日《京报》）仍三令五申：（警察）**不得**将迁往他乡，但在祖田上仍然有份的人当成"不认识的外乡人"。——原注

儒教与道教

乡村自治

村落式的居民点①在中国的基础是对安全的需要，这种需要是没有任何一点点"警察"概念的粗线条的帝国行政从未得到满足的。大多数村庄都有防御工事，最初像古代城市一样用栅栏围起来，但经常是有围墙的，似乎直到今天仍如此。为了解除轮流值勤的义务（马上就要谈到），村里雇了守卫。有的村子有几千人。乡村与"城市"的区别仅在于，乡村**自己**履行这些职能，并且与城市相反②，它们自己有这样的机构。由于中国的法律和农民的思维方式中天生没有一丝"法人"概念，所以这种机构就是**村庙**③，近代习惯于供奉随便一尊通俗神：将军关帝（战神）、北帝（商业神）、文昌（学校神）、龙王（雨神）、土地（一位名不见经传的神，为了保证死者来世的**良好品行**，死了人要通知土地），等等。至于供哪一尊神，似乎无关紧要。因为同西方古典时期一样，村庙④的宗教含义仅限于少数礼仪活动和偶尔的个人祈祷，此外，村庙的含义就只在凡俗的社会和法律方面了。

村庙同宗祠一样，也有财产，特别是地产⑤，但也常常拥有货币财产，贷款利息并不总是很低的。⑥货币财产主要来自传统的市场费：同世界各地一样，市场摊贩受地方神保护。庙田同祖田一样，用于出租，而且主要租给村里无地的人，由此而来的地租和庙里的全部收入年年都交给收入承包人，他在扣除各项经费后将剩余的纯收益进行分配。

---

① 个人财产分散所有，往往分成5—15块，这是分遗产造成的。——原注

② 正如我们已经看到的，在城里，行会常常有专擅自治的广泛职能。——原注

③ 这里也需对照前边引的两位中国学士的著作（指隆和涛合著的《中国的乡村与城市生活》）（讲乡村的那部分要**好得多**，对于作为社会组织的城市，谈的太少了！）。日耳曼法中有类似之处！——原注

④ 村庙并非"道教"的礼拜场所（参见本书的第Ⅶ章）。——原注

⑤ 主要是为了庙里僧侣。若由施主捐助，这些施主就会获得作为报答的荣誉称号（善主、后人师表）。僧侣靠额外报酬及粮捐过活：庙越多，村越穷。不过，其中只有一个是村庙。——原注

⑥ 到庙里借钱，被认为是积功德。参见多利特尔的《中国人的社会生活》（伦敦，1866年）中关于这一点的说明。——原注

173

庙里的管理事务，似乎经常由村里的家长们分担：一家一家地轮，因此村子被分成地区，每个地区有100—500个居民。除了这些管理者以外，还有乡绅：宗族长老们和儒生，报酬有名无实。不喜欢任何法人或法人代理的政府只承认他们是村里的代表。他们一方则以"庙里"的名义行事，"庙里"通过他们与村里缔结各种契约，"庙里"对小事有审判权，常常包揽种种这样的诉讼，只有在事关国家利益时，政府才插手。受到民众信赖的正是这种公堂，而不是国家司法当局。"庙里"负责管理道路、运河、防卫、政治安全——通过轮流值勤，但实际上大多已经取消了——防范强盗或邻村的侵扰，兼管义塾并施医舍药，在宗族管不了或不愿管丧葬时，庙里也要管起来。村庙掌管村里的武器库。通过村庙，全村从法律上和实际上具有地方自治体的行动能力，这种职能正是"城市"**没有**的。**乡村**，而非**城市**，是村民利益范围内的一个**有**实际防御**能力**的联合体，这一点十分重要。

政府对这种非官方的自治，并非总像旧政体的最后时期（明清两代）那样采取自由放任的立场。例如在汉朝统治下，政府就曾试图通过有计划地请社区长老出任地方自治官职［三老（古时执长教化的乡官。秦朝设乡三老，汉增设县三老，东汉以后又设郡三老，有时还设国三老。）据《汉书·高帝纪上》："举民年五十以上、有修行、能率众为善，置以为三老……"］，来瓦解始皇帝的纯粹世袭的绝对主义，针对原始的自治进行整顿，使之合法化。① 村长（守事人）须经选举产

---

① 关于历代**宗族**长情况的资料，似乎都能找到。除了他们，当时还有变化着形成的下层小部门，这些小部门有它们通常是选出来的官（在汉朝从 50 岁的人中选）。这些官担任治安，有训斥权的共同担保、祭祀监督、徭役分派、先收税后纳税，必要时还要管治安裁判和民众教化，有时还管召集演练民兵。在汉朝统治下，按照当时的新制，9×8 家正式结成 1 "里"，10 里为 1 "亭"，选出 1 个亭长（掌治安警卫，兼管停留旅客，治理民事。东汉后废），10 亭为 1 乡，选出一位三老，三老的任务主要应为民众教化。此外，还有啬夫（古代官名。周时为司空的属官，管工程。秦汉为乡官，掌管诉讼和赋税。《后汉书·百官志五》："其乡小者，县置啬夫一人，皆主知民善恶，为役先后，知民贫富，为赋多少，平其差品。"）——税务监督兼治安法官——和游徼（古代乡官。秦始设，掌一乡的巡察缉捕。两汉至南北朝沿置，后废）——警官。主旨是军事的。参见 A.J. 伊万诺夫的《王安石及其变法》（圣彼得堡 1906 年）。——原注

生并得到认可，前提是地主们为他的品行担保，其实只是偶尔这么做。政府总是无视作为单位的乡村，因为纯粹的财政利益总在作怪。我们在别的地方已经提到，王安石主要是在这种观点下使制度理性化的。直到今天，形式上仍是10家组成1牌，有牌长，100家组成1甲，有其头：保甲（可能系甲头、甲长之误。——译者），通常称为"地保"。在乡村和城市的每一家门上都有一个招贴（实际上，传统存在的地方都有这种招贴），上书门牌号数、甲、牌、所有人、户主姓名、家庭的出生地（籍贯）、其成员、房客及其职业、不在家的成员（何时起不在？）、地租、纳税义务、自住与出租的房间数等。保甲正式负责巡察、监视罪犯和秘密社团。担负以后要讲的皇家宗教警察的责任不属于保甲无足轻重的任务。这种自治官（地保）应当在上级政体与自治体之间建立联系，不管在哪里，只要这种制度发挥着职能，地保总要在县太爷府里待上些时候，为的是给他通气。现在，这一切都已经本质地形式化了，"地保"的职务经常——在中国作者看来，似乎是按照常规——变成一种不见经传的、不太受重视的公职。国家机器必须切实考虑到的力量，是站在村政后面的**宗族**长老，他们会私设公堂，一遇冲突，将是危险人物。

　　从各种迹象来看，决不能把一个中国乡村里农民的生活想象成和谐的家长制的田园诗。不仅对外械斗经常威胁着每一个人，而且族权与庙政根本不足以保护财产，尤其是富人的财产。那些，这么说吧，"实诚的"农民［被称为"老实（人）"］很容易受到"光棍"们的十分典型的辖制。"光棍"，用俄国农民的术语来说，就是"拳头"。这些老实农民并不像在俄国那样受"乡村资产阶级"——这种资产阶级是由高利贷者及与其利益一致的人（例如俄国的"拳头"）组成的——统治，对此，农民很容易寻求神助或人助，我们已经说过了。恰恰相反，统治老实农民的正是由光棍们组织起来的**无产者**[①]，用布尔什维克的术语来说，就是"乡村农民"，就此而言，布尔什维克主义似乎可以

---

① 凡此种种，参见 A. H. 史密斯的《中国乡村生活》（爱丁堡1899年）。——原注

找到其在中国的根基。对这种（"光棍"）组织，任何个人，甚至任何较大的地主集团①，都防不胜防、无能为力。如果说，过去几百年中大规模的土地占有在中国十分罕见的话，那么这种状况，即一种在伦理上天真的"农民布尔什维主义"，无疑起了某种作用，这种受到族权大力控制的思想，是缺乏国家强制下的财产保障的直接产物。县同英国"郡"的面积差不多大，县里只有这类本地人的自治部门，名义上是荣职，实际上作为"光棍"发挥作用。但是，除了各区划的官方行政以外，一直到省里，都有许多委员会，委员"任期"3年，政府随时可以收回成命——实际上是由公认的或强占的卡里斯马"任命"的——委员向官员进"谏"②。此处暂不讨论这些委员会的结构。

在乡村内部，有一个同乡村对峙的磐石般团结的地方乡绅阶层的委员会。不管你想做什么，比方说提高传统的租税，不管你想进行什么变革，都必须同这种委员会达成协议，才能做点实事。不然的话，你这个知县就会像地主、房东、东家，一言以蔽之，一切族外的"上司"一样，遇到顽强的抵抗。感觉受到歧视的人的宗族，协力同心帮助自己的同胞。③宗族的联合抵抗产生的经久影响，当然是我们那种自由组合的工会的罢工无法比拟的。仅此一项就足以使西方大产业所有的那种"劳动纪律"和市场对劳动力的自由筛选，同任何西方式的理性管理一样，受到挫败。受过儒学教育的官吏阶层面临的最强大的反

---

① 光棍通常都受过体操训练，也像卡莫拉分子和秘密犯罪帮会，15世纪起源于西班牙，后传入意大利。19世纪控制过那不勒斯，许多成员身居要职。该组织进行走私、抢劫、敲诈等犯罪活动。1920年以后逐渐消亡，和黑手党徒（等级森严的犯罪组织，13世纪起源于西西里岛。要求其成员在任何情况下都不同政府合作，恪守"缄默帮规"。20世纪初传到美国，逐渐发展成为美国黑社会中最庞大、最完整的犯罪组织）那样，努力同对他无能为力的县官衙门建立非正式的关系。村吏，即村长，或民事调解人，或反过来，乞丐，都有可能变成光棍；要是他再念过书并且同上头的某官沾亲带故，村民们的处境就无望了。——原注

② 《京报》的训令中说，要征求"乡绅与名士"的意见，这里的"乡绅与名士"就指的他们。——原注

③ 参见1895年4月14日《京报》上关于一个被税务官抓起来的人被两个宗族团体释放了的报道。——原注

对力量是非儒的**老人阶层**，在由传统确定的宗族事务内部，一个不管通过了多少次科举考试的官员，也得无条件地服从他那绝对没有受过教育的族长。

世袭官僚制面临着一种实际上颇具规模的自治。这种自治或是强行的，或是得到了官方认可的，宗族组织无论如何算一方面，另一方面是穷人的组织。官僚制的理性主义在这里碰上了破釜沉舟的传统主义势力，从整体和长远的角度来看，传统主义都绝对占上风，因为它一直有影响，而且受到至亲的私人组织的支持。此外，任何一种革新，不管是什么形式的，都会招致穷凶极恶的诅咒。革新似乎总有财政至上的嫌疑，因此遇到了强烈的反抗。没有一个农民会心血来潮，相信（改革的）"客观"动机，他们同托尔斯泰的《复活》中的农民完全一样。族长似的影响对于接受或拒绝改革往往至关重要——这也是我们最关心的问题——当然，他们几乎无一例外地倒向传统一边，尤其在他们预感到祖宗孝道受到威胁时。受严格的家长制控制的宗族势力十分强大，这种宗族势力实际上就是在中国经常讨论的那种"民主"的体现，不过它只意味着：（1）封建等级制的中止；（2）世袭官僚制行政的粗放；（3）家长制宗族的坚不可摧和万能，同"现代"民主毫无共同之处。

经济关系的宗族制约

几乎一切超出个体经济范围的有组织的经济实体，都建立在现实的或模仿的宗族化的基础上，我们先来看宗族这个共同体。以这种形式组织起来的氏族除了宗祠和校舍以外，还有存贮用的宗族房屋以及加工稻米、制备长期贮藏的食品、纺织和进行其他家庭生产的器具，必要时雇一位管家专管这类事宜。除此以外，宗族还通过互助及无息或低息贷款，扶持那些处境困难的成员。宗族相当于一种按照生产合作社性质扩大了的氏族共同体与蓄积的家庭共同体。另一方面，除了城里工业的个体工匠经营以外，还有典型的小资本主义（合作社性质的）经营共同体。这是一种集体聚合，有广泛的手工操作分工，在技术上和商业管理上已经完成了专门化，利润按照股份和专门化的（例如商业的与技术的）劳务进行分配，主要是按股份。在希腊古代和伊斯兰中世纪也有过类似的现象。在中国，这种集体聚合似乎主要存在于季节性产业里，旨在同舟共济渡过淡季，除此之外，当然也为了贷款方便和分工生产。所有这些较大的经济单位的创建形态，从社会角度看，都具有一种典型的民主性质。它们扶持个人的生存，反对无产化和资本主义压制的危险。负责提供原料和经销产品的分发加工包销体制在我们这里导致了资本主义的统治，在中国却相反，直到近代才在数量上有了长足的发展，而且主要是在边远地区销售行业中，在组织上似乎仍然限于工匠对商人的各种实际依赖中，只在个别行业中，才进步到拥有零散的中间工匠工场和中心销售事务所的家庭劳动的水平。我们已经看到，很难强迫下属人员工作，尤其是强迫他们按规定的质量、数量和日期交活，这大概是造成上述状况的一个重要原因。在历史上，似乎很难找到私人资本主义的大型手工工场凭证，大批量生产也是不可能的，因为没有恒久的市场。纺织工业难以同家庭工业竞争，只有丝绸有其市场，并且畅销国外。但这国外市场又被皇家的丝绸商队把持着，由于矿山收益甚微，所以冶金工业规模很小。这是某些普遍原因造成的，我们已经讨论了一部分原因，下面还将讨论另一部分。可以找到关于茶叶制造的生动描述：有劳动分工的大工场可以同古埃及的画面相比。国家工场（一般）生产奢侈品（同伊斯兰教的埃及一样）；国家冶炼工业受货币本位的影响，具有暂时性。我们已经谈过的行会规定学徒制度。我们没有听说过与此对立的帮工团体。只有在特殊场合，工人才联合罢工反对师傅，除此之外，似乎没有显示出同一个阶级发展的萌芽状态，其原因类似俄国30年前的原因，据我们所知，工人是有平等权利的行会会员。确切地说，行会一般说来并不以垄断身份排斥后来人，这同中国工业的性质吻合，中国的工业纯粹是小手工业，连小资本主义都不是。分配职业的思想一再露头，似乎还一度推行过，这本来可能导致社会等级的形成，但是，最后还是没有出现这种结果。史书上特别提到公元 6 世纪末进行的一次这样的失败的试验（5 世纪末，北魏孝文帝进行过按门第高下分配官职的改革），被咒为"不洁"的族群和职业残存下来。人们习惯于[①]把贱民"等级"分为 9 类：（1）特定的奴隶，（2）特定的奴隶或隶农的后裔，（3）乞丐，（4）以前的叛乱者的后裔，（5）蛮旅移民的后裔（客族），（6）乐师，（7）唱堂会的戏子，（8）优伶，（9）变戏法的——很像西方中世纪的情况。同印度的情形一样，不洁职业的光顾者有固定的、祖传的和卖身的。所有贱民不准同别人通婚、共居，也不能获得封赏。不过，根据皇帝的恩赦，某些放弃了不洁职业的人可以在法律上恢复名誉［例如 1894 年（光绪二年）还颁布过关于为这些等级中的个别人恢复名誉的规定］。自从侵略战争停止以后，奴隶的来源或是父母的屈从、出卖，或是政府的惩罚，跟西方一样，解放奴隶有服从庇护人**的义务**，而且没能力获得学位、军衔或官阶。雇工在受雇期间必须服从东家，而且不能与主人通婚[②]。

在这些类似种姓制的现象中，一直生存到当代的，仅仅是旧日等级制划分的一点可怜的残余。这种等级划分的实际后果主要在于使特权等级（"望族"——"国"之"百姓"这种说法就是指的这个阶层——和儒士）从徭役义务和体罚中（在他们那里变成了金钱与拘役）解放出来。但有可能贬为"黎庶"。古代世袭卡里斯马的等级制划分，早就被为了财政目的而一再采用的单纯**占有**阶级的划分破坏了。

除了宗族、工商行会以外，在近世的中国——关于往世，我这个门外汉[③]没有得到确切的资料——在各个领域中，也包括经济和信贷

---

① 参见黄的《行政随笔录》（载《汉学论丛》第 21 期，上海 1902 年）第 120—121 页。——原注

② 隶农与农业工人——当时是统治阶层的奴隶——不属于此类。——原注

③ 有几篇关于这个问题的最新的博士论文，我一直没能读到。——原注

领域中，又出现了俱乐部形式的协会：会①。我们在这里不打算详细考察近世，参加一个有声望的组织，无论是中国的平均主义的会社，还是美国的民主制的俱乐部，都是名利欲的目标和刺激，取得了这类组织的成员资格，在任何情况下都是获得了社会承认。这同在商店里挂着的中国行会的接纳书向顾客保证商品的质量是一样的。②世袭官僚制行政的粗放，加上缺少有法律保障的等级制划分，也决定了这类现象。

除了一个被授予名号的贵族以外，近世——如果不考虑满族在旗家庭那种代表着17世纪以来的外族统治的严格划分——汉人自身那种与生俱来的等级制的差异，如上所述，已不复存在。公元8世纪，"市民"阶层大大地松弛了警察国家的桎梏以来，19世纪就已存在居住的自由，并且显然已经存在了很长时期，尽管官方公告中不承认这种自由。被迫允许迁徙，允许在故土以外的地方添置地产，显然这是通过财政至上论实现的。1794年（清乾隆五十九年）以后，如果在某地获得了地产并缴纳了20年税，那么就获得了该地的居民资格，随之也就丧失了在故土的居民资格。③同样，早就存在着选择职业的自由——尽管1671年（康熙十年）的"圣谕"仍推崇"维持现业"。近代既没有强制携带身份证的做法，也没有强制教育和强制兵役，更没有限制高利贷或类似的财富交易的法规。鉴于上述种种，我们不得不一再强调：这种看起来十分有利于促进资产阶级营利活动自由发展的状况，却没

---

① 特别表现为令人想到希腊的互助会（会员按月存款，轮流借用，不取、付利息），或者由一种信用合作社（shê）来积累货币资本，然后拍卖使用权，或者抓阄（史密斯：《中国乡村生活》，爱丁堡1899年）。也可以这样：由朋友贷款的债务人当会首，用会誉担保，以分期付款的方式向社友们（他的债权人）偿还债务。**多利特尔**（《中国人的社会生活》，伦敦1866年）列举了这样的会（第147—148页）。偿还金的接受人往往通过抓阄决定。这是古代邻里信贷和破产管理人的人工代用品。——原注

② 或者挂一块招牌，申明价格不变的原则（"言无二价"、"实不二价"，据多利特尔前引书）——不过，与清教徒相反的是，并无切实执行这一原则的任何保证。——原注

③ 国家关心的是报名参加科举考试的问题，因为俸禄已按省分配完了。在官方的花名册上，例如早在汉代的军队名簿上，人名后面还附有籍贯（当时无疑是由宗族故乡决定的）。——原注

有导致具有西方特点的资产阶级的发展。正如我们已经看到的，就连西方中世纪已经有了的那些资本主义的营利形式（在这里），也没有十分成熟，老问题**又**来了：从纯经济观点看，由已经提到的小资本主义的萌芽中，本该很好地发展出一种纯粹资产阶级的产业资本主义，我们已经了解到一系列的原因，它们几乎全都源于国家**结构**。

法律的世袭结构

世袭制的国家形态，尤其是行政与法律适用的世袭性质，在政治上产生的典型后果是：不可动摇的神圣的传统王国与绝对自由的专横与恩宠的王国并存。同全世界一样，在中国，至少在这方面特别敏感的产业资本主义，在其发展道路上，行政与司法没有发挥出**可以计算**的理性功能来，这种功能正是向理性经营发展的产业所必需的。中国、印度、伊斯兰法地区以及所有理性的立法与理性的审判没有取得胜利的地方，都有这样一个命题："专横破坏着国法。"这个命题在西方中世纪曾经推动了资本主义法律制度的发展，而在中国，它却无法做到这一点，因为一方面没有作为政治单位的城市的法人自治体；另一方面也没有从保障特权和使特权固定化的角度确立最重要的法律制度。在中世纪，这两者合起来，正是借助这些基本原则，创造了所有适合资本主义的法律形式。法律在很大程度上已不再是自古以来行之有效的、只能——通过神秘手段——正确地"发现"的准则。这是因为，皇家行政卓有成效地制定了大量规章法。这些规定与印度佛教君主的世袭制的教诲、规劝不同——后者同**伦理**与行政命令有某些相似之处——至少在自身的**法律**方面，以相对简洁的事务形式而出众，例如在刑法方面，正如 J. 科勒（1849—1919 年，德国法学家）强调指出的，以事实的大量升华（考虑"良心"）而出众。大清律中也系统地收集了这些规章，但是几乎完全漏掉了关于对象的私法规定，这些对象对于我们所谓的交流却是至关重要的（偶尔也有间接的规定）。真正有保障的"自由权利"则根本不存在。在列国互相竞争时期，儒士官僚阶级的理性主义在一次偶然事件〔公元后（应为公元前）536年发生在郑国〕中开始（在金属板上）制定法典（《春秋·左传》卷四十三，昭公六年："郑人铸刑书"），但是，据史书记载，① 在士阶层内部讨论这个问题时，成功地（通过晋国一位大臣之口）提出："民知有辟，则不忌于上。"（见《春秋·左传》卷四十三，晋国卿叔向致郑国正卿子产书）受过教育的世袭官僚制的卡里斯马似乎陷入了有可能丧失威严的危险之中，权力利益从此不允许这种思想再度出现。行政与法律适用虽然在形式上由财政干事与司法干事的二元论分开了，但在实际工作方式中并没有真正分开。官员自己出钱雇的家仆——完全是世袭制的——既是他的保镖，又是他的行政副官。反形式主义的家长制的作风从不遮遮掩掩，对任何大逆不道的生活变迁都严惩不贷，不管有无明文规定。最重要的则是法律适用的内在性质：有伦理倾向的世袭制追求的并非形式的法律，而是实质的公正，无论在中国还是全世界都是这样。没有一本**正式的**案例汇编，这是因为，尽管存在着传统主义，但是法律的形式主义性质遭到了反对，特别是没有英国那样的中央法庭。县官在地方上的幕僚了解案例。如果说，县官被奉劝，按照久经考验的模式进行审判的话，那么这种做法表面上符合我们的陪审推事根据"类比法"办案的习惯。不过，我们这里没用的东西，在中国却被奉为至德。皇帝本人关于行政处分的诏书往往具有中世纪教皇诏书（具有教皇权力的最高级文书。封面盖有教皇御玺，正面为彼得和保罗头像，背面为现任教皇头像，并刻有许多小孔。Bulle 一词即源于拉丁语的气泡）特有的训诫形式，只是没有后者经常具有的缜密的法律内容。那些最著名的皇帝诏书是伦理规范的法典，而非法律规范的法典，表现出渊博的儒家学识，倒数第二个皇帝（光绪）就曾在《京报》上宣布，重新发现了一位先祖的训令，他打算把这篇训令作为生活准则公之于众。只要是正统的皇家行政，就会完全处于我们一再提到的捍卫（儒家）正宗的翰林院的影响之下，这个儒士政权本

---

① 见 E. H. 帕克的《古代中国史简编》（伦敦 1908 年，第 112—113 页）。——原注

质上是神权的，类似罗马教廷的圣会议。

与此相适应，司法在很大程度上仍然是官厅司法或内阁司法。[1] 这种做法是针对下层阶级的，例如，英国和平法官司法即如此。但是，那里有判例法（即英国的普通法。与以成文法典为依据的罗马法不同，判例法是法官创造的，上级法院的判例作为先例对下级法院具有约束力。具有这种特点的其他国家的法也称为判例法）及与之配套的预防法学（研究如何防范和制止犯罪活动的实用法学）来解决资本主义十分重要的财产交易。判例法的创立受到利益相关者的持续影响，由于聘用辩护士担任法官使这种影响受到了保障。判例法不是理性的，但**可以预测**，给契约自律性开辟了广阔天地。与此相反，在家长制的中国司法中，根本没有西方式辩护士的立足之地。万一有事，受过儒学教学教育的宗族成员就可以充当族人的诉讼代理人，要不就是由无照律师写状子。纯粹政治的官职俸禄与税收俸禄是财富积累的最重要的源泉，但却不是资本主义的源泉，除此之外，"资本主义"——御用商人和税收承包人的资本主义，亦即政治资本主义，也很盛行，有时真是穷奢极欲。另外，纯粹经济的资本主义，亦即以"市场"为主的商人阶级的资本主义也能有所发展。反之，决定着近世发展的特异性的理性产业资本主义，在这种政体下却根本没有发生。以上这些，正是一切典型的世袭制国家，特别是具有东方特点的神权或伦理——礼仪主义的世袭国家里一再发生的现象。这是因为产业"活动"中的投资对这种统治形式的非理性过于敏感；为了能从中国式的行政管理之下破土而出，又过于依赖能够计算国家机器真正按照机器的方式平稳、理性地运转的机会。然而，这种行政和司法何以一直如此（从资本主义角度看）非理性呢？——**这**是至关重要的问题。我们已经了解了某

---

[1] 近几十年内，皇帝的诏书仍然要考虑到，法官会以有权势的人物的私人信件为依据来断案（1894年3月10日《京报》）。诉讼程序没完没了，以至皇帝的诏书把恶劣的气候以及由此造成的旱象、祈祷的失败全都归咎于此（1899年3月9日《京报》），根本没有任何切实的法律保障。从诏书（《京报》1895年3月4日）的字里行间可以看出，设一个工厂也要受互相敌对的派系之间勾心斗角的影响。——原注

些相关的利益关系，不过，对这些关系还需做进一步的探讨。

资本主义既缺少独立于实质的个性化和独裁之外的司法，也缺少政治前提，虽然不乏争斗。相反，中国历史充满了大大小小的争斗，直至个别村盟与宗族的大规模的械斗，但是自从天下太平以来，一直没有理性的**战争**，更重要的是，没有若干互相**竞争**的独立国家彼此长期备战的武装式的和平及由此决定的种种资本主义现象：战争借款和用于战争的国家供给。无论古代〔（罗马）帝国之前〕、中世纪还是近代，西方分裂的各国政权都必须竞争流动资本。在罗马帝国和中国的大一统天下，却没有这种竞争①，中国也没有海外及殖民关系。这阻碍了西方古代、中世纪和近代**共通**的形形色色的资本主义发展，它们都是掠夺的资本主义的变种，例如地中海国家和海盗行为有关的海外资本主义与殖民资本主义。这些，一方面建立在一个庞大的内陆国家的地理条件之上，另一方面，如上所述，向海外扩张的限制反过来也是中国社会一般的政治与经济特点的后果。

西方以产业为特殊摇篮的理性的经营资本主义所遇到的重要阻碍，除了没有形式上受保障的法律和理性的行政、司法以外，还有俸禄化的后果以及缺乏一定的思想基础，最重要的则是存在于中国人的"气质"之中并为官员及候补官员阶层所持有的态度。我们现在终于触及要讨论的真正课题了。

---

① 据我所知，只有 J. **普伦格**（根据自己的思路）偶尔（我眼下想不起来在什么地方）提到过（偏于政治的）资本主义崩溃的**这一**重要原因。因此，他在很大程度上了解这一原因的重要性，这是不成问题的。——原注

第V章 士等级

中国人文主义偏重礼仪与行政管理技术的特征。向和平主义转化——孔子——科举制度的发展——儒学教育在社会学教育类型中的地位——士的等级特征。封建的与学生的荣誉——君子理想——官员的威望——经济政策观点——儒士的政敌：独裁制与宦官

中国人文主义偏重礼仪与行政管理
技术的特征。向和平主义转化

在中国，12个世纪以来，由**教育**，特别是考试规定的出仕资格，远比财产重要，决定着人的社会等第。中国是一个非常重视文学教育，把它作为社会评价的标准的国家，这种重视远远超过了欧洲人文主义时期或者德国近期。早在战国时期，受过文学预备教育——最初仅指通晓**文字**——的候补官员阶层，就作为向理性的行政管理进步的代表和一切"聪明才智"的代表，周游列国，并且像印度的婆罗门一样，构成了中国文化统一的决定性标志。那些不是按照正统的国家观念来由受过文学教育的官员治理的地带（包括飞地），被国家理论视为异端的和野蛮的，正如印度教疆域内不被婆罗门承认的部落地带之于印度教，或未组织成城邦的地区之于希腊人一样。政治组织及其代表的这种不断发展的官僚制的结构也铸造了整个文化传统的品格。

中国的统治阶层——尽管这种统治有时中断，且经常处于剧烈的斗争中，但总是不断更新，不断发展——现在和过去，整整两千年以

来，始终是士。据史书记载，1496年（明孝宗弘治九年）皇帝第一次用"我的先生们"①来称呼他们，也仅仅对他们用了这种称呼。对于中国文化的发展具有不可估量的重要性的是，这个居于领导地位的知识分子阶层，从来没有基督教或伊斯兰教神职人员的性格，也没有犹太教拉比、印度教婆罗门、古埃及祭司或埃及及印度的文书的性格。他们虽然受过礼仪训练，但这却是高雅的世俗教育。封建时代的"士"，当时官称为博士、"活书库"。他们虽然主要是礼仪通，但却不同于印度，既非出身于祭司贵族门阀，例如《梨俱吠陀》（婆罗门教的根本经典千吠陀之一，又译《赞颂明论》，成书约在公元前1000—前1300年，是最早的吠陀本集，共10卷，收集了1028首赞歌，其中11首是后来增补的，主要内容是对自然神的赞颂）的仙族，也非来自巫术帮会，例如《阿闼婆吠陀》（四吠陀之一，共收赞歌730首，有些在《梨俱吠陀》中出现过。该书是巫术、咒语的汇集，但也有一些哲学和科学的萌芽，成书年代较其他吠陀迟）的婆罗门，而是——起码主要是——封建家庭的后裔，特别是长子以外的儿子们。这都是些有文化教养的家庭，尤通文学，他们的社会地位就建立在文字学和经籍考据的基础上。尽管中国的文字体系很复杂，但平民百姓也能学会，于是就能分享文字学者阶层的尊严了：早在封建时代，士阶层就已经不是一个世袭的等级，也不是排他的等级了，这一点与婆罗门截然不同。直到近代，吠陀教育仍基于口口相传，断然拒绝职业巫师的行会式伎俩所惯用的传统文字纪录。与此相反，在中国，有文字记载的礼书、历史和史书可以上溯到史前时期。②早在最古老的传说中，古文字就被

---

① 《御纂（批）通鉴纲目》，乾隆帝御撰的明史，第417页。——原注

② 然而，封·罗斯托恩之流的大权威对此却有异议（见其《焚书》，载《北京东方社会期刊》1898年第4卷第1页）。他认为，那些圣人的文章一直口头流传到汉朝，就是说，同古代印度一样，实际上只有口传。我这个外行无从判断，或许只能这样说：至少史书不能以口头传说为基础，例如对日蚀的推算可以追溯到两千年前。如果把这位大家的这种观点扩及礼仪的（或许是：表现为诗歌形式的）文献以外，那么，大量关于君侯档案的报道以及关于文字和士大夫们的文字交往的重要性的报道（通常认为这种报道是可靠的），也与此相悖。当然，只有（转下页）

说成为神奇的东西①，识文断字的人被视为神奇的卡里斯马的化身。而且，我们将看到，如今依然如故。但是这些人之所以有威望，并非由于魔力的卡里斯马，而是由于文字和文学知识本身，另外，最初或许还有占星术知识。他们并不用巫术帮助个人，例如像巫师那样为人治病。下面（第Ⅶ章）要提到，为此分化出了种种职业，在中国也同全世界一样，巫术的作用是不言而喻的前提，但是只要涉及共同体的利益，神灵的影响就掌握在共同体代表的手中了：对于政治共同体来说，掌握在身为大祭司的皇帝与诸侯手中；对于家族来说，则掌握在族长与家长手中。理性的手段：治水，自古以来就影响着共同体的命运，特别是收成，因此正确的行政管理制度，自古以来就是最基本的影响手段，包括对神界的影响。文字学是了解传统的手段，除此之外，历法与占星术也是推知天意的手段，天意主要决定着吉日和凶日。士的地位似乎**也**是从宫廷星占家的荣誉中发展出来的。② **认识**这种重要礼仪的（最初似乎也是星相学的）秩序，并据此向有关的政权**进言**，是读书人的事，并且非他们莫属。史书记载的一节轶事形象地指出了后果。在封建时代的魏国，一位身经百战的将军（吴起，被认为是一部符合礼仪的兵书的作者，直到今天，该书仍是权威的入门读物，即《吴子》），同一位士（田文，参见《史记·孙子吴起列传》）争夺宰相地位。士受任以后，两人之间发生了一场激烈的辩论。士甘愿承认，他既不能领兵打仗，也不能像将军那样胜任类似的政治任务，不过，他提请自认为更有资格做这些事的将军注意：一切革命正威胁着王朝，

（接前注） 汉学专家才能做定论，我这个外行的"批评"只是妄谈。严格的口口相传的原则几乎在任何地方都只适用于卡里斯马的启示与卡里斯马的评注，而不适用于诗歌和教学法。这种文字的悠久历史不仅体现在象形中，而且体现在配置上：由直线分开的垂直竖行后世仍能让人看出，它们起源于串起来的竹简。最古老的"契约"就是刻画或结绳，**任何契约和证书都要一式两份**，似乎有理由被视为是这种做法的残余（康拉迪）。——原注

① 这也说明了在发展史上的极早阶段文字就已定型，并且至今影响犹在。——原注

② 沙畹在《北京东方社会期刊》1890 年第 3 卷第 1 期第Ⅳ页上把太史令译为"大星占家"，而不是如通常那样译为"宫廷编年史学家"。后世，特别是近代，认为士教育的代表人物是星占家的死对头，参见下文。——原注

将军当即承认，更能保住江山的不是他，而是士。旧传统的识文断字的专家同样是维护正确的**国内**行政秩序和国君的正确的卡里斯马**生活方式**——礼仪上和政治上的——独一无二的行家。同本质上关心外交政策的犹太先知截然不同的是，他们是受过礼仪训练的文人。政治家最初倾向于内政，不过——正如我们已经看到的——这些人也想从各自诸侯的立场出发为强权政治效力，他们自己也爱以诸侯交换文书作者的身份和内官的身份深入干预外交事务。

在"正确的"国家管理问题上的这种一贯的倾向，决定了封建时代知识分子阶层广泛的实践政治的理性主义。史书告诉我们，士有时也是勇敢的政治革新家①，这同后世严格的传统主义成为鲜明的对比。他们因为有文化而极其自负②，诸侯对他们毕恭毕敬③——至少史书是

---

① 公元（前）4世纪，封建制度的代表，特别是与这种制度休戚相关的王族，反对秦国有意识的官僚化："古人通过教育而不是通过行政变革来改良人民"（《史记·商君列传》："甘龙曰：'不然。圣人不易民而教，知者不变法而治。因民而教，不劳而成功；缘法而治者，吏习而民安。'"）（同后期儒家正统理论不谋而合），新上任的文臣（商）鞅站在完全非儒家的立场上指出："常人按照传统**生活**；更高级的精神**创造着**传统，对不同寻常之事，礼没有规定；人民的福利是最高法则。"（《商君书·壹言篇》："因世而为之治，度俗而为之法。"《史记·商君列传》："苟可以利民，不循其礼。""常人安于故俗，学者溺于所闻。以此两者居官守法可也，非所与论于法之外也……智者做法，愚者制焉；贤者更礼，不肖者拘焉。"）极有可能的是：儒家正统在厘定、净化编年史时为了维护被后世奉为正道的传统主义，对这些特征做了重大删改。另一方面，后世关于古代士获得了惊天动地的荣誉的说法当然也不可轻信。——原注

② 魏太子下了车，再三向宫廷文士，一位新贵致意，竟未得到回礼。问他："究竟富贵者还是贫贱者应当骄傲。"他回答："贫贱者。"并解释道，他随时都能在别国宫廷被派上用场（《史记·魏世家》："子击逢文侯之师田子方于朝歌，引车避，下谒。田子方不为礼。子击因问曰：'富贵者骄人乎？且贫贱者骄人乎？'子方曰：'亦贫贱者骄人耳。夫诸侯而骄人则失其国，大夫而骄人则失其家。贫贱者，行不合，言不用，则去之楚、越，若脱躧然，奈何其同之哉！'"）（彭亚伯：《韩国史》，出处同上，第43页）。一位士因为自己未能当上大臣（相），而是（魏文）侯的弟弟当了大臣（相），则大怒（《史记·魏世家》："李克……过翟璜之家。翟璜曰：'今者闻君召先生而卜相，果谁为之？'李克曰：'魏成子为相矣。'翟璜愤然作色……"）（参见前面的引文）。——原注

③ 魏（文）侯在听取一位宫廷士——孔子的学生的建议时，一直站着（《吕氏春秋》：魏文侯见段干木，立倦而不敢息。）（参见前注，出处同上）。——原注

这样渲染的。他们为世袭君主效力，与君主的密切关系决定了他们的性格特点。我们早就知道存在着这样的关系。对于士阶层的起源，我们并不清楚。他们似乎曾经是中国的**占卜师**。皇权的祭司特点与政教合一的特点以及由此带来的中国文学的特点：官修编年史、经过巫术考验的战争与祭祀诗歌、历书、礼仪和仪式书籍，决定了他们的地位。他们用自己的学术支持国家的那种教会性质的机构，并且以此为行动的既定前提。他们在自己的文献中创造了"官职"概念，特别是"官职义务"与"公共福利"的伦理。① 如果史书尚可信，他们一开始就是封建主义的对头和国家的挂职慈善组织的拥护者。这并不难理解：因为从他们的利益立场出发，只有（受过文学教育的）合格的个人才能治理国家。② 另一方面，他们**为了自身**的需要，给诸侯指出了军事独立的道路：独立制造武器、建立堡垒，此乃"平天下"之道③。

这种在诸侯同封建势力的斗争中产生的中国士大夫同封建幕僚的紧密关系使士既不同于古希腊的俗人，也不同于古印度的（刹帝利）俗人。士倒是比较接近婆罗门，不过也有重大区别，一是士在礼仪上臣服政教合一的祭司；二是没有种姓划分，后者与前者以及文字教育

---

① 参见彭亚伯在《秦国史》中的叙述，第77页。——原注

② 士大夫视大臣地位的世袭性在礼仪上卑贱不足取（彭亚伯前引书第77页）。赵（烈）侯委托他的大臣（相国公仲连）查找适合于封赏几位有功之士的土地，大臣（相国）三次受命，三次声明：他没有找到适合于他们尊严的土地，赵王终于恍然大悟，让他们都做了官（所述与史实出入甚大。《史记·赵世家》："烈侯好音，谓相国公仲连曰：'寡人有爱，可以贵之乎？'公仲曰：'富之可，贵之则否。'烈侯曰：'然。夫郑歌者枪、石二人，吾赐之田，人万亩'。公仲曰：'诺。'不与。居一日，烈侯从代来，问歌者田。公仲曰：'求，未有可者。'有顷，烈侯复问。公仲终不与，乃称疾不朝。番吾君自代来，谓公仲曰：'君实好善，而未知所持。今公仲相赵，于今四年，亦有进士乎？'公仲曰：'未也。'番吾君曰：'牛畜、荀欣、徐越皆可。'公仲乃进三人。及朝，烈侯复问：'歌者田何如？'公仲曰：'方使择其善者。'牛畜侍烈侯以仁义，约以王道，烈侯逌然。明日，荀欣侍，以选练举贤，任官使能。明日，徐越侍，以节财俭用，察度功德。所与无不充，君说。烈侯使使谓相国曰：'歌者之田且止。'官牛畜为师，荀欣为中尉，徐越为内史，赐相国衣二袭。"）（彭亚伯：《韩国史》第54页—55页）。——原注

③ 参见彭亚伯《吴国史》中"吴王问"段，《汉学论丛》第10期，上海1891年。——原注

密切相关。与本来的**官职**联系的方式当然发生了变化。封建列国时期，各国宫廷竞相延聘士，他们也寻求最有利的机会，以期得到权力——别忘了——还有收入①。于是形成了整整一个流浪的"诡辩家"（处士）阶层，很像西方中世纪的游侠学者。下面我们还会看到，也有**原则上不做官**的士。这个自由活动的士大夫等级当时同印度、古希腊以及中世纪的僧侣和学者一样，体现着哲学流派的形成及其对立。尽管如此，士大夫**等级**本身却自认为是统一的：既有等级荣耀②，又是统一的中国文化的唯一代表。对于作为整体的等级来说，充当诸侯幕僚是正常的、至少也是正常追求的收入来源和活动机会，这种关系一直是这个等级同古希腊罗马哲学家的区别，起码也是同印度俗人教育的哲学家（其意不在为官）的区别。孔子和老子都做过官，后来丢了官才过起教师和著作家的日子来。我们将看到，谋求官位（教会国家的官位）对于这个阶层的精神方式至关重要。尤其是，这种倾向变得越来越重要，越来越排他。在统一国家里，没有了诸侯对士的争夺。现在反过来是士及其门生争夺现成的官位，预料之中的结果是，一种适合这种条件的统一的正统教义的发展，这种教义就成了**儒教**。随着中国的国家制度日益俸禄化，士大夫阶层最初非常自由的精神活动也停止了。当编年史书和士的大多数系统性的文章出现时，当被秦始皇灭绝了的经书又被"再发现"，并且被儒士改订、修饰、评注从而取得了规范的效果时，向正统教义的发展也达到了白热化。

史书明白无误地告诉我们，整个发展都伴随着天下**太平**，确切地说，是天下一统的结果。无论在哪里，战争都是"**少壮派**"的事。"60岁回桥"③昔日（在古罗马）是反对"元老院"的斗士口号。士却都是"老人"，或者代表他们。秦缪公听信"少壮派"（武士）的话，而没

---

① 参见彭亚伯《吴国史》中"吴王问"段，《汉学论丛》第10期，上海1891年。——原注

② 当一个侯王的妾嘲笑一位士时，侯王手下全体士都罢了工，直至她被处死（彭亚伯：《韩国史》，第128页）。——原注

③ 古罗马的人民大会不许60岁以上的人参加，把他们推回桥的那一边。

听虽然无力,但却有**经验**的"老臣"的话,从而犯下罪过,缪公那公开的窘迫忏悔,在史书中流传下来①(据《史记·秦本纪》载:郑国的叛徒向秦国告密,怂恿秦国偷袭郑国。秦国老臣蹇叔、百里傒力陈偷袭之害,劝秦缪公不要打郑国。秦缪公一意孤行,结果未能偷袭郑国,反被晋军大败。秦三将被俘。三将被放还时,缪公素服郊迎,向三人哭曰:"孤以不用百里傒,蹇叔以辱三子,三子何罪乎?"百里傒和蹇叔当时都是百岁以上的老人)。实际上,在向和平主义转化并进而向传统主义转化中,关键是:传统取代了卡里斯马。

孔子

以公元前478年逝世的孔子的名义编辑的经典论著,让人从最古老的部分中仍能一睹卡里斯马战争君王的风采。这部赞歌集(《诗经》)中的英雄诗篇也像古希腊与印度的叙事诗一样,歌颂了驱车战斗的国王们。但是,从整体特点上看,这些诗篇已经不再像荷马史诗及日耳曼人的叙事诗那样,是个人英雄主义或纯粹人间英雄主义的心声。国王的军队在编辑《诗经》时已经没有追随者或荷马史诗般的冒险家的浪漫色彩,而是拥有了官僚制军队的特点,这种军队有纪律,尤其是有"军官"。还有——对于精神来说至关重要的东西——国王们之所以打胜仗,并非因为他们是更伟大的英雄,而是因为他们在天神眼里得道,他们的各种卡里斯马品德皆优;敌人则是不信神的罪人,他们通过压制、破坏古朴的风气,来践踏臣民的福祉,从而丧失了自己的卡里斯马。胜利与其说带来了英雄的胜利喜悦,不如说导致了道德化的观点。同几乎所有别的伦理范畴的圣典截然不同的是,一眼就能看出,这里绝无任何"有伤风化"的描述和哪怕仅仅想象的"下流"画面。《诗经》显然经过了系统的净化,这大概是孔子的独特贡献。编年史是由官方历史编纂学和士所修订的,其中对古代传说做的现实的

---

① 彭亚伯:《秦国史》,《汉学论丛》第27期第53页。——原注

改造显然超过了《旧约》，例如《士师记》中描写的僧侣风范。孔子亲自著的《春秋》中包括对战争过程与惩罚叛逆的简明之极、客观之极的描述，从这个角度看，它有点像上述的楔形文字记录。如果如传说所言，孔子真的说过人们可以从这部著作中特别清楚地认识他的本质的话，那么，就得同意那些（中国和欧洲）学者的意见，他们认为：《春秋》的特点恰恰是用"礼"的观点对事实做了系统的、现实的修订，这就是"微言大义"（对于当时的人来说——因为对于我们来说，现实意义往往变得模糊不清①）。那些圣贤君臣的德行受到天的褒奖，他们的言行堪为君王们的楷模。当官和建功晋升是光宗耀祖之事。虽然侯国仍然是世袭的，一部分地方官职也是封赏的，但是至少后面这种制度受到圣人的质疑，最后只能作为暂时的，而且理论上也包括帝王威望本身的世袭性。传说中理想的帝王（尧与舜）指定他们的继承人（舜与禹）时并没有考虑是否出身于自己臣下的圈子，或是否是自己的子嗣，仅仅看他们本人的卡里斯马，这种品质是由最高宫廷官员证明的。对所有大臣的任命亦依此制。只是到了第三代禹那里，才没有传给他的首相（益），而是传给了他的儿子（启）。

在大多数经典著作（不同于古代真正的文献和碑刻）中，要想找到英雄的初衷，是徒劳的。流传下来的孔子的观点是：谨慎是勇敢的更好的一面，无端地献出自己的生命为智者所不取（《论语·述而篇》："子路曰：'子行三军，则谁与？'子曰：'暴虎冯河，死而无悔者，吾不与也。必也临事而惧，好谋而成者也。'"）。国泰民安，特别是蒙古人统治（元朝）以来，进一步宣扬了这种论调，帝国逐渐成为一个和平之邦。在孟子眼里，中国境内根本没有正义的战争（《孟子·尽心下》："春秋无义战"），因为这是一个统一的国家，与幅员相比，军队最后减少到不能再少。在儒士教育与武士教育分家以后，皇帝除了举行文科方面的国家考试以外，还保留了竞争武将资格的体育与文

---

① 肯定有个别隐匿之处（例如吴国伐鲁国）。另外，鉴于《春秋》释文贫弱，也严肃地提出了一个问题：对史籍所做的那种大大道德化了的伟大的评注究竟是不是他的著作。——原注

笔竞赛①——很久以来，取得这种资格已同真正的军人生涯毫无关系了②——这并没有改变军人等级受歧视的状况，这种状况近200年来在英国也一直存在，武将同受过文化教育的人仍不能平起平坐③。

科举制度的发展

从官大人等级中间产生了中国的各级文官，这个官大人等级在大一统的君主政体时代变成了一个有文凭的袭俸禄者阶层，他们当官的资格和级别视通过考试的次数而定。考试分3大等。④但由于还有间试、复试、预试以及大量特殊条件，所以考试实际又增加了好几倍。初等考生有10种考试。"他通过了多少考试？"是对一个级别不明的生人习惯地提出的问题。虽然有祖先崇拜，但决定社会等级的，并不是一个人有多少祖先。倒是正好反过来：一个人的官品决定着他是

---

① 直到1900年，摄政太后（慈禧）对一位御史武将要求取消（武将资格）的奏折仍然十分反感。参见《京报》上关于"正统军队"的布令（1899年1月10日）、关于甲午战争中"检阅"的布令（1894年12月21日）、关于军阶意义的布令（1898年11月1日和10日以及更早的，例如1878年5月23日）。——原注

② 关于实践，参见耶稣会士埃蒂纳·钦的《中国的武举实践》(《汉学论丛》第9期)。考试内容有射箭、某些体操方面的力量考试，早先还要交一篇学位申请论文，1807年起改为从据说成于周代的《武经》（战争理论）摘写一段百字笔记。许多武官拿不到军阶，满人则免试。——原注

③ 有一份皇帝的敕令（1894年9月17日《京报》）在评论一份指控某个由于军功而从武将调升文职的道台（地方长官）的拆状时指出：虽然他在有问题的事件中采取的态度，客观上无可非议，但是，他的举止表现出"粗暴的军人作风"，"我们不得不问，他是否有处在他那样的官阶和地位上的人必须具备的**文化修养**"，因此建议，他还是重返军职。废除作为军事训练组成部分的远古的射箭项目以及其他非常古老的体育运动，几乎是行不通的，因为这些**仪式**最初似乎与"男子聚会所"有关。太后之所以拒绝那些变法奏章，也出自对这种礼仪的考虑。——原注

④ 法国作者认为，生员、秀才多指"学士生"，举人指"学士"，进士指"博士生"。最低的一级只给**最优秀**的考生申请奖学金的权利。这种拿到奖学金的学士生叫廪生，由学政选中送京的学士生叫拔贡，其中获准进入太学的叫优贡；反之，通过**购买**获得（生员、秀才）学位的叫捐生。——原注

否能有祖庙（没读过书的人只有一个祖宗牌位），祖庙中能供多少祖先。① 就连万神庙里城隍的级别也取决于该城父母官的官品。

在孔子时代（公元前 6—前 5 世纪），还没有听说过这种升官机会和科举制度。"名门望族"似乎在封建列国时期起码一般还是掌权的。只是到了汉朝——开国者是一个暴发户——才确立了论才封官的原则。到了唐朝 ［公元 690 年（唐中宗嗣圣七年）］ 才有了最高级考试的章程。如前所述，除了可能有个别例外，经籍教育在事实上和法律上都为"名门望族"所垄断，这同印度的吠陀教育相似。这种做法的残余一直没有绝迹。皇族虽然不能免于一切考试，但总可以免初级考试。每个报考人都要请一位保人，保人最终必须担保报考人出身于"良家"（这在近世只意味着不是剃头匠、狱卒、乐师、家仆、挑夫等人的后代）。不过，还有一种"品官子弟报考人"学校：品官的后代在各省考生最高录取额中享受特殊待遇，优先录取。在学位授予名簿上有"官宦人家出身与平民出身"的套语。功臣之子享有最低一级的荣誉称号。这一切都是旧况的萌萌。

从 7 世纪末起，科举制全面推行，成为世袭君主的一种手腕，用来阻止一个孤立他的等级的形成，否则这个等级会按照蕃臣和内阁的做法垄断所有的官俸。科举制最初的痕迹似乎可以在后来大约是孔子（与桓公）时代变得独裁了的秦国找到：选拔人才主要看军事才干。此外，《礼记》和《周礼》② 也已经完全理性主义地要求：地区长官要定期以德考核其下属，按成绩向国君举荐晋升他们。在统一的国家汉王朝，和平主义开始规定选拔人才的路线。公元 21 年（应当为公元 25 年，汉光武帝建武元年），士等级成功地推翻了受民众欢迎的"篡权者"王莽，扶助正统的光武帝登基，从此大大强化了他们的权力。以

---

① 后代的卡里斯马素质同样也是其宗族，亦即祖先的卡里斯马的证明。始皇帝在位时曾经废了这种习俗，因为子不能裁夺父。不过，自此以后，差不多每一位新的王朝创始人都追封祖先。——原注

② 顺便提一下，这也是两书成书年代的相当确切的标志。——原注

后我们还要谈到继之而来的剧烈的俸禄斗争，在这场斗争中，士结成了社会**等级**。

唐王朝是中国的版图和文化的真正的奠基者，在建树了这一彪炳千秋的业绩后，首次确立了士的地位，设置了培养人才的国子监（总辖国子、太学、四门等学）（公元7世纪）和翰林院，即所谓的"研究院"。翰林院最初的任务是编修正史，垂鉴后世，监督核正皇帝的言行。14世纪在蒙古人风暴席卷之后建立的本民族的明王朝，从根本上颁布了最高规章。①一个村子里每25家就设一所学校（社学，地方文教机构。元朝规定每50家为一社，设一所学校；明朝各府、州、县都有社学，教育15岁以下的儿童，清朝规定每乡设一所社学）。学校不受国库资助，所谓资助只是一纸空文，更有甚者，如前所述，还有强占学校的。学政选拔最优秀的学生，按定额送入国子监——大体上衰落了，一部分是新建的。1382年（明太祖洪武十五年），开始发给这些"国学生"稻租津贴②，1393年（洪武二十六年）监生数目固定下来。从1370年（洪武三年）起，**只**有科举及第者才有补官权。继而爆发了地区斗争，特别是南北之争。南方当时已经提供了文化素质较强的考生，因为他们来自比较广泛的环境；北方却是帝国的军事基地。皇帝出面干预，**处分**（！）了圈定一位南方人为"状元"的考官们，出现了分南北的花名册。但随之也出现了官职**任免权**之争。早在1393年（洪武二十六年）就批准了军官子弟的特殊考试。可是那些文武官员走得更远，竟要求拥有指定自己的后继人的权限（即：再封建化）。1393年这一权限得到认可，但仅限于这样一种形式：被推荐者有进入国子监的优先权并占下津贴。1465年（明宪宗成化元年）可以提3个儿子，1482年（成化十八年）只能提1个儿子（此所谓"荫监"制）。15世纪时，由于军事需钱，出现了捐监〔"例监"、"纳贡"，1453年

---

① 参见拜奥特的《试论中国的国民教育史及儒士团体史》（巴黎1847年），此书至今仍可借鉴。——原注

② 明朝规定，国学生的衣、食、住、医药费用及零用钱和家属的口粮均由国家供给。

（明景宗景泰四年）］和捐官［1454年（景泰五年）］制，这种制度总是应运而生。1492年（明孝宗弘治五年）一度废除，1529年（明世宗嘉靖八年）再度采用。部门之间也有斗争。礼部（自公元736年起）主持考试，却要由吏部任命。吏部抵制及第者，以及礼部通过罢试来报复的事屡见不鲜。形式上礼部尚书权倾天下，实际上吏部尚书（冢宰）最终才是中国的铁腕人物。商贾也入仕了，人们但愿——当然大错特错——他们别太"贪心"了。① 清廷助长了古老的传统，由此帮助了士，也有助于——如果可能的话——为官的"纯洁性"。但是，和从前一样，有3条仕途：1.皇帝对"王公"贵族子弟的恩宠（科举特权）；2.上级官员对其下属（每隔3—6年）进行的保护性质的考试，这种考试容易之极，考完必然总是晋升；3.通过真正有成效的考试检验是否合格：唯一合法的途径。

皇帝为科举制拟定的功能，大体上实现了。一度［1372年（明太祖洪武五年）］皇帝曾被暗示——可想而知，这种暗示来自何方——必须**取缔**科举，因为只有道德才能确定正当性，才能赋予资格。这个结论被说成是正统的道德卡里斯马的结论，可是很快又被摈弃了。原因不难理解，皇帝和（考试合格）取得学位的人**双方**都发现了科举的优点，或者都相信科举制的优点。从皇帝的立场看，科举完全符合俄国专制政体的门阀制度（俄国15—17世纪按贵族门第规定的官位顺序制）一种异质的技术手段——对俄国贵族所起的作用。追官逐禄者的竞争排除了联合为封建性质贵族的任何可能性；任何人，只要能证明自己是受过教育的合格者，都能跻身俸禄补缺等级。实际上，通过这种竞争和这种机会，科举制已经完成了它的使命。

儒学教育在社会学教育类型中的地位

我们现在关心的是，这种教育制度在大的教育类型中的地位。在

---

① 马端临的牢骚，见拜奥特的译本第481页。——原注

这里，当然不能蜻蜓点水似的将讨论教育目的与手段的社会学类型学一笔带过。不过，有几点意见或许不失偏颇。

在教育目的方面，尖锐对立的两个历史极端是：唤起卡里斯马（英雄气质或神奇的天资），此其一；传授专门化的业务训练，此其二。第一种类型适合卡里斯马的统治结构；第二种适合**理性**官僚制的（近代）统治结构。两者并非毫无关系、毫无过渡地对立着。就连沙场勇士与巫坛术士也需要专门训练，专门官员的训练通常也不只限于知识。但这是对立的两极。在这种极端对立之间，包括了所有想以某种特定生活方式来**教化**门生的教育类型，不论这种**生活方式**是世俗的，还是宗教的，归根结底都是等级制的。

古代卡里斯马式的神秘的禁欲与英雄（磨难）考验，打算把男孩子培养成术士或沙场勇士，想帮助修行者获得泛灵论的所谓"新灵魂"，即获得再生。用我们的语言来表达，仅仅是唤起并考验作为纯粹个人天赋的才干。因为卡里斯马是无法教授或培养的，它存在于萌芽之中，或者通过神秘的再生奇迹显灵，非如此而不可企及。专业教育**旨在**将学生培养成为官厅、事务所、车间、科研或工业实验室、纪律严明的军队活动中切实可用的管理人才。虽然程度各异，但原则上是有教无类。陶冶教育最终想**培养**一种按照统治阶层的理想具有不同性质的"文化人"，就是说：具有一定的内在与外在生活方式的人。原则上讲，这也是有教无类的，只是目的各异。如果按等级制划分的武士阶层是举足轻重的等级——例如在日本——教育就会把学生造就成为具有宫廷风度的骑士，这类人，例如日本的武士，根本看不起舞文弄墨的人。不同的阶层当政，教育有极其不同的特点，如果是一个神职人员阶层站在统治地位，那就会把学生造就成律法学者或者智者，当然也是各具特色的律师和智者。现实生活中从来没有出现过哪一种单一的纯粹的教育类型，不过，我们在这种场合下不可能讨论诸多组合与中间环节。现在要讨论的是中国教育在这些类型内的地位。原始卡里斯马的转生教育的残余、乳名、（以前简单地提到的）冠礼、新郎改名等，长期以来形成的一套与政治权力垄断的教育资格考试并存的格式（类似我们的坚信礼）。从教育手段来看，官方把持的科举考试是一种普遍教育意义上的所谓"文化"资格证明，类似西方传统的**人文主义**的教育考核，但更为专门化。在我们这里，教育考核直到最近几乎就是进入在民政、军事管理中有发号施令权的官职的必经之途，而且同时也给那些为此目的而培养出来的学生打上了在社会上属于"有教养"等级的烙印。西方与中国的一个十分重要的差别在于，在我们这里，除了这种等级制的教育考核之外，还出现了理性的**专业**训练，并且部分地取代了前者。

中国的科举根本不像我们近代考法官、医生、技术人员等的理性官僚制的考试制度，根本不确认专业是否合格。不过，另一方面也不像对术士和武士团体那种典型的考验去检验是否具有卡里斯马。我们不久自然会看到，这个命题需要何种限定，它至少适用于考试技术，中国的考试要确定的是：你是否满腹经纶，是否具有一个高雅的人所应具有的**思维方式**，后者是前者的结果。这比起我们的人文主义的文科高中来，要专得多，人们今天总爱现实地为文科高中辩护，说它从形式上传授了古代文化。从考试中对学生提出的任务看，中国最低一级的考试①（生员）出题的性质，大体上相当于德国文科高中毕业班的作文题目的性质，确切地说，相当于德国高等女校尖子班的作文题目。各级科举都考书法、文风、对经典著作的掌握②，最后——也像我们这里的宗教、历史和德文课一样——还要考在一定程度上合乎规定的观点。③这种教育一方面具有纯世俗的性质，另一方面，又束缚于正统地诠释圣人的严格规范，具有极端排他性的通晓文学典籍的性质。这种性质对于我们讨论的脉络至关重要。

---

① 威廉斯列举了这类考题。参见钦前引书。——原注
② 尤其在中级［“学士”（举人）］考试中，论文题目经常（参见钦前引书第144页上的例子）要求对有关的经典文章进行文学史和文献学的学术分析。——原注
③ 尤其在最高级［“博士生"（进士）］考试（殿试）中，皇帝往往亲自出题并决定毕业生的金榜名次。惯用的题目是行政权宜问题，并且总喜欢同唐皇（参见拜奥特209页注1）的"六问"之一挂钩（参见钦前引书第209页注1）。——原注

在印度教、犹太教、基督教和伊斯兰教中，教育完全掌握在婆罗门、拉比或受过职业文学训练的神职人员以及圣典宗教的修道僧手里，于是造成了教育的文学性质。古希腊高雅的有教养的人则与此相反，只要所受的教育是古希腊的，而不是"古希腊文化"的，他就始终是一个壮丁和重步兵，这是第一位的。苏格拉底在疆场上从来没有，用我们的大学生的话来说，"跪下"过，再没有一个地方像《会饮篇》的对话中表现得这样淋漓尽致了，这对于柏拉图来说，确实同他要借阿西基亚德之口所说的一切同等重要。中世纪的骑士军事教育和后来文艺复兴的高雅的沙龙教育提供了一种与牧师、僧侣传授的典籍教育的对峙力量，这种力量完全符合贵族的要求，只是在社会上属于另外一种类型。在犹太教或中国，不是完全没有这种对峙力量，但也跟完全没有差不多。赞美诗、叙事诗、仪礼的与仪式的决疑论，在印度和中国都是文学教育手段的实质内容。不过，在印度，它们是以宇宙起源说和宗教社会学的推论为基础的。中国经典作家与有市场的评论家虽然也不是完全不做类似的推论，不过自古以来，这类推论毕竟只起着陪衬作用。取而代之的是，中国著作家提出了一套理性的社会伦理系统。中国受过教育的等级从来不是婆罗门那样自治的学者等级，而是一个由官员和候补官员组成的阶层。

中国的高等教育并非一直具有今天的性质。封建诸侯的教学机构[泮宫（亦作宫。西周诸侯所设的大学。《礼记·王制》："大学在郊，天子曰辟雍，诸侯曰宫。"《诗经·鲁颂·泮水》："既作泮宫"）]除了传授礼仪和文学知识外，还教舞蹈与射御，只是在世袭制的统一国家实现了大一统以及科举制出现以后，那种本质上接近古希腊教育的制度才演变成了一直存在到本世纪的教育制度。

中世纪的教育表现为权威的、正统的《小学》[①]："少年训条"，仍然十分重视舞蹈与音乐。虽然古老的武舞似乎仍然以残余的形式保存了下来，但是儿童们还要按照各自的年龄组学习特定的舞蹈。习舞的

[①] 宋代朱熹、刘子澄编的儿童教育课本，共6卷，分内外篇。内篇包括《立教》、《明伦》、《敬身》、《稽古》，外篇包括《嘉言》、《善行》。后世有《小学集注》、《小学集解》。

目的在于约束恶情：如果哪个孩子上学时表现不好，就让他跳舞、唱歌，音乐益人，礼与乐是自我控制的基础。① 音乐的神力是第一要素：正乐——亦即不悖古律，严格地遵循古代使用的音乐——有遏制鬼神之力。② 射与驭在中世纪仍为贵族子弟的一般教育科目。③ 不过，这些基本上仅仅是理论。细阅《小学》，就会发现，家庭教育——从 7 岁起就严格按性别分开——基本上是灌输与西方概念相去甚远的礼仪，特别是对父母、所有长辈及比自己年长的人的孝道和敬畏，除此之外，几乎只提供了自我克制的规则。

除了家庭教育，就是学校教育了，按规定，每个县都有一座小学。高等教育以初级入学考试通过为前提。

这种中国式的（高等教育）主要有两个特点：第一，同一切祭司式的教育一样，完全是非军事化的纯粹文学化教育；第二，舞文弄墨的**文字**性极强。这在某种意义上说似乎是中国文字的独特性以及由此产生的文学艺术所造成的。④ 由于文字拘泥于象形而没有理性化为地中海商业民族创造的字母文字，所以中文的文学作品同时作用于人的眼睛和耳朵，而且目睹比耳闻更为重要。"诵"经，几乎就是从文字形象翻译为白话，因为古老文字的形象特征在实质上往往与说话相去甚远。单音节的语言不仅需要听音，而且需要听调（四声），这种语言明快简洁，章法严谨，同文字的纯象形的特点成为鲜明对比。尽管如此，尤其是——如格鲁伯诙谐地指出的——由于这种语言在结构上具有很强的理性素质，却既不能为作诗服务，也不能为系统的思维效劳，更不能为发展演说艺术助一臂之力，希腊语、拉丁语、法语、德语及俄语的语言结构则各具匠心地做到了这些。文字量远比音节量丰富，后者

---

① 《小学》，德·哈尔勒茨编，第 5 卷第 11 页及第 1 卷第 29 页、第 40 页。参见《朱子语类辑略》，同上书第 46 页。关于年龄组问题参见第 1 卷第 13 页。——原注

② 前引书第 1 卷第 25 页，此外还有第 2 页。——原注

③ 对此也有文献规定。——原注

④ 不消说，这里关于语言文字的议论**仅仅**是重复像杰出的汉学家、已故的 W. 格鲁伯一类的大家教导外行的话，绝非作者本人的研究成果。——原注

不可避免地受到了严格的限制。于是，任何憧憬和激情都从后者那贫乏呆板的理解力中逃出，遁入前者那静态的美中。惯用的诗歌**语言**在文字面前相形见绌；真正有艺术价值并符合士大夫尊严的，不是白话，而是文字以及吸收文字的艺术成果的诵读。演讲从根子上就是乌合之众的把戏。这同希腊语真有霄壤之别。在希腊语中，会话可以无所不谈，对话是传播经历见闻的合宜形式。值得注意的是，中国的戏剧恰恰在蒙古人统治时期繁荣起来，可是最精美的儒教文化却又聋又哑地僵化在华丽的丝绸盛装中。在著名的社会哲学家中，孟子系统地运用了对话形式。正因为如此，他在我们心目中很容易就成了儒家唯一当之无愧的完全"明晰"的代表。（理雅各）所谓的"孔子语录"（《论语》）对我们产生的巨大影响也恰恰由于，教诲在这里（有时也不一样）采取了夫子用警句回答（这种回答有一部分似乎可信）弟子们的问题的形式，在我们看来，就是变成了**白话**形式。此外，叙事文学中往往有古代征战君主对军队的简洁雄劲、感人肺腑的训示，一部分格言式的编年史（《春秋》、《左传》、《国语》）由演说组成，其性质更像教皇"通谕"。除此之外，演说在官方文献中便无足轻重了。我们不久就会看到，演说之所以不发达，有其社会的与政治的原因。一方面，尽管语言有逻辑性，但是思维仍停留在形象状态，中国人尚未领悟逻辑、定义、推理的威力。另一方面，同没有（象形）文字教育的文学性质相比，这种单纯的文字教育使思维大大脱离了手势与表情动作。一个小学生，在弄懂字义**之前**，要花两年时间学写 2000 个汉字，仅仅是照猫画虎地临帖。此外，文体、作诗技巧、引经据典的能力，最后是考生表达的志向，构成了注意的对象。

一个怪现象是，中国的教育中，甚至小学教育中，都没有**算术**训练，虽然在公元前 6 世纪，亦即列国时期，就有了发达的进位**观念**[①]，

[①] J. 埃德金斯：《中国算术记术法的位值》，载《北京东方社会期刊》第 1 卷第 4 期第 161 页。中国的算盘使用（十进位的）位置。已经失传的更为古老的进位制似乎起源于巴比伦。——原注

交往中的运算渗透了居民的各个阶层,而且行政官厅的决算——由于已经提到的原因——也细如牛毛。中世纪的"少年训条"(《小学》第1章第29节)还把"术"列为六艺之一,列国时期的数学,除了比例法则运算和商业计算外,还包括三角学。据说,这些文献在秦始皇焚书时被付之一炬,荡然无存。① 不管怎么说,在以后的教育学说中,根本没有再提到过算术。②

在贵族官绅阶级的教育里,算术训练随着历史的迁延日益衰退,最后消失殆尽:受过教育的商人只是在账房里学习算术。自从帝国统一、国家管理中的理性化趋势削弱以来,官僚成了高雅的士大夫,而不是有闲暇算账的人。

这种教育的"世俗"性质同其他打上文学烙印的教育体制大相径庭,本来它们或可有近似之处,中国的经籍考试是地地道道的政治事务,课程一部分由私人个别教授,一部分由有教师的、捐办的教学机构教授。但是,没有神职人员参与授课。当世俗与宗教的理性法学和(辩证的)理性神学为了现实与理想的目标成为人们的需要时,中世纪的基督教大学应运而生了。伊斯兰教大学以后期罗马法律学校和基督教神学为楷模,教授神圣法律与信仰学说的判例法,拉比们教授法律注释,婆罗门的各种哲学流派教授思辨哲学、礼仪和神圣法律。总之,宗教上层人士或神学家不是组成独立的教学团体,就是形成教学团体的骨干,把教其他专业的世俗教师团结在自己周围。在基督教、伊斯兰教和佛教里,人们追求教育委任状,目的是取得薪俸。除此之外,进行礼仪或灵魂救助活动的资格证明当然也是追求教育委任状的目的。从事"无偿"劳动的古犹太教的教师(拉比的先驱)的目的**仅仅**是取得讲授俗人在信仰上必不可少的法律课的资格。

不过,教育总是受到经典和祭奠的束缚。只有希腊的哲学流派扶

---

① 德·哈尔勒茨:《小学》第42页注释3。——原注。
② 蒂姆科夫斯基的《中国之行》(1820/21年,德文版史密斯译,莱比锡1825年)也强调了这一点。——原注。

植了一种不受任何经典束缚、不受任何俸禄利益制约,仅仅为培育希腊"绅士"(集善、美于一身的有教养的人)服务的纯粹的俗人教育。中国的教育为俸禄利益服务,受经典束缚,但又是地地道道的俗人教育,一半儿打上了礼仪的烙印,一半打上了传统伦理的烙印。学校既不教数学,也不教自然科学、地理和语言理论。哲学本身既没有思辨的与系统的特征,如希腊的或者印度与西方的神学教育;也没有理性与形式主义的特征,如西方的法学教育;也没有经验案例学的特征,如拉比的、伊斯兰教的或印度的教育。中国哲学没有产生经验哲学,因为中国哲学没有讲授专门的逻辑学,不像立足于希腊文化的西方国家和近东。逻辑这个概念对于单纯重视实际问题和世袭官僚制的等级利益、受经典束缚的非辩证的中国哲学来说,简直是天方夜谭。它根本不知道一切西方国家哲学的这一关键问题圈,其含义极其清楚地体现在以孔子为首的中国哲学家的思维方式中。精神工具现实之极、清醒之极,坚持使用比喻——尤其是那些写在孔子名下的真正充满智慧的格言——这种形式与其说使人想到理性的宣传,不如说使人想到印第安酋长的表达方式。没有作为取得政治与雄辩效果的理性手段的演说,是很明显的。历史上这种手段最早是在希腊城邦国家培植起来的,可是在一个没有形式司法的官僚制的世袭国家里却根本未能发展起来。中国的司法,一部分是(高级官员)干预案件的一次即决办案,一部分是书面办案。没有辩护,只有当事人的书面呈文和口头传讯。可是在同样的意义上,官僚制的传统礼节利益的约束却发挥了绝对优势,官僚制认为对"终极"思辨问题的讨论于事无补,不合时宜,而且由于存在革新的危险,还会危及自身的地位,所以断然拒绝这种讨论。

如果科举考试的技术和实质内容由此而具备了纯世俗的特点,成为一种"士大夫的文化考试",那么民间的观点则把一种完全不同的、神秘卡里斯马的含意同科举考试联系起来了。在民众眼里,成功地通过了科举考试的中国考生与官员,绝不仅仅是一个由知识证明了资格的官职候补人,而是一个经受了考验的卡里斯马素质的体现者,这种素质附着在取得学位（举人、进士）的大官身上，如同附着在一个宗教慈善团体地通过了考试并被授予了圣职的神职人员身上或附着在经过专门考验的术士身上一样，我们以后还会谈到这一点。成绩斐然的考生与官员的地位在最重要的方面也很像天主教神甫助手的地位。修完学业、考试及弟并不意味着学生未成年的历史结束了。院试合格的"秀才"还要受学政与考官的纪律约束。如果品行不端，会被除名，有时还要挨手板。官职候补人一旦有幸通过了在严格监督下的密室里进行的高级考试：在贡院（中国科举考试中举行乡试、会试的场所。贡院两旁建号舍，供各省考生居住）里，重病缠身、自杀造成的死亡事件并不罕见，从把考试视为神秘的"考验"的卡里斯马观点来看，这些都是当事人举止不端，罪孽深重的证据。经过了这种种考验的人，才能依榜上名次得到该受的照顾，以及官品。这以后，他还会终生处于审查监督之下。除了受上司支配，他还受到监察御史们地不断监督与批评，他们甚至可以指斥天子本人的礼仪举度。自古就有官吏自责的规定，这种引咎很像天主教的忏悔，被推崇为功绩[1]，不仅如此，而且还要周期性地，每隔3年在帝国官报[2]（《邸报》，姑且这样称呼）公布监察御史对他的职守的调查和上司对他功过的鉴定。根据这种公开审查的结果来决定他官居原职或升降。[3] 决定这种调查结果的，不仅仅是客观因素，通常还有别的因素，这是另外一个问题。这里主要取决于"精神"，这就是及第入仕者终生要报效考官的知遇之恩。

---

[1] （汉代，也就是早在科举制推行之前）一位玩忽职守的边塞武官曾经做过这样的自责，参见 E. 德·沙畹编的《奥勒尔·施坦因资料集》第 567 号。——原注

[2] 今天的《京报》发端于唐朝（618—907 年）的第二位君主。——原注

[3] 事实上，特别在年终岁末时，《京报》上常有大量关于奖惩官员的奏呈，有些来自监察御史，有些来自上级官员。对政绩斐然的官员予以表彰和晋升（或准备晋升），对不称职的则降级调职（"使他能总结经验"，《京报》1897 年 12 月 31 日以及经常的报道），令其停职待命，完全不堪使用的则革除。有时也指出某官政绩卓著，但也有过失，在被进一步提升之前必须改正过失。几乎总是详陈理由。也有对（显然）**死后**被贬的人**追施**笞刑的（《京报》1895 年 5 月 26 日）。——原注

士的等级特征。封建的与学生的荣誉

任何士,包括仅仅及第而未做官的,都有等级制的特权。士在他们的地位巩固以后不久,就享有特殊的**等级制的**特权。最重要的是:(1)免除"下贱的劳动",不服徭役;(2)免除笞刑;(3)享受俸禄(津贴)。最后一项,由于财政状况负担不起,早就大大缩减了。生员("学士生")虽然还有助学金(每年10块钱),前提是参加每隔3—6年一次的举人("学士")考试。但是这点儿钱当然顶不了多大事。修业**和**待命期的负担实际上都落在宗族肩上,我们在前面已经读过了宗族期待着通过族人步入仕途来收回本钱。其余两项一直很重要。因为尽管徭役的程度越来越少,但一直存在着。笞刑一直是国家的惩罚形式。它源于中国小学里的可怕的戒尺教育学,其下述特点使我们想起西方中世纪的情形,但显然比我们这里**有过之**而无不及①:族长或村长编制一份"朱卷"(学生名册、馆单),聘请由于供过于求而**始终**未入官的士当一个时期的塾师,祖庙(或别的不用的空房)是优待学校的教室;从早到晚响彻喊"行句"(《三字经》、《百家姓》、《千字文》等每行字数固定的启蒙读物)的"齐唱";蒙生终日处于一种"迷蒙"的状态[汉字中的"蒙"字,就是小猪(豕)钻在杂草里],府县里的学生和及第者照旧要挨"板子"(打手心,而不是打——用德国母亲们古老的打孩子的术语来说——"上帝要的那一块儿"),只要没有落榜,中了举,那就可以彻底摆脱体罚了。中世纪明确规定,他们可以免服徭役。如前所述,这些特权很烫手,因为一遭贬,就全吹了,贬抑并不罕见,说不定哪天就轮上了。考试及第就取得了等级资格,但也有可能被降格、被贬抑。年轻时挨打,上了年纪被降了格的也可能挨打,这是家常便饭。所以尽管儒生有那些特权(并且由于他们有那些特权),但是在上述基础上,仍然未能提出**封建的**荣誉观念。以往,

---

① 参见 A.H. 史密斯的《中国农村生活》(爱丁堡1899年,第66页及以后几页)。——原注

这种观念曾经**一度**强烈地影响过生活。

古代史书把"光明正大"和"忠义"奉为基本美德。[①]"光荣地去死"是古代的口号。"遭厄运而不知死，是怯懦。"在这里特别指"没有战斗到死"[②]的武将。一位打了败仗的将军自杀，是一桩他视为自己的**特权**的事：**允许**他享受这种特权就是：放弃惩罚的权利，因此要考虑再三。[③]家长制的"孝"观改变了这些封建概念：一个人应当忍辱含垢，必要时还要赴死，如果这样做有利于主人的声誉的话；一个人能够（而且应该）通过**忠于**职守来扳平主人的**一切**过失，这就是孝。在父亲、兄长、债权人、官员和皇帝面前叩头，绝非**封建**荣誉的象征：一个古朴方正的中国人断断不会在恋人面前下跪！一切都与西方的骑士和扈从的做法截然不同。

官员的荣誉在很大程度上保留着由上司通过考试成绩和公开审核规定下来的学生荣誉的特点，即使通过了最高级的考试，也是这样。在某种意义上说，这适用于一切官僚制（至少适用于低级的官职和有著名的"甲等—渔夫"的符滕堡，也适用于最高级的官职），只是中国的情形截然不同。

君子理想

科举制度培育出的独特的学生精神，同作为中国正统的（除此之外也包括几乎所有异端的）学说的出发点的基本前提密不可分。神与鬼、善灵与恶灵，连个人灵魂内部也存在的天之阳气与地之阴气，这

---

① 以下参见《国语》（德·哈尔勒茨编的《诸国语，公元前10—5世纪中国诸国编年史》，伦敦1895年，第54、75、89、159、189页等）。——原注

② 彭亚伯《汉学论丛》第27卷第38页。他请罚。《A.施坦因资料集》（沙畹编，前面曾多次引用）中也有类似的描述。——原注

③ 参见1895年4月10日《京报》上的敕令。这则敕令却为那些拱手让出威海卫以后自杀的将官追晋官级（显然是因为他们能吸答**自处**，避免了皇上的卡里斯马由于这次耻辱丢面子）。——原注

种二元论必须成为教育（包括自我教育）的唯一任务：阐扬人灵魂中的阴气。① 因为，如果一个人体内的阴气压倒了伏在他身上的鬼的力量，这个人就掌握了支配鬼神的力量，按照古老的观念，就是有了神奇的力量。善灵则指那种维护秩序与美、维护世界和谐的精灵。独善其身，修成这种和谐的表象，于是成了取得那种神力的最高的和唯一的手段。"君子"、"高雅之人"，后来亦称"勇士"，在士大夫时代是达到了全面的自我完善境界的人：一件堪称古典、永恒的灵魂美之典范的"艺术品"，传统儒学正是把这种典范植入蒙生的心灵中的。另一方面，神灵会酬报作为美好的社会伦理的"仁"，这最迟在汉代② 已经成为士大夫们坚定不渝的信仰。用古典的（＝典范的）美来调节的仁于是成了自我完善的目标。做尽善尽美的典范，是最高级考试资格证明的终极标准，也是学生们梦寐以求的。李鸿章青年时代的抱负是做一名鸿儒，也就是［通过取得最高级学位（进士）］而成为"桂冠诗人"（状元）。③ 他的书法直追大家手笔，他能一字不漏地背诵圣人文章，特别是孔子的《春秋》，也很以此自负。他的叔父考了他一次，确实背得不错。叔父借此原谅了他少不更事，并给他谋了个官职。一切别的知识（代数、天文学）在他看来都不过是"成为大儒"的必要手段。他以慈禧太后的名义作了一首在蚕花娘娘庙里祈祷用的诗，赢得了这位女君主的宠幸。字斟句酌、辞藻华丽、旁征博引、纯正细腻的儒学教养，这一切被奉为高雅之士的谈吐典范，一切实际政务则被拒之门外。④ 我们很奇怪，这种囿于经典的理想化的"沙龙"修养何以能

---

① 然而，至少在一个行政区里也有一座太极庙，太极指一种原始物质（混沌），由此分出两种实体（气）（《十六国疆域志》，米歇尔斯译，第39页），参见前述。——原注

② 据德·格鲁特称。——原注

③ 参见哈根伯爵夫人节译的《李鸿章回忆录》（柏林1915年）第27、29、33页。——原注

④ 参见陈季同为欧洲人写的札记（《中国与中国人》，德文本由 A. 舒尔策译，德累斯顿与莱比锡1896年版）第158页。这本书虽然相当肤浅，但是很善辞令，不失机警。关于中国人的会话，参见凯塞林伯爵的《一个哲学家的旅行日记》中与上面所说的完全一致的观察。——原注

治理大片的国土。其实，即使在中国，也不是靠单纯的诗词来治国的。不过，中国那些食官俸的人怎样来证明他的等级资格和卡里斯马呢？就是靠他那符合儒学形式的典范的正确性，因此，在官场交往中，也非常看重这些形式。皇帝就是儒学艺术的大祭司，皇帝的大量重要的文告都采用了训导诗的形式。另一方面，官员要通过政通人和，也就是没有出现天灾人祸，来证明自己的卡里斯马。实际"工作"还是落到了吏员的肩上。在官吏之上，有皇帝大祭司以及他的翰林院和御史团，他们对官吏进行奖、惩、训、诫、激励、表彰，由于印发"人事档案"，发表各种报告，提案和专家鉴定，所以官员的全部政绩和官运及其（所谓的）原因全都现于光天化日之下，一览无余，这种暴露程度远远超过了我们这里任何议会监督的行政，因为我们的行政十分看重保守"公职机密"。起码在公式结构上，《邸报》是皇帝向上天和臣民所做的一种连续性的工作报告：是由他的卡里斯马资格中产生的特殊责任的经典性表述。无论公式性理由的真实性、描述的全面性多么可疑——我们的科层官僚制对我们议会的报告也不过如此——这种做法都不失为一种创举，它为舆论施加给官员政务的压力打开了一个相当厉害的安全阀，这个安全阀经常十分奏效。

官员的威望

在中国也同全世界一样，被统治者尽量避免同"国家"进行可有可无的接触，这是一种典型的不问政治的做法。这样一来，他们对一切世袭制的仇恨和不信任主要转到了下层统治者身上，因为下层统治者实际上同民众接触最密。不过，被统治者不问政治的做法丝毫无损于官方教育对塑造民族性格的作用。

受教育占去了惊人的时间，一方面是由汉字的特点决定的，另一方面是由教材决定的，等待时间也常常十分漫长，这就迫使那些不能自食其力的，或举债度日的，或如前面提到的靠家人省吃俭用供养的穷学生不得不在学业结束前从事各种实际职业，从商人到神医，无所不为。这种情况下，他们所达到的水平，不是能研究经典作家本身的著作，只是学完了最后一本（第6本）教科书而已，这本书被古人尊称为《小学》①，容括了经典作家思想的精粹。这部分（半途而废的儒士）与官僚界的区别在于教育水平，而非教育**种类**。落第考生所占的比例非常高，由于录取额是固定的②，所以拿到高等学位的人只占极少的比例，而且这部分人的数量又超出现有的俸禄职位数倍之多。他们为了竞争俸职而征求私人保举③，或者花钱甚至举债捐官：在中国也同在欧洲一样，卖官鬻爵是一种手段，其功能是为政治目的筹措资金，以此代替考试文凭的做法屡见不鲜。④《京报》上大量报道说明，维新者对卖官的抗议，一直持续到旧制度的末日。

官员短暂的任期（3年）——酷似伊斯兰教的制度——使通过国家行政本身对经济做出的任何深刻的理性影响只能时紧时松、断断续续地出现，尽管国家行政干预在理论上是万能的。政府居然认为靠这么点点专职官员就能维持下去，这实在令人吃惊。数字本身已经让人一目了然：按照常规，只要事情的进程没有触及国家权力和财政利益，

---

① 《小学》（哈尔勒茨译，《Guimet博物馆年鉴》第15卷，1889年）是朱熹（公元12世纪）的著作，他的最重要的功绩是建立了一套系统的形式，使儒教彻底规格化了。（关于朱熹，参见伽尔的《哲学家朱熹及其教义》，载《汉学论丛》第6期，上海1894年）。——原注

② "举人"的名额被分配给各省，在公布紧急借款时，各省可以以筹措起码的款额为代价换取较多的名额，甚至在太平天国革命以后，仍有这种情形。每一次"进士"考试，只授予10名学位，前3名受到特殊的礼遇。——原注

③ 在钦前引书附录Ⅱ第221页注释1里，3名最高学位获得者（进士）的出身与那些最高官员的出身比较，说明了私人保举所占的支配地位。此外在1646—1914年间，在748个高级官职中，满人占了398个，其中只有3人是最高学位获得者（被皇上钦定的前3名进士）。而湖南省竟出了58名高官，占总数的1/6，这完全仰仗曾家的权势。近2/3的高级学位获得者出自其他省份，可它们只得到了30%的高级官职。——原注

④ 最早由明朝皇帝于1453年系统化了（其实早在秦始皇统治时期就已经是一种财政措施了）。最低的一等最初卖108个皮阿斯特（埃及、土耳其等国的辅币单位），相当于资本化的奖学金的价值，后来卖到60两；一次黄河泛滥之后，为了扩大销路、筹措资金，价格降到20—30两，1693年（清康熙三十二年）以后，允许捐买的生员参加高级考试（乡试）。一个道台职位连同所有附加费用约卖40000两。——原注

它就只能自生自灭，宗族、村落、行会及其他职业联合体等传统势力就依然是秩序的正常体现者。尽管如此，尽管存在着前面说的民众强烈的厌政情绪，候补官员阶层观点的影响，包括对中间等级的生活方式的影响，还是很大的。这主要是民间那种通过考试取得做官资格的**神奇**卡里斯马观点造成的。及第者用他的考试成绩证明，他在非常大的程度上有了"神"意。做高官的人被视为是有神奇品质的人。他们自己可以永远保留卡里斯马的"验证"，死后甚至生前成为礼拜对象。书写的东西和证明文件无论在哪里都有天生的神奇作用，使他们的印章和手迹都有了消灾灭病的作用，这种作用甚至能够延及考生的考试用品。一个考生被皇上钦定为头名状元，他来自哪个省，就是哪个省的名和利①，每个被金榜题名的人都得到"乡里声望"。任何行会和别的不管有什么意义的会社，都需要一名儒生文书，这种职务总是留给那些虽然及第但未谋到官职的人。有官职的人和及第的候补官员，凭着他们神奇的卡里斯马和举荐他们的后台，在宗族的一切重大事务中，自然成为"忏悔神父"和顾问，这恰恰由于他们来自小市民界，而不似在印度担当同样角色的婆罗门（印度的宗教教师）。如前所述，除了皇商和别的大商人，有官职的人是聚财机会最多的人。因此，无论在经济上还是人事上，这个阶级在本身的宗族以外——在宗族内部，以前我们曾强调指出，长辈的权威形成了强大的抗衡力量——对民众的影响之大，几乎近于古埃及的文书和祭司合起来的影响。在民间戏剧中，个别官吏的"尊严"常常受到嘲笑，但是儒学教育**本身**的威信，在被近代受到西方教育的本阶层的成员破坏之前，在民众中一直坚如磐石。

---

① 这就是为什么皇帝有时在排名次时要考虑，考生是否属于还没有出过状元的省份。——原注

经济政策观点

受过教育的阶层的社会品格也规定了这个阶层对经济政策的立场。同打上神权政治烙印的世袭官僚制组织的许多别的典型特点一样，从关于国家本身的传说来看，它数千年来一直具有宗教功利主义的福利国家的性质。不过，只要没有出现新的移民活动、（由灌溉造成的）土地改良以及财政或军事利益的影响，至少在考虑生产与经营时，中国和古代东方现实的国家政策总是对经济运转听之任之，理由前面已经谈过。只有军事的与军事财政的利益，正如我们已经讲的，才一而再、再而三地导致对经济生活进行相当深刻的干预，包括摊派、垄断和征税：一部分是重商主义的调节，一部分是等级制的调节。随着国家军事主义的终结，所有这类有计划的"经济政策"全部付之东流了。政府意识到了它的行政机器的弱点，于是满足于管管疏浚运河、维系水路，这对于主要省份的稻米供应是必不可少的，再就是典型的世袭制的饥馑对策与消费政策。政府没有近代意义上的商业政策：① 据我们所知，官大人在水路上设的关卡只具有财政性质，从来没有过经济政策上的意义。如果不考虑——在统治的卡里斯马特征方面——一直有政治危险的危困时期，则总的来说所追求的除了财政的和警察监视下的经济政策的利益外，几乎没有别的。我们所知道的一个统一的经济组织的最大规模的试验，是11世纪王安石设计的国家对全部收获物的贸易垄断。这种垄断除了要取得财政利润外，主要是为物价平衡服务，并且与土地税改革联系起来。试验失败了，于是经济在很大程度上处于放任自流的状态，同时对"国家干预"经济事务，特别是对世袭制

---

① 司马迁关于贸易平衡（平准）的论文（沙畹译《史记》第3卷第30章第8节）是典型的中国王室财政学，同时也是保存下来的中国国民经济学的最古老的文献。战国时代的商贾巨利、统一帝国中商人地位的下降、（商人）不得为官、薪金的固定以及**由此而来的**土地税的固定、商业税、山林税、水税（为**豪族**所专有）、私人铸币问题、私人过富的危险（但是，富则有——地道的儒家之——**德**）、运输费、买爵、盐铁专卖、商贾注册、国内关税、物价稳定政策、反对依从官商的斗争（直接依从工匠），在我们看来，都不属于衡量"平衡问题"，王室财政学的财政政策的对象不是对外平衡，而是稳定带来的国内太平。——原注

国家里比比皆是的作为得心应手的财政手段的垄断特权①的厌恶，成了**一种**根深蒂固的情绪。当然，这仅仅是一种情绪，从臣民的福利取决于君主的卡里斯马这种信念中还产生了别的完全不同的观念，它们常常突如其来，与前一种情绪同时并存，使典型的世袭制滥政一再出现，至少成了一种不时之需。此外，还经常保留对饥馑对策和粮食政策做消费调整的权力，这种权力是不言而喻的，儒教理论中就有许多关于各种支出的特殊规范。最重要的还是，任何官僚制都不言自明地厌恶自由交换引起的纯粹经济上急剧的两极分化。这个世界帝国在经济上变得自给自足了，社会构成也同质化了，在这种条件下，经济状况日趋稳定，就根本不允许出现17世纪英国文学作品中讨论的经济问题了。中国根本没有一个在政治上不受政府藐视的自觉的市民阶层，而当时英国的"小册子作者"最关心的正是这个阶层的利益。同所有处于世袭官僚制条件下的地方一样，中国也是一个"静态"的国家，为了维护传统及其特权，商人行会的态度成了行政当局需要认真对付的势力，从动态的角度看，这些商人行会的态度却没有起决定作用，因为不存在（不再存在！）英国那种足以驱使政府为其效劳的十分强大的资本主义扩张的利益。

士的政敌：独裁制与宦官

要理解士大夫总的政治立场，必须先弄清楚他们须同何种势力进行斗争。我们暂不考虑异端教派（指道教），这是后面（第Ⅶ章）的话题。士大夫早期的主要对头是不愿被挤出垄断地盘的封建时代的"门阀士族"。他们被迫向世袭制的需求以及文字学的优越性让步，找到了通过皇帝的恩宠为自己的子孙开辟锦绣前程的门道，后来又出现了资本主义的捐官者，这是等级拉平及财政中的货币经济的顺乎自然的结

---

① 1892年以前一直存在的公行商人对唯一对外国人开放的口岸广州的贸易垄断，旨在阻止蛮夷与中国人的任何贸易往来；这种垄断赚来的巨额红利，使有关的食官俸者讨厌这种状况的任何自发的变更。——原注

果。在这里，斗争不可能永远、绝对取胜，而只能相对奏效，因为军需是无财力的中央行政唯一的财政手段，每一次都提供了克扣军饷、中饱私囊的机会，直到最近依然如此。后来是专职官员对行政管理的理性主义的关注。这种关注早在公元601年（隋）文帝统治时就出现了，在王安石变法时期，于1068年（宋仁宗熙宁元年）在（抵抗辽兵入侵的）防御战危困时曾大获全胜。只是这种胜利太短命了，传统卷土重来，取得了最终的胜利。儒家只有**一个**始终存在的大敌，这就是独裁制和为其撑腰的宦官政治：①这是后宫影响所致，正因为如此，儒家对后宫极不信任，深为关注。不洞察这种斗争，就无法了解中国的历史。

早在秦始皇时代，就揭开了这场延续两千年之久的斗争的序幕，以后的历代王朝都贯穿着这一斗争。强悍果敢的统治者自然总是试图借助宦官和草莽暴发户来摆脱受过教育的高雅的士大夫阶层的束缚。许多反对这种绝对主义形式的士大夫，不得不为了他们等级的权力而抛颅洒血。但是从长远的角度看，士大夫总是一再获胜。②每遇旱、

---

① 不仅官修的明史（最后一部编年史），而且《十六国疆域志》（米歇尔斯译，巴黎1891年），也充满了这类记载。如第7页：（根据翰林院的奏章）1368年（明太祖洪武元年）禁绝了后宫干政，1498年（明孝宗弘治十三年）翰林院借宫廷失火上书，提出（灾变时期典型的）言论自由的要求，以反对宠幸宦官（见下一个注释）。——原注

② 例如《御纂（批）通鉴纲目》（乾隆编写的明史，德拉马赫译）中就有大量关于这种斗争的实例。我们以15世纪为例，1440年（明英宗正统五年）（第155页）：一名宦官出任了军队首脑（以后屡有这类事出现，如1428年，第223页）；1409年（明成祖永乐七年）：宫中官吏出掌行政大权（第168页）；1443年（明英宗正统八年）：一位翰林博士要求取缔秘阁政府、减轻徭役负担，尤其要求皇帝同**儒士**议事，一个宦官杀害了这位博士（第254页）；1449年（正统十四年）：在儒士的要求下，这个受宠的宦官被处死了，但是1457年（明英宗天顺元年）又为他立了**庙**（第273页）；1471年（明宪宗成化七年）：进谏者必须通过宦官上达皇帝（第374页）。[无独有偶，早在秦孝公时代（公元前361—前328年）就有过类似的报道]；1472年（成化八年）：宦官充任秘探（第273页）；1481年（成化十七年）在御史的要求下**废除**了这种制度（第289页）；1488年（明孝宗弘治元年）：恢复古礼（存在了很长时期）；1488年1名宦官被罢免，在他那里搜出了1份向他**行过贿**的儒士的名单，弄得儒士们很难堪。如何处置呢？只好记下这份名单，然后寻个别的借口罢免了行贿者（同上书，第422页）。——原注

涝、军事失利或危险事件，他们都立刻把大权抓到手里，因为这些灾异事件都被认为是离经叛道的结果，而以御使和翰林院为代表的儒士则是传统和经典生活方式的卫道士。每遇这种场合，总会提供"言论自由"、召开御前会议，结果又总是：取消离经叛道的统治形式、处死或放逐宦官、使生活形式返回古典范型，简言之：适应儒士的要求。由于王位继承的方式，后宫干政的危险相当大：妇人监护下的幼帝有时几乎成为规律。最后一位摄政的皇太后慈禧还曾试图与宦官一起进行统治。① 至于在这些纵贯全部中国历史的斗争中道士和佛门弟子扮演了何种角色：他们何以成为阉党的盟友，在多大程度上是天然盟友，在多大程度上是趋炎附势，这里暂不讨论。顺便提请注意，就连占星学至少在近代儒家眼里也是离经叛道的迷信②，是反对作为治国之术的君道卡里斯马的**独尊**地位，而最初占星学并没有如此受排斥。大概翰林院反对占星家集团门户倾轧起了决定性的作用③，耶稣会的天文学观测仪器或许也是一个原因。

士确信，迷信宦官培植的巫术，是万恶之源。陶模在他1901年的奏折中谴责西太后1875年（光绪元年）排挤真正的王位继承人之过，她当时全然不顾群臣的抗议、吴可读的尸谏。陶模的这份遗谏以及告子书表现了他的阳刚之美④，人们毫不怀疑他的纯真而深刻的信念。西太后和不少亲王还相信义和拳有巫术保佑，这种想法足以解释她的全部政策，其中无疑有宦官的影响。⑤ **临终前**，这位毕竟还算堂皇的女人留下了她的忠告：（1）永远不能再让一个女人来统治中国；（2）永远

---

① 参见布兰德和巴克豪斯的《西太后统治下的中国》（德译者为劳赫，柏林1812年）以及反对西太后重用宦官的1901年著名的陶模奏议。——原注
② 当1441年（明英宗正统六年）星占家预言的日食**没有**出现时，礼部上表祝贺，但遭到皇帝的拒斥。——原注
③ 参见（前面引用过的）1878年翰林院呈两宫摄政者的奏折。——原注
④ 同上书，第9章第130页及以下几页。——原注
⑤ 参见1901年2月西太后的诏令。——原注

废除阉党政治。① 如果报告无误的话，这份遗嘱以她所预想不到的方式执行了。但是，不容置疑，在真正的士看来，从此以后的全部历史，尤其是"革命"和王朝的覆灭，**只不**过能证明对王朝古典德性的卡里斯马意义的信念是正确的，一遇儒教匡复古制（虽然不一定，但却有可能），就会这样评价。

和平主义的儒家士大夫以国内的政治安定为己任，天生厌恶**军事**势力，或者不理解这类势力。前面谈到过儒士同武将的关系。我们知道，全部编年史都规范地充满这种记载。史书中也有关于抗议把"御林保镖"擢升为**大臣**（与官吏）的记载②，特别是在**宦官**成为纳尔塞斯（480—547，拜占庭将军，原是皇家宦官侍卫指挥官，后升任财政大臣、皇家内侍总管）式的宠将时，对于真正的独裁世袭制军队的仇视就更可想而知了。士以推翻了大众化的军事篡权者王莽而自豪。暴君独裁时总是很容易引起**平民**统治的危险，不过只有这一次尝试（王莽改制）是著名的。另一方面，士服从**实际**政权，包括由典型的篡权（如汉）或入侵（蒙古人、满人）建立的政权，甚至不惜牺牲——满洲人就录用了 50% 没有教育文凭的官员——如果统治者一方满足他们的礼仪要求，以礼相待，他们**就**会识实务，用现代语言来说，就是"以事实为基础"做自我调整。

"立宪"是儒家的理论，从"立宪"的角度来说，皇帝只能任用有学位的儒士为官来进行统治，而从"古典"的角度来说，则只能通过正统儒教的官员来进行统治。任何偏差都会招致灾变，如果一意孤行，会导致皇帝倒台、王朝没落。那么，什么是决定国家大政和统治阶层精神等级的正统伦理的**实质性**内容呢？

---

① 《西太后统治下的中国》第 457 页。——原注
② 例如乾隆帝的《御纂（批）通鉴纲目》（第 167、223 页）中关于 1409 年和 1428 年的记载。早在 1388 年就有过禁止（军官）干涉行政的命令，出处同上。——原注

第VI章　儒教的处世之道

官僚制与教权政治——缺乏自然法与形式的法律逻辑——缺乏自然科学的思维——儒教的本质——摆脱形而上学及儒教的入世性——"礼"的中心概念——"孝"——经济信念与拒绝专门人才——君子理想——经典的意义——正教的历史发展——早期儒教的悲歌——儒教的和平主义本质

官僚制与教权政治

世袭官僚制与教权政治受到日趋没落的封建主义势力和从未发展起来的市民阶级势力的宽容，同样也没有受到独立的教权政治倾轧之害。从来没有听说过某位有强大社会影响的先知——不论是近东式的、伊朗式的，还是印度式的；① 从来没有以某位超凡的神的名义通过先知之口提出过伦理"要求"。百折不挠的信仰特征也不留余地地排除了先知们的存在：以皇帝为大祭司的政教合一的政权只需同封建主进行严肃的较量，无需同先知们斗争。任何一种哪怕仅仅使人想到先知的运动，都被当局当作异端邪教而残酷地、系统地镇压殆尽。中国人的"灵魂"从来没有被哪位先知革过命。② 没有私人"祈祷"：司礼仪、典籍之官，特别是皇帝，无所不管，**只有他们能够**这样做。

---

① 关于古代隐士，参见本书第Ⅶ章。——原注
② 关于佛教，参见后面的叙述（本书第Ⅶ章和本论文集的第 2 卷，即《印度教与佛教》）。——原注

从历史知识来看，从来没有过一个强大的神职人员阶层——对于道教，尚可持保留态度，尤其是没有自己的救世说，没有自己的伦理，没有通过自治的宗教势力进行的自己的**教育**。于是，官僚阶层的唯智论的理性主义得以自由发展，这种理性主义在中国也同在世界各地一样，打心眼儿里**看不起**宗教，这是因为它不需要用宗教来愚民，只不过为宗教的职业代表保留了对于驯化百姓必不可少的、冠冕堂皇的地盘，面对同传统势力结合起来的强大的地方宗族势力，也不可端掉这块地盘。但是，任何进一步的外在的和内在的发展，却被拦腰斩断了。国事活动就是祭天地大神以及某些被神化的英雄和专门神。[①] 祭祀并非由祭司主持，而是由政权代表亲自主持。国家规定的"世俗宗教"不过是对祖先神灵力量的信仰和崇拜。其他一切民间宗教——后面还要讨论——基本上是专门的巫术与英雄崇拜的毫无系统的大杂烩。世袭官僚制的理性主义并没有打算系统地改造它，打心眼儿里看不起这种乱七八糟的状况，反倒宁愿接受它。这是因为，一方面，即使从儒教的国家观的立场来看，也必须"为人民保留宗教"：如果没有信仰，用孔夫子的话来说，世界就无秩序可言。所以维护信仰，在政治上甚至比让人民吃饱饭更为重要（《论语·颜渊篇》："子贡问政。子曰：'足食，足兵，民信之矣。'子贡曰：'必不得已而去，于斯三者何先？'曰：'去兵！'子贡曰：'必不得已而去，于斯二者何先？'曰：'去食！自古皆有死，民无信不立。'"）；另一方面，皇权本身又是一种被授予宗教圣职的至高无上的形象。从一定的意义上说，它凌驾于民间诸神之上，如前所述，皇帝的个人地位完全建立在他作为天的全权代表（"天子"）的卡里斯马基础上，他的先人们现在就住在这个天上。不过，同样如前所述，每一位神的荣誉和地位完全服从卡里斯马考验原则，这同那不勒斯的车夫或船夫心目中的圣徒毫无二致。这种宗教信仰的卡里斯马性质正迎合官僚阶层自我保存的利益的需求。因为，降到这个国土上的任何灾祸都没有唾弃整个官僚阶层本身，而只唾弃了

---

① 参见本书第Ⅰ章。——原注

后来似乎被剥夺了神圣的合法性，或者说：个别的专门神。通过对人间秩序的这种特殊形式的非理性确定，实现了官僚政权的合法性同超凡的权力及其在人间所代表的微乎其微的势力所进行的最佳联合，这是一种在想象中同官僚阶层竞争的独立势力。否则，民间信仰会向着超凡倾向的宗教发展，任何一种这样的理性化都不可避免地形成同官僚政权抗衡的独立势力。从各种角度看，这种"事态"总是一而再、再而三地想方设法挖掉这座畸形的历史大厦的基石，结果总是遭到官吏们的顽强反抗。中国语言中没有"宗教"对应的专门名词，有的只是：（1）（儒家学派的）"教义"；（2）"礼"，而无宗教性质的和约定俗成的之分。孔夫子主义的正式中国名称是"文人的教义"（儒教）。

儒教与信徒的关系，不管是巫术性质的，还是祭祀性质的，从其本义上讲，都是此岸性的，比起任何地方、任何时期的宗教关系的常规表现来，这种此岸性都要强烈得多，原则得多。正是在那些除了对（天地）大神的特殊的国家祭祀以外最受优待的祭祀中，延年益寿的愿望扮演着主要角色。很可能，中国一切本来意义上的"神明"观都立足于这样一种信仰：至善之人能够免于死亡并在幸福的天堂永远活下去。① 无论如何，这句话是普遍适用的：信儒教的正统的中国人（不同于佛教徒），在祭祀时为自己祈祷多福、多寿、多子，也稍微为先人的安康祈祷，却根本不为自己"来世"的命运祈祷，这同埃及那种完全把自己来世的命运寄托于死者保佑成为强烈的对比。启蒙的儒家的观点长期以来认为，人死以后灵魂会蒸发飞散到天上，或者沉落。这种观点虽然不是官方的，但实际上是占支配地位的。这一学说受到了王充的权威性的支持，他的神的概念，如前所述，充满了矛盾：神是不能拟人地想象的，但又有"身"（一种无形的精气），人死如灯"灭"，本质上与神相似的人的精神又化为神。这种人格神的观念和精神不死的观念的彻底绝迹，是由12世纪的唯物主义者和无神论者朱夫子完成

---

① 参见沙畹为他自己译的司马迁关于封禅牺牲（《史记》卷二十八《封禅书》）的论文所写的序（《北京东方社会期刊》第3卷第1期，1890年）。——原注

的，但这并未阻止后来信奉人格神的正统哲学家的出现。只是从此以后，正如康熙皇帝（17世纪）在他的圣谕中说的，官方儒教已完全站在了前面所说的立场上了。

长期以来，儒教至少总是用绝对不可知的根本否定的态度来对待任何彼岸的希望。但是，即使在没有渗透这种影响或者后面要谈的道教与佛教影响占优势时，对自身彼岸生活的关心，也远不及对鬼神可能在此岸生活中产生的影响的关心。

在中国[①]——几乎同任何地方的世袭制社团一样——"弥赛亚"（救世主）的希望都落在此岸的真命天子的身上。但**不是**对绝对的乌托邦的希望，例如在以色列。

因为从前没有任何转世论、救世说，根本没有对超验的价值和命运的任何追求，所以国家的宗教政策始终处于十分简单的形态：部分是祭祀活动国家化，部分是放任私人开业的术士，因为他们是过去流传下来的，对于私人又是必不可少的。

国家祭祀被精心安排得庄重而又朴素，包括供奉牺牲、礼仪祈祷、音乐和节拍舞蹈。所有纵欲的因素都被严格地驱除了，并且明显是有意识地从官方五声音阶音乐中驱除了。几乎没有任何心醉神迷与苦行，在官方祭祀中也没有冥想[②]，这些都被视为混乱因素和非理性的亢奋因素，官吏的理性主义对其无法容忍，只能像罗马的官僚贵族对待酒神祭祀那样，视其为危险因素。官方的儒教自然没有西洋式的个人祈祷，它只晓得礼仪形式。据说大师（孔子）生病时拒绝别人为他祈祷，他曾声明，他本人早已不祈祷了（《论语·述而篇》："子疾病，子路请祷。子曰：'有诸？'子路对曰：'有之，《诔》曰：祷尔于上下神祇。'子曰：'丘之祷久矣'"）。相反，君侯和高级官僚为了政治集团的福利而祈祷，却从古到今都被认为确实有效。

[①] 也反映在公元前3世纪屈原的诗中。参见康拉迪的《万人大学讲义》第19、20卷（莱比锡1903年）。——原注

[②] 关于这方面的萌芽，参见本书第Ⅶ章。——原注

由于这些原因，儒教中也就必然没有人们的**不平等的**（宗教）资格的经验（儒教认为全无所谓），因此也没有任何关于"恩宠地位"的宗教性差异的思想："恩宠地位"这一概念本身对于儒教来说只能是未知的，这是必然的。

　　正因为如此，在儒家经典学说中，同样在伦理方面，人与人原则上**平等**的前提是符合世袭官僚制与封建制及各种出身等第的划分的政治对立的。如前所述，这种观念并不是天生的、封建时代建立在"贵族"同平民有卡里斯马差别这种观念的基础之上的。士大夫的统治造成了受过教育的人同未受过教育的人之间的不可逾越的鸿沟，明朝的创始人（14世纪）就把未受过教育的人称为"愚民"。然而，官方理论却坚持，起决定作用的不是出身，而是教育，这种教育原则上是有教无类。这里的"平等"当然直到现在也不意味着一切自然素质的无条件的平等。一个人很可能具有较高的天资，另一个人则需经过努力才能达到这一步。但是，从来不追求不可企及的东西的儒教官僚制的国家观和社会伦理所要求的，至少是每个人都能做到的。以良好的国家行政管理为前提，每个人就要从自身来寻找自己外在与内在的成功或失败的原因。人之初，性本善；苟不教，性乃迁；性相近，习相远，这是一种缺少超凡的伦理神的独特结构；此外，也是世袭制国家里等级制关系的反映。贵人自然愿意流芳千古，但这只能凭个人的本事。

缺乏自然法与形式的法律逻辑

　　原则上讲，只有生活状况才造成了人与人之间的差异。同样的经济状况和同样的教育使人与人彼此间连性格也都基本相同。如前所述，物质福利——同各种基督教教派的一致观点截然相反——从伦理的角度看，首先并非诱惑之源（尽管诱惑是被承认的），倒是促进道德的重要手段，其原因我们还将进一步讨论。另一方面，没有对于每一个人的任何个人自由领域内的自然法的承认，就连"自由"这个词，对于（中国）语言来说也是陌生的。这可以直接从世袭制国家的特点和历史的回忆中得到解释。实际上，最终用完全保险的框子框起来的唯一制度是：财产私有制。这里所谓的最终，指经过在私人领域里否定摊派的漫长阶段之后；这里所谓的保险，如前所述，**非**指西方式的保障。除此以外，没有法律保障的自由权利，就连这种财产的"私有制"也只在实际上比较有保障，并不享受神圣的灵光，比如在克伦威尔反对平等派①的声明中，就有这种神圣性。世袭制认为皇帝不可以是任何人的客，上级官员不可以是下级的宾客，因为根据法律，下级的所有财产都属于上级。这种理论本质上只有礼仪的意义。偶尔也有利用权势强烈干预地产的经营与分配的，这显然主要是为了增加国库收入，不过也获得了半是传说的井田制的灵光，据说这种拥有世袭土地调节权的制度存活了好几百年。这些理想中表达的对尽可能平等地分配财产的民生政策的偏爱，是为了社会安宁，无独有偶，埃及也有一种为饥馑对策服务的国家仓储政策。在这方面，世袭制的理想也是实质的公正，而非形式的权利。因此，所有权与营利一方面始终是一个实际上合乎目的性的问题；另一方面又始终是一个关于民生的社会伦理问题，这种个人主义的社会伦理在近代西方恰恰是从形式权利与实质公正的**紧张关系**中产生的。根据这种伦理的独特见解，受过教育的统治阶层，理所当然也是最富有的阶层。不过，最终目标还是：为使大家都满意而尽可能地仗义疏财。

神圣不变的自然法仅仅表现为自古就经受了魔幻作用考验的神圣礼仪及对先祖神灵的神圣义务。具有近代西洋特点的自然法的发展，在这些之外，还可能把西方在罗马法中具有的正面现行法的理性化作为前提。但是，罗马法首先是自治的城邦商业活动的产物，因为商业活动一定要求固定的诉讼格式；其次是通过罗马法律学名流阶层的技术学说实现的理性化的产物；最后是东罗马官僚制的产物。中国没有

---

① 在克莱尔克文件集的军营速记报告里，偶然披露了关于平等派**选举权**的自然法的讨论（这种讨论在世界上是破天荒的）。——原注

一个法律家等级,因为没有西洋式的律师。之所以没有律师,是因为世俗法的形式发展这一层意思背离了中国福利国家的世袭制及其虚弱的职权。对于前面讲的还要作点补充:不仅仅地方习惯势力根据"恣意破坏国法"这句话被视为反法律的,而且,首先中国的法官就是典型的世袭制法官,完全是家长式地判案,就是说,在神圣的传统允许的范围内明确地不按照"一视同仁"的形式规则判案。在很大程度上倒是恰恰相反:按照当事人的具体资质和具体状况,即按照具体的礼仪的衡量适度来做断案。这种"所罗门式"的法官司法也没有一部伊斯兰式的神圣法典。系统的皇家法律汇编只有本身具备了强制性的魔力传统,才被信守不渝。在这种情况下,也根本没有西方和伊斯兰世界的那种神圣法与世俗法之间的紧张关系,在一定的条件下,连印度都存在着这样的紧张关系。古希腊罗马(特别是斯多葛的)和中世纪的自然法理论的前提,恰恰就是哲学假设或宗教假设同"尘世"的紧张关系以及由此产生的"原始状态"学说,这种学说显然不可能产生于儒教,因为它所需要的一切伦理的中心概念都是儒教所不知的,这一点以后再谈。

我们近代的西方法律理性化是两种相辅相成的力量的产物。一方面,资本主义热衷于严格的形式的,因而——在功能上——尽量像一部机器一样**可计量**的法,并且特别关心法律程序;另一方面,绝对主义的国家权力的官僚理性主义热衷于法典化的系统性和由受过理性训练的、致力于地区之间平等进取机会的官僚来运用的法的同样性。两种力量中只要缺一,就出现不了近代法律体系。因为,近代资本主义,正如盎格鲁萨克逊的习惯法所指出的,可以相当不错地生存在这样一种法的基础上:它不系统,缺乏严格的法律逻辑结构,但却是形式法,并且在思维方式上受过罗马法和教会法的训练,这种法——作为一个律师阶级的创造物——保证了经济强者的自治。另一方面,理性主义的官僚制则热衷于形式上简明的法令纲要和在适用法律方面平等,仅仅为了官吏的无处不在的适用性也要关心这一点。官僚制尤其关心政府法规比传统的不可侵犯性优越的地方,即对于法律的地域性和社会性自治专权的优越性。不论在哪里，只要官僚制能够插手，内容就不仅是法律规范形式的司法完善，而且还有法律规范的**实质**"公正"，因为这尤其符合理性的官僚制的内在的气质。当经济上强有力的资本主义利益集团或社会化方面强有力的法律界与官僚制抗衡时，后者就把法律界实质上理性化、系统化了，却破坏了并不关心实质公正的司法技术。大一统以来，中国的世袭制既不愿看到一个它无法控制的资本主义利益集团，也不能指望独立的法律界出现。不过，似乎能指望神圣的传统性，因为只有这样才能使它的合法性得到保障，同样，也能指望它的行政组织的强力限制。因此，不仅形式司法不发达，而且也没有进行过系统的**实质**性的法律彻底理性化的尝试。一般说来，司法还保持着神权福利司法往往独具的特征。

缺乏自然科学的思维

除了哲学与神学以外，法律"逻辑"也不发达。系统的自然主义的思维也未能得以发展。西方的自然科学及其数学基础是一种复合物，半是在古希腊哲学的基础上发展起来的理性的思维方式，半是在文艺复兴的基础上发展起来的技术实验，后者包含一切自然主义学科的特别现代化的成分，它最初并不是从科学领域，而是从艺术领域里产生的。文艺复兴时代的高级"实验"艺术是两种因素独特的婚配之子：西方艺术家在手工业基础上发展起来的经验技巧，加上他们那种由文化史和社会规定的彻底理性化的抱负，通过将他们的艺术提高到与科学相同的等级来为其赢得永恒的意义，并为他们自己赢得社会效果。这种抱负是西方特有的。这里也隐藏着最强烈的复古的动力，当时人们就是这样理解这种动力的。除了达·芬奇代表的类型以外，音乐，主要是16世纪的实验键盘（查里诺）是这场运用文艺复兴的独特的艺术"自然"概念大搏斗的核心。造成艺术活动的高度竞技状态的特殊社会条件，也同在古代一样起了推波助澜的作用。北欧的经济与技术利益，特别是矿业的需求，帮助了精神史的势力把自然科学引入实验。自然科学的实验,不是我们这里讨论的课题。炉火纯青的中国艺术缺乏获得(西方文艺复兴式的)理性主义抱负的任何动力,统治阶层的精力,在世袭官僚制的关系内部,完全放在了食俸禄者与士大夫等及第中举者的竞争中,这种竞争窒息了其他一切追求。除此之外,产业资本主义那种相对微弱的发展也不允许中国为从经验技术向理性技术过渡支付必要的经济补贴。① 于是,一切都停留在洗练的经验上。

  结果是,官僚阶层对于生活采取的囿于经验的立场可以在这个阶层固有的实际理性主义中大显身手,并造就了一种与它本身完全一致的伦理。这种立场所顾忌的,只有宗族和鬼神信仰中的传统势力,它在中国没有任何对手,没有一种理性的科学、理性的艺术活动、理性的神学。司法、医学、自然科学和技术,没有任何神圣的或与其同格的人间的权威,能够同这种立场较量。对于西方文化起着决定性作用的任何特别现代化的理性主义因素,都没有给这样的官僚阶层让出一席之地,既谈不上竞争,也谈不上支持。这个阶层的基础在西方早就随着古代城邦的发展而消失殆尽;在中国,则经过一番移花接木的工作,就是说,似乎可以把官僚阶层代表的文化视为一种试验:从一个食官俸阶层统治的理性主义中究竟能产生什么效果?这种状况的结果就是正统儒教,正教的统治是神权帝国与这种学说指导下的政府管理统一起来的产物。在列国蛮战的时代,我们看到了同西方古代城邦文

---

  ① 除了罗盘(用于内河航运,或供使节在中亚陆路上定向用)、印刷术(用于行政管理,因为手抄复本太慢)、造纸、陶瓷、丝绸、炼金术、天文学(用于国家占星目的)以外,**火药**也是中国发明的,大概在12世纪,肯定在13世纪已经用于**作战**。不管怎么说,也比佛罗伦萨人在战争中确切地使用了火药早1个世纪。但中国的火药十分原始。帝国安于现状,未能促其完善(关于诸项发明,参见W.A.P.马丁的《中国人的艺术发现与科学发现》,载于《北京东方社会期刊》第4卷第19页及以后几页)。洋枪洋炮似乎有某种**巫术**决定的效力,最初尤其可怕,中国曾打算进口。——原注

化中一样的斗争和思想路线的可变性。处于种种对立、分化中的中国哲学，在同西方古代同样的时期中也得到了发展。自从统一得以巩固，大约在公元元年前后，再没有出现过一位完全独立的思想家。直到清王朝统治最后尊奉儒教为正统之前，只有儒家、道家和释家的斗争，在得到承认或允许的儒教教义中，就只有哲学和——与之相联系的——行政管理政治学派之间的斗争。

儒教的本质

儒教同佛教一样，仅仅是伦理（"道"①，相当于印度的"法"）。但是，与佛教截然不同的是，儒教仅仅是人间的**俗人**伦理。与佛教更加深刻的对立是：儒教适应世界及其秩序和习俗，归根结蒂不过是一部针对受过教育的世俗人的政治准则与社会礼仪规则的大法典。世界的宇宙秩序是固定的、不可冒犯的，只有一种特例，这就是社会秩序。伟大的神灵们的宇宙秩序显然是要降福于世界，特别是降福于人类，社会的秩序也是这样。国"泰"民安，应该并且也只能通过顺应和谐的宇宙来实现。如果未能实现，过错在于人的愚昧，主要是对国家和社会领导不当，违背了秩序。例如在（19世纪的）一份诏书中，就把某省老刮恶风归咎于百姓怠慢了官差（引渡嫌疑犯），因此使神灵不安或者归咎于延误了办案。关于皇权以及关于宇宙和社会的秩序同一性的卡里斯马观念规定了这一基本前提。一切都取决于官僚的态度，他们是负责领导社会的人，这个社会被想象为一个世袭制统治的巨大的共同体。君主应当把黎民百姓当成自己的孩子来治理，他的主要职责是从物质上和精神上关心臣属，同他们保持充满敬意的良好关系。每一个私人为上苍效劳的最佳方式是发展他自己真实的天性，这种天性

---

① 后面会谈到，这个词有多种含义。——原注

会把隐藏在每个人心中的善表现出来。所有这些都是一个教育问题，旨在从自身的素质出发进行自我发展。没有"极恶"——要想发现主张人性本恶的异端学说的哲学家，必须上溯到公元前 3 世纪[①]——只有过错，这是教育不够造成的。世界，特别是社会世界，同今天一样，过去也像人那样不完善：在善灵之侧，也有恶魔，但它却能按照当时人们的教育水平和统治者的卡里斯马素质成为一个善的世界。尘世的秩序是文化需求的纯自然发展、不可避免的劳动分工以及由此带来的利益冲突的产物。按照大师（孔子）的现实主义的见解，经济（食）的与性（色）的利益是人类行动的基本动力。因此，生物性的堕落和"罪恶状态"并不是强权与社会秩序必然存在的原因，哪怕人们真的不折不扣地甘愿接受这种必然。极为现实的原因是朴素无华的经济状态：同不断增长的需求相比，现在的生存手段总是短缺，如果没有强权，就会导致人与人之间的厮杀。所以强制性秩序本身、财产占有的两极分化以及经济利益之争，原则上根本算不得问题。

摆脱形而上学及儒教的入世性

儒教本身——尽管这个学派也提出了一种宇宙起源说——在很大程度上摆脱了形而上学。同样这个学派的**科学**要求也不高。教学的发

---

① 他们得出了一种完全非基督教的结论：人心中的善，是人为的文化产物，结果是比正统学说更加肯定"文化"的"世界"，特别是肯定教育的作用。

或许还可以提供这些哲学家的某些形而上学的主张（参见 F. 法杰内尔在《亚洲期刊》1902 年第 20 卷第 113 页及以后几页的论文）。从 11 世纪（宋末）以来，一个注疏学派在逻辑上不怎么彻底地提出了物质的永恒性，其精神原则（太极）被泛灵论地设想为善的原则，由善中产生了世界。除外，据说孔子就已相信后来司马迁提出的以星占学为基础的宇宙起源派说［5 种元素（五行）以古代统治者的形象——相继，参见沙畹为他翻译的司马迁的著作第 1 卷写的前言，巴黎 1895 年第 CXLIII 页。关于这方面，以后再讨论。——原注

展一度进步到了有三角学的认识①，可是，由于没有受到重视，很早就衰落了。②孔子本人显然对昼夜平分岁差一无所知，可是在近东，人们早就有这种知识了。③宫廷天文学士（即历法编制者，似乎有别于**宫廷占星士**，后者同时也是编年史学家和举足轻重的谋士）的职位是祖传的，因为他们掌握秘密知识。但是，任何重要的知识几乎都得不到发展，耶稣会士用他们的欧洲仪器取得的伟大成就证明了这一点。自然科学在整体上一直是纯粹经验性的。那部古代的植物学（＝药物学）著作，据说出自一位帝王（神农的《本草》）之手，不过似乎只有摘要。古代的重要性对历史学科有利。考古学的成就似乎在公元10世纪和12世纪达到了高峰，后来，编年体史学也取得了很大的成就。王安石试图造就一个占据官位的专业法官集团，但失败了。恰恰是正统儒教，对于不同于纯粹古代的或纯粹现实的东西一概不感兴趣（第Ⅶ章将讲到这种见解的局限性）。

儒教对巫术的**基本**立场是：同犹太人、基督徒、清教徒一样**怀疑**巫术的真实性（在新英格兰曾烧死过女巫）。但是，巫术没有**救世**作用，这是关键。拉比们认为："没有任何行星适合以色列"，就是说，占星术的宿命决定对于耶和华对信徒的意志无能为力。儒教中也有一句相应的话：巫术对于道德无能为力（可能指《论语·述而篇》中的"天生德于予，桓魋其如予何！"误把桓魋理解为鬼神或巫术了）。古朴方正的人无需惧怕鬼神，只有（大逆）不道者才会魔念缠身。

佛门圣徒及其道教模仿者的冥想同儒教毫无缘分。据说，传统使

---

① 据说，公元6世纪时，中国的算术就有了数的位值（参见J. 埃德金斯的《中国算术的位值》，《北京东方社会期刊》第1期第4页及第161—165页。他认为这种知识源于巴比伦——？），对这种说法一直有争议。如前所述，19世纪时，已经使用了有进位**珠子**的算盘。——原注

② 直到近代，毕竟在9门附加考试的选修科目中也把数学列为考试内容，考生之所以选考数学，一则是为了能被破格提拔，另则是为了加强保险系统，以防万一落第。——原注

③ 参见**艾特尔**发表在《中国评论》第18期第266页上的文章。T. 德·拉库佩里也认为古代中国文化起源于巴比伦（《中国古代文明的西方源头》，伦敦1894年）。——原注

得大师（孔子）拒绝了隐居并创造奇迹，以流芳后世。这对于老子的道教来说，颇带挑衅性。于是乎，对于往昔某些按照传统隐退的大贤的态度，也只能含糊其辞了：人们只能从治理不良的国度中隐退。另外，大师偶尔也预言——这是唯一的似乎立足于神秘主义基础的解释性的措辞——认识未来的禀赋是对至德的报答。如果进一步讨论，就只是正确解释征兆的本事了。就是说：并不比职业占卜师逊色。前面提到的在全世界流传的唯一寄于某位未来的模范皇帝（这种童话人物的前身据说是凤凰①）的救世希望，来源于民间。儒教对此不置可否，因为儒教关心的只是世间的东西，关心世界过去怎么样。

礼的中心概念

受过传统教育的人，按照等级制的习俗和"礼"——儒教的中心概念——的规定，温文尔雅地调整他的行为，包括身体的一举一动。他也会彬彬有礼，恰如其分、令人满意地参加古老的仪典。出典是对夫子的描述，说他如何懂得在纷繁复杂的礼节性场合按照名分、世故通达地祝颂每一位宾客，举止高雅优美。内在涵养与外在处世都和谐、淡泊的"上等人"["君侯式的""高贵的"人（君子）]——在流传下来的夫子的言论中反复出现的中心概念——在任何社会处境中，不论居庙堂之高，还是处江湖之远，都要符合礼，不失其尊严。他要沉稳、自制、优雅、威严，这都是礼仪规定的宫廷沙龙的特点。就是说，同古代伊斯兰教封建武士的热情与大吹大擂截然相反：清醒自制、静观自身、含而不露，尤其要压抑激情，因为任何形式的激情，包括喜悦，都会破坏心灵的平衡与和谐，这种平和正是万善之本，就是说，不像佛教那样，摆脱一切欲求，但要摆脱一切非理性的欲求，不像佛教那样为了从尘世中解脱出来，而是为了顺应尘世。儒教伦理中自然没有任何解脱思想。儒家只求从社会的粗俗不堪、丧失尊严的野蛮状态下

---

① 参见米歇尔斯译的《十六国疆域志》第XXI页上的评注。——原注

解脱出来，除此之外，别无他求，诸如从灵魂轮回、彼岸的惩罚（这两样都是儒教中所没有的）、生活（他肯定这一点）、现世（他想通过自制聪明地把握现世的社会）、恶或原罪（对此他一无所知）等等中解脱出来。"罪"在他眼中只有对一种社会基本义务——**孝**——的侵害。

"孝"

同封建制是以荣誉为基础一样，世袭制则以孝为基础，孝是元德。前者（荣誉）是藩臣的封臣忠诚可靠性的基础；后者（孝）是统治者的仆从和官吏服从的基础。差别并不是截然相反，而是侧重面不同而已。即使西方的封臣也要"托身"，同日本的藩臣一样，也要尽孝。即使是自由的官吏，也有等级荣誉，这可以成为他的行动的动力，这在中国与西方是一样的。近东和埃及则不然，那里的官吏是从奴隶等级中升上来的。同样，无论在哪里，文武官员同君主的关系都带有一定程度的封建特征。甚至在今天，向君主个人宣誓，仍然是官员们的标志。君主往往从王朝的利益出发强调这些因素，官吏则往往从等级利益出发强调这些因素。在中国的等级制伦理上，仍然相当牢固地黏附着对封建制的留恋。对于封建主的孝，又被推及父母、老师、职务等级制中的上司和一切有官职的人，因为对于所有这些人，孝在本质上是一样的。封建的忠，事实上被引申为官僚阶层内部的庇护关系。忠的基本性质是家长制的，而不是封建的，子女对父母的无限的孝①，正如一再强调的，绝对居于一切道德之首。在冲突条件下，先要讲孝，然后再说其余。② 夫子格言（《论语》）中曾赞许地提到：有一位高官，

---

① 对母亲也要孝。（1882年）一个儿子喝醉了，母亲打了他一记耳光，他还了手，这个妇人找了几个大汉把儿子捆起来，并且不顾所有在场的人说情，把他**活埋**了。参与者由于形式上有过而受到处罚，但又立即被赦免了。对那位当娘的，则根本谈不上处罚（见1882年3月13日《京报》上的告示）。——原注

② 也要服从君侯。封建时代有一位君侯命令一个官员逮捕其子，因为他不忠。这位官员拒不执行；另一个官员，因为父亲不服从命令，而应逮捕父亲，这位父亲因此而自杀了。传统一直让这个君侯背负罪名（见彭亚伯前引书上第217页）。——原注

出自孝心，为了保全父亲，继续容忍父亲处在同一官位时容忍过的不容分辩的乱用职权的行为（《论语·学而篇》："子曰：'父在，观其志；父不在，观其行，三年无改于父之道，可谓孝矣！'"《论语·子张篇》："曾子曰：'吾闻诸夫子，孟庄子之孝也，其他可能也；其不改父之臣与父之政，是难能也。'"），不过，这同《书经》上的一处却大相径庭：皇帝让一位做儿子的承袭其父的官职，以弥补父亲的过失①（鲧治水失败，舜令其子禹袭鲧的官职继续治水）。夫子认为，在看到一个人以何种方式为双亲服丧之前，他的行为不能算受到了考验。在一个世袭制国家里，孝被推及各种臣属关系，对于官员——孔子也曾做过相——来说，孝是引出其他各种德性的元德，有了孝，就是经受了考验，就能保证履行官僚制最重要的等级义务：履行无条件的纪律。这一点并不难理解。中国早在史前时期就完成了军队从英雄格斗向纪律严明的部队的社会学基础的转变。对一切领域里纪律万能的信念见于非常古老的传说，在孔子的同时代人中，这种信念更加牢固地确立了下来。"不顺从"比低劣的信念更为糟糕，因此，与其"奢"——指炫耀铺张——宁俭。但是——掉过来——俭又会导致"低劣的"思想，不符合有教养的人的身份，因此俭也未必可取。您看，中国人对经济的态度，也同在任何别的伦理中一样，是一个消费问题，而不是生产问题。对于"上等人"来说，犯不上学习经营管理，这样做有失体统（《论语·卫灵公篇》："子曰：'君子谋道不谋食。耕也，馁在其中矣。学也，禄在其中矣。君子忧道不忧贫。'"），但也不是从根本上拒绝财富，恰恰相反，在一个治理良好的国家里，人们以贫为**耻**，在一个治理不善的国家里，则以富为耻，怀疑居官不廉（《论语·泰伯篇》："邦有道，贫且贱焉，耻也；邦无道，富且贵焉，耻也。"）。仅仅在考虑财富的**获取**方面有保留。经济文献是官大人的文献。同任何官僚道

---

① 参见1896年6月8日《京报》上的一则报道：中国战争中的牛庄司令曾因怯敌而被罚在西部驿道上服苦役，其子奏请让他代替积劳成疾的父亲服刑或恩准以4000两银保释其父。报道指出奏请人孝心可嘉，被转呈皇帝。——原注

德一样，儒教的道德也反对官吏本身参与赚钱，不管是直接参与还是间接参与，都被认为有背伦理、有失身份。官吏的薪俸本身并不高，而且主要是实物津贴，他越是事实上依赖对他的职务地位本身的榨取，那么当官之心就越切。这种既非封建主义的，亦非禁欲主义的功利主义的伦理没有发展出任何反货殖主义的理论，恰恰相反，儒教提出了听起来颇为时髦的关于供给与需求、投机与利润的理论。同西方不一样的是，货币的获利性（利息在汉语中也同希腊语中一样，是资本之"子"）是不言自明的，而且这种理论似乎不知道利息的限度（尽管朝廷明文规定抵制一定形式的"高利贷"）。只是作为私利相关者的资本家不得入官，受过文化教育的人本身则远避货殖主义。对逐利本身的社会顾虑出现时，总带有政治性。

经济信念与拒斥专门人才

夫子视利欲为社会不安定之源。这里显然指的是出现了收购商、垄断商的利益同消费者的利益之间的冲突，这是典型的前资本主义的阶级冲突。在这方面，儒教自然倾向于保护消费者的政策，但是远远谈不上敌视经济利润。民间的观念也没什么两样。贪官污吏，尤其是税吏和其他胥吏在戏剧中受到无情鞭笞，不过，相比之下，似乎绝少对商人和高利贷者进行谴责和嘲讽。儒教对佛教寺院制度的刻骨仇恨曾导致公元884年（唐）武宗的歼灭战役，理由主要是：寺院诱使百姓不务正业（其实，如前所述，"通货政策"也起了一定的作用）。在全部正统文献中，都有对经济活动的高度评价，就连孔子，也会追求富贵，"即使是作个手拿鞭子的仆役"——当然，前提是这种追求的**成果**有一定的保障（《论语·述而篇》："子曰：'富而可求也，虽执鞭之士，吾亦为之。'"）。但是恰恰没有**这种保障，由此**造成了对经济营利的唯一而且事实上非常重要的保留：灵魂的平和被营利的风险动摇了。食官俸者的立场在伦理的理想化中出现了，官职地位于是成了上等人唯一值得追求的，因为它才保证了人格的完整。孟子认为，没有一定的收入，只有有教养的人才干，老百姓则根本没有一定的信念（《孟子·梁惠王上》："孟子曰：'无恒产而有恒心者，惟士为能。若民，则无恒产，因无恒心。'"）。农、医、卜的营利是"小道"（《论语·子张篇》："子夏曰：'虽小道，必有可观者焉，致远恐泥，是以君子不为也。'"宋《朱熹集注》："小道，如农圃医卜之属。泥，不通也。"）。因为小道导致职业专门化——这一点同上面所讲的密切相关、至关重要。高贵的人则追求多面性，只有（儒教所谓的）教育才能给人以多面性，而这又恰恰是当官所要求必备的素质——这是世袭制国家没有理性的职业专门化的特点。不过，无论政治上在王安石的变法试验中，还是在文献中，都有迹象建议按照近世官僚制的方式制定官吏的权限，代替传统的当官的多面性，因为每一个具体的人都不可能掌握这种多面性。但是，中国人陈旧的教育理想恰恰同这些客观要求背道而驰，也强烈地反对按照我们欧洲人的模式实行理性的客观的行政管理。受过儒学教育的候补官员出身于旧传统家庭之中，在他们的心目中，欧洲式的专业教育只能误人子弟，教人俗不可耐，很难办成什么好事。①这里无疑有一部分是对任何西方式的"变法维新"的顽强抵抗。"君子不器"，这个基本原则的意思是：他是自我目的，而不像工具那样只能派一种专门用场的手段。受过多面性教育的儒家"绅士"（是对君子、"君侯式的人"的一种译法）等级制的高贵的理想，同具有社会倾向的柏拉图的理想有天壤之别。柏拉图的理想是城邦制的产物，作为这种理想的出发点的信念是：人只有在一项事业中有所作为，才能达到他预定的目的。儒家的高贵理想同禁欲清教的天职概念就更加水火不相容了。这种建立在多面性基础上的道德，亦即自我完善，比只通过单面性获取的财富要高。一个人，如果没有源于教育的德，在这个世界上就会一事无成，即使处于炙手可热的地位，也是徒然。但是，反过

---

① 以1905年9月2日关于废除旧的"文化"考试的诏令为基础的建议书，相当空泛，本质上只能使提倡办国民（实业）教育的热情受到遏止，因为每个人都可以依赖考试取得一份俸禄头衔。——原注

来，如果没有有影响的地位，纵然再有德，也无济于事。所以，"上等"人逐位不逐利。

君子理想

上面这些简短的措辞，据说多出自孔夫子本人，这些就是儒教对职业生活和占有的态度方面的基本原理：既反对古伊斯兰教中的先知们表达的奢华挥霍的态度，也反对佛教那种拒斥对尘世财富的任何悬系的态度、印度教那严格的传统主义的职业伦理以及清教对理性地专门化了的天职中现世禁欲的营利工作的神化。如果略去这种对立，那么，在它们那严谨的理性主义中却也有某些具体的相似之处，君子回避美色的诱惑。夫子一针见血地指出："吾未见好德如好色者也"（《论语·子罕篇》）[1]。传说鲁国的邻国（齐）的国君忌恨夫子在鲁君（定公）身边的地位，为了排挤他，就给鲁君献了一个美女团，鲁君听信谗言，沉溺于声色，疏远了他的政治教父，不听教诲（《史记·孔子世家》："齐人闻而惧，曰：'孔子为政必霸，霸则吾地近焉，我之为先并矣。盍致地焉？'黎曰：'请先尝沮之；沮之而不可则致地，庸迟乎！'于是选齐国中女子好者八十人，皆衣文衣而舞康乐，文马三十驷，遗鲁君。……桓子卒受齐女乐，三日不听政；郊，又不致膰俎于大夫。"）。不管怎么说，孔子本人总认为妇女是彻头彻尾地非理性的人，同妇女打交道就如同跟小人打交道一样困难[2]，对这两种人宽一点，他们就会失去距离；对他们严一点，他们又会抱怨（《论语·阳货篇》："子曰：'唯女子与小人为难养也，近之则不孙，远之则怨。'"）。佛教中以出世为前提的对女人之惧，在儒教中以理性的严谨为前提的对女人的不

---

[1] 沙畹编的司马迁的《孔子传》（《史记·孔子世家》）第336页。——原注

[2] 早在古代的编年史中，"好色"就被视为一切道德的敌人，是**不可救药**的（《国语》，第163页上一位侍医对一位患病的国君说的话）。在解决爱情同国事的冲突时，一定要以国家利益为重，诗歌中不止一次地描述过这种情景的"悲剧"。——原注

敬里面找到了对应物。原则上禁止纳妾——在正妻之外为了繁衍后代而被允许的必要的纳妾——对于儒教来说，从来不成问题。前面一再提及的封建诸侯协定，仅仅反对庶出之子作为继承人的平等地位，反对后宫不正当影响的斗争，则披上了反对阴气凌驾于阳气之上的斗争的长袍。对友谊的忠诚备受推崇，人需要朋友，但要在地位相等的人中间选择（《论语·学而篇》："子曰：'……无友不如己者。'"《论语·子罕篇》中又重复出现了这句话）。对于地位比自己低的人，要友善。另外，一切这方面的伦理都来自乡里间原始交换的原则：礼尚往来——"互惠"，也被夫子在回答问题时直接作为所有社会伦理的基础（《论语·卫灵公篇》："子贡问曰：'有一言而可以终身行之者乎？'子曰：'其恕乎！己所不欲，勿施于人。'"）。激进的神秘主义者（老子、墨翟）主张对敌人施仁爱（《老子六十三章》："报怨以德"；《墨子·兼爱中》："兼相爱，交相利"）。儒教认为，这种主张违背正义的报复原则——一种以国家利益为重的原则，因此坚决反对，主张以**正义**对待敌人、以仁爱对待朋友——如果对敌人施**仁爱**，那么对**朋友**又施什么呢（《论语·宪句篇》："或曰：'以德报怨，何如？'子曰：'何以报德？以直报怨，以德报德。'"）？儒教高雅的君子，是集"仁"与"信"、"智"与"直"于一身的人。但这一切都在"慎"的限度内，小人不慎即失"中庸"。尤其要注意社会礼节的限制——这才是这种伦理的特点。因为只有对礼的感知才塑造了君子的儒教人格。因此，直，这种元德也以礼的规定为限，不仅要无条件地以孝为先，为了尽孝，必要时可以撒谎（《论语·子路篇》："叶公语孔子曰：'吾党有直躬者，其父攘羊，而子证之。'孔子曰：'吾党之直者异于是：父为子隐，子为父隐，直在其中矣。'"），而且根据传说的夫子本人的实践，还要以社会礼节义务为先。"三人行，必有我师"据说是孔子说的，意思是：我服从**多数**。①按照这种"礼"，经书也被他删修了。司马迁似乎知道有3000篇（？）诗经颂歌，孔子从中选出了306篇②——只有通过不倦的学习，即通过经籍的学习，才能达到完美的境界，舍此无他。"君"子反躬自问，不停地学习各种事物，并且温故而知新。事实上，九十高龄还参加正式国家考试的不乏其人，然而，这种不倦的学习仅仅是掌握现成的思想。据说，孔子自己声明，他曾试图从自己胸中创新，通过单纯的思索前进，但直到晚年都无所获，因此又重新读书。他认为：不读书，精神就会"空转"（《论语·卫灵公篇》："子曰：'吾尝终日不食，终夜不寝，以思，无益，不如学也'"）。"没有直观的概念是空洞的"（康德在《纯粹理性批判》中提出："没有内容的思维是空洞的，没有直观的概念是盲目的"），这一命题被代之以："思而不学则殆"（《论语·为政篇》："子曰：'学而不思则罔，思而不学则殆'"）。因为，如果不学，求知欲就会浪费精神（荡），仁就会使人愚蠢（愚），直会使人出言不慎（绞），信会使人变得凶残（贼），勇会导致不服从（乱），性格刚毅则会导致放肆（狂）（《论语·阳货篇》："子曰：'由也！女闻六言六蔽矣乎？'对曰：'未也。''居！吾语汝。好仁不好学，其蔽也愚；好知不好学，其蔽也荡；好信不好学，其蔽也贼；好直不好学，其蔽也绞；好勇不好学，其蔽也乱；好刚不好学，其蔽也狂。'"）。结果，就会失去社会适应伦理中最高的仁——"中庸"，在这种伦理中，唯一的绝对义务是作为纪律之母的孝，达到完

---

① 《论语·述而篇》："子曰：'三人行，必有我师焉。择其善者而从之，其不善者而改之。'"《论语注疏·校勘记》指出"三人行，必有我师焉"一句的版本出入："唐石经皇本'三'上有'我'字。有，作'得'。案《释文》出'我三人行'云一本无'我'字，下出'必得我师焉'云本或作'必有'，与唐石经皇本合。观何晏注及邢疏并云言'我三人行'。即朱子集注，亦云'三人同行，其一我也'，当以皇本为是。"又：《尚书·洪范》："三人占，则从二人之言。"都与韦伯的"我服从多数"的解释相合。

② 《史记·孔子世家》："古者《诗》三千余篇，及至孔子，去其重，取可施于礼义，上采契后稷，中述殷周之盛，至幽厉之缺，始于衽席，故曰：'《关雎》之乱以为《风》始，《鹿鸣》为《小雅》始，文王为《大雅》始，《清庙》为《颂》始。'三百五篇孔子皆弦歌之，以求合《韶》《武》《雅》《颂》之音。"

善的**唯一**放之四海而皆准的手段是教育。孔子在答复哀公问时则认为，**君王**的统治术就是（按照经典标准）择"正直"的相（《论语·为政篇》："哀公问曰：'何为则民服？'孔子对曰：'举直错诸枉，则民服；举枉错诸直，则民不服。'"）。

经典的意义

这种教育只能通过学习经典进行，不言而喻，古代经典有绝对标准的作用，体现在被正统净化了的形式中。有时也有这样的报道：一个人向古代求教如何解决今世的问题，很容易酿成祸害，这似乎可以解释为拒绝封建时代，但是像理雅各说的反传统主义，又根本谈不上。因为整个儒教已经成了对传统的彻底神化。真正反传统的，是**李斯**的直接反对儒教的著名的丞相上书（《史记·李斯列传》：李斯"上书曰：'古者天下散乱，莫能相一，是以诸并作，语皆道古以害今，饰虚言以乱实，人善其所私学，以非上所建立。今陛下并有天下，别黑白而定于一尊；而私学乃相与非法教之制，闻令下，即各以其私学议之，入则心非，出则巷议，非主以为名，异趣以为高，率群下以造谤。如此不禁，则主势降乎上，党与成乎下。禁之便。臣请诸有文学诗书百家语者，蠲除去之。令到满三十日弗去，黥为城旦。所不去者，医药卜筮种树之书。若有欲学者，以吏为师。'"）。它导致了官僚制国家建立后的焚书大劫（公元前213年）（又据《史记·秦始皇本纪》，始皇置酒咸阳宫，博士淳于越指责仆射因青臣面颂令，主张师古。秦始皇命讨论。丞相李斯说："五帝不相复，三代不相袭，各以治，非其相反，时变异也。今陛下创大业，建万世之功，固非愚儒所知。且越言乃三代之事，何足法也？异时诸侯并争，厚招游学。今天下已定，法令出一，百姓当家则力农工，士则学习法令辟禁。今诸生不师今而学古，以非当世，惑乱黔首。丞相斯昧死言：古者天下散乱，莫之能一，是以诸侯并作，语皆道古以害今，饰虚言以乱实，人善其所私学，以非上之所建立。今皇帝并有天下，别黑白而定一尊。私学而相与非法教，人闻令下，则各以其学议之，入则心非，出则巷议，夸主以为名，异取以为高，率群下以造谤。如此弗禁，则主势降乎上，党与成乎下。禁之便。臣请史官非秦记皆烧之。非博士官所职。天下敢有藏诗、书、百家语者，悉诣守、尉杂烧之。有敢偶语诗书者弃市。以古非今者族。吏见之不举者与同罪。令下三十日烧，黥为城旦。所不去者，医药卜筮种树之书。若欲有学法令，以吏为师。"秦始皇采纳了李斯的建议）。李斯的书说，诸生不师今而学古，以非当世，他们以自己的书本权威为标准，批评皇帝的法令，诱使人们藐视它们，有用的——与儒教的价值观截然相反——只有农、医、卜筮之书。看得出来，这位封建制度的摧毁者具有彻底功利主义的理性主义思想，为了自己的权力地位而摆脱了传统的羁绊，亦即无所不在的儒教理性主义的框框。但是，李斯的做法却动摇了统治阶层的权力利益与正统利益之间聪明的妥协，而妥协正是这种制度的国家利益的基石。因此，不久汉王朝就以种种形式恢复了儒教，这样做显然是为了维护王朝自身的安全。事实上，一个处于绝对的权力地位，同时又垄断了官方祭司功能的世袭官僚阶级，对于那种神圣的文献只能做出传统主义的打算，因为这种神圣性足以确保代表该阶级本身地位的秩序的合法性。在（尊儒）这一点上，官僚阶级必须约束自己的理性主义，如同它对待宗教性的民间信仰一样，这种信仰的存在既保证了民众的顺从，而且如前所述，也限制了对政府制度的批评。个别的统治者可能是昏君，就是说，丧失了卡里斯马。这样，他就不合神意了，也会像不中用的官吏一样被废黜。这种制度本身则只能以孝为基础，每当传统动摇时，孝都受到威胁。

正教的历史发展

由于这些我们已经知道的原因，儒教从来没有做过从伦理的角度使现存宗教信仰理性化的起码的尝试。它把皇帝和官员主持的官方祭祀以及家长主持的祭祖视为现存的世俗秩序的组成部分。《书经》里的君王在做出决定之前不仅先要咨询天下与民众中的强有力者，当时无疑是指军队，而且还要求助于两种传统的卜筮手段（《礼记·曲礼上》："龟为卜，为筮。卜筮者，先圣王之所以使民信时日，敬鬼神，畏法令也，所以使民决嫌疑，定犹与也。故曰，疑而筮之，则弗非也，日而行事，则必践之。"），在这些原始资料互助矛盾时，就只能进行决疑论的商讨了（《尚书·盘庚下》：盘庚在迁都以后，解释这一重大举动的决策过程时说："非敢违卜，用宏兹贲。呜呼，邦伯师长，百执事人，尚皆隐哉。"又，《尚书·洪范篇》："稽疑，择建立卜筮人，乃命卜筮。曰雨、曰霁、曰蒙、曰驿、曰克、曰贞、曰悔。凡七，卜五，占用二……三人占，则从二人之言……汝则有大疑，谋及乃心，谋及卿士，谋及庶人，谋及卜筮。汝则从，龟从，筮从，卿士从，庶民从，是之谓大同……汝则从，龟从，筮从，卿士逆，庶民逆，吉。卿士从，龟从，筮从，汝则逆，庶民逆，吉。庶民从，龟从，筮从，汝则逆，卿士逆，吉。汝则从，龟从，筮逆，卿士逆，庶民逆，作内吉，作外凶。龟筮共违于人，用静吉，用作凶"）。主要由于受过教育的阶层的态度，个人生活对牧师忠言及宗教指导的需要一直停滞在神秘的泛灵论和功能神崇拜的阶段，世界各地在先知干预出现之前都是这样，中国没有出现过先知干预。

中国式的思维把这种神秘的泛灵论引进了德·格鲁特称之为"宇宙一体论"的系统。它**并非**儒教的独创，我们还需考虑，从儒教的立场看，所谓的异端势力的参与。首先则要简短地澄清：作为士大夫学说的儒教虽然最后受到独尊，但并非一直就受到独尊。

儒教根本不是一直被中国官方唯一承认的哲学——洪范（＝伟大的方案）是这种哲学的技术表达。越往前追溯，则就连士也与儒教正统越不一致。战国时期各种哲学流派的竞争，即使在统一的帝国中，这种竞争也决没有销声匿迹：在皇权衰微破败时，竞争尤为激烈。儒教的胜利大约是在公元 8 世纪才定下来的。我在这里并不是要简单地重述中国哲学史，不过，下面这些资料毕竟能形象地说明向正教发展的过程。

超尘拔俗的老子及其学派率先独立门户，确立了自己的地位（参见第Ⅶ章）。在孔子**之后**，也有杨朱、墨翟之类的哲学家。杨朱是一位伊壁鸠鲁式的宿命论者，同儒家相反，他否定**教育**的作用，因为一个人的天性就是他的不可改变的"命运"。墨翟则在很大程度上摆脱了传统的束缚。在孟子以前和孟子时代（公元前4世纪，王权衰落时）有荀况，他是一个诸侯国的现任官员（楚国兰陵令），站在反儒家的立场上主张人性恶的，还有名家、禁欲家（陈仲）、纯粹的重农主义者（许行），他们各执不同的**经济**政治纲领，互不相让。甚至在公元2世纪时，崔寔（？—170，东汉政论家）的《政论》仍站在尖锐的反和平主义的立场上：民风在漫长的**和平**时期败坏了，导致了纵欲和追求感官快乐。①

所有这些都是离经叛道的异端邪说，孟子就同他那个时代的此类理论进行了斗争。但是他的同代人荀子则把儒家的人性善看成是艺术品，不是神造的，而是人**自己**造的——表现为政治，就是："神是民心的表现"——绝对的悲观主义者杨朱则认为，**忍受生**与摆脱死的**恐惧**是智慧的最后结论，也不同于孟子（《淮南子·氾论训》："全性保真，不以物累形，杨子之所立也，而孟子非之"）。神意"不常驻"，常被作为善人忍受苦难的理由（《老子道德经》第七十九章："天道无亲，常与善人"）。司马迁——其父似乎是一位道家②——将他那时期敌对的士大夫学派进行了分类，划成6家：1. 玄学家：以天文学为基础的阴阳思辨；2. 墨家（墨子及其学派）：受神秘主义影响，主张生活方式绝对简朴，包括帝王的生活方式和薄葬；3. 字义解释与概念实在论的语文学家（名家）（继承了辩学家时代的传统，比较地不问政治）；4. 法家：威吓论的代表（后期的代表是崔寔，参见上文）；5. 道家（后面讨论）；6. "士学派"，即儒家，这也是司马迁自报的家门。

---

① Fr. 库恩：《柏林科学院论文集》，1914年4月。——原注
② 参见沙畹的编辑前言第13页。——原注

早期儒教的悲歌①

司马迁毕竟是站在儒教的立场上来看问题的,尽管后来从许多方面看似乎都不合乎经典,他很推崇后来成了仙的黄帝(类似道家)。②他的宇宙起源论(五行论)显然来自占星术。正统儒家大概会赞同他对财富的评价和这样的观点:只有富人才能正确地遵循**礼仪**,但是他们对推崇商业营利手段的做法深为反感。③他们中某些人对宿命论的"天命"并不表示怀疑:有德之人饿死的事是众所周知的(《史记·伯夷列传》:"或曰:'天道无亲,常与善人。'若伯夷、叔齐,可谓善人者非邪?积仁絜行如此而饿死!且七十子之徒,仲尼独荐颜渊为好学。然回也屡空。糟糠不厌,而卒蚤夭。天之报施善人,其何如哉?盗跖日杀不辜,肝人之肉,暴戾恣睢,聚党数千人横行天下,竟以寿终,是尊何德哉?此其尤大彰明较著者也。若至近世,操行不轨,专犯忌讳,而终身逸乐,富厚累世不绝。或择地而蹈之,时然后出言,行不由径,非公正不发愤,而遇祸灾者,不可胜数也。余甚惑焉,傥所谓天道,是邪非邪?")。汉代的碑文也提供了类似的内容④。这种态度毕

---

① 在原书第Ⅵ章的目录中,此节自第 455 页开始,但该页未分段,姑按作者行文划在此处。

② **埃德金斯**:《黄帝在早期道教中的地位》,《中国评论》第 15 卷第 233 页及以后几页。——原注

③ 参见沙畹前引书附录第 2 段班彪的评论。——原注

④ 《亚洲丛刊》第 10 卷第 14 期(1909 年)第 33 页上,沙畹的文章中引了汉代(公元 25 年前后)的墓志铭,对一位早逝男子的悼文:"生活无可指摘而又未受到表彰之人,古来有之"(例)。"彼将永垂不朽"(参见司马迁)。"彼将荫荫子孙"(这是一种**古老**的世袭卡里斯马概念,与前面提到的新的观点不同)。"彼已赴黄泉。"

公元 405 年的墓志铭:

"凡朱者必死。"完人无**个人**的特征(与道一致,参见第Ⅶ章,是庄子的影响吗?)。

表扬了得意**淡然**、失意**泰然**的风度。得意来自"正直"、"孝顺"、"守孝"。

但总的说来:

"上苍不悯,彼疾贵而死。"——**从未提到神,没有后世那种无可奈何的乐观主义**。——原注

竟还是成问题。英雄主义"无用",这符合后世的学说,但根子还在孔夫子那儿。然而即一切——**遭受宫刑**的司马迁就是这样诲人的——道德被说成"自我目的",另一方面又有意造成直接教育君王的效果,这些很难说是合乎经典的。相反,司马迁的大家手笔所运用的编年史书的绝对平和的**笔调**,则十分出色,符合孔子本人的实践。最富正统儒教气质的是《报任安书》,这是因政治嫌疑而受宫刑①的司马迁被起用后写给他在狱中的朋友任安的信,任安曾(徒劳地)争取司马迁的帮助②:

他实际上不能(或不愿)帮助任安(免得为自身带来风险)。但是,"**长逝者**"的魂魄③会保留对他(司马迁)的愤怒(《报任安书》:"则长逝者魂魄,私恨无穷")(就是说,会伤及他),因此,他想对任安讲明理由。"何则?士为知己者用"(地地道道的儒家观点)。但他没有着手探讨不幸者(任安)的命运,而是只讲了**自己**的不幸:宫刑。写信人是怎样自拔的呢?信中说,最重要的有下面4点:(1)不辱没自己的**祖先**;(2)不侮辱自己的人格;(3)不损伤理智和尊严;最后,(4)不破坏对于每个人都适用的规则(《报任安书》:"太上不辱先,其次不辱身,其次不辱理色,其次不辱辞令,其次诎体受辱,其次易服受辱,其次关木索被箠楚受辱,其次剔毛发婴金铁受辱,其次毁肌肤断肢体受辱,最下腐刑,极矣。"),他,写信人,要通过**他的书**来洗刷耻辱。

如果说,全信有点使我们想起阿伯拉尔那些用冷峻的教训伤害了我们感情的致爱洛伊斯的信中的话(大概也出自类似的理由!),那么,(《报任安书》中)对人与人之间关系的这种冷静的调节则是真正的儒家的做法。即使有违于我们的感情,我们也不愿忘记,**上一章结尾时引用的那些堂而皇之的文献本身都是体现了儒家的精神的。**司马

---

① 由于祖先崇拜,这对于中国人是一种可怕的不幸。——原注
② 参见沙畹的《司马迁》第1卷附录1。——原注
③ 不死信仰似乎不合乎经典。这里只是鬼神信仰问题。——原注

迁复述的始皇刻石①把反"理性"的行为说成是卑贱的,他(以及儒家)的解释则是:只有通过学②与**知**才能引导人们如何合乎理性地去做事。"知"——指通过经典的学习获得传统与经典规范知识——是儒教中最重要的词,必须看到,**这正是**儒家同中国其他世界观体系的区别。

儒教的和平主义本质

儒教的"理性"是一种**秩序**的理性主义:陈季同(1877年清朝留学生)说:"宁作太平犬,不作离乱民"③。

如这句名言指出的,儒教理性正因为如此才具有本质上**和平主义**的特征④,这种性质在历史上逐步升级,直到乾隆皇帝在明史中写下这句话⑤:"唯使生灵免遭涂炭者可治天下"。因为,"天意难测,唯理相助"[《御批通鉴纲目》明太祖洪武二年条,同孟子的"不嗜杀人者能一之"(《孟子·梁惠王上》)相似]。这是统一帝国发展的最终产物,当年,连孔子都要求,把为被杀害的双亲、兄长和友人**报仇**作为大丈夫的义务(《礼记·曲礼上》:"父之仇,弗与共戴天;兄弟之仇,不反兵;交游之仇,不同国。")。这种伦理现在成了和平主义的、入世的伦理,并且仅仅是畏惧**鬼神**而已。

中国并不缺少关于鬼神的道义资格,相反我们已经看到,同埃及一样,非理性的司法建立在从汉朝统治下发展起来的一种牢固信仰的基础之上:被压迫者的呼叫会招鬼神来复仇,特别是向那些逼人自

---

① 沙畹编的《始皇帝传》(《史记·秦始皇本纪》第166页)。——原注
② 前面刚刚引用过的汉代碑文中有这样的赞誉。——原注
③ 《中国与中国人》,德文本由A.舒尔策译(1896年)第222页。——原注
④ 据说孔子本人声称不懂军事事务[《论语·卫灵公篇》:"卫灵公问陈(阵)于孔子。孔子对曰:'俎豆之事,则尝闻之矣;军旅之事,未尝学也。'"]。——原注
⑤ 《御纂(批)通鉴纲目》,德拉玛瑞译(巴黎1865年版),第20页上集中了许多类似的话。——原注

杀、逼人忧苦、绝望而死的人复仇。这是官僚制与投诉权在天上的理想化的投影，同样以这种信仰为基础，陪伴受害者的那种怒吼民众的（真正的或所谓的被压迫者的陪伴）巨大力量，能迫使任何当官的让步，特别是在歇斯底里的群众要自杀的危险形势下。一个官大人打死了他家厨房里打下手的小子，迫于民众的压力，他被处以死刑（1882年）①：有这种功能的鬼神信仰是中国唯一的，但是，却又是**十分**有效的正式的民众大宪章。不过，鬼神也监护各种形式的契约。它们拒绝监护强制性的或不义的契约。② 道德的**合法性**，不仅从总的态度上，而且具体地受到泛灵论的保障。但是所缺少的是：一种救世宗教的有条不紊地指导生活的核心力量。这种短缺的后果，我们还要进一步认识。

---

① **贾尔斯**：《中国与中国人》，纽约 1912 年，第 105 页。——原注
② "强制性的契约是无知的，因为鬼神不监护它们"，这种观念古已有之。见 E.H. 帕尔克的《古代中国简史》伦敦 1908 年，第 99 页。——原注

第Ⅶ章 正统与异端（道教）①

中国的教义与礼仪——隐居修道与老子——道与神秘主义——神秘主义的实际结论——正统与异端的学派对立——道教的长寿术——道教的教阶制——佛教在中国的一般地位——巫术的理性系统化——道教的伦理——中国正统与异端伦理的传统主义性质——中国的教派及异端迫害——太平起义——发展的结论

中国的教义与礼仪

同全世界一样，中国正式的国家祭祀仅仅用于共同体的利益；祭祀祖宗则用于宗族利益。纯粹个人的利益与这两种祭祀均无关系。伟大的自然诸神（如天神、地神、风神、雨神、河神、山神等）日益非人格化，对它们的祭祀简化为官职礼仪，清除了这种礼仪中的一切情感成分，最后使它等同于社会惯例：一切都是受过高贵教育的知识分子阶层的作品，而置民众的典型宗教需求于不顾。放弃对来世②的牵挂和今世的个人宗教得救保障，这种高傲只有在高贵的知识分子阶层内部才能得以贯彻。通过经典教义——仅此一门课——的影响，把这

---

① 关于道教，参见**德·哈尔勒茨**和**理雅各**的资料。——一般方面还可参照已经引用过的 W.格鲁伯的优秀遗著：《中国的宗教与祭祀》，同前主要是**德·格鲁特**的《宇宙一体论》。——原注

② 除了前面引过的碑文外，还有经典书籍，例如：《小学》（哈尔勒茨译，前引书第5章第86节）就告诫人们当心佛教僧人为亡者超度的骗术。对于亡者，既不能益之，也不能害之，因为如果他们的肌体腐烂了，精神也就消失了。——原注

种立场也强加于不当官的人,并不能弥补那种裂痕。孔子死后不久的一段时间里,文献中突然冒出了形形色色的职能神,后来又出现了被神化了的英雄。难以想象的是,这些神的形象此时才首次开始其形成过程,因为在世界各地,这种形成都处于更早的阶段:某些典型的职能神("君"),如雷君、风君等,是农民宗教所特有的,而神化了的英雄则是当时在中国已成为过去的封建英雄战斗中所特有的。各种功能神,最下直至茅厕女神,都被强烈地专门化和固定化了,就像罗马的鲁米娜(公元前2000年,罗马宗教中司农耕、畜牧和自然现象的神)一样的专门化,才能够成为中国在官僚制统治下日益发展的祭祀传统主义的产物。确定一个历史人物何以成为祭祀对象,孔子被册封为圣人,就是第一个确切的例子①。在双重含义的正式术语中,尤其是在形象的描绘中,天神的许多特征让人看出,他最初是拟人地想象出来的。我们已经看到,到了西历12世纪,才带来了这种非人格化的(以唯物主义为前提的)终结。禁止民众直接参加国家祭祀非人格化的最高神的祈祷与牺牲供奉,对他们来说,"老天爷"——后来发展出了关于他的出生、统治、隐遁、升天等的传说——永远活着,应当在家祭里被敬拜。民众的这种信仰自然不被官方祭天代表们放在眼里。还有一些近世熟悉的民间神,可能也是从非常古老的职能神那儿演变而来的,官方祭祀看不起他们,儒教则把他们划入"鬼怪"群中。这些神灵最初的性质与以后的性质之间的关系如何(泛灵论的地位问题),如何了解制造奇迹的自然物与人工物(拜物教)等这类难题,只有专家才敢碰。不过,我们现在并不讨论这类问题。我们关心的是官教(儒教是中国的国教)同非经典的民间宗教之间的立场分歧,后者是否能够成为并且已经成为某种偏离了(儒教)方向的生活方法论之源。有这种可能,因为对大多数民间神——只要不是来源于佛教——的祭

---

① 同天主教教堂一样,世袭制的奉神机构在这里也被区别对待:被封为神的人,用天主教的话来说,只享受"敬",但却不能像伟大的自然诸神一样享受拜;在大众看来,诸如此类的区别自然只是形式上的区别罢了。——原注

祀来说，都是被儒教及由其把持的圣事机构一再作为异端的流派活动来处置的。这种流派也同倾向于儒教的祭祀机构本身一样，一方面有祭祀（与巫术）实践，另一方面也有**教义**。关于教义，我们马上就要讨论。不过，先进一步弄清楚古代民间神同儒教的伦理教义之间的关系，似乎是有益的。

先举一个同我们最接近的实例：古希腊正规哲学的社会伦理同古代希腊民间神之间的关系，在那里，也能看到一切时代的一切高贵的知识分子阶层面对历史地形成的强大的民间信仰，在原则上共处的**进退两难**的境况。古希腊国家为形而上学的及社会伦理的思辨提供了自由的天地。它只要求恪守传统的祭祀义务，因为在这方面有所怠慢就会给城邦本身招来灾难。希腊哲学流派的典型的社会伦理倾向同儒教一致，它们在古典时期的主要代表，也同儒家学派的中国知识分子一样，事实上是把神撇在一边的。总的说来，他们像中国高贵的知识分子团体一样，遵从传统的习俗，一般说来，在我们这里也是这样。但是在某一点上有一个重要的区别，儒教在编辑经典文献——如前所述，这可能是孔子最重要的成就——时，不仅清除了那些民间神，而且在教育学上从被神化的经典书籍中删除了所有与儒家传统主义相悖的成分。只要读一下柏拉图在其《理想国》中同荷马的著名辩论，就不难看出：希腊古典哲学的社会教育学**多么愿意**也这样做。在伦理理性的国家中，荷马没有立足之地；但是在传统的骑士教育中，荷马却是被奉为经典的巨大力量。要想在好战的城邦中把荷马及其英雄诸神贬为由于职业和在教育中的地位而微不足道的角色，是断断办不到的；同样，要想在经过一番伦理净化的文献（与音乐）的基础上，建立起一种清一色的文人统治，就像中国的传统主义为其政治集团所做的那样，也是断断办不到的。除此之外，即使在城邦被驯化，从而在太平的世界帝国里消除了纯粹的政治障碍以后，那些并存的哲学流派中也没有一个取得了儒教在中国的那种独尊的地位。因为这无异于接受一种唯一正确的国家哲学——如同恺撒只会容忍斯多葛学派，并且只委任斯多葛主义者当官一样。这在西方是不可能的，因为没有一个哲学流派为自己要求过，或者能够要求绝对传统主义的**合法性**，孔子却能为他的学说这样做，并且是绝对有意识地这样做的。由于这个原因，它们也不能像儒教教义那样在政治上为一位世界君主及其官吏效力。从它们内在的本质来看，它们都喜欢研究自由的城邦问题："市民"义务而不是"臣属"义务是它们的基本课题。为了世袭君主的合法利益，本来可以确立诸如此类的古老神圣的宗教恭顺诚命，但是西方却没有同这类诚命之间的内在的联系。迫不及待地把儒教推荐给中国当权者的是对世界的绝对适应和对危险的形而上学思辨的绝对拒斥，而这恰恰是西方哲学流派中那些最富有政治影响的学派的激情所绝对没有的。斯多葛学派一直到安东尼王朝①始终是敌视机会主义立场的理论。只是在塔西图斯②之后，这种对立的消失才使罗马皇帝们接受了斯多葛学派。这是古代城邦的特点发展所至，大概也是城邦**思想史**上最重要的成果。

公元前，西方的哲学理论及社会伦理同民间崇拜之间的紧张关系的继续存在指：（得到相应发展的）对古代"荷马史诗"的英雄神及民间神的宗派是**官方**事务，哲学家的学说却是没有约束力的**私事**——同中国截然相反。在中国，被神化的学说以及由这种学说神化了的国教**礼仪**同诸神并存，民间祭神是私事，一部分仅仅得到了非公认的保护，这在后面还将论及；一部分仅仅受到了容忍；另一部分则被半信半疑地冷眼相看。当然，在古代西方，除了官方的诸神崇拜以外，也有未经官方承认的，甚至部分地引起怀疑的私人崇拜，其中一部分以一种独特的灵魂拯救论及以此为前提的伦理著称于世，从毕达哥拉斯主义开始，直至皇帝时代的救世主崇拜。中国的某些非官方的祭拜中也有同样的情形。但是，西方的发展导致了这种灵魂拯救共同体中的一个：基督教，同官职权势结成了世界历史的联盟，这种联盟今天仍在起作

---

① 指罗马皇帝安东尼·庇护（138—161年在位）及其养子马可·奥勒留（161—180年在位）、卢·韦鲁斯（161—169年在位）和奥勒利乌斯之子康茂德（176—192年在位）的统治。

② 约200—约276年，罗马皇帝，275—276年在位，以前曾两次任执政官。

用，中国的发展则不然。在佛教被皇帝正式接受以后，有一段时期似乎在中国起了类似的作用，关于这点，我们以后还要专门讲。但是，由于已经讲过的种种利害关系：儒教官僚制的反抗、重商主义的利益和通货利益，最后是一场大劫，把佛教限制在一种（毕竟还是很有影响的）被宽容的祭祀活动的地位上，与其他祭祀活动并列。恰恰在我们非常关心的一个问题——经济信念问题上，佛教在中国的影响相对较小，这点我们以后会看到。大多数古老的民间神以及后来增加的整整一大批新神，统统落入了一个受到宽容的祭司等级（道士）的庇护之下。据称，这个等级源于一位哲人（老子）及其教义，这种教义本来同儒教的教义并无原则上的分歧，可是后来却完全被视为异端了。对于这种异端，我们不能避而不见。

隐居修道与老子

个人的神秘主义的或禁欲主义的得救追求，在印度源于一种同祭司无关的受过教育的世俗阶层，特别是受过吠陀教育，甚至仅仅半路受过吠陀教育的贵族。这种得救追求对于（经典）儒教来说，是一种完全不可思议的利益。它不符合任何官僚制的生活方式，在中国的官僚理性主义中当然也没有立足之地。

隐士[1]自古以来在中国是一直存在着的，不仅是在《庄子》[2]中是这样说的，而且现在的绘画作品中也有这样的描绘[3]，并且儒士们自己也承认这一点。有一些资料引导人们去做这样的假想：最初的英雄与士大夫到了晚年在森林里过着孤寂生活。在一个纯粹的武士社会里，事实上"老人"往往被当成毫无价值的人而遭遗弃。很有可能，隐士

---

[1] 至（至人）＝圣人，遁、逸、隐＝隐居者，仙（由"人"与"山"组合而成的字）＝隐士。——原注

[2] 参见德·格鲁特的《宇宙一体论》中的描述，此外还有康拉迪前引书以及沙畹译的司马迁的《史记》的注释。——原注

[3] 喜欢把仙人描绘成蓬头垢面的画。——原注

的"年龄层"最初就是由他们构成的。然而,这都是靠不住的猜测:在中国历史上,从来不像印度那样,把老人隐居的生活看成是正常的。不过,毕竟只有从"尘世"隐居,才有时间和精力从事类似神秘主义**感受的思考**——孔子同他的对手**老子**一样,过着无官的孤独生活,区别仅仅在于:神秘主义者——老子与庄子——由于自身的得救追求而**拒绝做官**;孔子则为未能做官而遗憾。对于政治上**不得志**的士大夫来说,脱离政治的正常形式是隐居,而不是自杀或申请处分。① 吴国国君之弟仲雍(周太王次子,太伯之弟。因太王欲立幼子季历,他与太伯同避江南,太伯成为当地君长。太伯死后,由他继立,其后人建立吴国。《论语·微子篇》孔子谓:"虞仲、夷逸,隐居放言,身中清,废中权。"朱熹认为,这里的隐士虞仲即仲雍)就隐居遁世了②,就连那位成功的皇帝黄帝,庄子也说,他退了位成了神仙(《庄子内篇·大宗师》:"黄帝得之,以登云天")。只能这样看待古代隐士得救的目的,其一是长寿术的;其二是巫术的:长生不老和获得魔法力量是夫子们及少数留在他们身边服侍他们的弟子们追求的目标。但是,接下去就有可能形成一种对待世界的"神秘主义"态度和以此为基础的哲学,事实上也真的形成了。

道与神秘主义 ③

贤者只能教诲那些退出尘世,尤其是退出尘世的高官显贵的隐士,

---

① 见史书上越国大臣范蠡的事例。当越王失去国都后,范蠡声明,依旧例他该自杀,但他不取此道。他当大臣时聚敛了大量财产,后来好像是通过打败各国,又增加财富,但他以后真的把这些都分给了友人们,自己则去当了隐士,完全同直到目前为止某些印度大臣的做法一样(参见彭亚伯的《吴国史》,载《汉学论丛》第10期,上海1991年第157页附录1)。——原注

② 彭亚伯上文(公元前6世纪)。——原注

③ 在原书第Ⅶ章目录中,此节自第464页开始,但该页没有分段,姑将作者行文划至此处。

这些黄帝得到的答复［《庄子外篇·在宥》：黄帝向广成子（老子）问："至道至精"，广成子答："所欲问者，物之质也，而所欲官者，物之残也……又奚足以语至道？"于是，"黄帝退，指天下，筑特室，席白茅，闭居三月，复往邀之"］。隐士就是"处士"（坐在家里的学者），就是说，他们不做**官**。后来，同儒教候补官员的对立在这里已经有所暗示。隐居修道的"哲学"就走得更远了。同一切真正的神秘主义的目标一样，绝对与世**无争**是不言而喻的，同时也是——不该忘记——**长寿术**的重要目标。而且，如前所述，延年益寿也是隐居修道的**一种**倾向。这种观点似乎很看重那种原始的形而上学，既节省而又理性地处理（不如说"管理"）生命的有目共睹的载体——气。吐故纳新有助于特殊的大脑状态，这一可以从生理学上确定的事实导致更加彻底的结论。"圣人"应当是"不死不生"的（《庄子内篇·大宗师》："九日而后能外生；已外生矣，而后能朝彻；朝彻而后能见独；见独而后能古今；无古今而后能入于不死不生"），必须像没有活着那样行事（《庄子内篇·大宗师》："堕肢体、黜聪明，离形去知，同于大通"）。老子为了证实自己的神圣，说："我是一个愚（就是说，脱离了世俗的聪明）人"（《老子·二十章》："我愚人之心，沌沌兮。俗人昭昭，我独昏昏"）。庄子不愿受（官职）束缚，宁愿"像泥沟里的猪一样"活着（《史记·老子韩非列传》："楚威王闻庄王贤，使使厚币迎之，许以为相。庄周笑谓楚使者曰：'千金，重利；卿相，尊位也。子独不见郊祭之牺牛乎？养食之数岁，衣以文绣，以入太庙。当是之时，虽欲为孤豚，岂可得乎？子亟去，无污我。我宁游戏污渎之中自快，无为有国者所羁，终身不仕，以快吾志焉？'"）。于是，"与气合一"、"抛弃肉体"成了目标（《庄子内篇·人间世》："仲尼曰：'若一志，无听之以耳，而听之以心；无听之以心，而听之以气。听止于耳，心止于符。气也者，虚而待物者也。唯道集虚，虚者，心斋也。'"又：《庄子内篇·大宗师》里孔子对子贡解释孟子反子琴张临友人子桑户尸体而歌的行为时说："彼方且与造物者为人，而游乎天地之一气。彼以生为附赘县疣，以死为决疣溃痈"）。在这种相当古老的现象中，是否有印度人的影响呢？对此仁者见仁，智者见智。① 如果传说可靠的话，老子是孔子的同代人，但比孔子年长②，他是那些脱身官职的隐士中最著名的一位。在老子身上，印度人的影响不是无迹可寻的。

神秘主义的实际结论

我们要讨论的，**不是**作为哲学家③的老子，而是他的社会学的地位和影响。在术语上就已经体现出同儒教的对立了。孔子的孙子子思在《中庸》里把卡里斯马君王所特有的和谐状态称为均衡状态（中和），在那些受老子影响的或自奉为追随老子的书中，这种状态则被称为**虚**无者无，可以通过"无为"与"不言"来达到。这显然是典型的神秘主义范畴，而绝不仅仅是中国人的范畴。按照儒教教义，礼，即仪式规则和礼节，是产生中④的手段，按照神秘主义者的见解，这些都是毫无价值的。应当像没有灵魂那样去做事，以便把灵魂从感官中解放出来，这是唯一能取得道士（在一定程度上是道学家）威力的内在态度。生等于有"神"，长寿术等于养神，这是以老子名义写的《道德经》⑤的教诲，同儒家完全一致，长寿的出发点是一致的，仅仅手段不同而已。

我们一再碰到的这个基本范畴"道"，是后来异端的"道家"同儒家的分水岭。这**两个**学派，甚至可以说一切中国式的思维，长期使用着这个范畴。一切古代的神在儒道中也都存在，只是"道教"又用一大批被正教视为非经典的神而大大地丰富了诸神之殿，主要是把人神

---

① 德·格鲁特新近著文，**反对**印度人对中国古代有影响之说。——原注
② 德·格鲁特的新作同意这种说法。——原注
③ 今天或许可以说：**新潮**哲学家。至于说老子是一个半神话式的形象，《道德经》里有大量插补，其真伪令人生疑，有人甚至证实，它是后来才形成的，所有这些，我们都不感兴趣。即使他是一个编造出来的形象，这种发人深思的路线对立毕竟是事实。——原注
④ 中＝均衡，是儒教的一个基本概念，道教则转释为"虚"，其含义全新。——原注
⑤ 参见德·格鲁特的《中国的宗教》，伦敦1912年。——原注

化——对长寿术的一种曲解。两家的经典文献也一样，只是异端道家又**增**补了老子的《道德经》和庄子的著作，儒家则拒斥这些他们认为是离经叛道的东西。然而，德·格鲁特十分强调，孔子本人并不反对对手的基本范畴，也不反对"无为"，**有时**虽然很接近在道中完善起来的无为者的神秘卡里斯马的学说。下面，让我们进一步讨论这两家的对立。

正统与异端的学派对立

儒教清除了祭祀中一切心醉神迷的和纵欲的残余，并且像罗马的官僚贵族一样，把这些作为不庄重的东西加以拒斥。然而，中国神秘主义的实践也同全世界一样，了解这种心醉神迷和纵欲状况。巫（男人或女人）与觋（男人）、江湖医生与祈雨师至今仍旧存在，历代文献中都提到过他们。在社庙祀祭时，他们最后还要神魂颠倒地手舞足蹈：先是"魔力"附身，继而"灵"附身，最后是"神"附身，并且通过这个人施加影响。巫与觋**后来**呈现出一幅"道家"面容（至今仍如此）。但是，从最初的阶段来看，老子及其高足所追求的，同一切神秘主义知识分子一样，**并不是**纵欲的心醉神迷状态——它无疑会作为不庄重的东西被拒斥掉——而是其反面：一种**无动于衷**的忘我。只是到了后来——我们下面将会看到具体的演变——术师们才自诩为老子的继承人，术师**总体**才一致把老子奉为他们的始祖，因为他也是**士**，或者说，被认为是士。在完全**入世**这方面，也就是说，在长寿术上，这些神秘主义者比儒家更彻底。然而，两家的中心教义与区别何在呢？异端，习惯上叫作"道教"。

"道"本身是一个正统儒教的概念：宇宙的永恒秩序，同时也是宇宙的发展本身，一切非辩证地完成的形而上学往往认为秩序与发展是同一的。①老子把道同神秘主义者对神的典型追求联系起来：道是

---

① 以下主要参见德·格鲁特的著作，他着力强调分裂的二次特征。——原注

唯一永恒的，因而是绝对宝贵的；它既是秩序，也是生万物的实在根基，也是一切存在的永恒原型的总体。简言之，道是神圣的唯一，同一切冥想的神秘主义一样，人可以通过使自我绝对脱离世俗的利益与热情，直至完全无为，来分享这种神的唯一（《老子·四十八章》："为学日益，为道日损。损之又损，以至于无为。无为而无不为"）。这种观点，不仅孔子本人，而且连他的学派也都能接受，他们也确实是接受了。"道"在孔子那里同老子那里含义一样，并且都是重要概念。不过，儒家不是神秘主义者。热衷于通过冥想可以达到的神所中意的状态，可能使老子完全摆脱了作为一种宗教得救之源的世俗文化，神秘主义往往如此，在某种程度上确实也是这样。因为老子也认为，最高的得救是一种心灵状态，一种神秘的合一，而不是西方那种禁欲式的通过积极行动证明了的受恩状态。从外部看，这种状态同一切神秘主义一样，并不是理性的，而仅仅以心理为前提：普遍的无宇宙论的仁爱心情，是这种神秘主义者处在**无动于衷**的忘我状态中的无对象的快意的典型的伴生现象。这种无动于衷的忘我状态是他们所特有的，可能是老子创造的。这种纯粹心理的产物也被赋予了理性主义的解释：皇天厚土被公认为是最伟大的神，这是由于他们绝对忘我地为人工作；由于他们具有神所特有的无条件的仁爱，是起码接近了这种自然力的唯一永恒的道的基础——这里掺入了道教教义的长寿术。（《老子·第七章》："天长地久。天地所以能长且久者，以其不自生，故能长生。"）这就是神秘主义者本身的行为之本。在这里，以生理学为前提的精神状态又被赋予了理性的解释。通过在尘世过一种世俗的埋名隐姓地生活来保持自身的善和卑约是《老子》全书各章的内容，是神秘主义者同世俗关系的特殊的中断——他们即使不是绝对地取消行动的话，也是要把它限制在最低限制——是对他们受恩状态的唯一可能的证明。根据刚才提到的老子的理论，这些也是人间生活自身**持续下去**的最好保证，或许还超出了人间生活。老子本人（或《老子》的作者）并未提出一种独特的不死理论，它似乎是后世的产物。但是一个人如果得道就能升入永恒的天堂的思想，似乎已经相当古老，只是没有起多大作用罢了。老子对世俗行为的限制，至少最初是神秘主义的得救占有方式的直接结果。老子只是暗示了一切神秘主义信仰的某些结论，但并未完成这些结论。老子把"圣人"置于儒教的"君子"理想之上。圣人不仅不需要世俗之德，而且认为这有使他偏离自身得救的危险，世俗道德以及对这种道德的推崇——中国人的自相矛盾的表达——标志着世界已经变得不神圣了，失去了神（《老子·第十八章》："大道废，有仁义"）。他认为，一个靠儒教的元德"礼"，靠"礼节"维持的世界，处于最低级的阶段（《老子·第三十八章》："故失道而后德，失德而后仁，失仁而后义，失义而后礼。夫礼者，忠信之薄，而乱之首也"）。可是，这个世界已经存在了，那么，就有必要顺应它。

这种顺应，只需通过某种形式的相对化就行了。因为老子并未得出断然回避尘世的结论，尤其是并没有根本拒斥处于官大人等级的有教养的君子的活生生的理想。如果不是这样的话，那么他的思想大概就不会留给我们任何蛛丝马迹了。他把儒教的适应世界视为"小"德，与此相比，他自然要求"大"德，就是说，不同于社会相对伦理的绝对完美的伦理。但是这种伦理最终既不能使他得出禁欲主义的结论，也不能使他在社会伦理中提出积极的要求。这一方面是由于冥想的神秘主义者本身得不出这样的结论，另一方面则恰恰由于并未得出最终的结论。孔子同老子个人间的对立，根据传说〔当然，这些传说的真实性尚还是个问题，但某些有名的专家们却相信这些（例如《史记·老子韩非列传》中孔子与老子间的问答）〕，仅仅是由后者的有关**政治**思想的某些已经大大地相对化了的神秘主义结论所决定的。一方是理性主义的士，他倾向于理性地由官吏治理的福利国家的中央集权制；另一方则是神秘主义者，其自我完善不可能由国家的事务性文明政策来推动，他要求尽可能地自治和小国寡民的自给自足，这些小国可以形成一种淳朴的农民或市民道德之乡（《老子·第八十章》："小国寡民，使民有什佰之器而不用，使民重死而不远徙。虽有舟舆，无所乘之；虽有甲兵，无所陈之。使民复结绳而用之。甘其食，美其服，安其居，乐其俗，邻国相望，鸡犬之声相闻，民至老死不相往来"），其口号是：官僚制越少越好。"去子之骄气与多欲，态色与淫志"，传说是在一次著名的会见中，老子对孔子的告诫，其理由，从神秘主义者的立场来看是不言而喻的，然而从理性主义的社会伦理家的立场来看则是不充足的："是皆无益于子之身"（以上皆是《史记·老子韩非列传》中老子答孔子问礼的话），也就是说，无益于实现与"道"的神圣原则的"神秘的合一"。有了神秘主义的"明"，人会认为一切都是自然而然的，如果可以从老子的遗训中得出结论的话，那么这种"明"对于儒教的创始人本身就是一个无法达到的、超出了他的天分的目标。传说孔子诚惶诚恐地把老子比作"龙"就是一个证明（《史记·老子韩非列传》："孔子去，谓弟子曰：'鸟，吾知其能飞；鱼，吾知其能游；兽，吾知其能走。走者可以为罔，游者可以为纶，飞者可以为矰。至于龙，吾不能知，其乘风云而上天。吾今日见老子，其犹龙也！'"）。老子的基本概念"圣"在儒教系统中不起任何作用，倒不是儒教不知道这个概念，因为甚至对于孔子本人来说，也几乎达不到这一点（《论语·述而篇》："子曰：'若圣与仁，则吾岂敢！'"），因此同儒教的理想——君子，即"贵"人——无关。这个概念，例如有时在孟子那里，基本上是指达到完美境界的君子（《孟子·告子上》："凡同类者，举相似也，何独至于人而疑之？圣人与我同类者，故龙子曰：'不知足，而为履'，我知其不为蒉也，履之相似，天下之足同也。"这里说的龙子，就是古代君子。又《孟子·公孙丑上》，公孙丑问孟子："然则夫子即圣矣乎？"孟子答："恶，是何言也！昔者子贡问于孔子曰：'夫子圣矣乎？'孔子曰：'圣则吾不能，我学不厌而教不倦也。'子贡曰：'学不厌，智也；教不倦，仁也。仁且智，夫子既圣矣。'夫圣，孔子不居，是何言也！"）。相反，老子用这个词表示卑约，老子的圣的概念，是一个严格的个人主义自我解脱的范畴，坚持的是同儒教那种偏于教育标准及对现存的世界和社会适应的理想背道而驰的路线。西方神秘主义者通常把神学恰恰是作为背离神的东西来反对的，老子以同样的理由也摒弃了代表中国神学的经籍学者［《老子·第十九章》："绝圣弃智，民利百倍；绝仁弃义，民复孝慈；绝巧弃利，盗贼无有。此三者,以为(伪)文不足······"]。同对任何一种彻底的救渡神秘论一样,对老子的神秘论,也出现了典型的、非常自然的非难,这种非难来自旨在把握和调整现实生活的社会伦理,在上述情况下,则来自儒教。儒教认为:老子的神秘论是"利己主义"。实际上,如果彻底地实行这种神秘论,就只能使个人解脱,对于他人,则只能示范性地,即通过实例来施加影响,而不愿通过宣传甚至社会行动施加影响。要完全贯彻神秘论,就必须完全拒绝人世间的活动,因为他们与灵魂解脱毫无干系。这里已经十分清楚地表现出一些原则上不问政治的萌芽。然而又**不能**自始至终不问政治,这种**不彻底性**也是老子体系的特点,是这个体系的悖论和困难的根源。

老子(或《老子》的作者)与孔子属于同一个阶层,他也同每一个中国人一样,把某些事物看成是理所当然的。其一是政府的积极价值——这同存在于尘世彼岸的自我解脱目标有无法避免的矛盾。这种积极价值来自统治者的卡里斯马使命,这样的使命在天下任何一个国度里都是当统治者的前提。老子最终也认为,人民的幸福取决于统治者的素质(《老子·第二十五章》:"道大,天大,地大,王大。域中有四大,而王处一。"又《第三十九章》:"侯王得一以为天下正";《第十章》:"爱民治国,能无为乎?")。不过,这位神秘主义者由此得出的结论是:统治者本人必须具备与道神秘地合一的卡里斯马,这种神秘主义的得救也会作为天恩,通过统治者素质的卡里斯马作用分赐给他的臣民。非神秘主义的社会伦理家则满足于,只要统治者本人被天认可,只要从神灵的立场看他的品德达到**社会伦理**要求就行了。老子和孔子,或者至少是他们的后继者,都接受了官方认可的诸神,在诸神信仰方面,他们是共通的(当然,《道德经》明显地在很大程度上摆脱了巫术的束缚)。一个有志于政治实践的受过教育的中国人不能拒绝这一切。印度的教育(指佛教)——这是主要的——不可能树立起一位超凡的人格化的造物神和按照他的尺度裁度一切被造物——在他面前一切被造物都是非**神圣**——的世界统治者,中国的教育(指儒教)同样做不到这一点,因此通向一种主张神与被造物对立的禁欲主义的伦理之路就被堵住了。现有的则基本上是泛灵论的宗教，对于那些寻求解脱的神秘主义者终究起不了什么作用，这是不言而喻的。同样的东西对于受过儒学教育的社会伦理家也同样不起什么作用，这种情形我们已经提到过了，下面还会一再谈到。儒、道两家同样确信：良好的人间统治秩序能最安全地镇住鬼神。这种鬼神信仰的卡里斯马转化，也是老子的弟子们不可能激进地贯彻不问政治的立场的原因之一。另一方面，也就能理解，为什么一个世袭制国家里，由官吏和候补官吏组成的知识分子阶层根本不能接受那位神秘主义者（老子）本人的个人主义的得救追求和不能持之以恒的卑约，君主和统治者尤其不能接受对他们提出的神秘主义的卡里斯马资格的要求——同罗马主教教会不能接受**个人**的圣灵卡里斯马要求完全一样。至于为什么那位理性主义者（孔子）的官僚制的权力国家一定要保住政治的国家实践这块阵地，也就不言自明了。儒、道两家的情况就是这样，如果有人总认为，只有中国人才能正确地、入微入细地解释儒教的话，那么欧洲科学则在某种程度上同意这样一种见解：今天大概没有一个地道的中国人能够完全从老子（或《老子》一书的作者）的观点的本来内在体验的联系中继承这些观点。

在老子的后继者或以老子的后继者自诩的人那里，老子神秘论的伦理结论只能被用来确保儒教的优势地位。神秘主义者的立场中的内在矛盾也有助于这种结局。

同多数冥想的神秘论一样，《老子》一书中也没有任何由宗教推动的同世俗的**积极的**对立——以冥想为前提的理性的清心寡欲的要求，来自长寿的动机。但是根本没有神同被造物之间的紧张关系，因为这种紧张关系只有通过坚信有一个绝对超越被造物、存在于人世之外的人格化的世界创造者和世界统治者来保障。老子也认为，人性善是不言而喻的出发点。由于并没有得出真正不关心世俗，甚至拒绝世俗的结论，只是得出了把世俗活动减少到最低限度的结论，所以事实上结果只能是：在适用于真正的现实世界的世俗的社会伦理中，儒教的经济功利主义进一步升为享乐主义。神秘主义者"享受着"道。不能享受或不愿享受道的人，就享受他们够得着的东西吧！这里，显然表现出同儒教在人的伦理与宗教资格问题上的原则性的对立。儒家（孔子）也认为，同上等人（君子）对立的下等人（小人）是那种**只考虑肉体需求**的人；但是他想看到通过福利和自上而下的教育来消除这种不体面的状态（《论语·子路篇》："子适卫，冉有仆。子曰：'庶矣哉！'冉有曰：'既庶矣，又何加焉？'曰：'富之。'曰：'既富矣，又何加焉？'曰：'教之。'"）。因为德本身是人人可以达到的。如前所说，儒家（孔子）认为，人与人之间并没有根本的质的差别。相反，神秘主义的道家（老子）则认为，受到神秘主义启蒙（明）的人同凡夫俗子之间的差别，只能是卡里斯马**天赋**的差别。在这里，一切神秘主义的内在的救渡贵族主义和恩宠个别主义都表现出来了，这就是关于人的宗教资格**差别**的经验。没有得到启蒙的人，用西方的话来说，站在恩宠之外，他只能而且也乐于保持现状。"是以圣人之治：虚其心，实其腹，弱其志，强其骨"（《老子·第三章》）。一位通常被认为属于老子学派的作家说，这个独特的结论是贯彻反文化的启蒙贵族主义的结果（参见《庄子外篇·知北游》："邀于此者，四肢彊，思虑恂达，耳目聪明，其用心不劳，其应物无方。"又，韩非子在《解志》中也认为："聪明睿智，天也；动静思虑，人也。人也者，乘于天明以视，寄于天聪以听，记于天智以思虑。故视强则目不明，听甚则耳不聪，思虑过度则智识乱……书之所谓'治人'者，适动静之节，省思虑之费也；所谓'事天'者，不极聪明之力，不尽智识之任。苟极尽则费神多；费神多则盲聋悖狂之祸至，是以啬之。啬之者，啬其智识也。故曰：'治人事天莫如啬。'"《五蠹》中更提出了"儒以文乱法"的见解）。国之治在于国家只关心单纯的民生问题，老子早就有这样的见解了，他是通过否定只能妨碍真正的启蒙文化来阐发这一见解的（《老子·第十九章》："绝圣弃智，民利百倍"；第二十章："绝学无忧"）。如果受到神秘主义启蒙的统治者不能通过其单纯的存在直接产生卡里斯马式的或为人师表的影响，那么他最好放弃一切行动（无为）。对事对人要顺其自然（《老子·第六十四章》："以辅万物之自然，而不敢为")。臣民知道的过多，国家管得过宽，是危险的祸根（参见《老子·第五十七章》："天下多忌讳，而民弥贫；民多利器，国家滋昏；民多技巧，奇物滋起；法令滋彰，盗贼多有。"又，第六十五章："民之难治，以其知多。故以知治国，国之贼。"）。只有绝对顺从永恒的宇宙秩序和社会秩序，才能做到"静笃"，做到抑制激情。此外，在老子的救世学说中，也通过音乐、虔诚的礼仪训练、缄默及不动心训练等帮助抑制激情。结果在以老子的名义写成的《道德经》中提出了——在前述种种限制下——尽可能不干预（无为）的要求，以反对经典儒教教义中对臣民进行家长制的监护，因为人民的幸福最可靠的是通过宇宙的自然法则的和谐来促进（《老子·第五十七章》："我无为而民自化，我好静而民自正，我无事而民自富，我无欲而民自朴。"又，第三章："不尚贤，使民不争；不贵难得之货，使民不为盗；不见可欲，使民心不乱。"）。如前所述，在正统学说的地盘上，也能找到不干预理论。这种理论可以非常容易地从世界的天意和谐（道）的思想中推导出来，并且符合对经济生活进行的实际上很薄弱的断断续续的管理。道的思想很早以前就导致了几乎是巴斯亚特①式的关于阶级利益和谐的理论。异端道教在这方面只是更加彻底而已。中国的，尤其是道教的"贸易自由主义"，鉴于那种冥想的神秘主义基础，完全没有"天职伦理"的积极特点，因为这种天职伦理只能提供禁欲志向的俗人道德，这种俗人道德又是从神的意志同世俗秩序之间的紧张关系中产生的。就连道家特别强调的俭德，也没有禁欲主义的性质，而主要是冥想的（同正统争论的具体的主要问题是节省服丧费用）。

我们曾一再提到老子的"后继者"和"弟子们"，这种称呼与事实并不相符。无论老子本人的学说在历史上的本来面目如何，他并没有给后人留下一个"学派"。不过，似乎在司马迁以前很久，就有援引老子语录的哲学家了。在中国很晚的历史时期里还能找到神秘主义的若

---

① F. 巴斯亚特（1801—1850），法国经济学家，以鼓吹自由贸易、宣传亚当·斯密的经济理论著称。

干重要代表，他们中至少有一部分人自视为老子的"弟子"。这种发展同我们要讨论的问题只在少数几点上有关。

（半是传说的）历史描述过孔子同老子之间的个人对立，但是恐怕还谈不上"学派对立"，尤其谈不上使这两位对手不近人情地龃龉的"学派对立"。毋宁说是存在着天性、生活方式，特别是对实际政治问题（当官）的立场方面的尖锐差异而已。**学派**对立（据德·格鲁特认为）显然是通过孔子的孙子子思为一方，最后通过庄子的单刀直入的论战为另一方，才形成的。确定无疑而又为专家们（主要是德·格鲁特）所强调的是：典型地、神秘主义地摒弃作为获得（个人的或普遍的）福利手段的理性知识，是儒家不能接受，而且连他们的夫子也不能接受的重要的（理论）命题，其他一切或可宽容。德·格鲁特一针见血地指出，"无为"与儒家也并非全无缘份，儒、道两家都出身于古代孤寂的"思想界"。但是，在战国时代"诡辩家"的政治活动的压力下，古代的态度当然也起了重大变化。如果没有通过学习才能获得的关于真正礼仪的可靠知识，又怎么能适应"古人"视为财富的道呢？背后当然是深刻的对立：一方是神秘主义的与世无争，另一方是适应世界和改良世界的意志。庄子归纳了与儒家的8点矛盾，使老子对儒家的意见更加锋芒毕露：（1）"悟性"癖，即迷于外表；（2）"理性"癖，即迷于音响（话语）；（3）仁癖，自身道德修炼混乱；（4）义癖，背叛自然法（道之万能）；（5）礼（规则）癖，图虚名；（6）乐癖，失于陋俗；（7）圣癖，矫揉造作；（8）知癖，无谓的穿凿。第1、2、5、8点大概是儒教最怕的。因为儒教人的四大之德是：仁、礼、义、知，其中礼与知是最最重要的。对它们的任何背离，都是不经、不端的异端邪说、旁门左道。

分裂始于子思的发难。然而，学派的发展及围绕俸禄、权势的竞争就已经造成了激烈的争论。因为那些后来自称是老子的"后继者"的士，**不顾**无为原则和当官之忌，至少时断时续地试图建立起一个类似儒士集团的组织。儒家并没有绝对地把《道德经》骂成是异端邪说，但是《道德经》也同庄子和管仲的书一样，一直被视为非经典的而受到排斥,就是说,**不算在**"圣书"之列,不过至少也曾一度被皇帝列作候补官员参加考试的必读经典(唐朝皇家姓李,故崇尚老子)。儒家通过编纂庞大的官修百科全书(《古今图书集成》,1715年出版),证实了他们关于作为德的"知"的作用的命题,包括**皇帝**的"知"的作用——如果他是一位"恬静"行事的"学者"的话,但也只是当他是这样的学者时,他才能发挥皇帝的作用。《书经》中已经明确地提出了皇帝的卡里斯马的决定性作用,对此,儒、道两家均无异议,只是**解释**各异。

道教的长寿术

以老子学说为基础的一个特殊学派的发展却受到了中国人价值取向的普遍欢迎:重视肉体**生命**本身,亦即重视长寿,相信死是绝对的**恶**,一个**真正的**完人应当能避免死亡。因为真正的完人(真、清、神)一定是不能侵犯的、有神秘天赋的①,否则,何以证实其卓越呢?② 这是一个非常古老的评价标准。蓍草成为评价标准,蓍草的组合在《易经》③那著名的卦爻群里就扮演了这样的角色。龟成为占卜动物,它们之所以能扮演这种角色,是由于寿命长。按照儒教的信念,修身,尤其是学习,具有长寿的作用(《论语·雍也篇》:"知者动,仁者静。知者乐,仁者寿。"),沉默、不用绝对的无为来避免身体的紧张,也有同样的效果。最重要的是,前面提到的吐纳发展成为长寿的手段。长命植物成了特殊的药物,而且系统地寻找长生灵药,我们已经看到,秦始皇正是因为这个原因才格外垂青于这个学派。根据全部经验,抑制兴奋和安静的生活,亦即隐士与神秘主义者的无为,有长寿之效,那么下面这个命题似乎是无可辩驳的了:避免激情是长寿术的元德,

---

① 韩非(约公元前280—前233年)说的。——原注
② 参见前边的引文。——原注
③ 此处《易经》原书为《仪礼》,显然是误拼。

由此出发,在两派共通的鬼神学说的影响下,长寿术有了进一步的发展。一旦把长寿术系统化了,那么怯邪治病的巫术总体的理性化也就容易多了。这种情况也确实出现了,其理论成果基本上成为两派共同的财富,但是**实际**运用却留给了非经典学派,因为在儒家看来,(以经典为指南的)**德**是万能的,对教条的任何背离都会危及伦理的统一,而且会危及对皇帝的影响——这一点切莫忘记——因为,后宫会不断地对他施加巫术的影响。正是老子学说的这种纯巫术的转化,有利于并诱使整个古老的巫术总体汇入这个共同体(道教)。在南方——富裕的农业地区——道教团体如雨后春笋般地发展起来。

在中国也同印度一样(而与西方相反),在城市之外,在穷乡僻壤,教师与学生的结社是"道"观的胚细胞。老子在多大程度上受到印度蓝本的影响(尽管他在精神上是独立的),并非毫无争议。同样的问题在道观的形成上也很难解决:隐居的道教可能为佛教开辟了道路,佛教的竞争可能又加速了道观运动——隐居者有组织的**联合**运动——的步伐。不仅不是所有的道家都生活在道观共同体里,而且恰恰不是那些最重要的道教骨干——术士,都生活在这种共同体里,这一事实似乎证明了道教的独立性。① 道教也是从出世的知识分子学说同术士们的非常古老的世俗性的**职业**的**融合**中产生的。"道士",本来的实干家,生活在红尘中,有家有小,从这种世俗生活出发,以技为业,为所有的圣人设立了大批祭坛:——这些祭坛往往在很短的时间里就被遗弃了,因为无法证明这些圣人的灵验——他们在 16 世纪编成了大型的官修规则仪典集②(指成于明代的《道藏》,包括明英宗正统十年,即 1445 年刊正的《正统道藏》和神宗万历三十五年,即 1607 年刊成的《万历续道藏》,是现存的唯一的官修道教经书的总集),在某些场合,他们也从政。

---

① 这也适用于有作为世俗僧的"和尚"的大乘佛教。不过,在大乘佛教里,这种现象的次级性质一目了然,在道教里则不然。——原注

② 据我所知,《道藏》尚未翻译过来,而且似乎很难见到。——原注

道教的教阶制

道教似乎没有被广泛地传播。它采用了一套严格的教阶组织。在江西省，一个世袭卡里斯马宗族垄断了长生不老药的炼制[1]，还专有"天师"的名称。张陵[2]身为汉朝的顾问[3]，写过关于吐纳的书。他的一个后代[4]在汉朝衰微破败的动乱年代创建了一个组织，该组织用自己的行政管理班子、税收和政权的严明纪律（同汉王朝）进行了成功的抗争，最后在四川建立起一个"教会国家"：太平道（"和平之国"，是后面要谈的一个近代组织的[5]前驱），不过最初只是一个卡莫拉[6]的秘密组织。公元184年（东汉灵帝中平元年）被一位叛教者告发，遭到汉朝的取缔和迫害。这个教会国由于所谓的"黄巾起义"（黄巾军是一个反对北方的典型的南方组织[7]）而坚持了一场反政府的残酷的宗教战争（第一次这样的战争）。直到公元215年（东汉献帝建安二十年），世袭教主（张鲁）才以做那位武将魏公（曹操）纳贡诸侯（列侯）为明智[8]，当这么一个侯（张鲁投降后被曹操封为阆中侯），他得到了很高的荣誉和承认；他的世俗权力却由于辅佐朝廷而大大地被削

---

① 参见德·格鲁特的论述，他所依据的是葛洪的《列仙传》。——原注
② 张陵（34—156年），东汉五斗米道的创始人，作道书24篇，后被教徒尊称为天师。
③ 张陵在汉明帝时曾任巴郡江州令。
④ 可能是指张鲁，张陵之孙，东汉五斗米道首领，公元191年率众攻取汉中，建立地方政权，以教中"祭酒"管理政治，该政权延续约30年。但从下面谈的史实看，又似乎是指太平道的创始人、黄巾起义领袖张角，不过张角不是张陵的后代。
⑤ 指太平天国。
⑥ 是意大利罪犯的秘密帮会，19世纪曾控制过那不勒斯。
⑦ 韦伯在这里指的虽然是张鲁的汉中政权，张角的黄巾军只在北方幽、冀两州活动，太平道的活动也在北方几个州。
⑧ 所用的资料是德·格鲁特前面的著作和流行的文献。他那篇收在《第二次宗教史国际会议议事录》第1卷（牛津1907年）中的演讲，眼下不在我手边，我现在也没有英巴纳特—瓦尔的《道教第一位教首的传说及张天师的家族史》（《亚洲期刊》1884年11/12月号，第389页）。——原注

弱了。用格鲁伯的客气话来说，在官场上，他不过成了"填写诸神行为表"——以备封神时用——的文书，只是他还不是唯一干这差事的。除了祖先崇拜以外，人的神化即是"道教"神大量增加的来源，这些"非经典"的神是不被经典祭祀放在眼里的。这些神中最高的一位是天王盘古（又名"元始天王"、"盘古真人"，是道教里开天辟地之神），同他的后妃们住在西方碧玉山上。盘古的形象来自关于天主的古老的人格神观念。

道士声称，他们有镇**魔**的力量，这种力量是他们政治生涯的基础，并且这种生涯已经开始了。在儒士和反对他们势力的斗争中，我们发现，道家总是站在反对党一边：他们最初支持"贵族政体"，没有受过教育的代表封建利益的人需要他们当工具；他们敌视儒教的礼和仪典①，敌视儒教对秩序和教育的醉心。这种敌视使他们能够采取"常使民无知无欲"（《老子·第三章》）的立场。在司马迁时代，这是道家的地位，直到公元 124 年（东汉安帝延光三年），儒家才压倒了道家，占据了全部俸职，从全国各地招募并培植了 70 名宫廷儒士②，但是每当封建主义到了穷途末路，儒士的主要对手成了依靠宦官、武将和非儒的宠幸独裁制的时候，道家总是站在后者一边，这已经成了规律。宦官势力每次抬头，都会造成术士的政治影响。这种斗争一直延续到西太后统治时期，每次总是以儒士的胜利而告终，尤其是在和平主义的清王朝。不过，千万不能根据我们的教派概念来进行错误的想象，即使是那些儒家官大人，**有些**事也需要道家出力③，就跟古希腊人有时也需要他们平时看不上眼的"预言家"或（后来的）星占家一样。道教之所以不可铲除，其根源在于，胜利了的儒家**本身**从来没有提出过彻底灭绝巫术，尤其是道教巫术的目标，他们的目标仅仅是垄断官职

---

① 关于这种敌视，参见沙畹所译的《司马迁》里的一篇论文《礼书》(《史记·礼书》)第 3 卷第 201 页的注释 1。——原注

② 参见沙畹为《司马迁》写的序。司马迁是道家的对头，他一再抱怨他们卷土重来。——原注

③ 例如荣禄 1903 年的做法。——原注

俸禄。

即使是独占俸禄这一条，儒家也没有完全成功。后面我们将看到，什么样的（地相占卜）理由经常阻碍彻底拆除历史上遗留下来的建筑物。如果允许道观存在，那么好歹也得允许道观里住人，对于佛门弟子也如此，关于这个问题，我们下面再讨论。**全部**儒士阶层的自然神魔力与巫术总是畏惧"鬼神"，包括非经典的"鬼神"的刺激。因此，道家**一直**受到国家的宽容，从某种角度看，也可以说是承认。从属于道教世袭教主张天师的道录司①的正式地位显然仿效佛教住持②的地位。在特定的国家道观里，设有道教的国家道职，通常是：（1）一名住持；（2）一名高功；（3）一名方士（负责旱涝）；（4）普通道士。③某些独立的蕃侯的墓志铭带有明显的道家色彩。④康熙的圣谕以及所有清王朝统治者对道教的绝对排斥丝毫没能改变这种情况。

在我们回到由正统和异端共同形成的独特的中国式的"世界观"之前，我们注意到，简单地说，由印度传入的**佛教**的地位，从政治上看，十分相似。输入佛教的目的，是获得精通书法的方便的行政力量和进一步驯化民众的手段⑤。

佛教在中国的一般地位

经过改造的（大乘）佛教那种专门诉诸女人的情感面的非文化的

---

① 韦伯似乎是把道录司当成高级道士了，其实它是明、清等代所设的中央管理道教徒事务的官署。府、州、县设道纪司、道正司、道会司，各级道官一般由道士充任。

② 韦伯在这里指的似乎是僧录司，明、清两代设置的中央管理佛教徒事务的官署。

③ 参见 W.Fr. 迈耶的中国国家官公俸禄大全：《中国的政府》（上海1878年）第70页。——原注

④ 例如前面引用过的南诏王的墓志铭，沙畹译，《亚洲期刊》第9集第16卷第1900页。——原注

⑤ 佛教被接受的过程、发展以及所产生的影响，是**佛教**史里需进一步探讨的问题。本书只讨论某些**形式**方面的问题。——原注

性质①，使这个教派十分得宠于后宫。我们一再发现，宦官是它的庇护者，这跟道教的情形毫无二致，特别是在明朝第二个世纪。②

除了前面提到的儒家的通货政策和重商主义的利益以外（当然，还有经常性的俸禄竞争），儒家同佛教徒支持的独裁制的对立，也是那些恐怖的迫害的动机之一，但是不管皇帝的诏书多么强硬，不管多少秘密社团（例如白莲教）同佛教有牵连，佛教也同道教一样，并未被真正"消灭"。除了后面还要讨论的地相占卜的理由以外，还有一点也经常起着重要的作用：中国人有一些佛教提供的不可或缺的仪典，特别是葬仪，而且灵魂轮回的信仰一旦站住了脚，就一直是通俗的彼岸观念之一。因此，同道教一样，也有被承认的佛教俸禄，③不过，本书不准备讨论佛教俸禄的地位问题。我们再回过头来讨论道教。

后世道教的非文化和反文化的性质成为说明它为什么深深地（请注意：**不是**高傲地！）扎根于**商人**群中，而这正是我们所关心的，这一事实是下面这个命题的一个（我们将一再遇到的）明显的范例：经济条件从没有单纯地决定过一个阶层的信仰方式。④反过来说，道教的特性不可能对商人的生活方式无足轻重。因为它已经变成了一种绝对反理性的，并且——毋庸讳言——变得非常低级的巫术的长寿术、治疗

---

① 参见前面关于大乘佛教的注释。它已不是最初的佛教了。——原注

② 参见乾隆皇帝的《御撰（批）通鉴纲目》中的记载。例如：1451年（明景宗景泰二年），不顾儒家的抗议为50000名和尚加了品（德拉玛瑞译《御撰通鉴纲目》第288页）；1452年，大太监是个信佛的（同上书第292页），因此成为"官吏们"（儒家）的对头；1481年（明宪宗成化十六年），一个和尚当上了分配施舍物部门的总管（同上书第379页）；1487年（明宪宗成化二十三年）应官吏们的要求——因为天上落下了一块陨石——又罢免了他（同上书第385页）。——原注

③ 参见前面引的迈耶的官公俸禄大全。由地方政府在寺院方丈（长老）中挑选僧录司（住持）（僧录司是明、清两代设的官署名，掌管佛教徒事务。各省设僧纲司、州设僧正司、县设僧会司。这里，韦伯显然是弄错了。——译者），每郡两名。住持（僧录司）专门负责僧人的品行方正。——原注

④ 例如对以前的关于清教的论文，就经常这样讲。——原注

术和驱鬼术。阻止夭折——在它看来,夭折是对罪恶的惩罚①,——在(道教的非经典的)财神和一大批被神化了的官吏及职能神面前多进美言,**这**就是道教的承诺。在道教里根本找不到一点点"市民**伦理**",这当然是不言而喻的。不过,这不是我们要讨论的问题,我们所关心的,只是道教的间接的消极作用问题。

巫术的理性系统化

巫术及泛灵论的观念受到正统与异端的共同宽容,受到道教独有的积极扶植,这决定了它们的庞大力量在中国人的生活中继续存在。让我们看一眼它们的影响,一般可以这样说:在中国,古老的经验知识与技能本身的任何**理性化**,都是沿着巫术世界观的方向进行的。只要天文学不是历法科,它就会变成占星术。作为占星术的天文学非常古老,最初是为按季节分配农活服务的。技术原始,绝对没有取得巴比伦人的成就。在反文化的秦始皇统治时期,重新校订了历法,随之而来的是时占术的发展:按照类比法和大宇宙的观念分配计时法,推定吉、凶日(视**具体**情况而定,而非一般性的)。作为历法官署的"太史"(高级写作家)本来与编年史作家是一回事,后来演变成为官方的天文学与占星术部门。时占业却通过大量复制朝廷制的时宪书(历书、时占术的蓝本)变成了"时日占卜师"的摇钱树,因为每择一个黄道吉日,都得请教他们。

另一方面,占星术同非常古老的气象学也有关系。最初,如格鲁特测想的那样,金星的状况与可见度、星光的种类、风向的确定②,都基于贸易风的重要性,但是后来变了:地震、山崩、陨石、怪胎分娩,还有对(作为特别直接的神媒的)**小孩子**的**意外**言辞的解释,以及形

---

① 这也是正统(教)的看法。参见沙畹译的《司马迁》第 1 卷第 196 页:"非天赐夭折,而是天裁人的行为"。——原注

② 见《宇宙一体论》第 343 页。各位读者已经发现,在本书中被引证极多。——原注

形色色诸如此类的巫术气象学又造出了一大批专门为科举考试服务的文献：如果鬼神错位，其后果将影响到国家的领导。从事这种活动的巫与觋，那些古代的气象学的术士和祈雨师，都被视为"道家"；这行里赚得最多的，是那些跳大神的（千里眼）女人。

药物学及与之有关的药理学，后来展示出值得尊重的经验成就，很快就被按照泛灵论理性化了。前面提到过，长寿术的植物提供神药；这种植物像希伯莱人的生命树一样，大量地生长在"西方极乐世界"，生长在西王母的树林里。中国人的扩张（例如秦始皇为了寻找长生灵药而进行的出海探险），究竟在多大程度上取决于发现王母娘娘神药林的希望，在这里就不能讨论了。有一个（被绝对相信的）传说说明了早期的情形：一位侯王听见（！）病魔在他的内脏里讨论如何最好地扎下根来（发烧时做的梦被按照泛灵论理性化了）[《左传·成公十年》："（晋成）公疾病，求医于秦。秦伯使医缓为之。未至，公梦疾为二竖子，曰：'彼良医也，惧伤我，焉逃之！'其一曰：'居肓之上，膏之下，若我何？'医至，曰：'疾不可为也！在肓之上，膏之下，攻之不可，达之不及，药不至焉，不可为也！'"]。但是，对于进一步的理性化来说，这还是相当原始的。元素（五行：金、木、水、土、火）、季节、味觉种类（酸、甜、苦、辣、咸）、天气种类等都被与人的五种（！）感官联系起来，进而把大宇宙同小宇宙联系起来，并以此为巫术治疗的方针。古老的吐纳法旨在"贮藏"支撑生命的气，这是《道德经》里说的（《老子·第十章》："载营魄抱一，能无离乎？专气致柔，能婴儿乎？……生之畜之，生而不有，为而不恃，长而不宰，是谓玄德。"），除此之外，体操（五禽戏）也作为一种疗法流传了下来。董仲舒（公元前2世纪）就已经把情欲作为有害于呼吸作用的东西加以反对了，（据德·格鲁特说）公元后问世的《素问》是**科学**呼吸术教学的经典教科书。除此之外，还有作为护身符的"符"（卡里斯马式官大人的手笔手书）以及诸如此类的东西。

不过，我们不打算讨论取自德·格鲁特的这些材料。对于我们无比重要的是**地相占卜**，亦即（阴）阳术或**风水**实践的巨大发展。（从德·格鲁特的书中）我们看到，时占家（觋）确定形形色色的建筑物动土的时间，但最重要的是确定**形状**和位置。经过若干地相占卜学派之间的斗争，形状学派战胜了主张**实质**泛灵论的对立学派：①地相占卜师的获利机会**大大**增加，或许在这方面起了决定性的作用。因为，从那以后，下面的东西都被认为是确定无疑的了：高山、丘陵、岩石、平原、树木、水、草对于地相占卜都十分重要。一块石头，可以由于它的形状而使整个地区免遭魔鬼的袭击，在这方面，没有无关紧要的东西，特别是那些从地相占卜的角度看使人生畏的坟茔，才是地相占卜影响的真正的瘟疫发生地，对于任何建筑物，甚至内部结构（宅内水管）也不能缺少地相占卜监督。因为，如果邻家死了人，可能是由于自己的宅子妨的，可能要报复，每挖一座新墓，都会惊扰别的墓鬼，引来可怕的灾祸。特别是采矿的方式，**总是一成不变**，一旦革新，就会触怒鬼神；最后，铺设铁轨、建立冒烟的工厂——中国早在公元前就认识并使用烟煤了——会神秘地污染整个地区。由巫术控制的一成不变的技术和经济僵滞在这样的信仰中，僵滞在地相占卜师的腰包利益中，完全排除了土生土长的**近代**交通与实业活动的出现。为了克服这种巨大的障碍，为了逐步把巫与觋以及时占师、地相占卜师之流赶到"骗子"的行列中去，需要地位稳固的高级资本主义，需要官绅投巨资修铁路。但是，（中国）靠自己的力量一直没能办到。

　　下面这种事并不稀罕，因为从地相占卜的立场看，修渠、筑路、建桥都有危险，所以要连着绕几公里冤枉道；为了风水，也就是地相占卜对自然的改善，允许佛教的——亦即异端的——寺院操办重大的地相占卜仪式，允许和尚为了巨额酬金负责这种仪式。据说，地相占卜师获利高得惊人，遇有建筑纠纷之类的事，每一**方**都要给他上一份贡。

　　中国早期那些古老的简陋的经验技能的残余尚历历在目，四大发明也显示出中国人的技术**天赋**并不低，在这之上却罩上了一座**巫术**理

---

① 德·格鲁特前引书第 373 页。——原注

性的上层建筑：测时法、时占术、地相占卜术、气候占卜术、编年史，由占卜术决定的古典政治学、医学、伦理学。如果说民间的立场和巫术的**谋利**利益，亦即异端，在这方面**实际**上往往起着主导作用，那么士大夫阶层本身也从自己这一方面决定性地参与了这一理性化过程。宇宙起源论的思辨离不开神圣的五字：五大行星（五星）、五种元素（五行）、五官、五脏等，大宇宙与小宇宙对应（完全是巴比伦式的，但任何比较都说明，它是绝对土生土长的[①]）——这种中国式的"宇宙一体论"的哲学和宇宙起源论把世界变成了一座**魔术园**。每一部中国神话都显示出非理性巫术的民间色彩：简陋的没有任何动力来源的机械神腾云驾雾、**无所不能**；只能求助于破魔之魔。根本谈不上什么**奇迹**的伦理理性化。

明确的说，这些东西不仅被允许存在，受到宽容，而且得到了发展，这是由于巫术世界观得到了承认，由于这种世界观为巫与觋提供了大量**营利机会**。道教不仅同儒教一样，是传统主义的，而且由于它那种非文化的非理性，比儒的传统主义**有过之**而无不及。它根本没有自己的"伦理"：决定命运的不是生活方式，而是魔法。在道教发展的最后阶段，正是**魔法**把它同儒教区分开来的。如前所述，在这方面，儒教同道教是背道而驰的，儒教认为，巫术**对于**道德无能为力，然而，儒教本身对于巫术世界观也是一筹莫展，尽管它鄙视道教，但在精神上却不能彻底根除道家的彻头彻尾的神秘主义观念。每次触动巫术，似乎都危及儒教**自身**的权力："要是皇帝不相信征兆，谁不能阻止他为所欲为呢？"——当有人提议结束这种胡闹时，一位儒士做了这样坚定的回答。巫术信仰属于中国统治权力分配的**传统**基础。

道教的**教义**虽然可以同这类巫术的半成品以及"宇宙一体论"的理论区分开，然而，它的作用也不是理性的，也没有形成抗衡的力量。"报应"论是中世纪的产物，被视为道教的，如前所述，那种巫业也喜欢叫同样的名字（道教），佛教和尚则不操此业。根据确切的历史知

[①] 从格鲁特的书来看，"泛巴比伦主义"的命题终将被抛弃。——原注

识，巫业一直掌握在特殊的祭司或术士阶层手中，他们具有平民的性格，或者说，是由平民补充的。道教同儒教有一部分共同的非礼仪的文献，例如一本叫作《秘密福佑》的书①就是儒道共奉的。正如上面所说，两家也都有一般的神秘主义前提，只是这种前提在道教中得到了特别专一的发展罢了。另外，与儒教相反，道教与一定的此岸及彼岸的积极希望相联系。在这些希望中，存在着高贵的知识分子阶层所看不上眼的人民大众的民间诸神的价值。道教的平民道士们着手去做的，正是儒教疏忽了的东西，即补足了两种需求：其一是将诸神在一定程度上系统归类；其二是将经受了考验的善人及精灵封为神。道教就是这样把官方教义（儒教）非人格化了的名为玉皇大帝的古老的人格神同老子以及一位来历不明的第三者合成了三位一体的所谓的"三清"②，还把被广为尊奉的民间八仙（部分是历史人物）以及别的一大批天仙图解化了，并确定了城隍（往往是一位被封为神的城里大官）的职能是为居民来世的命运做言行记录，也就是主管天堂与地狱。只要出现了组织起来的祭祷活动，道教总是要把这种祭祷组织和新封的自然神及英雄神掌握在自己手中。经费一般来自地方利益相关者的认捐和轮值，只在重大的节日里才由道士设坛斋醮（供斋醮神，借以求福免灾。方法是清心洁身、筑坛设供，书表章以祷神灵）。

除了这种受到官方宽容的非官方的祭祷以外，从那些最早的自称为老子"弟子"的著名写作家的时代起就有了秘传。秘传把具有道的天赋的人当作各种超人力量的代表，赋予他们向渴求者施神秘福祉的任务。

---

① 可能是《文昌帝君阴骘文》，南宋道士假托"文昌帝君"天启所作。文昌，星名，亦称文曲星，道教尊为主宰功名、俸禄的吉神，儒士多祭此神。《文昌帝君阴骘文》是一部劝人积德行善的书，谓天虽不言，但于冥冥中监察着人的行为，并将奖善惩恶，明、清两代广为流传。

② 所谓"三清"，是指道教里居于三清天三清境的三位尊神：居于清微天玉清境的元始天尊（亦称天宝君）、居于禹余天上清境的灵宝天尊（亦称太上道君）、居于大赤天太清境的道德天尊（亦称太上老君）。

据上所说，如果历史上真的存在着这种秘传道教同老子或其他神秘主义者之间的联系，那么这种发展决不会令人吃惊的，因为在中国也同全世界一样，如果找不到从有天赋的人的贵族救世主义的卡里斯马通向一种理性禁欲之路，那种从根本上就是非经典的冥想，尤其是古代隐居修道的进一步发展就只能从与神的神秘的泛神论的合一中直接导致宗教仪式的巫术：即仙界的魔幻影响及对仙界活动的巫术法则的实际适应。正如我们在"导论"中阐述的，几乎不可能有另外一条从大彻大悟者的贵族救世主义向一种民间信仰过渡的路。

贵族启蒙救世运动对大众需求做出的适应是礼仪性的转变，在这种转变中又出现了人类崇拜的发展：有天赋的术士是"阳"气的代表，成了崇拜对象和活"救星"。中国政府出于政治原因，在19世纪以前很难容忍这种人类崇拜的发展。在公元前4世纪，就有关于祈祷好收成时对某位活着的卡里斯马代表的礼拜式的尊崇。① 巫教后来的实践则只允许祭拜已故者，特别是被证明有卡里斯马的官员，密切防范任何封活人为先知或救世主的做法，一旦某种做法超出了特定的巫术技术专家的不可消灭的活动范围，一旦导致教阶制形成的危险，就要严加阻止。

不过，如前所述，道教总是成功地得到皇帝的承认。11世纪时甚至设置了道教科举制度。这种制度以儒教科举制为蓝本，也设5级，与正统科举并列（早在唐玄宗开元二十五年，即公元737年已设置了道教科第）。考试的目的是为受过道教教育的学生开通仕途：做官、拿俸禄。然而，每一次儒家学派都坚决反对，并成功地将道家逐出俸坛。争论的焦点是经济与社会问题：谁应当享受帝国的税收成果？在这些斗争中，儒教同所有宗教信仰及巫术的深刻的内在对立也产生了一定的影响。如上所说，道教术士几乎总是通过儒士的传统敌人——后宫和宦官找到入朝之门。在公元741年的一次尝试中，一位宦官当上了

---

① 德·格鲁特：《中国的宗教》第64—65页。1883年的诏书中还宣布礼拜活人（清朝官吏）要受惩罚（1883年1月18日《京报》）。——原注

中书令。反对让女人那歇斯底里的狂热及对迷信、奇迹的宽让插手国家事务领导的，是与罗马精神相近的儒教的高傲、阳刚、理性、清醒的精神。对立一直以这种方式存在着。前面曾在别的场合引用过一位翰林学士1878年（清光绪四年）因在一次大旱中群情浮动而写的奏折，明确地奉劝两位摄政的皇太后：要维护和重建宇宙的秩序，不能感情用事，只能靠"毫不动摇的沉稳的精神"，此外还要正确地履行对国家所负的礼仪和伦理的义务。奏议人以真正儒家的气魄一针见血地补充道，就他而言，无须揭穿鬼神的秘密或识别征兆，但是幼帝身边的宦官和奴仆应当防范会带来**异端危险**的迷信之说。最后，他规劝（前边引过规劝的内容）太后们，应当通过修德而不是用别的方法斟酌局势。这块儒家信念①的丰碑以其高傲的率直感人至深，同时也显示出古来对立的明白无误的余音。

道教的伦理

商人亲道教，正如上面所说的，起决定性作用的是他们的**财富**的专门神，亦即商人阶级的职业神，是一位由道教一方培植起来的神。道教使一大批这样的专门神得到了好评，例如被封为战神的皇家部队的英雄、弟子神、学问神，特别要提出的还有寿星。同伊琉欣努秘仪一样，道教的重点也在于对今世和来世的健康、财富和幸福生活的希望。因果报应论许诺，神会对一切行为进行奖惩，或在今世，或在来世，或应在行为者本人身上，或——与灵魂轮回说相反——应在他的后代身上。来世的许诺尤其能吸引大批民众。个人的"正确生活"决定着个人的行为；君王的"正确生活"决定着国家的命运和宇宙的秩序。因为这种教义对于儒家和道家都是不言而喻的，所以道教也必须提出伦理要求。不过，这种把来世的命运同某种**伦理**联系起来的思想萌芽缺乏系统性，所以一事无成。受过儒学教育的阶层从来没有认真

---

① 1878年6月24日《京报》。——原注

地反对过巫术，所以赤裸裸的巫术一再甚嚣尘上。正因为如此，道教教义以我们描述过的方式日益发展成为神圣的治疗术、炼丹术、长寿术和不死之术。那位焚书的罪魁、儒生的敌人，为了吃到道家的不死药而同他们合流了。史书记载了他曾（派人）去东海仙岛考察。其他统治者同道家合流则更多的是由于道家的点石成金试验。受过典籍训练的官僚阶层支配着有教养的人的生活方式，在这个阶层内部，老子教义的本义是不可思议的，并被断然拒绝了的。可是，打着老子旗号的道士们的法术则被当作适于民众的食粮，受到了宽容，当然，这是轻蔑的宽容。

　　有人说，道教在其教阶组织、众神构成（特别是最高神的三位一体，即三清）、祭祷形式等方面，即使不是全部，也有许多是模仿佛教而来的。一般说来，汉学家们并不怀疑这种说法，只是在道教依附佛教的程度上有争论。

中国正统与异端伦理的传统主义性质

　　就其效果来说，道教比正统儒教的传统主义性质更强。对一种彻底奉行巫术的救世技术也不能指望别的，它的术士们由于他们的全部经济存在而直接热衷于维护传统，特别是传统的鬼神敬畏。因此，毫不足奇的是，人们会把"不要进行革新"这一原则的明确说法归于道教。在任何情况下，从道教里都找不出通往理性的——不管是入世的还是出世的——生活方式论之路，相反，道教的巫术只能成为产生这种方法论的严重障碍之一。本来的伦理诫命在后期道教中——对于俗人来说——实质上与儒教中的相同。只是道教期望通过完成诫命得到个人的好处，儒家则更多地期望由此得到良好的君子意识。儒家喜欢使用"正"与"不正"这对矛盾，而道家则同一切巫士一样，喜欢使用"净"与"不净"。尽管道家热衷于长生不死和来世的奖惩，他还是像儒家一样，始终是入世的。据说，道教教阶制的奠基人明确地吸取了庄子那句比阿喀琉斯在阴间表明的态度（"宁为阳间一无所有之奴，

不做阴间之王")还有过之的话:"此龟者宁其死为留骨而贵乎?宁其生而曳尾于涂中乎?"(《庄子外篇·秋水》)

需要提请注意的是:在正统儒教中,巫术也保留了被承认的地盘,并且发挥了传统主义的作用。如前所述,直至1883年(光绪九年),一位监司还反对使用近代技术修筑黄河堤坝,因为这样做会背离经典。这无疑是害怕鬼神不宁的思想在作怪。儒教坚决反对民间术士的感情冲动的亢奋、道家习惯的冷漠的心醉神迷,反对一切心理学意义上的"非理性"的巫术以及任何形式的修道僧禁俗。

无论是在正式的国家祭祀中,还是在道教的转化中,中国人的信仰都不能产生寻求以宗教为指南的类似清教那样的个人生活方法论的足够强大的动机。在这两种形式中,根本没有撒旦式的邪恶势力的任何痕迹,如果有的话,所有中国意义上的虔诚的人——无论是正统的,还是异端的——都会为自身得救而与之搏斗的。真正儒教的处世哲学是"市民的",这是从乐观的、启蒙的官僚理性主义的意义上讲的,同任何启蒙一样,这种理性主义中也掺入了迷信的成分。但是"等级制"的儒家哲学却是一种士大夫阶层的道德,受过教育的骄傲是他们的特征。

即使是可以想象的最无边际的功利主义的乐观主义和保守主义,也不能回避这样一个事实:全部社会制度中最好的制度,就其不幸和不公这一面来说,据说是个别人无教养或政府的卡里斯马不足造成的——用道教的教义解释,则是法术上的重大失误造成的。鉴于物质财富分配不均,鉴于命运难卜,所以平平常常的要求往往也不能满足。这里也会出现辩神论的永恒的问题,至少儒家不需要彼岸或灵魂轮回。因此,在经典著作里,能找到秘传的宿命论信仰的暗示的蛛丝马迹。这种观念有一种矛盾的含义,这完全符合中国官僚的性质:这个士大夫阶层在本质上同战场上的英雄精神没有关系,又是一个同一切纯粹市民阶级的人割裂开来的等级。民间信仰中似乎根本没有天命观念,反之,却清晰地萌发出了星辰支配个人命运的占星术的信仰。天命信仰对于儒教的秘传——如果可以这样说的话——似乎并不陌生。但是天命一般并不指个别人的具体命运，尤其是在孟子那里，而是指社会整体本身的和谐及命运的进程，就跟所有原始的共同体崇拜一样。另一方面，命定论的思想在儒教中也没有真正得以贯彻，这种思想是一切英雄精神所特有的。无论在哪里，英雄都高傲地拒绝了对仁慈天命的信仰。这里所说的命定论是一种非理性的厄运，类似希腊的"命运女神"，一种非人格的命运力量，它决定着每一个人生命中的重大转折。两种思想（天命论与命定论）同时并存。孔子显然把他自己的使命及其影响看成是天意的正面安排，与此并列的是对非理性的命运女神的信仰，而且起了本质性的变化。据说，只有"上等人"才全知命运；而且还据说，不信命运，就成不了高贵的人。对命定论的信仰，在这里也同其他任何地方一样，是为了建立斯多葛式的英雄精神，只有士大夫阶层才能具备这种精神，这就是蒙田①所说的"觉悟"。建立这种精神的目的，在于平心静气地接受一成不变的现实，并以此证明有高贵教养的骑士的心志。凡夫俗子不知命运或者害怕厄运，他们追逐幸福和财富，或者对命运的变化采取听天由命的态度，即使不把它看成气数②，也把它看成命数③。儒教的"贵"人则知厄运，而且能够在精神上对付厄运，并且养成了高傲平和的性格，学会了这样的生活。④

除了我们所熟悉的儒教的非理性成分以外，还有一种对预定论的非理性信仰，它反对某种至少对于个人来说是彻底理性的入世的神义论，因此被有的哲学家作为危及伦理的东西摒弃了，在儒教内部，则同系统的理性主义处于紧张关系中。您看，这种预定论的信仰在中国也同在全世界一样，是**高贵性**的支柱。这同信仰一位人格神及其万能的威力的清教预定论有霄壤之别，清教预定论虽然也坚决、明确地反对天

---

① 蒙田（1533—1592），法国思想家。
② 伊斯兰教术语，指命中注定的、不可改变的。
③ 拉丁语，指无法躲避的灾变。
④ 在儒家与释家的宗教对话中，佛教的羯磨（又译"业"，泛指一切身心活动。——译者）神义论特别受排斥。这种神义论认为：一个人的社会地位不是从前做事的结果，而是命运的结果，树上的叶子也有命运，有的落在地毯上，有的则落在泥沼中。——原注

命慈悲，但同时也为自己瞻念彼岸。彼岸在儒教中却既不照顾凡人，也不照顾贵人。儒家唯一的高于生命的利益是他的名誉。为了名誉，他必须准备献出生命。实际上，儒教统治者和武将——当战争和人类命运处于紧要关头而天时不利时——知道**骄傲地去死**，比起他们的基督教同行来——如同我们在西方所看到的——他们**更懂得**如何面对死亡。这种独特的荣誉感是高贵的人的标志，它主要与成就相联系，而不是与出身相联系，这大概是儒教最了解的那种高压生活方式的最强大的力。① 在这一点上，这种生活方式也完全是等级式的，而不是我们西方所谓的"市民式"的。

前面已经讲过，这样一种知识分子伦理对广大群众的作用只能是有限的。首先，受教育的地区差异，尤其是社会差异极大。传统主义的、直到近世仍然盛行的自然经济式的自给自足，在较为贫困的民众层中是通过一种全世界绝无仅有的令人难以置信的登峰造极的节俭（指这个词的消费含义）来维系的，这种满足需要的做法只有在极低的生活水准上才行得通，而这样的生活水准不可能同儒家君子理想有任何精神上的联系。在中国也同在全世界一样，只有统治阶层表面的姿态和举止才可能成为普遍接受的对象。知识阶层对**民众**生活方式的决定性影响，极有可能首先是通过某些消极的东西实现的：一方面完全抑制了先知宗教信仰的出现；另一方面，又广泛消除了泛灵论信仰中所有狂热的成分。人们有时喜欢称之为中国人的种族素质的那些特点，至少有一部分是由此决定的，这种可能性是有的。其中主要是儒教社会伦理**冷静**的调节；其次是这种伦理对除了纯粹个人的关系——包括亲族的、学生的或同事的关系——以外的关系的拒斥。

维系这种个人关系的作用，首先证明了社会伦理。在中国，直到

---

① 刚刚提到的龟的比喻——打比喻的人虽然不是并非纯粹的儒家，但以高度的敬意引用了孔子的话——告诉我们，这种声名自负很容易转化成为活着而活着的赤裸裸的憧憬。不过，反映**真正**的儒家心志的，并不是这个比喻，而是前面引过的司马迁的信（《报任安书》）和御史致慈禧太后呈文（《陶模奏议》）。——原注

今天，任何事务性的共同体，无论是政治的、意识形态的或别的性质的，都没有责任感。①一切社会伦理在这里不过是将与生俱来的孝顺关系引申为可以想象的诸如此类的关系。对君、父、夫、兄（包括师）和友这五种自然的社会关系的义务包括了一切无条件的制约伦理的实质（《孟子·滕文公上》："圣人有忧之，使契为司徒，教以人伦：父子有亲，君臣有义，夫妇有别，长幼有序，朋友有信"）。儒教的互惠原则是上述关系以外的一切自然的事务性责任的基础，绝不包含任何伤感成分。在各个地方的邻里团体的真正的社会伦理中扎下根来的所有的责任义务，特别是在任何地方都被视为高雅的生活方式、被神圣的歌手颂扬、被各种宗教伦理吸收了的有产者的殷勤好客与乐善好施，在整个生活方式的儒教理性化与保守化的影响下，涂上了非常强烈的形式主义色彩。例如"积德"——独特的惯用语——表现为腊八款待

---

① "中国式的信用联合体"（也用一切俱乐部通用的名字：会，前面再加上适当的定语）就是一种很好的发挥效用的类型。关于这种类型，我刚刚看到**张武**在海尔克纳尔、伯特基维茨和艾伯施塔特影响下做的博士论文（柏林1917年）。它指出了我们以前（第Ⅰ章）提到的那种社会的原始结构。这种结构是为纯粹的农民（而且是小**农**）关系和严格的**个人**之间的熟识关系而安排的。联合起来缴纳会金的人都是按照纯粹私人信任的条件挑选出来的。最简单的是——有3种不同的情况——："第一次会上"，大家向"第一位会员"缴会金。第二次会上，大家（包括第一位会员）向"第二位会员"缴会金，以及在此期间由于使用资本而有所增加的债务的利息（利息应由第一位会员支付，依此类推，凡用过资本的，逐次向下一位会员支付利息）。最后一位会员一并收回的，除了利息，只是他自己（历次缴纳）的会金。得到会金的会员的顺序往往由抽签决定。在需要一位债务人理财的情况下（此人当然就是"第一位会员"）；对"最后一位会员"则要给予资助。效果是：每一位排在"最后一位会员"前面的人，都可以在一段时间内自由支配他人的资金，根据名次不同，支配的多少也不同，视情况不同，他要为偿还或积攒这笔资金缴付会金（和利息）。信用联合体的前提是一定程度的互相监督或对经营行为的互相了解，显然很接近赖法依森（1818—1888，德国农业改革家，德国农贷协会的创始人。——译者）式的贷款金库，并且为那些银行不予贷款的小农人口提供诸如购买土地抵押贷款一类的贷款，可以为一切可以想象的目的服务。——同从前（前面第2篇论文）（收在《宗教社会学论文集》第一卷中的第2篇论文是《新教教派和资本主义精神》。——译者）描述的教派的状况相反，中国信用联合体的特点，从形式上看有：1.具体的经济目标是第一位的，甚至是独一无二的；2.由于缺少由教派进行的资格考核，所以信用只能由纯个人的因素来决定。另外，这种信用联合体实际上却可以用来说明希腊式的"艾拉诺斯"。——原注

穷人（施"腊八粥"）。施舍——一切伦理的宗教信仰的原始核心概念——变成了传统的贡税，拒不缴纳是危险的。施舍在基督教中的重要性导致了这样一种结果：穷人被看成是上帝安排在基督教共同体内部的一种等级，因为他们的存在对于富人的灵魂得救是必要的。在中国，穷人团结在组织良好的行会中，没有人敢轻易在原则上与它们为敌。此外，只有存在具体的人事缘由时，通常才能期待对"最亲近的人"施舍。大概这不仅是中国的标准，不过，只有中国通才能判断中国的这种表现是否实际上如前所述，比别的地方更为突出。中国的民间宗教信仰也像其他一切巫术信仰一样，认为长期的身体疾患是某些礼仪过失造成的，缺乏宗教同情动机的抗衡力量。所以，虽然孟子伦理学彰扬恻隐之心的社会价值，只是这种感情很可能得不到很大发展，无论如何不会在儒教的土壤中得到发展。甚至主张敌爱的（异端）代表人物（如墨翟）也认为这种感情本质上是非功利主义的。

　　社会伦理的神圣的个人责任可能陷入相互冲突之中，于是必须把它们相对化。对家庭利益和国家财政利益的强行划分、父亲以自杀来抗拒（亲手）逮捕儿子（作为大叛逆）、对**不服丧或服丧过多**（即通过拒绝做官给行政带来困难）的官员施以（竹）杖刑便都是证据。然而，基督教式的个人灵魂得救与自然的社会秩序要求之间的利益冲突却是不可想象的。出于上面提到的种种原因和这个原因本身，不存在"神"或"自然"同"成文法"或"惯例"或任何别的约束力量之间的对立，因此也不存在宗教的或理性的与罪恶或荒谬的世界处于紧张或妥协中的以**宗教**为基础的自然法，要有也只是微乎其微的萌芽，只要看一眼经典作家偶尔提到的那种"自然"情形，就很清楚了。因为这总是指自身和谐的自然与社会秩序的宇宙。几乎没有哪个人达到了绝对完美的阶段。但是，每一个人都完全能在至少不妨碍他实现完美的社会秩序内部争取达到他可能达到的完美阶段，为此，他要修炼社会道德：仁、义、礼、智、信，儒教在这方面带有积极色彩，道教则带有冥思色彩。我们一再谈到，如果尽到了该尽的责任，社会制度还是不能使全体人民感到幸福、满意，那就是卡里斯马不足的统治者个人的过失了。因此，儒教中没有极乐的原始状态，而是——至少根据经典教义——只有作为文化的前期阶段的毫无教养的野蛮状态（有总以入侵相威胁的野蛮的山岳部落为证）。如何尽快地实现人类改良，孔夫子对这个问题的简洁回答是：先使其富，再教育（《论语·子路篇》："子适卫，冉有仆。子曰：'庶矣哉！'冉有曰：'既庶矣，又何加焉？'曰：'富之'。曰：'既富矣，又何加焉？'曰：'教之。'"）。实际上，同英语中的客套话"How do you do？"（您好！）相对应的中国人当作问候形式的客套话是："你吃饭了吗？"由于贫穷和愚昧是唯一的两种所谓的"原罪"性质，教育与经济对于塑造人是全能的，所以儒教绝不会在一种纯真无邪的原始自然状态中，而宁肯在一种乐观的文化状态中看到黄金时代的机会。

现在，经典著作中一个值得注意的地方（《礼记·礼运篇》开头）为我们描述了一种状况：王位不是世袭的，而是选举产生的。做父母的不仅仅把自己的孩子当作他们自己的孩子来爱，而且孩子、寡妇、老人、无子女的人、病人都由公共资金来养活，男人有他们的工作，妇女有她们的家务，虽然储存货财，但不是为了私人目的而积累，工作不是为了给自己谋取好处，没有盗贼和叛逆，所有的门都大开，国家不是权力国家。这就是"大道"及其结果"大同"——反之，那种由利己心制造的带有个人世袭权、一个个的家庭、军事强权国家、为个人利益服务的独裁统治的经验的强制秩序，有一个特殊的术语，叫作"小康"（《礼记·礼运篇》："大道之行也，天下为公，选贤与能，讲信修睦。故人不独亲其亲，不独子其子，使老有所终，壮有所用，幼有所长，矜、寡、孤、独、废、疾者皆有所养，男有分，女有归。货恶其弃于地也，不必藏于己；力恶其不出于身也，不必为己。是故谋闭而不兴，盗窃乱贼而不作，故外户而不闭，是谓大同。今大道既隐，天下为家。各亲其亲，各子其子，货力为己，大人世及以为礼，城郭沟池以为固，礼义以为纪。以正君臣，以笃父子，以睦兄弟，以和夫妇，以设制度，以立田里，以贤勇、知，以功为己。故谋用是作，而兵由此起。禹、汤、文、武、成王、周公，由此其选也。此六君子者，未有不谨于礼者也。以著其义，以考其信，著有过，刑仁讲让，示民有常。如有不由此者，在执者去，众以为殃，是谓小康。"）。对这种无政府主义的理想社会的描述，脱离了儒教经验社会学说的框架，尤其不符合作为儒教伦理基础的孝道，致使"正统"观念将它部分地归之于文学诡误，部分地怀疑是"道教"异端（理雅各也这样看），而今天，康有为的现代派理所当然地喜欢引用这番话来证明社会主义未来理想的儒教的合理性。实际上，这段话可能也同《礼记》中某些别的段落一样，表达了德·格鲁特那有代表性的特别明确的观点：许多后来和现在被视为异端的或非经典的，甚至被视为特殊宗教的教义最初同正教的关系有点像基督教神秘主义同天主教教会的关系、苏菲派神秘主义同伊斯兰教的关系。任何教会慈善机构的恩赐同神秘主义者的个人得救追求只能人为地达成某种妥协，尽管教会机构本身对这种神秘主义并不是从根本上拒斥的，于是儒教乐观主义的最后结论是：希望完全通过个人自身的伦理力量和有秩序的行政力量实现纯粹个人间的完美。不过，这种行政力量同样与儒家的基本观点处于紧张之中：人民以及每一个人的物质的与伦理的福利最终取决于上天认为合法的统治者的卡里斯马素质以及他的官吏们对国家机构的关心帮助。然而，正是这种儒教教义使道教得出了**它自己**的结论。被视为异端教义的作为全部幸福之源的政府的清静无为，只不过是转化成为神秘主义的正统儒教乐观主义的终极结论。只是它对自己资格的无宇宙论的信赖以及由此产生的对慈善机构恩赐价值的否定立即会使邪教的危险出现。通过寻求特殊的得救道路来超越入世的俗人道德，是慈善机构恩赐最忧虑的事——如同教会的非禁欲主义的新教一样令它忧虑。**道**本身，不言而喻，就是通往德之"路"，如前所述，它也是正统儒教的一个核心概念。前面提到的几位儒家的不干预理论或多或少都首尾一贯地主张，保留国家在财富过于分化的情况下的干预。同样，神秘主义当然也可以立足于神的意志、自然、宇宙及社会诸方面的和谐作用，以便从中引导出无为而治的原则。从中世纪教会的立场出发，确定一个神秘主义者是否还是正统的，是相当困难的，很难吃得准。对于儒教来说，要确定哪些学说是否还是正统的，也同样困难，也难以吃准。这样，就很容易理解，为什么尽管皇帝本人的宗教谕诏一再强调除了佛教以外，道教也是一种只可以受到宽容的非经典的信仰，德·格鲁特却坚决反对把道教作为同儒教并列的独立的特殊宗教的做法。**社会学家**则与之相反，只能坚持存在着特殊的教阶**组织**这一事实。

最后，正统与异端的教义和实践也同儒教的一切重要特征一样，实质上是由两种因素决定的：其一是它那种作为受过文献教育的官僚阶层的等级伦理的性质；其二是坚持孝道，尤其是祖先敬拜，这是世袭制必不可少的政治基础。**只有在**这些利益受到威胁时，支配阶层的自我保存的本能才会以异端的标记来对付。①

中国的教派及异端迫害

祖先崇拜和作为世袭制臣民心态基础的世俗的孝之基本意义，也正是儒教国家的实际**宽容**的最重要的绝对界限。这种宽容，一方面表现出同西方古代态度的亲缘关系，另一方面，也表现出同这种态度的本质区别。国家祭祀的对象是那些官方承认的大神。但是皇帝偶尔也参拜道教与佛教的圣迹，不过不必磕头——甚至在孔圣人面前倒也要磕头的——只要有礼貌地鞠个躬就够了。地相占卜工作由国家付酬。②风水受到公开承认③，偶尔也镇压来自西藏的驱魔师——谕令补充说，古人把这种人称为"巫"④——不过，肯定出自纯粹政治治安的理由。城市的官大人正式参加道教城隍的祭奠，由道长封的神还需皇上批准。

---

① 孝，当然也会造成政权不得不反对的后果。与出自重商主义的和等级制的动机而限制奢侈的花费——主要是指举办祭奠用的奢侈花费——相反，过去和现在，允许服丧浪费之巨，对于我们来说，都是惊人的，这样做是为了适应作为终极伦理尺度的孝的意义。——原注

② 1874年1月13日《京报》。——原注

③ 1883年4月13日和3月31日《京报》。——原注

④ 1874年10月2日《京报》，另外参见1878年8月20日《京报》关于为一个精神错乱的人驱邪的报道。——原注

既没有受到保护的、要求"良心自由"的权利,另一方面,一般也没有由于纯粹宗教观点招致的迫害,除非巫术的原因(类似希腊的宗教裁判)或政治的观点要求这种迫害。不过,政治观点总是要求相当残酷的迫害。皇帝的谕诏,甚至孟子这样的著作家,都以迫害**异端**为己**任**。"迫害异端"的手段、程度,甚至概念和范围都是变化的。像天主教会对付拒绝圣礼恩和罗马帝国对付反对皇帝崇拜的手法一样,中国政府对于按它的标准定为反国家的邪教,一部分通过训导(直到19世纪还由专门官吏普及—君王的训诗)来消灭,另一部分则用火与剑来迫害。与中国政府无限宽容的传说相反,直到19世纪,几乎每个10年中都有一次异端迫害,而且无所不用其极(包括拷打证人)。另一方面,几乎每一次叛乱都与邪教密切相连。与古代罗马政府相比,中国政府处于一种特殊状态,因为除了正式的国家祭祀和个人自愿的祭祖**以外**,自从彻底接受儒教以后,它有了一种官方独尊的**教义**。就此而言,中国接近于一个"宗派"国家,同公元前的古代帝国大相径庭。1672年(康熙元年)的"圣谕"(在第16节警句的第7句里)因此而明确提出拒斥伪学教义。不过,正统教义并非一种教条式的宗教,而是一种哲学和处世学问。假如公元2世纪的罗马皇帝正式承认斯多葛伦理为正统,并把接受这种伦理作为委任国家官职的条件,那么就类似中国的情形了。

与此相比,和印度以及任何会导致神秘主义解脱的宗教信仰的国度一样,**教派**信仰的流行形式是施**圣礼恩**。如果神秘主义者成了先知、传道人、教主、忏悔神父,那么,他在亚洲也就不可避免地成了秘法传授人。但是,皇帝的官职卡里斯马不能容忍**这类**有独立**恩典权**的势力与自己平起平坐,这跟天主教教会的做法是一样的。而跟此相应,在皇帝的异端教会的主题中谴责异教徒的总是老一套,首先,自然是他们崇拜未被认可的新神。不过,由于民间诸神只要背离了国家祭祀的诸神,就一股脑儿被视为离经叛道的、野蛮的,所以这一点不是决

定性的。真正起决定性作用的是以下三点[①]:

（1）异教徒结成未经允许的进行募捐的社会团体，据说是为了过一种有德的生活；

（2）他们有领导人，一部分是遁成肉身的，一部分是教主，向他们宣讲来世报应并许诺来世灵魂得救；

（3）他们除去了自己家里的祖宗牌位，同父母分家，去过一种修道僧式的或别的非经典的生活。

第（1）点触犯了禁止未经许可结社的政治治安条例。儒教臣民应当在5种经典社会关系中私修其德，用不着宗派，因为赤裸裸的宗派触犯了作为国家基础的家长制原则。第（2）点不仅意味着公开欺骗人民——因为并没有来世的报应和特殊的灵魂得救——而且也意味着蔑视儒教国家的（现世的）制度卡里斯马，在儒教国家里，负责（今世）灵魂得救的事，是祖宗的事，除此之外就只是上天给了这种合法权利的皇帝及其官员们的事了。因此任何这类得救信仰和任何追求圣礼恩的努力都不仅危及对祖宗之孝，而且危及行政的尊严。由于同样的理由，最后第（3）点非难是全部3点中最重要的一点。因为拒绝祭祖意味着对政治元德孝的威胁，而孝又是官职等级制中的纪律与臣民顺从的前提。那种把人民从对决定一切的皇帝卡里斯马的信仰及孝悌关系的永恒秩序中解放出来的宗教意识，是根本无法容忍的。

对上述3点，训令的主旨还根据不同的情况分别补充了重商主义的理由和伦理的理由。[②] 冥想的生活，既包括个人冥想的得救追求，也特别包括修道僧的生活，从儒教的眼光看，是一种寄生式的懒惰。他们靠从业市民的收入过活；佛教和尚不种地（因为"不杀生"：禁止伤害活动——蛆虫和昆虫）；尼姑也不织布；出家人还经常寻找借口，逃

[①] 需要强调指出：这里**仅仅概略地**描述了儒教及其职权同宗教的关系。一切最重要的宗派都源于佛教的影响，因此在叙述了佛教以后，可以回过头来看看这些宗派的情况了。——原注

[②] 全部理由见德·格鲁特的前引书。——原注

避国家徭役，就连那些在道教徒或佛教徒势力强盛时期得力于这些人才登上君位的统治者，也是一上台就反对他们。佛教僧人禁欲的真正核心——化缘，同寺院外的普救说教一样，是一再禁止天主教的教士们做的。寺院本身在变成认可制的以后，数量受到了严格的控制。我们在下面将谈到这种情况。与此形成鲜明对照的是，有时也决定优待佛教，这大概基于这样一种希望：可以利用这种柔和的教义驯服臣民（蒙古可汗就引进了喇嘛教）。优待的结果是佛寺大肆蔓延，热衷于赎罪的人越来越多，旋即招致严厉的镇压。公元9世纪，佛教团体受到沉重打击①，从此再也未能恢复元气。一部分佛寺和道观被保留下来，②甚至纳入了国家预算，但是每一个僧人都要携带严格的国家证书，按照普鲁士的"文化战"方式，这里则要求"文化考核"。根据德·格鲁特合情合理的猜测，风水对此至关重要，因为如果不是由于害怕激怒鬼神会招致灾祸的话，是断断不会除掉一度得到允许的祭祷场所的。这在本质上取决于国家出自政治考虑对异端教派的相对宽容。这种宽容绝不意味着积极评价，毋宁说是一种轻蔑的"容忍"，这是任何世俗的官僚政体对于宗教都会采取的自然态度，在任何地方都会视驯服民众的需要来调节。"贵"人对待民众，同对待所有由于政治原因而未受到敬拜的神灵一样，奉行一项借孔夫子本人之口说出的十分现代化的原则：用切实灵验的祭仪来安定神灵，但要同它们"保持距离"（《论语·雍也》："子曰：'务民之义，敬鬼神而远之，可谓知矣！'"）。民众对于这些受到宽容的异端宗教的实践，同我们所谓的"教派属性"概念无关。古代西方人根据不同的缘由，可以敬拜阿波罗或者酒神狄俄尼索斯；南意大利人可以敬拜竞争的圣徒与教团。同样的，中国人也根据需要和当时确证的效验，向帝国宗教的正式仪典、佛教的法

---

① 佛教书称"会昌法难"的灭佛运动，公元845年（唐武宗会昌五年），唐武宗敕令灭佛，毁寺4600余所，归俗僧尼260500人，毁招提兰若40000余所，收良田数千万顷，奴婢15万人。

② 唐武宗灭佛时曾规定：东西两都两街各留二寺，每寺留僧30人，节度观察使治所及同、华、商、沙4州各留1寺，寺分3等，上等留僧20人，中等留僧10人，下等留僧5人。

会——这种法会一直很受欢迎，甚至也受到最上流社会的青睐——和道教的占卜术投以敬意或蔑视。在北京的民间风俗中，办葬礼兼用佛教的圣礼和道教的圣礼，基调则是古典式祭祖，以前往往把中国人列入信"佛教"的行列之中，实在很荒唐。按照我们的标准，只有注册的出家和尚和祭司才称"佛教徒"。

但是，只有异教的出家形式，还不足以形成国家权力的对立面。相反，当佛教以及受其影响的道教发展出由结了婚的世俗僧人组成的**俗人**团体时，也就是一种宗派的**宗教**意识开始形成时，政府当然要严加干预，强迫僧侣做出抉择：或是让人家关进教派寺院中隔离起来，或是还俗重操旧业，着意镇压各教派按照印度样式吸收的习俗，即与特殊的入教仪式有关的服色和法衣的区别标志以及根据新修炼僧获准的秘法传授等级而确立的宗教地位等级。宗派精神的特殊方面也正由此得以发展："个人"的价值与地位之所以能得以保障并合法化，是因为他属于某个有特殊资格的**同志**圈子，并能在这个圈子之内维护自己的价值和地位，而**不是**通过血缘关系、身份等级或当局的证书。正是所有教派信仰的这种基本功能比易于监视的寺院更让各种圣恩机构——无论是天主教会还是正教合一的国家——头痛。

出于政治原因，喇嘛教一度受到奖掖，但这在历史上无足轻重。举足轻重的中国伊斯兰教的命运和特别退化的、在世界上任何其他地方都没有如此严重地丧失了其自然特征的中国犹太教的命运，本书就不进一步讨论了。在某些诏书中突出地提到了帝国大西北伊斯兰领主们的功能：应当把罪犯当作奴隶卖给他们。

本书不能进一步讨论"欧洲天主崇拜"——这是基督教的官称——理由无须多谈。即使传教士们很讲礼貌，这种迫害也在所难免。基督教的宣传在其本意上得到承认之后，只有战争暴力才导致了中国政府在条约上的宽容。传统的宗教诏书强调耶稣会会士在天文学方面的功绩，向人民解释给这些人以宽容的理由。

教派的数量不少（德格鲁特单子上列了56种），他们的信徒众多，特别是在河南，但其他省份也不少，其身份多为清朝大官的奴婢和贡米船队的船员。正统儒教把各种异端都视为图谋反叛来处置,这就是一个教会政权的行径。这种行径往往迫使大部分异端教派使用暴力。尽管有种种迫害,相当多的教派还是有 500 多年的历史,有的还要悠久些。

太平起义

最近,**太平**①天国("普遍和平的天上之国",1850—1864 年)天王("天上的国王")洪秀全的反对巫术、破坏偶像的预言取得了令人敬佩的成功。据我们所知,这是全部中国历史上对儒教行政与伦理的最强有力的、教权制的、政治和伦理的反抗。②这一事实恰恰证明了,并没有什么妨碍中国人产生西方特有的宗教改革的"先天素质"。

---

① 这是一个古老的名字。我们想起,道教的教会政权也叫这个名字("太平道")。——原注

② 太平皇帝(原文为 Kaiser,韦伯在后面为天国礼仪作的脚注里说洪秀全摒弃圣号,应该知道洪秀全拒绝称帝。但他对洪秀全有时称皇帝,有时称 Tien Wang。——译者)的正式文件,主要是《天意解释书》(《原道醒世训》)、《太平诏书》(《原道醒世训》及下面提到的《原道救世歌》都编入了《太平诏书》之中)、《宗教规章书》(《十款天条》)、《天条书》(内容包括宗教仪式和《十款天条》两部分)、所谓的《三字经》(《原道救世歌》)、1852 年的反满宣言(《奉天讨胡檄》)、关于礼仪及军队组织的规章(《太平礼制》和《太平军目》)以及新历书(即 1852 年起实行的"天历")。英国战舰"赫尔姆斯"号把它们带到上海以后,首先由传教士麦都思在上海的一家传教刊物上发表,并配有相当天真的评注[作为专刊出版,题目是《中国南京起义者资料汇编》(麦都思主编的小册子全称是 Pamphlets Issued by the Chinese Insurgents at Nan King; To Which is added a History of the Kwangse Rebellion, Gathered from Public Documents, and a Sketch of the Connection between Foreign Missionaries and the Chinese Inssurenction, Concluding with a Critical Review of the above Pamplets. —Shanghai: North China Herald 1853.——译者),上海 1853 年]。这次伟大的起义经常被描述,尤其是在几乎所有关于中国的著作中,德文著作(通俗的)有 C. 施皮尔曼的(哈勒 1900 年)。糟糕的是,研究中国教派史的最优秀的行家德·格鲁伯(前引书)却不屑于对太平起义作更深入的研究,而且没有讨论基督教的色彩——因为在他谨慎地引用的政府的正式文献中,对这点含糊其辞,不易了解。他对传教士的文献评价不高,因此,(我们的)叙述只具有假设价值。——原注

据说[①],始祖(洪秀全)出身于农民化了的贵族宗族,这是一个患癫痫症[②]的极度兴奋的人,同伊斯兰教的拜占庭偶像破坏者一样,以清教徒的方式激进地抵制一切鬼神信仰、巫术和偶像崇拜。这种半是神秘主义的忘我、半是禁欲的伦理可能受到了新教传教和圣经影响的激励,但他所受的教育却是儒教的(在国家的考试中落第),又有道教的影响。在他的宗族的支持下,他创立了教派,《创世记》和《新约全书》都属于教派的正经。教派的习俗和符号中有模仿洗礼的水浴和代替晚餐——因为禁酒——的一种茶——圣餐,还有经过修改的主祷文和同样经过刻意修改的十戒[③]。与此同时,他还杂乱地选择引用了《诗经》和其他经典著作中适合他的目的的段落。当然,他在这样做的时候也同一切改革者一样,首先追寻传说中的古代皇帝的格言和制度,以为今用(如制定《天朝田亩制度》)。

结果是基督教形式与儒教形式的一种奇特的混合物,使人想起穆罕默德的折中主义:基督教的天父[④],天父之旁是与天父本质不同但同样神圣的耶稣[⑤],最后是作为耶稣之"弟"的先知,这也是圣灵的寄身[⑥](洪秀全自称是上帝次子、耶稣之弟);非常厌恶圣徒敬拜和偶像

---

① 我不可能复核那些颇有争议的事实。——原注

② 在军事上的关键时刻发生故障,基本上是这种病造成的。要是不发生这种故障,毫无疑问——由于占据了大运河,攻下了南京和整个长江流域,从而切断了粮道——一再遭受近乎毁灭性打击的北京政府的命运已成定局,东亚历史的进程会是另外一番景象,至少不能排除这种可能。——原注

③ 即"十款天条":"崇拜皇上帝,不好拜邪神,不好妄提皇上帝之名,七日礼拜赞颂皇上帝恩德,孝顺父母,不好杀人害人,不好奸邪淫乱,不好偷窃劫抢,不好讲谎话,不好起贪心。"

④ 在官方文件中,一度用耶和华的名字称呼神,但(据传教士们统计)最常见的(42%)是家喻户晓的上帝,只有这种场合一半的场合(21%)叫儒教的名字:天神。比这多一些的是天父或天这种(人格主义的)叫法(33%),极少的场合(4%)叫神(常说的神、圣灵)。——原注

⑤ 耶稣被设想为结过婚的,同天王一样,先知(洪秀全)在幻觉中看见了耶稣的夫人。——原注

⑥ 相反,他(洪秀全)拒绝人家尊他为"圣",或称他为"父"。——原注

敬拜，也特别厌恶圣母崇拜；有固定的祈祷时间，星期天安息日做两次礼拜，内容有读圣经、连祷（牧师领祷，信徒按一定格式回答）、布道、朗读十戒、唱赞美诗；过圣诞节；由牧师主持缔结（不准离异的）婚姻；允许一夫多妻制；严禁卖淫，违者处以死刑；未婚男女授受不亲；严厉禁酒、鸦片、烟草；废除（男人头上的）辫子和女人缠足；不准在死者坟前上供①。同正统的皇帝一样，天王是至高无上的大祭司，仅次于他的 5 位最高的主管官员享有"王"的称号（东王、西王、南王、北王和排在第五位翼王）。太平天国废除了捐官，但设三级考试，所有的官员都由天王任命②。仓廪政策（圣库制度）与强制性苦役一方面借用了古代正统（儒教）的实践经验，另一方面也存在着几点重要差别："外"政与（聘请女负责人领导的经济的）"内"政严格分开、比较"自由"的交通、道路建设和商业政策。那种原则性的对立酷似克伦威尔的圣徒统治——带有某些使人想起古代伊斯兰教和明斯特的浸礼会统治的特点——和劳德③的政教合一的国家之间的对立。从理论上讲，国家是一个禁欲主义的武士教团的共同体：典型的军事掠夺的天下大同与古代基督教式的仁爱无宇宙论混为一体，抑制民族主义本能，促进建立国际宗教的兄弟之谊。选拔官员要看宗教卡里斯马和道德考验结果，行政管理区一方面是军事征兵区和粮食供应地；另一方面又是教会教区，有礼拜堂、国立学校、图书馆及由天王任命的牧师。军事纪律像清教徒的生活制度一样严格：没收一切贵金属和珠宝，充作共同体的经费。④适龄妇女也被编入军队，由共同体

---

① 这尤其有伤传教士们的感情，其实也是对传统作出的相当大的让步。尽管给先祖上供或为先祖上供的各种解释都被正式拒绝了——供奉只是对上帝的供奉，同基督教的安魂弥撒一样，是为先祖在天之灵供奉。——原注

② 此处"天王"原文为 Tien Wang。

③ 劳德（1573—1645），英格兰坎特伯雷大主教（1633—1645），主张教会的权力与国家的权力不可分离。由于他在苏格兰强制推行英格兰的宗教仪式，引起了 1639 年的主教战争，后被群众处死。

④ 《天命诏书》："天下人人不受私，物物归上主。"（包括贵重物品）——原注

金库支付忙于行政管理事务的家庭的年金。①在伦理上,儒教的天命信仰被同修改进《新约全书》中的天职道德②结合起来。"区别人与禽兽的"是伦理之"正",而非儒家的礼仪之"正"③,即使对于君王,一切也都取决于伦理之"正"。④此外,吸收了儒教的"互惠主义",只是不能说:不愿意爱敌人。靠这种伦理,"很容易得到幸福",尽管——与儒教不同——人的本性被认为天生不死真正完成这些诫命⑤;忏悔与祈祷都是赎罪的手段,军事勇敢被视为神最喜欢的最重要的道德。⑥同对犹太教和基督教的友好态度成为鲜明对比的是,道教的巫术和佛教的偶像崇拜也同正统的神灵崇拜一样,遭到严厉的反对。不从国教者⑦和低教会派⑧的传教士一再在太平天国的教堂里主持礼拜,而耶稣会会士——鉴于太平天国反对偶像崇拜和坚决拒绝圣母崇拜——和英国高教会派⑨则一开始就对太平天国怀有敌意。太平天国的军队,由于有信仰之战的以宗教为前提的纪律,所以远比正统的政府军强大,如同克伦威尔的军队比王党军强大一样。出于政治的和通商的⑩考虑,

---

① 细节方面,在流行的报道中存在着重大矛盾,特别是国家社会主义的实际范围,一直模模糊糊的。它在很大程度上自然被说成**战争**经济。同样,在使用本书不得不使用的英国传教士们的资料时,也要非常谨慎。当然,格鲁伯对这些资料的抨击也可能过于武断了。传教士的热情可能看到了比实际上要多的"基督教的成分"。——原注

② 因为,即使在商业生活中,成功也不是靠人,而是靠命,所以在取得成就以后,应当不计得失地履行天职义务诫命:"安居乐业"(这是《太平诏书》中援引孔子的话)。——原注

③ 同上。——原注

④ "各以遵守条命,信实认真"(同上)。——原注

⑤ 《十款天条》(同上)一开头就承认:"天下凡间,谁人不犯天条?"——原注

⑥ 参见《三字经》(《原道救世歌》),出处同上。——原注

⑦ 英国基督教新教中不遵从王命、拒绝参加国教的各派教会及其信徒的总称。

⑧ 基督教圣公会中的一派。与"高教会派"对立,19世纪产生于英国,反对过高强调教会的权威地位,故有此称。

⑨ 基督教新教圣公会中的一派,与"低教会派"对立,19世纪产生于英国,主张在教义、礼仪和规章上大量保持天主教的传统,要求维持教会的较高权威地位,故得名。

⑩ 直到战争的最后几年,养蚕业和丝绸出口才衰落了下来,这以前则增长得很显著。——原注

帕默斯顿勋爵①政府却认为，不应当让这个教权国家做大，无论如何不能让上海这个条约港口②落入它的手中③。由于戈登④和（英国）舰队（对清政府）的帮助，太平天国政权崩溃了，常年沉溺于迷幻和后宫生活⑤中的天王，在太平天国存在14年之后在他的南京宫邸自焚，结束了他自己和他的后宫嫔妃们的生命。10年之后⑥，"叛乱"领袖们才被捕获。人员损失、财政虚弱、遭战乱的省份荒芜，所有这些，在很长的时间内都没能得补偿。

　　从上面讲的看，太平天国的伦理是千禧年主义的狂热成分和禁欲成分的一种独特的混合物。在中国，禁欲主义从来没有产生过这么强大的影响，尤其值得注意的是，巫术和偶像崇拜的桎梏被打碎了，除了太平天国，这在中国是不可能的一举。同时还接受了打破民族界限的、普遍适用的、仁慈的、人格化了的世界神，如果不是太平天国，这位神同中国人的宗教信仰断无缘分。很难说，如果太平天国胜利了，中国人宗教信仰的发展会纳入何种轨道。在祖坟前上供之习不可避免地保留了下来，很像耶稣会传教团在罗马教廷根据竞争的教团的告发出面干预之前一直允许类似的做法一样，还有强调伪善的"正确性"的萌芽，这些都有可能重返礼仪主义的轨道，不断增长的对全部国家

---

① 帕默斯顿勋爵（1784—1865），曾任英国外交大臣和首相，民族主义者。

② 《南京条约》规定上海为开放通商港口。

③ 由于议会的强烈反对，帕默斯顿直到最后一刻才下令，不再继续支持"清王朝"，也是为了不让它走出困境。——原注

④ 戈登（1833—1885），英国将军，因亲自指挥火烧圆明园和镇压太平天国革命而出名。1862年，戈登的工兵部队调往受太平军威胁的上海，以加强这个欧洲人经商的城市的防御。一年后，戈登统领3500名由英国农民组成的"常胜军"，在随后的18个月中，这支部队在镇压太平军的战争中起了重要作用。

⑤ 天王本人及其将领们也都实行中国式的一夫多妻制（纳妾）。——原注

⑥ 1874年10月2日的《京报》。——原注

秩序仪式性规定①似乎也有可能恢复制度恩的原则。无论如何，这一运动毕竟在重要的方面意味着同正统决裂，而且提供了比西方各教派毫无希望的传教尝试要多的希望，让一种土生土长的但又从精神上接近基督教的宗教产生出来。对于在中国产生这样一种宗教来说，这很可能是最后一次机会了。

"私自结社"这个概念，早就是有重大政治嫌疑的事了，从此更成了"叛逆罪"的同义语。官僚机器对"沉默的中国"的顽强斗争进行了无情的迫害，至少在城市中是大有"成效"的，在农村，由于可以理解的原因，则不那么可心了，沉静方正的男子唯恐避之不及，这又强化了前面提到的那种"人格主义"的特点。

儒士的官僚体制成功地通过暴力和神灵信仰的号召把教派限制在适当的范围内，防止其燎原。关于所有教派的性质，都有更详细的报道。它们同西方天主教和英国圣公会所要对付的那些教派运动相比，具有完全不同的性质。问题的关键始终是道成肉身的预言和**秘传型**的先知们。这些先知们往往是通过代代相传世袭地占有了这样的尊严。他们过着隐居的生活，许给他们的信徒们今生或（一部分）来世的好处。信徒们得救的条件却只具有巫术与圣礼的，或纯粹礼仪主义的，或至多是冥想入迷的性质：礼仪纯正、虔诚地反复背诵同一种套语及特定的冥想练习是循环往复的救世论的手段。然而，就我们所知，从来没有**理性的禁欲**。②真正的异端道教的卑约：拒绝任何封建的虚夸，如前所述，具有本质上冥想的动机。同样，节制某些奢侈消费（香料、贵重首饰）无疑也具有这种动机，例如，尤华宗就要求其信徒除了恪守通常的佛教教规外，还得节制消费。有些教派想以暴力斗争来反抗

---

① 天王大帐称为"小天堂"。他的后继似乎没有注意到他拒绝称圣。礼仪条文，其中包括等级头衔，例如称高级官为"贞人"，（辛开元年《太平礼制》："女丞相、女检点、女指挥、女将军皆称贞人"。"丞相妻至军帅妻加称贞人。"戊午八年续修《太平礼制》于女丞相之上增"女贞义、女贞女、女贞福、女贞燕、女贞豫、女贞候"。——译者）具有典型的中国特征。

② 如果不考虑节日和避免装饰等，这些就只是个别的假设了。——原注

压迫者，因而系统地练习拳术，① 如近代著名的（义和团），这时就不存在禁欲了。英语中"义和团"的真正名字叫"正义力量同盟"，这个组织力图通过习练法术做到刀枪不入。② 所有这些教派都是异端道教与佛教的救世论的派生物及折中主义的融合物，并没有任何原则上的新成分。教派似乎并不是按照阶级分层的。当然，清朝的官绅都是严格的正统儒家，但是，异端道家和基本上培植祈祷形式的家内礼拜的龙华宗的信徒们似乎在有产阶级中相当普遍，而这正是出官大人的阶级。

另外，妇女在这里同一切救世论的宗教信仰中一样提供了一支强大的分遣部队。这很容易理解，因为在中国也同在西方一样,（异端的，因而也是非政治的）教派对她们的宗教评价，往往远远地超过儒教对她们评价的水平。

发展的结论

在民众的日常生活中，源于道教、佛教或者受到这两教影响的成分显然起着相当重要的作用。《导论》中曾一般性地阐释过，救世主信仰和得救信仰无论在哪里都首先在"市民"阶级中找到了永恒的安身之处，并且总是能取代巫术的地位。巫术最初为个人的贫穷与苦难提供了唯一的避难所。秘传的纯粹宗教团体也总是产生于个人在术士那里的得救追求。在中国，国家祭祀同样不关心个人的贫穷，巫术从来没有受到一种伟大的救世预言或土生土长的救世主信仰的排挤。中国

---

① 这个教派（义和拳）早在 19 世纪初叶就出现了（德·格鲁特：《宗派主义》第 425 页）。——原注

② 这个教派也**相信**刀枪不入。我手头的精确资料叙述的不够详细。它是作为一个仅仅反抗外夷的"军事教团"设立的。关于义和团，可参见以前引用的给慈禧太后的呈文。慈禧与诸亲王都曾**相信**义和团的神秘卡里斯马，就跟他们后来相信克虏伯大炮的**魔力**一样（参见 1878 年 6 月 13 日的《京报》）。鉴于这样的中文资料，在这种情况下人们大概不会同意格鲁特的观点，他怀疑义和团这样的异端受到了儒教政府的保护（参见《宗派主义》第 430 页末的注释）。——原注

只出现了救世信仰的下层，大致说来，部分符合希腊的宗教秘仪，部分符合希腊的秘密宗教。中国的这种救赎信仰虽然比希腊的强大，但始终保持着纯粹巫术的性质。道教仅仅是术士们的组织。佛教被引进后已不再是印度早期佛教时期的救赎信仰，而是僧侣组织的巫术和秘传的实践。在这两种情形中，都没有形成社会学上至关重要的宗教团体，至少在俗人中没有形成这种团体。这种藏在巫术中的民间救赎信仰因此通常完全是非社会性的。作为单个人的个人变成了道教的术士或佛教的和尚。只有在佛教的节日里才形成了一种临时的共同性，只有追求政治目的的异端教派才形成了持久的共同体，但也正因为如此，它们才受到政治迫害。中国不仅没有任何相当于我们的灵魂之助（主要指牧师同本教区的教徒的谈话）的做法，而且也没有任何"教会戒律"的痕迹和任何宗教的生活监督手段。有的只是神圣化的教阶制的阶段与等级，类似密特拉秘传宗教。①

这些救赎宗教信仰的萌芽，从社会学的角度看是没有活力的，然而，从风俗史的角度看却产生了重大的影响。**佛教**尽管遭受迫害，还是尽量引进了已经显示在中国人民生活中的各种内容：宗教说教、个人得救的追求、因果报应及来世信仰、宗教伦理及内心的虔诚。在日本也是这样。为了能够完全变成一种"人民宗教"，这种印度僧侣的知识分子救世论必须经历一番能够想象的最深刻的内在变迁。这样，我们就必须首先在这种救世论的故乡对它进行考察。②然后就能完全理解，为什么在这种僧侣冥想与理性的日常行动之间不可能架起一座桥梁，为什么这种救世论在中国担当的角色尽管表面上很像基督教在古代末期所能担当的角色，却又有如此之大的差距。

---

① 流行于帝国时期罗马的秘传宗教，入教者被分为7个等级。新教徒需经过严峻考验，以确定其胆量和虔诚。

② 参见韦伯的《印度教与佛教》。

第Ⅷ章　结论：儒教与清教

　　也许只有说清楚儒教理性主义——这个名称它当之无愧——同地理上、历史上距我们最近的新教理性主义之间的关系，才能最有的放矢地把前面讲过的观点同我们的观点联系起来。在判断一种宗教代表的理性主义阶段时，有两个彼此有多方面内在联系的标准。第一个是宗教脱掉巫术的程度；第二个是宗教将神同世界的关系以及与此相对立的宗教本身同世界的伦理关系系统地统一起来的程度。

　　联系第一个标准来看，体现出各种鲜明特点的禁欲的新教是最高的阶段。它的最鲜明的特征是根除了巫术，甚至在圣礼和符号的升华形式中，也原则上根除了巫术，以至于严格的清教徒本人为了破除"迷信"——亦即对任何巫术性质的处置的信赖——能够不拘任何形式埋葬亲人、爱人的尸体。只在这里才完全贯彻了**世界**的彻底**脱魔**。这并不意味着摆脱了我们今天习惯地叫作"迷信"的东西。女巫审判甚至在新英格兰也交了红运。但是，儒教未能从**积极**的救世作用这一面来触及**巫术**，清教则视一切巫术为恶魔般的东西，相反，理性的伦理的东西——遵循神的诫命的行动，才是有宗教价值的，这种行动只能来自信神的心态。通过阐释，这一点大概已经很清楚了：在时占师、地相占卜师、水占师和气候占卜师统治下的异端教义（道教）的魔术花园中，现代西方式的理性经济与技术受到了绝对的排斥，原因在于那种关于世界联系的夹生而又玄奥的宇宙一体论的观念，在于**没有任何自然科学的知识**。之所以没有，部分是那种基本力量的原因，部分是其结果——在于俸禄制，在于巫术传统的支持——异端教义热衷于这种传统的谋利机会。维护这个魔术花园却属于儒教伦理最私密的倾向。但是，内政的理由也参加了进来，并且阻止了儒教势力的每一次崩溃。

与儒教伦理对待地上事物的不偏不倚的立场极度对立的是，清教伦理把这些放进了对"世界"的强烈、庄严的紧张关系中。**任何一种用理性的（伦理的）要求对待世界的宗教，都会在非理性的某一点上陷入一种紧张关系之中**，对此，我们马上还要详细讨论，这种紧张在每一种具体的宗教中都从完全不同的方面开始，因此紧张的种类和程度也个个不同。这在很大程度上取决于形而上学的承诺所指出的个别宗教的救世道路。需要注意的是：宗教贬低世俗价值的程度并不等于世俗实际上被拒绝的程度。

正如我们已经看到的，那种把对现世的紧张关系，无论在宗教对现世的贬低，还是从现世所受到的实际拒绝方面，都减少到最低限度的（在意图上的）理性伦理，就是**儒教**。现世是一切可能的世界中最好的世界，人性本善，人与人之间在一切事情上只有程度的差异，原则上则都是平等的，无论如何都能遵循道德规则，而且有能力做到尽善尽美。根据古代经典作家的看法，哲学—文学教育是自我完善的普遍手段，经济供应不是一切不德行为的唯一根源。这种不德，尤其是政府的不德，是一切从（纯粹按巫术理解的）鬼神不宁中产生的祸乱的根本原因。正确的救世之路是适应世界永恒的超神的秩序：道，也就是适应由宇宙和谐中产生的共同生活的社会要求，主要是虔敬地服从世俗权力的固定秩序。对于具体的个人来说，与此相应的理想就是把自己改造成为一种各方面和谐平衡的人，改造成大宇宙的缩影。儒教的理想人——君子的"优雅与尊严"表现为履行传统的责任义务。在任何生活状况下仪态得体、彬彬有礼，是（儒教的）核心之德，是自我完善的目标。达到这一目标的适当的手段是，清醒、理性的自制和压抑任何通过不论什么样的激情来动摇平衡的做法。除了摆脱野蛮和无教养状态以外，儒家不希图任何解脱，他所期待的道德报偿是：今世长寿、健康、富贵，身后留个好名儿。同真正的古希腊人一样，儒家也没有任何伦理的先验寄留，没有超凡的神的诫命同被造物现世之间的任何紧张关系，没有对来世目标的任何向往，没有任何原罪概念。谁遵循为人的平均能力设置的诫命，他就无罪了。哪里有这种不言而喻的前提，基督教传教士要想在那里唤起有罪感只能白费力气。一个受过教育的中国人会断然反对永远被"罪"牵制。另外，"罪"这个概念使任何一位高贵的知识分子有一种难堪的、有失尊严的感觉，通常用惯用词、封建词汇或带有美学色彩的词汇来代替（如"不正派"或"不体面"等）。当然，也有罪这一说，但这在伦理方面指冒犯了传统的权威：双亲、祖先、职务等级制里的上司，也就是说冒犯了传统势力，另外则指对传统的风俗、传统的礼仪，最后还有固有的社会习惯里巫术式的危险的大侵害。凡此种种，彼此同等："得罪！"相当于我们在冒犯社交惯例时说的"请您原谅"。禁欲与冥想，苦行与遁世，在儒教里不仅是闻所未闻的，而且还受到鄙视，被看成是寄生虫般的懒惰。任何形式的教团与救世信仰不是直接遭迫害、被禁绝，就是被小看为近乎私事，同古代俄尔甫斯教①神甫在高贵的希腊人那里遭受的待遇相似。这种绝对地肯定世界与适应世界的伦理的内在前提，是纯粹巫术信仰的不间断的延续，从靠自己的人格素质能使鬼神品行端正、风调雨顺的皇帝的地位开始，到作为国教与民间宗教信仰基础的祖灵崇拜，到非正式的（道教的）巫术疗法以及其他残存的泛灵论的鬼神约束形式和人类崇拜、英雄崇拜职能神信仰形式。同有教养的古希腊人一样有教养的儒家内心也存有同样的怀疑论和间或被神制服的心态的混合物。生活方式受到儒教影响的中国民众怀着不可动摇的信念站在巫术观念这一面。对于彼岸，儒家会像老浮士德一样说："谁眯缝着眼往那儿瞧，他就是傻瓜……"但是，同老浮士德一样，儒家也不得不留有余地："但愿我能把巫术逐出我的小路……"即使古代中国所谓的最有教养的高级官员，也会对随便什么无聊的奇迹陡然起敬，绝少犹豫。从来没有出现过同"人世"的紧张关系，因为就我们的回忆所能追溯的，根本没有一位提出伦理**要求**的超凡的神的伦理预言。

---

① 俄尔甫斯教，希腊秘传宗教之一，出现于公元前6—前4世纪，认为人具有"属天"的神性和"属地"的魔性，信仰因果报应和灵魂转生，信教的目的在于摆脱魔性，增加神性。

至于"诸神"也提出要求——主要是要求忠于契约——并不能代替提出伦理要求的超凡的神的伦理预言。因为诸神所提的，只涉及在他们保护之下的**个别**责任义务——誓约一类的东西——根本不是从精神上塑造个人**自身**及其生活方式。处于领导地位的知识分子阶层：官员和候补官员，坚决支持维护巫术传统，特别是泛灵论的祖孝，把这种孝作为不受干扰地维护官僚制权威的绝对要求，他们镇压了一切由救世信仰引起的动乱。除了道教的占卜术和圣礼恩宠以外，唯一被视为和平主义的、没有危险的救世宗教而受到宽容的是佛教僧侣的救世宗教，这种宗教在中国的实际作用是通过丰富精神的跨度创造一些情趣浓厚的内向性，我们在后面还将述及，再就只是巫术的圣礼恩宠和强化传统的仪典这进一步的根源了。

前面已经讲过，这样一种知识分子伦理对广大群众的作用只能是有限的，首先是受教育的地域差异，尤其是社会差异极大。传统主义的、直到近世仍然盛行的自然经济式的自给自足，在较为贫穷的民众层中是通过一种全世界绝无仅有的令人难以置信的登峰造极的节俭（指这个词的消费含义）来维系的，这种满足需要的做法只有在极低的生活水准上才行得通，而这样的生活水准不可能同儒家君子理想有任何精神上的联系。在中国也同在全世界一样，只有统治阶层表面的姿态和举止才可能成为普遍接受的对象。知识阶层对民众生活方式的决定性影响，极有可能首先是通过某些消极的东西实现的：一方面完全抑制了先知宗教信仰的出现；另一方面，又广泛消除了泛灵论的宗教信仰中所有狂热的成分。人们有时喜欢称之为中国人的种族素质的那些特点，至少有一部分是由此决定的，这种可能性是有的。毫无疑问，即使精确的专家们今天也无法肯定地说出，生物"遗传因素"的影响究竟有多大。对于我们重要的却是一种非常容易做的并且已被著名的汉学家们证实了的观察：越是追述历史，中国人及其文化（在那些对于我们西方十分重要的特点上）就越像我们这里的情形。无论是古老的民间信仰、古代的隐士、最古老的《诗经》中的民歌、古代的战争国王、哲学学派的对立、封建主义，还是战国时期资本主义发展的萌芽，在我们眼中同西方现象之间的亲缘关系，似乎远远胜过同儒教中国文化的各种被视为独特的素质之间的关系。应当考虑这种可能性：许多爱被说成中国文化的固有特征的东西，有可能是单纯历史的文化影响的产物。

研究这些特征时，这个社会学家依据的主要是传教士们提供的文献，这些文献当然具有同我本人极不相同的价值取向，但毕竟蕴藏着相对可靠的经验数据。文献中一再提到几种观察：中国人显然没有欧洲人今天赋予了特殊含义的"神经系统"：无限忍耐和克己复礼、顽固的习惯、对于单调无聊的生活绝对麻木不仁、无休止地工作的能力、对不习惯的刺激反应迟钝。这在知识界中也相当典型：所有这一切似乎是一种很好地、容易理解地结成的统一体。但是，在其他方面又存在着似乎很尖锐的对立。中国人非常惧怕未知的和不能直接看到的东西，这种恐惧超出了正常的范围，表现为无法打消的怀疑，他们还排斥或者根本没有关于不算太近的东西或不是直接有用的东西的知识。这些做法似乎同那种对如此虚幻的巫术骗局的善良无边的轻信形成了强烈的反衬。还有一种现象，就是在实际生活中往往严重缺乏同情心，即使对个人最亲近的人，也缺乏恻隐之心，这同社会团体的伟大强韧的团结似乎也形成了一种明显的对立。未成年的子女得不到爱怜，根本没有权威（这似乎很典型），如果真是这样，那么同成年子女对待双亲的绝对服从和拘泥于虚礼的孝道似乎很难统一起来。同样，那种——我们还要一再说的——世上绝无仅有的不诚实（举例说，就连对自己的法律代理人也不诚实），同诸如日本一类的国家比较而言，相对来说，似乎很难与批发贸易中商人的那种显然十分值得注意的可信赖性统一起来（零售贸易似乎很少知道什么叫可信赖性，"固定价格"即使在本地也常常是假的）。中国人**彼此间典型的不信任**已为所有观察者所证实，同清教诸教派中对信徒的诚实品质的信赖成为鲜明的对照，即使在宗教团体以外，也可以信赖清教徒的诚实。最后，精神物理学面貌的统一性和不动摇性，同经常报道的中国人那种没有——无论如何，不像大多数特征那样——从外部通过规范调整过的生活方式的种种特点的不稳定性，形成了鲜明的对比。更尖锐点儿说，缺少一种"由内心"、由随便什么独立的中心立场出发进行调整的生活方式的统一性，这同那种由无数惯例产生的约束形成了显明的对照。如何解释这一切呢？

没有歇斯底里的禁欲及与此类似的宗教信仰形式。对于一切麻醉品崇拜，虽然说不上全面禁绝，但也相当普遍地禁止了。这些对于一个人类群体的神经结构与心理结构不会毫无影响。在使用麻醉品方面，中国人自从天下太平（相对于战国时代而言，指秦统一）以来，（相对于古代男子聚会所和诸侯宫廷用的酒宴的作用来讲）属于那种（相对）"未醉"的民族。麻醉与放纵的"着魔"剥掉了一切卡里斯马式的神圣评价，只能被视为受恶魔控制的征候。除了用作基本供品外，儒教排斥使用酒类饮料。中国下层老百姓饮酒的事其实也不罕见，但这改变不了差别的**相对**意义。被视为典型的中国麻醉品的鸦片却是近世才输入中国的，而且众所周知，是不顾统治阶层最强烈的抵制，通过战争由外部强加给这个国家的。鸦片的作用是麻木销魂，这正是"无为"路线的延续，而不是英雄的陶醉或积极的热情奔放。古希腊人的涵养并未阻止柏拉图在《斐德罗篇》中把一切伟大的东西都视为美好的疯狂状态的产物。在这方面，无论是罗马的官僚贵族——他们把"销魂"译为"迷信"——的理性主义，还是中国的受过教育的阶层的理性主义，所想的都（同柏拉图）完全不同。"百折不挠的性格"和冷漠感也许在某种程度上同中国人的宗教信仰中完全没有酒神成分有关，这是官僚制有意识地使祭祀保持清醒的结果，中国人的宗教信仰中没有，也不应该有任何一点使灵魂失去平衡的东西。任何过度的激情，特别是愤怒，即"气"，都造成恶魔之力，因此人们每遇到苦难，总要先问：这是哪一种"气"？泛灵论的巫术虽然为有教养的人所不屑，但却得益于（它本身的）正式祭祀的性质，因此是唯一的民间宗教信仰形式。对这种信仰形式的维护，决定了对任何革新的传统畏惧，因为革新会招来恶魔，会使鬼神不宁。正是这种传统畏惧，说明了中国人为什么最容易轻信这些东西。认为疾病和不幸是得罪了神的征兆，这是维护巫术信仰的产物，只能有利于在一定程度上抑制面对苦难往往从救世宗教的集体感觉中产生的导致奥秘反应的感觉，这种感觉在印度一直有力地控制着民间伦理。中国人能够非常冷酷地控制博爱之心，甚至对骨肉同胞的关系，这些同谨小慎微和对鬼神的自私的敬畏结合起来，就是结果。

数不胜数的礼仪枷锁卡着中国人从胎儿到死祭的生活。琐碎之极，尤其是一切细节都得信守不渝，简直到了无与伦比的地步。这些礼仪约束构成了民族学研究的一大宝库，W. 格鲁伯的研究就充分利用了这一宝库。其中一部分显然来源于巫术，特别是驱邪术。另一部分则成为道教和还要进一步讨论的民间佛教的包袱，这两种宗教在民众的日常生活领域中留下了深深的足迹。但是生活中也留下了十分重要的因袭和礼仪性质的残余：按照礼仪提出问题，按照礼仪回答问题，提出建议不能不拘礼仪，拒绝建议要以一定的礼仪形式婉言谢绝，礼仪性质的拜访、馈赠以及致敬、慰问、贺喜等，都远远超出了诸如西班牙（受到封建的也许还有伊斯兰教的影响的）古老的农民传统内部直到现代初期仍然保持着的东西。在身姿与"仪容"方面，总的来说，即使无从考据，人们也认为，儒教是主要来源。儒教的"礼"的理想并不总是以风俗的**方式**来施加影响。这种礼的理想所做的美学式的冷冰冰的控制，把一切从封建时代流传下来的责任义务，尤其是乐善好施的义务，都变成了僵化的符号仪式。另一方面，神灵信仰又把宗教同胞更加紧密地团结起来，非常可悲的不诚实，无疑，部分的是世袭制国富至上论的直接产物，这种国富至上论在任何地方都带来了不诚实，例如在古代埃及，因为埃及同中国的征税过程很相似：突然袭击、拷打、姻亲间的救助、受催逼者的哀号、勒索者的畏惧以及（双方的）妥协，除此之外，无疑也是儒教中传统礼仪的非常独特的祭拜的产物。另一方面，没有那种把一切商业活动都烙上了"人们吹捧谁？"[①]这句

[①] 这是法国 18 世纪作家博马舍的著名喜剧《塞尔维亚的理发师》第 3 幕第 11 场中的一句台词。在这里的意思是"欺诈"。

台词儿的活灵活现的封建本能，能够从公行的受到垄断主义保护的、高贵的、有教养的外贸等级的利益状况的服务条例中，发展出一种备受儒教赞誉的商业的可信赖性，如果真是这样，那么这种可信赖性主要也是从外部积累起来的，而不像清教伦理中那样是从内部发展起来的。

然而，这完全适用于（中国的）各种伦理品质。

真正的预言按照一种内在的价值尺度制定出生活方式的系统的指南，它把"世界"看成可以按照规范从伦理的角度塑造的物质。儒教则相反，是从外部适应"世界"的条件。**只在**必要的适应程度上在自己的生活方式中理性化了的调试得尽善尽美的一个个人，并不是一个系统的统一体，而是各种有用的具体素质的组合。在中国的民间信仰中，相信一个人有许多灵魂的泛灵论观念的延续，几乎可以说是这种事实的象征。如果没有各种超现世的追求，那么自身面对现世的力量也就不足了。于是产生了民众的驯化和君子的良好举止。但是，这些赋予生活方式的格调只能以本质上消极的因素为特征，而不能产生对内在的统一的追求，我们把这里说的追求同"人格"这个概念联系起来了。生活一直是一连串过去的事情，而不是被井井有条地置于一种先验的目标下的整体。

这种社会伦理立场同全部西方宗教伦理的对立是无法消弭的。从外表看，托马斯主义[①]和路德主义[②]的某些家长制的教派似乎显示出同儒教的某些相似之处，但是这只是表面现象。因为没有任何一种伦理，

---

① 中世纪基督教神学家托马斯·阿奎那学说的总称，主张哲学为神学服务，认为以"理性真理为本的哲学"同以"启示真理"为本的神学不应有矛盾，因为一切真理都出自同一位上帝，但"启示真理"是第一真理和终极绝对真理，故"启示"高于"理性"，神学高于哲学。

② 基督教新教改革家马丁·路德的神学学说，确认《圣经》是信仰的唯一准则，强调因信称义：人在受造时因有的正直本性已因始祖堕落而无法恢复，人已无力自动行义，只有靠信仰耶稣基督才能得救，有这种信仰的人虽然仍是罪人，但在上帝眼里已是义人，不再被追究罪责。路德主义还强调上帝的仁慈，因而把拯救论作为中心。并认为上帝让其子基督代人受难，已经拆除了神人之隔，故信徒凭着"信"可以直接同上帝交流。

能够像激进的现世乐观主义的儒教体系那样，坚定不移地彻底消除现世同个人超现世的规定之间悲观的紧张关系。

这种伦理中根本没有自然与神、伦理的要求与人类的不完备、今世的作为与来世的报应、宗教义务与政治社会现实之间的任何一种紧张关系，因此也没有任何一种不通过单纯受传统与习惯约束的精神势力来影响生活方式的理由。影响生活方式的最强大的力量是以鬼神（祖灵）信仰为基础的家孝。孝，最终使我们已经看到的宗教联合体仍旧十分强大的团结和以前提到的社会化为合作社的方式得以实现，并对它仍加以控制，这里所说的合作社可以被视为拥有劳动分工的扩大的家庭企业。这种牢不可破的团结本身完全以虔敬为动力，而真正的中国经济组织的势力范围正是这些靠孝来调节的个人联合体的势力范围。清教伦理导致了被造物任务的客观化，与此截然相反，中国伦理在自然成长起来的个人联合体（或并入、模仿这种联合体的组织）的天地里发挥了最大的动力。在清教中，对超凡的彼岸的上帝的宗教义务把同周围人——包括在自然的生活秩序中与他关系最密切的人，而且正是这些最亲近的人——的关系，仅仅评价为超出了有机生命关系的信念的表达手段。反之，虔诚的中国人的宗教义务却仅仅表现为在有机形成的个人关系**内部**发挥自己的作用。孟子反对"兼爱"，因为这样一来，孝和义就被消灭了：既无父又无兄是禽兽的特征（《孟子·滕文公下》："杨氏为我，是无君也。墨氏兼爱，是无父也。无父无君，是禽兽也。"）。一个信奉儒教的中国人要尽的义务的内容，无论何时何地，都是对那些通过现存的秩序与之接近的具体的活人或死人的虔敬，从来不是对某位超凡的神的虔敬，**因而**也不是对某项神圣的"事业"或"理想"的虔敬。至于"道"，既非事业，亦非理想，仅仅是约束人的**传统主义礼仪**的体现而已，它的诫命不是"行动"，而是"空"。客观化的人事关系至上论的限制倾向于把个人始终同宗族同胞及与他有类似宗族关系的同胞绑在一起，同"人"而不是同事务性的任务（**活动**）绑在一起，作为客观化的理性化的限制，这对于经济思想无疑具有十分重要的意义。正如全书所要指出的，这种限制恰恰同中国的宗教信仰方式关系极为密切，同宗教伦理理性化的限制关系极为密切，处于统治地位的受过教育的阶层为了维护自身的地位就要把握住宗教伦理理性化的限制。在中国，一切**信任**，一切商业关系的基石明显地建立在亲戚关系或亲戚式的纯粹个人关系上面，这有十分重要的经济意义。伦理宗教，特别是新教的伦理与禁欲教派的伟大业绩就是**挣断**了宗族纽带，建立了信仰和伦理的生活方式共同体对于血缘共同体的优势，这在很大的程度上是对于家族的优势。从经济角度看，这意味着将**商业信任**建立在每一个个人的**伦理品质**的基础上，这种品质已经在客观的**职业**工作中经受了考验。儒教中习以为常的不正直的官方独裁以及死要面子的独特含义造成的后果是尔虞我诈，是普遍的不信任。由于中国没有任何测度方法，所以从经济角度来看，对这种后果的估计只好高一些。

儒教及儒教中拜"富"的思想本来有可能有利于制定相应形式的经济**政策**措施（我们看到，西方面向世俗的文艺复兴运动就是这样做的）。但是，恰恰在这里可以看出与经济**思想**相比之下经济**政策**的意义的限制。物质福利在任何时候、任何文明国度里都没有受到如此强调，被当成终极目标。[①]儒教的经济政策观念比较符合我们这里的"财政学家"们的观念。儒家司马迁就强调要充分利用**财富**，包括经商取得的财富，他本人写了一篇关于"贸易平衡"的论文（《史记·平准书》），这是最古老的中国国民经济学文献。[②]经济**政策**走马灯似的变换，一会儿采取国库主义的措施，一会儿又采取自由放任的措施，无论如何不是有意反理财学的。同中国一样，商人在我们这里，无论中世纪还是今天，都为文人们"不耻"。但是，靠经济**政策**造不出资本主义的经济思想，战国时代商人的货币收入是国家供应商的**政治**利润。庞大的

[①] 除了前面讲的，还可参见德·格鲁特的《中国的宗教》第130页，纽约1910年。——原注

[②] 再版的沙畹编的《史记》第3卷第30章。前面也提到过这篇论文，可以参照。——原注

矿山徭役是为了寻找黄金。在儒教及其像基督教一样根深蒂固的伦理同**资产阶级**的生活方法论之间没有过渡的中间环节。这是至关重要的，清教违心地创造了这种生活方法论。这种"自然"的反转，仅仅在头一眼粗看上去时是罕见的、似是而非的，它所能给我们的教益是效果与意愿的悖论：这就是人与命运（命运是与人的**意图**相对的人的行动的**后果**）的含义。

清教是一种（同儒教）根本对立的理性地对待世界的模型。我们在前面已经看到，清教并不是一个完全清晰的概念。"清纯之教"最初的本意实际上主要指：为了上帝的荣誉而清洗了道德堕落的成员的基督圣餐共同体，不管是以加尔文主义为基础，还是以浸礼会教义为基础，也不管其教会体制是偏重于教会会议制，还是偏重于公理制的。①在广义上，则可以把清教理解为道德严格主义的、基督教禁欲主义的一般信徒共同体，包括从圣灵神秘主义发端的浸礼会派、孟诺教派、贵格派、禁欲的虔敬派和卫理公会派，与儒教模型相比，这种模型的特点是：尽管清教采取了拒世的形式，或者恰恰由于采取了这种形式，但它却是出世的反面：即世界理性化。在上帝面前，被造物的堕落并无区别可言，所以人本身都是邪恶的，在道德上绝对有缺陷，世界就是盛罪恶的容器。适应它那些毫无价值的习惯就是堕落的标志，儒教所谓的独善其身是亵渎神明、神化被造物的思想。财富及沉湎于享受财富，是典型的诱惑；吹嘘人的哲学和文化教养是有罪的被造物狂妄；对巫术的鬼神强制、神灵强制的信任不仅是可鄙的迷信，而且是对神的肆无忌惮的亵渎。一切使人联想到巫术的东西，任何礼仪主义和教士权力的残余都被根除了，大多数禁欲教派起码没有一个拿薪水的职业牧师。在贵格派的明亮的小集会厅里，没有宗教标志的任何一点最后的痕迹。

---

① 基督教新教教会体制的一种，以每一堂区的会众为教会的独立单位，不设教务行政上的各级总机构。每个教堂的会众以民主的方式直接选聘牧师管理教会。各教堂的具体制度也有会众自行决定。

人从天性上说都一样有罪，但是他们的宗教机会并不一样，而且大不一样，不仅一时不一样，而且最后也不一样。其理由，或是直接依据毫无理由的预定论①（如加尔文教徒、分化了的浸礼会教徒、怀特菲尔德②的卫理公会教徒以及改良虔敬派教徒就信仰预定论）；或者依据他们在圣灵的精神天赋方面的不同的素质；或者依据不同的思想强度，亦即他们追求获得旧虔敬派认为至关重要的皈依行动、"忏悔苦斗"、"突破"或诸如再生之类的境界所取得的不同的成绩。在这些差别中，一位超凡的神的天命和毫无道理的、并非应得的"自由"恩宠总是支配着一切。因此，预定论信仰虽然仅仅是这种达人宗教信仰的一种教条形式，然而却是始终如一的最坚定的形式。在永灭之群中，只有少数人应召得救，不管这种得救是根据预定论永远只为他们规定的，还是虽然大家都有机会（例如贵格派教徒认为，非基督徒也有机会），但只有一小批能够理解得救的人才能得救。根据某些虔敬派的教义，一生只有一次得救机会，其他教义（例如所谓的恩宠有期论，即神规定了人的悔罪得救时限的理论），则提供了一次一劳永逸的机会：无论如何，人必须能力求证明，自己应该得救。一切都是为了得到神的自由恩宠，为了彼岸的命运，而此岸的生活不是苦海，仅仅是一个过渡而已。正因为如此，才需要高度重视这短暂的一瞬和在这瞬间发生的一切，用卡莱尔③的名言来说，就是："在你降生之前，悠悠千载已逝，今后的悠悠千年正沉默地等待着，看你如何开始你的一生。"这并不是因为，一个人可能通过纯粹属于自己的成就来实现永远得救。这是不可能的。而是因为，个人只有通过觉悟到自己短暂的一生对超

---

① 加尔文教的神学教义，认为基督受死以行救赎，并非为全体世人，而只是上帝所特选的将被救赎者；世界皆决定于上帝的旨意，人是毫无能力的，尤其无能力解救自己；谁被上帝选召，谁被弃绝，都由上帝预先规定，与个人本身的行为无关。

② 怀特菲尔德（1714—1770），英国基督教圣公会传教士、与卫理公会派的创始人约翰·卫斯理结为挚友，共同赴美洲传教，在北美殖民地"宗教大觉醒运动"和早期循道会运动中起了重要作用。后同卫斯理在布道问题上发生分歧而分道扬镳。

③ 卡莱尔（1795—1881），苏格兰散文作家和史学家。

凡的神及神的意志的核心统一关系，即在"圣化"之中，才能分享得救的选召，特别是才能认识得救的选召。这种圣化又只能在神所喜欢的行动中，即在神的祝福所在的伦理行动中得到考验，例如各种积极的禁欲就是这样。因此，个人只有成为神的工具，才能切实得到得救的确信。可以想象的最高的精神奖赏就以这种方式被置于理性的道德的生活方法论中。只有按照由某种统一的中心控制的牢固的原则生活，才是神所喜欢的。如果无拘无束地投身尘世会绝对偏离得救之路的话，那么这个被造的尘世和被造的人类却恰恰是神的创造。他对尘世和人类提出特定的要求，（按照加尔文教的观点）他要把它们"变成他的光荣"，因此，不管这些被造物是何等堕落，他也要看到自己的荣誉在它们身上的实现，途径是用理性的动降服罪孽，并且尽可能消除苦难，"趁着白日，我们必须做那差我来者的工"[①]在这里变成了责任，这里所说的上帝交办的"工"，不是礼仪性的，而是理性伦理性的。

　　同儒教的对立昭然若揭，两种伦理都有自己的非理性基础：一个基于巫术，一个基于一位超凡的上帝最终不可探究的旨意。不过，从巫术中得出的结论是：为了避免神灵发怒，经过考验的巫术手段以及生活方式的一切传统形式都是不可更改的：传统是牢不可破的。反之，从超凡的上帝和邪恶的、伦理上非理性的、被造的世界的关系中，却可以得出这样的结论：传统绝对不是神圣的，从伦理上理性地征服世界、控制世界是不断更新的工作的绝无止境的任务，这就是"进步的"理性客观性。同（儒教的）理性地适应世界相对的是（清教的）理性地改造世界。儒教要求始终清醒地自我控制，维护各方面都完美无瑕的善于处事的人的尊严，清教伦理要求自我控制，则是为了把调整的标准有计划地统一于上帝的意志。儒教伦理把人有意识地置于他们自

---

① 《新约全书·约翰福音》（第9章）："耶稣过去的时候，看见一个人生来是瞎眼的。门徒问耶稣：'拉比，这人生来是瞎眼的，是谁犯了罪？是这人呢？还是他父母呢？'耶稣回答说：'也不是这人犯了罪，也不是他父母犯了罪，是要在他身上显出神的作为来。趁着白日，我们必须做那差我来者的工；黑夜到来，就没有人能做工了。我在世上的时候，是世上的光。'"

然而然地发展起来的或通过社会的上、下级联系而造成的个人关系中。它从伦理上神化了这些关系，也只是神化了这些关系。除了通过人与人之间、君侯与仆臣之间、上级官员与下级官员之间、父子、父兄之间、师生之间、朋友之间的个人关联造成的人间的忠孝义务以外，它不知道还有别的社会义务。相反，清教伦理虽然允许这些纯粹个人的关系在不同神作对的情况下存在，并从伦理上调节它们，但毕竟认为它们是可疑的，因为它们都是被造物。同上帝的关系，在任何情况下都比所有这些关系重要。必须绝对避免神化被造物的过于强化的人际关系。信赖人，尤其是信赖自然属性同自己最近的人，会危害灵魂。我们已经看到信奉加尔文教的蕾娜塔·封·埃斯特公爵夫人，如果知道上帝（根据毫无道理的预定论）摒弃了她本人的近亲，她也会诅咒他们的。由此得出了两种伦理概念实际上非常重要的差别，尽管我们在它们的实际应用中都称它们是理性主义的，尽管两者都得出了"功利主义"的结论。虽然不仅是从那种社会伦理立场，而且也从政治统治结构的固有规律性中，但主要还是从前者导致了中国对宗族制约的维系和政治、经济的组织形式完全系于个人关系的性质。这些组织形式明显缺乏理性的客观化和绝对的人际目的联合性，一开始就没有独立的团体，尤其在城市中，最后也没有完全客观地与目的结合起来的经济客观化的形式和企业形式。它们没有一样是纯粹中国特产。①一切共同体行动在中国一直是被纯粹个人的关系，特别是亲戚关系包围着，并以它们为前提，此外也与职业方面的结拜兄弟关系有关。反之，清教则将所有这一切都客观化了，消化为理性的"企业"和纯粹客观的经营关系，并用理性的法律和契约代替了中国那种原则上万能的传统、地方习惯以及具体的官场上的任人唯亲。

  另一个因素似乎更为重要。在中国，肯定现世的功利主义和对作为全面完善的道德的、万能手段的、财富的伦理价值的信念，同巨大的人口密度结合起来，把"精打细算"和寡欲提到了闻所未闻的高度。

---

① 关于"信用团结"的萌芽，参见前面的讨论。——原注

为了每一文钱都要讨价还价,算来算去,小商贩每天都要清点现金库存。据可信的旅游者报道,金钱和金钱利益似乎构成了土生土长的中国人私下里的话题,这在别的国度里实属罕见。然而,十分明显,从这种高度紧张的无止境的经济努力和那种往往很可悲的极端"唯物主义"中,并没有发展出至少在经济领域中作为近代资本主义前提的**有计划的伟大经营思想**。在中国,在那些过去的外来影响(如在广东人中间),或是今天不可避免地传播西方资本主义的印象没有教给土生土长的中国人这种经营思想的地方,就始终不知道有这样的思想,过去(特别是在政治分裂时期),中国独立地产生了自己的政治资本主义、官厅高利贷和饥荒信用高利贷、批发利润以及产业领域的工作场所(包括较大的工场)等形式,这种工作场所在古代晚期,在埃及和伊斯兰教中也出现过,近来又出现了对发行人和收购商的普遍依赖,这些形式一般说来也没有我们中世纪后期就已出现了的"国内制"的严格组织。尽管存在着相当集中的国内贸易(和至少一度很可观的对外贸易),但是并没有近代的,甚至中世纪晚期那样的市民资本主义:没有中世纪晚期,尤其是欧洲科学主义的产业"经营"的理性形式(参与近代机会的中国资本主要是官绅资本,即通过官厅高利贷积累起来的资本),没有欧洲式的经营组织的理性方法论,没有真正理性的商业信息服务组织,没有理性的货币制度,甚至没有达到埃及托勒密王朝时期所发展的货币制度的水平,只有法律制度的萌芽(独特的萌芽,但基本上是在技术不完备方面独特的萌芽),相当于我们的公司法、商业公司法、票据法和有价证券法,大量的[①]技术发明只有极少数被用于经济目的,最后,也没有真正有充分技术价值的商业的文书、计算和簿记制度。虽然中国几乎根本没有奴隶——这是大一统的结果——但

[①] 诸如矿业经营落后(通货之灾的原因)、炼铁不用煤(尽管据说有关于炼焦的知识)、把内河航运局限于传统的形式和路线的越来越多的航运限制,等等,不能归咎于**技术**才干不足或发明者的天赋不足,中国人的四大发明已经透彻地证明了这一点。对那种落后状况起决定性作用的是风水、五花八门的占卜术、有利可图的诉讼费。——原注

是同地中海国家古代的情况十分相似,只是比它们距离近代资本主义"精神"和制度更为遥远罢了。中国尽管有形形色色的异端裁判,但是较之不宽容,起码较之加尔文清教的不宽容,有远为博大的宗教宽容,此外,还有广泛的物资交换自由、和平、迁徙自由、职业选择自由、生产方式自由以及丝毫没有对商人习气的厌恶:所有这些都未能让近代资本主义在中国出现。正是在这个典型的营利之国反倒可以研究:营利欲、高度甚至极端推崇财富以及功利主义的"理性主义"本身,都同近代资本主义了无缘份。中国的中、小商人(以及固守古老传统的大商人)虽然也同清教徒一样,把成功与失败都归之于神的力量,但是中国人所归诸的,是他的(道教的)财神:成功与失败对于他来说,并不是恩宠地位的标志,而是具有重大巫术或礼仪意义的功或过的结果,因而可以努力通过礼仪"善行"得到补偿。中国人没有优秀的清教徒的那种受宗教制约的、中心的、内在的、理性的生活方法论,对于清教徒来说,经济的成功并非终极目标与自我目的,而是考验的手段。中国人缺乏抵制"世俗"的影响和印象的自觉的闭锁态度,清教徒则力求通过特定的单面倾向的意愿,像克制自己一样抵制"世俗"的影响和印象,这种抵制世俗影响和印象的闭锁态度**压抑**任何一种破坏任何理性的经营方法论的微小的**营利欲**,这种营利欲则是中国小商贩的行为特征。那种对自然的性生活[①]的奇特的限制和排斥,是严格的意志伦理理性化的产物,成为清教徒的习惯,都与儒家无缘,儒家对自由表露天然的情欲的节制,具有完全不同的性质。儒家慎独的出发点是保持外表仪态举止的尊严,是顾"面子",其实质是美学的,基本上是消极的,"举止"本身并无特定内容,却被推崇,被追求。清教徒也讲清醒的自我控制,却有积极的目的:有一定质的行为,除此之外,还有比较内在的东西:系统地抑制自己那种邪恶、堕落的内在的天性。彻底的虔信派信徒用簿记制定了抑制内容的清单,就连本杰明·富兰克林这样的追随者每天也要按照这份清单对照检查自己。

---

① 路德维希·克拉格的论著中有关于这方面的很好的译注。——原注

超凡的全知的上帝注意中心的内在的态度，相反，儒家所适应的尘世则只注意优雅的姿态。儒家君子只顾虑表面的"自制"，对别人普遍不信任，这种不信任阻碍了一切信贷和商业活动的发展；与此相对的是清教徒对教友的信任，特别是从经济上信任教友的无条件的、不可动摇的正当性，因为它是受宗教制约的。这种信任足以使清教徒对世界和人类，包括身居高位的人，而且恰恰是这些人的被造物的堕落所持的深刻的、现实主义的、毫无敬意的悲观论，不致成为对于资本主义商业必不可少的信贷的障碍，而只能促使他清醒地权衡对手的（外部和内部的）客观能力，指望对手的稳定动机，这种动机对于奉行"诚实才是上策"原则的客观的商业目的是不可或缺的。儒家的语言是华美、客气地表示，有其自身的目的；清教徒的语言则是客观、简明、绝对可信的商业传达："是，是；非，非。出此右者即为过"。儒家的"节俭"，在君子中受到等级制礼仪的严格限制，过度节俭，例如老子和道家的以神秘主义为前提的谦卑，受到儒家学派的反对，在中国小市民中间，这种节俭基本上就是农民把钱藏在袜筒里式的聚财。攒钱是为了确保葬礼和好名声，此外，也为了享受"有钱"本身的荣誉和快乐，如同全世界尚未从禁欲角度突破对待财富的态度的地方的做法一样。清教徒和佛教僧人一样，也认为占有本身是一种诱惑。清教徒的收入也同寺庙的收入一样，是禁欲成功的副产品和标志，约翰·卫斯理①说：我们别无选择（我们已经在前面读到）②——他是在明确地指出清教教派早就发现了的出世与营利有方之间的似是而非的矛盾之后说这话的——只能向人们建议：要笃信！"**而这意味着**"——不可避免的结果——"**富起来**"，尽管财富对于每一个笃信者的危险同对于寺庙一样明显。

  正如从儒教的始祖那里传下来的明确的教诲所指出的，对于儒家来说，财富是能够**高尚地**，亦即合乎尊严地生活，并致力于自身的完

---

① 约翰·卫斯理（1703—1791），基督新教卫斯理宗教创始人之一。
② 指前面的论文《新教伦理与资本主义精神》。

善的重要手段，对于用什么手段来改善人这个问题的答案是："富之！"因为只有富了，人们才能"不失身份、合乎地位"地生活。对于清教徒来说，收益是不期的结果。但却是个人道德的重要标志，把财富用于个人消费的目的，则是非常容易崇拜被造物的对尘世的沉湎。孔子本人并不鄙视对财富的追求，但财富又似乎靠不住，会破坏高贵的心灵平稳，一切本来的经济职业工作都是庸俗的匠人的活儿。在儒家眼里，匠人即使借助他的社会功利价值也**不能提高真正积极的尊严**。因为，"君子不器"，就是说，他在适应世界的独善其身的过程中，始终是终极目标，而不是任何事务性目的的手段，这是至关重要的。儒教伦理的这个核心命题反对专业化，反对近代的专业科层和专业训练，尤其反对为营利而进行的经济训练。与这种崇拜被造物的原则恰恰相反，清教视证明世界和职业生活的特殊的客观目的为己任。儒家是受过文献教育的人，确切地说，是受过书本教育的人，是活灵活现的**书呆子**，他们既无军事的与经济的理性化活动的活力，又不像希腊人那样看重演讲、擅长演讲。大多数清教派别当然都绝对精通圣经（圣经就是市民的法典和经营学），与此相反，他们都拒斥哲学与文学教育（尽管程度不等），即儒家的最高级的装潢，认为这样做虚度光阴，有害于宗教。经院哲学和辩证法，亚里士多德以及他的什么话，在他们眼里都是洪水猛兽，比如斯彭内尔[①]就宁要笛卡儿的以理性数学为基础的哲学，也不要它们。有用的实际知识，特别是经验自然科学的和地理学的方向、现实主义思维的冷静的明确性以及作为教育目的的专业知识，都是由清教界率先有计划地培植起来的，在德国，主要是由虔敬派完成的。这些知识，一方面是认识上帝的荣誉和上帝创造的世界天命的唯一道路；另一方面也是一种能够在职业工作中理性地把握世界并为上帝的荣誉竭尽绵薄的手段，儒教与清教都同希腊文化以及文艺复兴黄金时期的本质不相干，不过，各自的含义不同。

彻底地集中精力追求神所中意的目标、禁欲伦理的冷酷而又现实

---

① 斯彭内尔（1635—1705），德意志基督教神学家、著作家、虔敬派领袖。

的理性主义、实事求是地进行经营管理的方法论思想、对非法的政治的殖民的以追求君王及人们的恩惠而献媚为基础的掠夺和对垄断的资本主义的厌恶、冷静严格的合法性和日常经营的有节制的理性的活力、对最佳技术道路和现实的牢固性及目的性的理性主义的尊重而非对传统的技巧和古代手艺人的作品之美的欣赏——所有这些都是典型的现代资本主义企业家不可或缺的"伦理"素质和**诚**实的劳动者的典型的劳动意愿。这种宗教系统化了的冷酷的功利主义有任何理性主义化的禁欲所特有的风格:"在"世界中生活,而不是"靠"世界生活,有助于创造职业人阶层的优越的理性能力和"精神",这些却为儒教及其适应世界的生活方式所不取,所谓适应世界,就是说:虽然理性,但都是由外向内,而不是像清教那样由内向外规定的。这种对立说明:单纯的冷静和节俭同"营利欲"和重财结合起来,还远不是典型的近代经济职业人阶层所谓的"资本主义精神",也不能产生这种精神。典型的儒,用自己的或家族的积蓄来获取文化教育,通过科举,进而拥有上等人生活条件的基础。典型的清教徒挣得多,花得少,并且出于禁欲主义的节约强制,将其所得作为资本重新积极地投入到理性的资本主义经营中,理性主义对于我们来说,这是第二教义,包含在两种伦理的精神中。但是,只有以超世俗为方向的清教理性伦理才贯彻了**入世**的经济理性主义,这恰恰**因为**,后者与前者相近,也恰恰**因为**,对于清教理性伦理来说,入世的工作仅仅是追求超验的目标的一种表现。世界属于清教理性伦理,这符合天意,因为只有这种伦理是"为上帝及其正义而奋斗"的。由此,可见两种"理性主义"的根本区别:儒教理性主义意味着理性的适应世界;清教理性主义则意味着理性的**把握**世界。清教徒和儒家都"恬淡",但是清教徒的"恬淡"建立在一种强烈的激情的基础之上,正是这种儒家根本没有的激情鼓舞了西方的修士。在他们身上,西方禁欲的拒世态度与其另一面——把握世界的要求——不可分割地结合起来,因为这种要求是以一位超凡的神的名义向修士们提出来的,并进而以一种改变了的缓和的形式渗入了世俗界。没有什么比"天职"思想更同儒教的高尚理想相抵牾的了。"君子"是美学价值。因此也不是某位神之"器"。真正的基督徒,完全的禁欲主义者——不管是出世的还是入世的——则舍此别无他求,因为他的尊严正在于此,因为他正想成为一种理性地改造世界和把握世界的有用的工具。

  从一切迹象看,中国人有能力,甚至比日本人更有能力**吸收**在技术和经济方面都在近代文化领域中获得全面发展的资本主义。显然不能设想,中国人天生"达不到"资本主义的要求。同西方相比,中国有大量十分有利于资本主义产生的条件,可是中国也同西方或东方古代,或印度及伊斯兰世界一样,没有**造就**这样的资本主义,尽管上述国家和地区似乎都有过不同的有利于资本主义产生的条件。在那些可能或只能阻碍资本主义在中国出现的条件中,有许多也同样存在于西方,而且恰恰是在近代资本主义最后形成的时期,例如统治阶级和官僚制的世袭特征、货币经济混乱、不发达等,货币经济在托勒密王朝时代的埃及就远比15、16世纪的欧洲得到了更彻底的推行。在那些我们喜欢称之为西方资本主义发展的障碍的因素中,有些几千年来在中国就不复存在,例如封建制、大地主制(还有部分行会制)的束缚,此外,在西方典型阻碍物资流通的形形色色的垄断,似乎也有相当一部分是中国所没有的。自从古巴比伦和古希腊罗马时代以来,促使古今**相通**的以政治为前提的资本主义产生的诸因素之一——竞争各国之间的战争和战争准备,在中国历史上也是屡见不鲜的。人们似乎有可能相信:财富积累和资本利用的这种基本政治路线后来的取消,可能给以自由交换为方针的典型的近代资本主义提供了有利的机会,就**像**几乎根本没有战争组织的近代北美为资本主义的高度发展提供了最自由的空间一样。至少,这个世界帝国的和平直接了当地说明了,虽然中国没有西方古代(直到帝制时期)、东方和中世纪共同的**政治**资本主义,但**并非**没有纯粹经济的资本主义。"心态"——在这种场合,即对世界的实际态度——的基本特征,在其发展过程中,无疑受到政治与经济命运的影响,但是根据那些可以算作其固有规律性的作用,这些心态特征也积极参与了阻碍,很难说不是这样。

过渡研究：宗教拒世的阶段与方向理论

宗教拒世动机的一种理性构想——禁欲与神秘主义的类型学——宗教拒世的各种方向：经济、政治、美学、性爱、智识诸方面——拒世诸阶段——神义论的3种理性形式

我们要迈入的**印度的**宗教信仰领域同中国形成强烈的对比，是人间创造的宗教伦理在理论上和实践上同尘世最一致的形式的摇篮。而且，这里相应的"技术"也是最发达的。寺院制度与典型的禁欲和冥想技术都是最先在这里形成的，不仅如此，而且非常稳固。这种理想化在历史上或许自此便通过人世飞黄腾达起来。在我们研究这种宗教信仰之前，似乎有必要简单地弄清楚一种公式设计和理论构想：与世界一致的宗教理论究竟产生于何种动机又归于何种方向。这似乎是这种理性化的可能的"真义"。

宗教拒世动机的一种理性构想

构想出来的公式的目的当然仅仅是充当某种理念型的**定向手段**，而不是宣讲某种独特的哲学。这种公式从思想上设计出来的"生活秩序"的冲突类型仅仅说明：在这些地方，这种精神世界的冲突是**可能的**和"相宜"的，而**不是**说明：没有一种认为可以"消灭"冲突的立场。显而易见，其间每一种价值领域都是在理性的完美中炮制出来的，它们在现实中**绝少**出现，不过总是可以出现，而且以重要的历史**出现过**。当一种历史现象在个别或总体性质上接近于这类事实真相中某一种时，构想就能通过查证这种历史现象同理论地构建出来的类型的接近程度或距离来确定它的——这么说吧——类型学的位置。就此而言，构想不过是用来易化条理和术语的一种技术性的权宜之计。不过，在一定的条件下它还可以更有作为。理性——指某种智识——理论立场

或实践——伦理立场的逻辑的或目的论的一贯性——也有了（而且自古就有过）支配人类的权力，尽管过去和现在这种权力与任何地方的历史生活的其他权力相比是如此有限和不稳固。然而，恰恰是那些在意图上理性化了的，由知识分子创造的宗教的世界解释和伦理遭到了一贯性信条的冷嘲热讽。尽管这些解释和伦理在具体情况下并不怎么迎合"无矛盾性"的要求，尽管它们把不可理性的指导的立场放进它们的伦理要求中去，实际要求的理性的，特别是目的论的指导作用在所有这些解释和伦理中总是以这种或那种形式表现得非常显眼。出自这种客观的理由，我们也可以通过有目的地构建起来的理性类型来简化描述过程，也就是说，通过某种可以从牢固的既定前提中推导出来的实际行为的内部"最稳定"的形式来简化，因为多种性的描述容易乱套。而且，这样一种宗教社会学的尝试最终和首先都必须和愿意有朝一日同时成为对理性主义本身的类型学和社会学的一种贡献。所以这种尝试从能够接受现实的最理性的形式出发并努力确证：某些可以从理论上建立起来的理性结论在多大程度上用到了实践中，抑或为什么没能用到实践中？

禁欲与神秘主义的类型学

在《导论》和后来的某些论述中，已经涉及了超凡的造物神对于宗教伦理，特别是对于积极禁欲的救赎方向的伟大意义，这种救赎方向完全不同于那种冥想的、神秘主义的、内在的与神权的非人格化和固有性为伍的方向。但是，由于这样的休戚相关①并不是绝对的，由于并非超凡的神本身就已经规定了西方禁欲的方向，因此产生了这样的考虑：基督教的三位一体靠其神—人救世主和圣徒描绘的上帝的形象比犹太教，特别是后期犹太教的上帝或伊斯兰教的安拉都更少超凡性。

---

① E. 特洛尔奇曾一再以充分的理由强调指出这一点。——原注

犹太教虽然有神秘主义，但没发展出西方式的禁欲。在古伊斯兰教中，禁欲干脆被摒弃了。托钵僧信仰的特点产生于完全不同于对超凡的选物神的关系的另外的根源，从其内在的本质来看，与西方禁欲主义毫不相干，超凡的上帝思想尽管十分重要，尽管同使命预言和行动禁欲有亲缘关系，但不能单独发挥作用，而是必须同别的条件，特别是宗教的预言方式及由此规定的救赎道路，结合起来。对此，我们得详细地反复地讨论。为了澄清概念，首要的是继续专门研究已经多次作为对立概念剖析过的"禁欲"与"神秘主义"。

我们在《导论》的阐释中就已经提出了出世方面的一组对立：其一，积极的禁欲——神所中意的**行动**即当神的工具；其二，冥想的神秘主义地拥有圣灵，其含义只是"拥有"而不是行动，在这种解释中，个人不是神的工具，而是盛圣水的"器皿"，因此，人间的行动只能危及非理性的、非尘世的得救。如果一方面，行动的禁欲在尘世上以理性的形象通过尘世的"天职"劳动制约着被造物的堕落（世俗禁欲）；另一方面，神秘主义又得出了全部极端**遁世**的结论（遁世冥想），对立便是水火不相容的了。如果行动的禁欲仅限于遏制、克服被造物本身的堕落，因此把注意固定下来的神所中意的积极的救赎成绩提高为规避世俗秩序中的行动（遁世禁欲），因此按照遁世的冥想逐渐接近世外的行为，上面说的对立就会缓解。这是一种情形，还有另一种情形下的缓解：冥想的神秘主义者不是得出遁世的结论，而是像世俗的禁欲主义者那样，留在世俗秩序之中（世俗神秘主义）。在两种情形中，对立其实都可以在实际中消失，进而出现两种救赎追求的任何一种形式的联合。但是对立也可以在酷似的窠臼中继续存在。真正的神秘主义者坚持这样的原则：被造物只能沉默，以便神能开口。神"在"世上，并顺应世俗的秩序，目的在于与世俗对立，由此确保他的恩宠：他反对要他看重世俗活动的诱惑。正如我们在老子身上所能看到的那样，一种特别恭顺的谦卑——把行动减少到最低限度（无为），是尘世上的一种宗教隐匿方式。老子的典型态度是：他通过考验证明自己**反对**尘世，**反对**他在尘世的行为。与此截然相反，世俗的禁欲则是**通过行动**

来考验的。对于世俗禁欲主义者来说，神秘主义者的行动是自我欣赏的表现；对于神秘主义者来说，（世俗行动的）禁欲主义者的行为是纠缠在神所厌恶的世俗活动中，这种纠缠又离不开虚荣的自我标榜。人们习惯于把"幸福的偏见"归咎于典型的清教徒，而世俗的禁欲正是用这种"幸福的偏见"阐发出最终深藏于这种禁欲精神内里的神圣的阳刚的天意，因为这些天意早就存在于由神支配的被造物的理性制度中了。相反，神秘主义者认为，只有在神秘主义的经历中把握那种完全非理性的终极意念才于得救至关重要。两种行为方式的遁世形式是可以通过类似的对立来区分的。我们将通过具体的阐释来讨论这种对立。

我们现在开始具体考察世俗与宗教之间的紧密关系，在这方面，我们将联系《导论》中的阐释，以便对它们略加改变。

（我们在《导论》中）已经说过，那些向着有条不紊的生活方式发展，既形成了禁欲的萌芽，也形成了神秘主义的萌芽的行为方式的种类，最早是从巫术的前提中成长起来的，它们或被用于唤起卡里斯马素质，或被用于掩盖凶残的魔法。前一种情形从发展史的角度来看比较重要。因为它们刚出现时，禁欲就表现出双重性：一面是拒世，另一面是借助由此得到的巫术力量来控制世界。术士是发展史上先知的先驱：既是模范先知的先驱，也是使命先知和救世主的先驱。先知与救世主一般都是通过具备某种巫术卡里斯马使自己具有正当合法性。不过，这仅仅是承认他们人格的典范意义或使命或救世主素质的手段。因为，预言或救世主戒律的内容是追求某种救世财富的生活方式的方向。在这个意义上，至少可以相对地认为是生活方式的理性的系统化。或是在个别几点上，或是全部系统化。后者在所有真正的"救赎"宗教中是常规，就是说，在所有答应将其信徒从**苦难**中解放出来的宗教中是常规。而且苦难的本质越是升华，转向内心生活并具有原则性，就越是这样。因为这样一来就等于将信徒置于一种使他精神得到保护，不是苦难侵扰的**永恒**的状态中。不是通过放荡或禁欲或冥想急不可待地、不正常地亦即短暂地得到神圣的状态，而是应当得到得救者的神圣的并因此确保得救的常态:抽象地说,这就是救赎宗教的理性目的。作为预言或救世主宣传的后果,出现了一种共同体,于是司生活规定之权首先落到了先知或救世主的传人、弟子、门徒手里。以后,在非常有规律地反复出现的特定的条件下——我们现在暂不研究这些条件——这种权力又落到了一个世袭的或职业性的神职僧侣阶级手里,而先知或救世主通常则恰恰站在传统的僧侣势力——术士或教士的对立面上,用个人的卡里斯马对抗他们被传统地授予的尊严,以便粉碎他们的权力,或者强迫他们为自己效劳。

刚才说的都是不言而喻的前提,同样,先知和救世主的宗教也生活在一种对于发展史十分重要的伟大的条件下,生活在同世俗及其秩序的紧张关系中,这种紧张不仅是短暂的(根据所用的术语,这是不言而喻的),甚至是持久的。而且,越是真正的救赎宗教,就越是这样。一俟救赎观念和先知救世说的本质发展成理性的伦理,而且是以作为救世手段的**内心**的宗教救世财富为方向的伦理(原则性越强,发展越快),真正的救赎宗教也就应运而生了。这还要视这种伦理,用常话说,脱离礼仪主义向"心志信仰"升华的程度而定,升华越快,救赎宗教出现的也越快。而且,对(最广义的)"世俗"财富的物质与精神占有的理性化与升华本身越进步,紧张关系就越强烈。因为人在物质与精神的、宗教与世俗的财富占有的各个方面的理性化及有意识的升华迫切要求,使个别领域**内在的固有规律性**在其结论中成为**自觉的**,并由此陷入相互间的紧张关系中,对于同外界关系的天真无邪来说,这些紧张关系一直是潜在的。这是(世俗与世外的)财富占有向理性的东西、自觉追求的东西和通过知识升华了的东西发展的十分普遍的结果,这种发展对于宗教史来说非常重要。我们以一系列这样的财富为例,说明在非常不同的宗教伦理中用某种方式反复发生的典型现象。

宗教拒世的各种方向：
经济、政治、美学、性爱诸方面

如果说救赎预言创造了纯粹宗教基础上的共同体，那么使这种预言陷入冲突之中并由于这种预言的出现而担心自己会失效的第一种势力便是天生的**宗族**共同体。谁如果不能与他的亲人、父母为敌，谁就不能当耶稣的门徒："我来，并不是叫地上太平，乃是叫地上动刀兵"就指的这种关系。诚然，绝大多数宗教也承认世俗的孝道，但是救世主、先知、教士、听忏悔的神父、修道士在信徒们的信念中最终要比血亲和姻亲本身近。救赎的目的被理解得越普遍、越深刻，这一点就越是不言而喻。在那些关系至少可以说相对失效、巫术束缚和宗教的排他性瓦解了的条件下，预言首先在它成为耶稣救世学的教区信仰的地方创造了一种新的社会共同体。在这种共同体内部，预言于是发展成了一种宗教的博爱伦理。最初多是在简单地接受原始的社会伦理原则的情形下进行的，提出这些原则的是"邻里联合体"：村落、宗族、行会、航运、狩猎、兵团等同志共同体，这种共同体有两个基本原则：1. 内部道德和外部道德的二元论；2. 对内部道德来说，是简单的将心比心："己所不欲，勿施于人。"这些原则的经济后果则是：博爱的扶危救困的义务原则限于内部道德；包括有产者和上等人给没有资财的人的无偿援助、无息贷款，要好客、助人为乐，当邻家或贵族庄园请求帮忙时，要无偿前去，不计报酬。一切都遵循这样的原则：今天你的难处可能会成为明天我的难处，虽然未经理性的权衡，但在感情上都有共鸣。与此对立的是，（交换与借贷时的）讨价还价和长期奴役（例如作为债务的产物）仅仅适用于非同志的外部道德。教区信仰把这种古老的经济睦邻伦理引申到了主内兄弟的关系上。贵人与富人对寡妇与孤儿，对贫、病的主内兄弟所负的扶危救困的义务，特别是唱诗班的歌手和术士以及禁欲主义者在经济上所依赖的富人的布施，成为全世界一切从伦理上理性化了的宗教的基本戒律。特别是在救赎预言中，一切有识之士真正的或有威胁性的外部的或内心的共同苦难是他们的共同体系的结构原则。救赎观念被理解得越理性、越从伦理上升华,从邻里联合体的将心比心伦理中发展起来的戒律不管从外部还是从人的内心来看,就提得越高。从外部,一直提高到四海之内皆兄弟的泛爱共产主义;从内心,则提高为博爱、对受苦受难的人本身的爱、他人之爱、人类之爱,直到爱敌人等等信念。有一种思想认为,人间是无辜受难之地,也是一切招致苦难的经验同样的不完美与堕落的产物。鉴于这种思想,出现了信仰桎梏的限制,最终出现了仇恨的事实。在这方面,在同一方向上起着纯心理学作用的,一般说来主要是形形色色的升华了的宗教的心醉神迷状态的独特精神快感。从虔诚肃穆的感动到与神直接交流,凡此种种都喜欢追求无对象的泛爱无宇宙论。因此,一切无宇宙论的仁慈之士的深沉的极乐至福是融化在救赎宗教中,这些宗教都有一种大慈大悲的知识,认为个人与整个人类的本质都是天生有缺陷的。当然,除此之外心理学的润色以及对内心态度的理性的伦理要求总是以某种方式存在于一种普遍主义的博爱方向中,这种四海之内皆兄弟的爱超越了任何社会团体的藩篱,往往也包括自身的信仰团体的藩篱,这种宗教的博爱推行得越彻底,它同世俗的秩序和价值的矛盾就越尖锐。而且总是这样,例如这里就是:宗教博爱本身越是根据其固有的规律性得到理性化和升华,就越要注意这种不可调和的冲突。

　　这种现象在经济领域中最引人注目。一切原始的鬼神影响,无论是巫术的还是秘仪的,它们所追求的具体利益除了长寿、健康、荣誉、后代和真正改善此岸的命运以外,财富也是不言而喻的目的,伊琉欣努秘仪如是,腓尼基和威尼斯的宗教、中国的民间宗教、古犹太教、古伊斯兰教以及虔诚的普通印度教和佛教徒的希望也如是。反之,升华了的救赎宗教和理性化了的经济则陷入了日益严重的相互间的紧张关系之中。理性的经济是客观的**经营活动**。它遵循在人与人之间的利益之争中从**市场**上产生的货币价值。如果没有对货币价值的评估,就是说:没有那种争斗,就不可能有任何形式的**计算**。货币是人类生活中最抽象的和"最非人格化"的东西。现代理性主义经济的结构越是追求其固有的规律性，那种同某种宗教的博爱伦理中想象出来的关系就越难以实现，而且随着这种经济结构的理性化和非人格化，困难只会增加。因为虽然可以从伦理上把主人同奴隶之间的个人关系调整得无懈可击——这也正是由于这种关系是个人的——但是——至少不是从相同的意义和相同的后果上说——这绝不是抵押银行中，抵押文件和变换不定的持有者和他们所不认识的同样变化不定的债务人之间的关系，在他们之间绝无个人的联系。如果试一试，那么后果就是我们在中国认识到的：遏止形式理性。因为形式理性和实质理性在这里互相冲突。因此，正如我们已经看到的，虽然救赎宗教本身有一种所谓无宇宙论之爱的独特的非人格化倾向，但是它们却怀着极深的不信任来看待那种从另一种定义上说同样非人格化的但正因为如此才特别反对博爱的经济势力的发展。天主教的"神不喜欢占有财富"长期规定着它对营利生活的态度，在一切理性的救赎方法论中，对追逐钱财的警告一直升级为厌弃。宗教共同体本身及其宣传和自我标榜对经济手段的依附以及对民众的文化需求和日常利益的适应，迫使它们做出某些妥协，禁息史仅仅是这种妥协中的一例。对于真正的救赎伦理来说，这种紧张本身最终是难以克服的。

　　宗教的炉火纯青的大师伦理以极端激进的方式通过拒斥对经济财富的占有这种紧张关系作出了反应，这就是：通过禁止僧侣拥有个人财产来实行遁世的禁欲、绝对自力更生，最主要的是把需求限制在绝对不可缺少的范围内。所有理性的禁欲主义的悖论是：它们自己创造了它们所拒斥的财富，这种悖论以同样的方式损害着各个时期的禁欲生活。无论在哪里，寺院本身都是理性经济的产地。遁世的冥想在原则性的变化中只能提出这样的原则：一无所有的僧侣只能享受大自然和人类自愿奉献给他的东西：植物的浆果、根茎和人的布施，因为劳动会使他分心，不能把精力集中在冥想的救世财富上，就连遁世的冥想也做出了让步：建立行乞教区（例如在印度）。只有两条可以在原则上和**内心**里彻底避免紧张的途径。其一是，作为炉火纯青的宗教信仰而摒弃了泛爱普遍主义的清教天职伦理的悖论，把世上一切圣事活动——在其终极意义上完全不可思议,现在却能看得出是积极的意愿和神圣的考验——都理性地客观化了,并且接受了在全世界被贬抑为卑劣、堕落的经济结构的客观化,认为这是神所中意的,是履行义务的实质。说到底,这就是彻底放弃那种作为可以通过人来实现并且每一个人都是实现的目的的救赎,因为这样的救赎有利于那种高深莫测的但始终是个别的恩宠。这种非博爱的立场其实已不再是本来意义上的"救赎宗教"。对于这样一种救赎宗教来说,只有单纯地表现为把博爱拔高为神秘主义者的泛爱无宇宙论的"仁慈",这样的"仁慈"根本不向它所为之奉献的人,说到底,几乎说不上关心人,在你需要一件大衣时,它扔过来一件衬衫就算打发了你,对于每一个不期而遇的人都是这样,原因就在于不期而遇:表现为对随便什么人的无对象奉献的独特的遁世,不是为了人,而是单纯地为了奉献而奉献,用波德莱尔[①]的话说,就是为了"神圣的灵魂卖淫"。

  与世俗**政治**制度的紧张关系也只能由于彻底的博爱伦理而变得尖锐起来。对于巫术的和功能神的宗教信仰来说,不存在这样的问题。古代的战神和保障法律制度的神,都是义不容辞地保护生命财产安全的功能神。地域神、氏族神和司法神只管其团体的利益。神也同共同体一样,为了一己的利益而同别的神作战而且只有在战斗中才能考验神力。后来,普遍主义的宗教用一位统一的世界神冲破了这种藩篱,当这位神是一位旨在维护以博爱要求为基础的救赎宗教"仁爱"之神时,这种冲击便十分强烈,只在这种条件下,问题才产生了。而且同经济领域中一样,政治制度变得越理性,问题就越多。"没有个人的尊严","无恨无爱",没有恨,因而也没有爱,科层制的国家机器以及包括在其中的人的政治,同样也有人的经济,就这样客观地完成了它的事务,如果它在国家暴力制度的理性标准最理想的意义上完成了对不义的惩罚,这种惩罚也属于它的事务。由于这些事务在实质伦理化的基础上非人格化了,所以尽管从现象上看恰恰相反,科层制的国家机

---

① 波德莱尔(1821—1867),法国现代派诗人。

器在最重要的几点上不像以往的世袭制那样容易理解：这种世袭制建立在每一种个别情况下对个人的孝义和具体的个人尊重的基础上，其前提恰恰是"个人的尊严"。这是因为国家机器行使司法和行政方面的内政功能的整个过程——尽管有种种"社会政策"——最终总是不可避免地按照国家理性的服务条例来调整自己，亦即按照维持（或改造）内部或外部的权力分配的自我目的来调整自己，这在任何普遍主义的救赎宗教看来都是毫无意义的。这样一来，也就更适合外交政策了。呼吁不仅对外，而且对内使用暴力强制手段，是任何政治联合体的绝对本质。确切地说，按照我们的术语，国家之所以为政治联合体，在于"国家"是要求垄断**合法暴力**的团体，舍此再无别的定义。与《登山宝训》的"勿以暴力反抗恶行"针锋相对，国家主张："当要你对不义负责时，你**应当**也用**暴力**来帮助正义取得胜利。"哪里做不到这点，哪里就没有"国家"：和平主义的"无政府主义"进入了生活，暴力和以暴力相威胁却根据一切行动的一种不可摆脱的教条，不可避免地一再重新产生出暴力。在这个过程中，无论从外部还是从内部看，国家理性都是其本身固有的规律的产物。暴力和以暴力相威胁本身的**结果**最终当然取决于权力关系，而不是取决于伦理的"正义"，即使你把这样一种"正义"的对象范畴完全视为可以找得到的。在权力斗争中，互相对峙的集团和掌权者个个刚愎自用、信心十足，这正是理性国家的典型现象。对于任何一种始终如一的信念的宗教理性化来说，这不过是玩弄伦理，把神引入政治的权力斗争，滥用神的名字。与此相反，从政治理性中彻底消灭一切伦理的东西倒还干净点，也算得上老实。任何政治，越是"客观"和斤斤计较，越是摆脱激情、愤怒和爱，结果只能离博爱越远。

如果两个领域中的任何一种彻底理性化了，那么它们之间的互相疏远就特别尖锐地表现为：在最重要的方面，政治，与经济相反，可能会以宗教伦理的直接竞争者出现。作为现实化了的暴力威胁的**战争**恰恰在现代政治共同体中创造了一种激情和一种共同体感情，唤起了战斗者的献身精神，建立起无条件的牺牲共同体，激发起富于同情心和爱的劳动,这种爱,为了作为大众现象的穷人冲破了一切天然联合体的藩篱,宗教一般只能在博爱伦理的英雄共同体中给这种现象以类似的帮助。除此之外,战争也给参加战争的人本身带来了某些——从他的具体气质上看——独特的东西:这种东西存在于只有他才具有的对死之意义和死之奉献的感受中。战场上的部队今天也同崔从时代一样,至死都感觉到自己是一个共同体:一个最伟大的共同体。一般的死亡就是常说的"人没了",生命不再继续,死亡是一种会突然落到每一个人头上的命运,而用不着说:为什么偏偏会落到这个人头上,而且偏偏在这个时刻,这种命运宣告了一种终结,而在文化财富的无限的提高、发展和升华中似乎只有开端才是有意义的。战场上的死与这种不可避免的死亡的区别在于,在战场上,而且**只有**在这种群众性的场面中,个人才能**相信**他懂得了:他是"为了"什么而死的,他因为什么去死,为了什么去死,对于他来说——除了他以外,就只有以身殉"职"的人了——通常是义不容辞的,以至于那种最一般意义上的死的"含义"问题——这是救赎宗教研究的问题——根本找不到它赖以产生的前提。这种把死亡提到有意义的和奉献的事件行列中的成就,最终成为一切支撑政治的权力联合体的特殊尊严的尝试的基础。诸如这里讨论的死亡何以被理解成为有意义的之类的方式,按照死亡神义论的大相径庭的方向,取决于博爱的宗教信仰。这种信仰认为,与战争相联系的人类集团的博爱贬了值,不过是技术上精心设计的战斗之野蛮的赤裸裸的反映,对阵亡者的世俗封祭不过是神化兄弟间的残杀。正是战争博爱与战争死亡的非常性——不同于神圣卡里斯马和神圣共同体的经历——把竞争提到了无以复加的高度。即使这里,也只有两种彻底的解决方法。其一是,赞成清教的天职禁欲的神恩特殊主义。这种理论认为,神的诫命是固定不变的,是由神启示给人的,除此之外神是不可思议的;这种理论认为,神的意志是:必须以其人之道还治其人之身,用暴力强迫这个被造物的因而屈服于暴力和伦理野蛮的世界。不过,这至少意味着,为了神的"事务"的利益,博爱义务是有节制的;其二是,赞成神秘主义的救赎追求的极端反政治主义,这种救赎追求主张无宇宙论仁慈与博爱，它们用"勿抵抗恶行"的原则以及任何自持的世俗英雄伦理都认为卑贱之极、丧失尊严的"把左脸也送过去"的座右铭摆脱了任何政治行动不可或缺的暴力原则。其他一切解决方法都背上了包袱：妥协或在真正的博爱伦理看来难免不诚实或让人觉得不舒服的先决条件。不过，这些解决方法中的某几种还是作为类型引起了原则性的关注。

一个普遍主义的神恩**团体**中的每一个救赎组织都会感到自己在神面前对一切人，或一切信赖自己的人的灵魂负有责任，因而有正义感和义务感，包括用肆无忌惮的暴力来反对通过信仰中的错误引导对自己造成的危害，并促进神恩手段的传播。就连救世贵族论也像在加尔文教（另一种方式在伊斯兰教）中那样，背负神的诫命——为了神的荣耀而制服罪恶的世界，从而孕育了积极的"信仰斗士"那样的人物，由此也产生了"圣战"或"义战"同其他一切纯世俗的因而深遭贬抑的战争活动区别，前者指为伸长神的诫命，为信仰而进行的战争，从任何意义上说都是一种宗教战争。因此，信仰斗士拒绝强迫他参加那种不符合神意并且违背自己良心的不义的政治暴力战争——无往不胜的克伦威尔义军对强制服兵役就采取了这样的立场；反之，雇佣军则屈服于战争强制役。当神的意志通过人来推行暴力压迫时，特别是为了信仰，信仰斗士就会根据这样一种原则得出积极的信仰革命的结论。路德教的预备信仰则与此截然相反。这种宗教信仰反对信仰战争，拒绝积极地抵抗信仰——这里指某种把救赎织进暴力原则网中的专横的世俗暴力压迫。在这种前提下，路德教的信仰在这方面只知道消极抵抗，即使在世俗当局发动世俗战争时，它也毫不迟疑地同意服从世俗当局，这是因为对战争负责的是当局，而不是个别的人，还因为与（天主教的）精神普遍主义的救世预备相反，世俗暴力制度的伦理独立性得到了承认。路德的个人基督教固有的神秘主义信仰的特点，在这里承担了一半后果。因为，炉火纯青的宗教大师们独特的神秘主义的或圣灵的、宗教卡里斯马的救世追求在任何地方都曾经是从骨子里非政治的或反政治的。它虽然热心地承认了人间秩序的独立性，但只是为了前后一贯地由此推导出这些秩序的极端凶残的本质，或者至少也是对它们采取绝对漠不关心的立场，这种立场可以用一句话来表达："把皇帝的东西给皇帝。"（因为：这些东西同救世何干？）

宗教组织与权力利益和权力斗争独特地交织在一起。连高度发展的同尘世之间的紧张关系最终也不可避免地崩溃了，代之以妥协和相对化。宗教组织被用来从政治上驯化民众，并且也有这种能力和资格。现存的政权非常需要在宗教仪式上得到承认。所有这些，决定了历史上的各种宗教对待政治行动所采取的截然不同的经验立场。它们几乎全是宗教救世价值及其伦理性的固有规律相对化的形式。然而，它们最重要的实践类型却是**"有机的"**社会伦理，这种伦理以形形色色的形式得以传播，其职业思想成为世俗禁欲的职业思想的最重要的对立面。

当世俗禁欲以宗教为基础时，它也立足于"博爱"的大地上。不过，与神秘主义的泛爱无宇宙论不同，控制它的是一种宇宙的、理性的博爱要求。以经验为标准的宗教卡里斯马的不平等则是出发点。据此，只有某些人可以得救，不是所有的人都能得救，而这恰恰是世俗禁欲无法接受的。正因为如此，它的社会伦理便试图把这种卡里斯马资格的不平等与世俗等级制度的划分结合起来，共同转入一个在职业构成方面安排有序、取得了神所喜欢的成就的宇宙，在这个宇宙内部，规定好了的任务按照个人卡里斯马和决定命运的社会与经济地位落到了每一个人和每一个群体身上。一般来说，这些任务都是为了实现尽管有妥协性，但神仍喜欢的状态，这里所说的实现是同时从社会功利和天意两方面来解释的。鉴于尘世的罪恶、堕落，这种状态至少有可能相对地遏制罪恶和苦难，至少有可能为天国考验、拯救尽可能多的受到危害的灵魂。印度的竭摩教义则恰恰相反，从完全以个人利益为主旨的救世条例出发，把崇高的神义论交给了有机社会理论。我们不久就要认识这种神义论。没有这种非常独特的结合，任何赞成激进的、神秘主义的、宗教的博爱伦理的有机社会伦理都难免流于对世俗特权阶层利益的调适。从世俗禁欲的立场来看，向个人生活彻底的伦理理性化发展的精神动力则脱离了这类社会伦理。因为它没有每一个人自己从本身的得救利益出发而为理性的、**有条理的**生活造型所付出的保险费。相反，对于有机的救赎条例一方来说，包括生活秩序的理性客观化的世俗禁欲救赎贵族论只能是压迫和无爱的最强硬的形式；神秘主义的贵族救赎论也只能是一种升华了的、实际上并无博爱的自我欣赏——仅仅对自己的卡里斯马的欣赏，毫无计划的泛爱无宇宙论不过变成了追求个人得救的自私的手段。归根结蒂，两者都谴责社会世界，说它是毫无意义的，至少也是神的完全不可思议的目的。宗教有机社会论的理性主义不能容忍这种思想，它试图把世界理解为一个尽管充满罪恶，但却遵循着神的救世计划的轨迹宇宙，就是说，起码还是一个相对理性化了的宇宙。然而，大师信仰的绝对卡里斯马主义却认为这种相对化完全是卑鄙的和反救世的。

经济的和政治的理性行动都遵循其固有的规律，同样，世上任何一种别的理性行动都离不开必须成为它的手段或目的的反博爱的前提，因此总是陷入同博爱伦理的紧张中。不过，这类行动本身也有深刻的矛盾。因为，似乎无法回答这样一个最重要的问题：在具体情形中，一种行动的伦理价值应当由什么来决定？是**结果**，还是可以从伦理上规定的这一行动的**固有价值**？行动者对后果的责任是否可以神化手段？在多大程度上神化？或者反过来，行动所具有的信念的价值应当赋予自己权利：拒绝为后果承担责任，把它推给神或神所允许的人世的堕落与愚昧。宗教伦理在信念伦理方面的升华会乐于做出第二种选择："基督徒行义，后果听凭上帝"。可是这样一来，在切实贯彻执行时，特殊的行动在世界的固有规律性面前又被判为后果非理性。[①]有鉴于此，升华为无宇宙论的救赎追求的彻底性最终可以导致反对目的理性的行动本身，亦即一切可以包容在手段与目的范畴中的行动，说它们被尘世所制约，为神所厌弃。我们以后会看到，在各种不同的符合逻辑的思维中，从《圣经》里关于旷野的百合花的比喻，直到佛教里更富有原则性的表达，都出现了这种情形。

---

① 后面要讲到，这在《薄伽梵歌》中最彻底地从理论上得到了贯彻。——原注

有机的社会伦理无论在哪里都是一种非常保守的反革命势力。不过，在一定的条件下也可以从本来的大师信仰中得出另外的**革命**的结论。当然，前提是：暴力性实践不被看作一切被造物的永恒的品质，这里所说的暴力性实践指的是大师信仰本身就招致暴力，在任何情况下变化的只有实施暴力统治的个人和手法。根据不同的倾向，大师信仰的革命转变原则上可以采取两种形式。其中一种产生于世俗禁欲，无论什么地方，只要这种禁欲能用一种绝对神圣的"自然法"来反对人间被造物的堕落的经验秩序，就能出现这种形式。在全世界的理性宗教中都有这样一句至理名言：一个人应当更多地服从神，而不是服从人，于是实现"自然法"就成了世俗禁欲的宗教义务。真正的清教革命就是这样的类型，在别的地方也可以找到这类革命的对应物。这种态度完全符合对信仰战争的义务。另一种是神秘主义者一直在心理上进行的从拥有神到对神着魔状态的可能的转变。当一种来世论的期待照亮了无宇宙论的博爱时，也就是说，当对人世与使人得以解脱的非理性的冥界之间永恒的紧张关系的信仰破灭时，这种转变就应运而生了。神秘主义者于是变成了救世主和先知。然而，他所宣布的诫命却没有理性的性质。作为他的卡里斯马的产物，它们都是具体的启示，极端的拒世思想摇身一变成了极端的**社会道德颓废论**。社会的诫命管不着对神确实着魔的人，直到浸礼会革命的各种千年期说都以此为基础。这种人的行动方式即使对于靠着他的"神力"得救的人也毫无救世意义。以后我们在印度教的吉瓦姆克第中还会发现类似的东西。

如果说宗教的博爱伦理与人间目的理性行动的固有规律性处于紧张之中；那么同样也与那些本质上具有非理性和反理性特征的世俗的生活势力处于紧张之中，特别是在美学和情爱方面。

巫术信仰与前者有密切联系。作为用某种固定的"风格"来说服自然主义的最初阶段的偶像、圣像和其他各种宗教艺术品以及它们的经过验定的形体的铸型，作为心醉神迷的手段或念咒驱邪等巫术手段的音乐，作为神圣的歌唱家和舞蹈家的术士，作为最早的调性预备阶段的经过巫术考验而被刻板地固定下来的巫术音调关系，作为节奏来源之一的经过巫术考验的心醉神迷手段的舞步，在通过一锤定音规定下的目的使建筑任务从风格上固定化并通过巫术的考验使建筑形式从风格上固定化的条件下成为一切建筑物中佼佼者的佛殿和教堂，作为同宗教热情决定的寺庙与教会的财富结合在一起的工艺品的形形色色的教堂壁饰和器物：这一切，长期以来使宗教一方面成为艺术发展的一种永不枯竭的源泉，另一方面又通过传统的形成成为宗教风格的源泉。无论对于宗教的博爱伦理还是对于先验的严肃主义来说，作为巫术作用的体现者的艺术都不仅贬了值，而且令人怀疑。无论是宗教伦理与救赎追求的升华，还是艺术固有的规律性，它们本身也都喜欢强调一种日益激化的紧张关系。一切纯化了的救赎信仰都只注意对于救赎至关重要的事物与行动的意义，而不是它们的形式。在这些救赎信仰看来，形式正在失去价值，成为偶然的、被造物的、脱离了意义的东西。只有当接纳者自觉而质朴地关注服从的内容，而不是形式本身时，只有当造物主的功勋不是自以为是"能"的（本来意义上的：巫术的）卡里斯马，便是自以为是儿戏的，艺术方面不受拘束的关系才能刚直地保存下来或一再重建起来。然而，唯智论的发展和生活的理性化却推迟着这种状况的出现。于是，艺术便作为一种始终自觉的、独立的、被理解的内在价值的宇宙建立起来了。它承担起一种如前所述的世俗**救赎**功能：从日常生活中，特别是从越来越重的理论的与实践的理性主义的压力下解脱出来。但是这种要求却使艺术同救赎宗教发生了直接冲突。任何理性的宗教伦理都必须反对这种世俗的非理性的救赎，它们认为它是一个毫不负责的和毫无慈爱之心的王国。拒绝对某种伦理的判断负责任是唯智论时代习以为常的特点，实际上是赞成把伦理意义上的价值判断改造成为审美的价值判断（不说"鄙下"，而说"不美"），其不可辩驳性是不容讨论的。个人从伦理上反对某种活动，却从人性上参与这种活动。他们知道自身的生物性需求，参与建立了共同体。至少就此而言，可以说伦理规范促进了共同体的建设，与伦理规范的这种"普遍有效性"相比，回避必要的理性伦理立场对于救赎宗教似乎**能够**表明自己是一种最深刻的非博爱的信念形式。另一方面,对于从事艺术创作的人和对于被美所打动的接受者,伦理规范本身都能以压抑天生的创造性和基本人格的角色出现,然而宗教行为的非理性形式,神秘主义的经历,从其最内在的本质上看,不仅厌恶形式、不可雕琢、不可名状,而且敌视形式,怀着一切形式都要崩溃的感情认为:可以指望进入对于任何条件和形式来说都是彼岸的孤独境界。对于这种行为和经历来说,艺术激动与宗教激动之间不容置疑的心理的相似性不过是那些形式的凶残本性的标志。恰恰是音乐这种最内向的艺术敢于在其最纯的形式——器乐中,表现为一种由不存在于**内心**的王国的固有规律性伪造出来的第一种宗教经历的不负责任的代用品的形式,特兰托宗教会议的著名立场或许也可以归因于这样的情感。艺术于是变成了"对被造物的崇拜"、竞争的权力和骗人的假象,宗教事件本身的绘画和比喻则变成了渎神。

在历史的经验现实性中,这种心理相似性当然总是导致那种对于艺术发展十分重要的、不管以什么方式接受了宗教中大多数的同盟,它们越是要成为普遍主义的民众宗教,就是说越是要以民众影响和情感宣传为目的,接受得就越系统。从内心对立的现实出发,对于艺术最冷淡的便是一切真正的大师信仰,包括其积极禁欲的转变和神秘主义的转变,这种信仰越是强调神的超凡性或救赎的拒世性,就越是冷淡。

像同美学领域的关系一样,救赎宗教的宗教博爱伦理同最伟大的非理性的生命力量:性爱,也处于一种深刻的紧张关系中。这里也同样:性这个东西越升华,博爱的救赎伦理发展得越彻底,则这种紧张关系就越突出。原始的关系在这方面也是非常亲密的。性交往往是巫术纵欲的组成部分,① 神圣的卖淫——与所谓的"原始淫乱"根本无关——往往是视一切心醉神迷为"神圣"的状态的残余。世俗的卖淫,不管是异性性交还是同性恋,有悠久的历史,并且往往是相当精巧的

---

① 或者是纵欲冲动的不期后果。俄国的阉人教派创立的出发点是努力摆脱基督人纵欲舞蹈的被评价为罪孽的后果。——原注

（出现了对所谓初民中假扮男性的女性同性恋者的培养）。从世俗卖淫向用法律形式规定的婚姻过渡，经过种种中间形式以后变得畅通无阻了。婚姻被理解为保护妇女和子女继承权的经济事务，此外还是一种获得子女的制度，由于死者要靠后代祭祀，所以这种制度关系到一个人来世的命运。这样理解婚姻便与禁欲毫不相干了。性生活本身也同任何别的功能一样，有其自己的鬼神。只有在僧侣的某种相当陈旧的一时性的带有迷信色彩的童贞中，才会暴露出某种特定的紧张。从经过调节的共同体礼拜的某种严格、刻板的礼仪来看，决定这种紧张的似乎是：性已经很容易被视为只受魔鬼控制的现象。然而，预言以及受到僧侣监督的生活制度都承认了有利于婚姻的性交，几乎没有什么值得注意的例外，这绝非偶然。一切理性的生活调节与巫术纵欲及各种非理性的心醉神迷的形式之间的对立，都表现于此。这两个方面的发展动机于是决定了紧张的进一步升级。在性方面，决定这种升级的则是性升华为"性爱"，进而升华为一种——与农民的平淡的自然主义相反——**有意识**地培植起来的**不同寻常**的领域。这里说的不同寻常不仅仅也无必要专指不同于惯例。骑士习俗就喜欢把性爱变成治理的内容。不过前提是独到地揭示性行为的自然与有机基础。不同寻常也就在于这种脱离了不受限制的性自然主义的发展。这种发展的原因和意义都涉及文化的理性化与智化的普遍主义联系。

我们粗线条地将这种发展的阶段，从西方的发展中找出几个例子来。

人的整体存在内容走出了农民存在的有机循环，带有文化内容——不管是知识分子的，还是别的被评价为超个人的——的生活不断提高，这些通过生活内容与仅仅由自然给予的东西之间的距离同时朝着把性爱提高到一种特殊地位的方向努力。性爱被提高到自觉的（最纯化的含义）同志的领域。然而，正因为如此，它成了一个通向与理性化的程序对立的绝对非理性和绝对现实的生活核心的隘口。性爱本身的价值受到强调的程度和方式，在历史上是变化无常的。对于勇士们的不屈不挠的感情来说，占有女人，为女人而战，同为财宝而战、为夺取政权而战基本上无二致。在骑士浪漫主义时代的前古希腊文化中，对于阿尔基洛科斯①来说，性爱的失望是一件有深远影响的事件，女人被夺竟然成了一场英雄战争的动因。神话传奇的后来者也从那些悲剧诗人的身上认识到性爱是一种真正的命运力量。但总的说来，一位妇人——萨福②在性爱方面的经历能力为男子们所不及。不过，古希腊时代，甲兵③部队时代所想的，正如所有自我见证所证明的那样，在这些方面相对而言确实异乎寻常地清醒，起码比中国的受过教育的阶层要清醒。这并不是说：这个时代根本不再懂得性爱之庄严。**但是**形成时代特点的并不是这个，而是您回忆一下——不要管阿斯帕西亚④——伯里克利⑤的演讲，尤其是狄摩西尼⑥的著名要求。对于这个"民主"时代的高贵的阳刚性格来说，讨论作为"生活命运"的同妇

---

① 阿尔基洛科斯，公元前 7 世纪的希腊诗人。他的父亲是自由民，母亲是奴隶。由于出身低微，所以他后来的婚约被女方的父亲解除。婚姻的不幸使他写出了一组嘲笑势利眼的辛辣的诗歌。命运把他锤炼成了一个意志坚定的人。他参与了远征队和对色雷人的战争，但对战争持否定态度。

② 萨福，活动时期在公元前 610—前 580 年间，享有盛名的希腊女诗人，当时贵族妇女社团的主要人物，慕名而来的人很多，著有情诗 9 卷，哀歌 1 卷，这些诗描写了当时沉闷气氛中的爱、恨、妒。

③ 古希腊披挂重型甲胄的步兵，出现于公元前 8 世纪末。甲兵用于编成密集队形进行战斗，纵深通常是 8 列，有时多达 50 列。甲兵出现后，在战场上决定胜利的不再是贵族武士个人的高超武艺，而是插入敌阵的甲兵方阵的密度和力量。

④ 阿斯帕西亚，公元前 5 世纪人，雅典政治家伯里克利的情妇，私生活糜烂，是希腊喜剧讽刺的对象。

⑤ 伯里克利（约公元前 495—前 429 年），古代雅典重要的政治家。公元前 461 年成为民主派的领袖，公元前 454 年在科林斯湾海战中指挥雅典军队打败亚该亚人。以后，集中力量保证雅典的海上帝国。他曾连续当选为最高统帅，在他后期，雅典虽然名义上实行民主，实际上却由他这位"第一公民"统治。他和阿斯帕西亚同居 24 年，生有一子。但他亲手制订的法律——只有父母都是雅典公民，子女才能成为雅典公民——却剥夺了他们的儿子的公民权。

⑥ 狄摩西尼（？—公元前 413 年），雅典将军，深谋远虑的战略家。在保卫科林斯湾雅典海军基地的战争中，他率部击退了斯巴达人的进攻。在叙拉古包围战争中，他前去支援雅典军司令尼西亚斯将军。尼西亚斯没有采纳他的撤兵建议，致使全军溃败，尼西亚斯与狄摩尼斯皆被俘被杀。

人的经历——用我们的语汇来表达就是：简直是稚嫩的伤感。"伙伴"，男童，恰恰是古希腊文化核心中用一切爱情礼仪追求的客体。有鉴于此，柏拉图的追求哲理的渴望（超脱感情，达到理念），其庄重肃穆竟是一种强烈克制的感情：**放荡不羁的激情之美本身未被正式纳入这种关系之中**。

出现原则性的困难和悲剧的可能性首先通过来自西方基督教的特定的责任要求插入了性爱领域。强调纯粹性爱事件本身的价值都主要在封建婚姻概念的文化前提下发展起来的。其发展途径是：骑士的封臣符号语言记入了在性爱上升华了的性关系中，通常是与隐秘的宗教信仰或直接的禁欲结合起来，例如中世纪的情形。基督教中世纪时骑士求爱是一种性爱式的封臣献殷勤，但显然**不是**向少女，而是仅仅向有夫之妇，与之共度（在理论上！）有节制的良宵，同时负有判例法规定的义务。这同古希腊文化的阳刚形成尖锐的对立，男子经受"考验"，不是在同类面前，而是在"女士"的兴趣面前，衅之端实在于此，"女士"这个概念正是通过这种功能形成的。扈从时代和莎士比亚时代的阳刚基本上濒临死亡，就此而言更接近古代，基督教骑士的禁欲也不复存在，从这样的文艺复兴传统——当然，其中也有重要区别——向沙龙文化的日益非军事化的唯理智论过渡，展示出性爱特有的动人性质的进一步提高。这种文化沙龙建立在对两性间交谈的创造价值的力量的信赖上。公开或隐秘的桃色事件以及女士对情人的生死考验成为这类交谈的不可或缺的刺激手段。自从《葡萄牙人书》问世以来，女人的真实恋爱问题成为一种独特的精神的市场产品，女人的爱情通信成为"文学"。性爱领域与职业人不可避免地要禁欲的特征结合起来了，这时，才在唯理智论文化的基础上最终完成了强调性爱领域的最后一次升级。在这种理性的单调的紧张关系中，可能出现变得不单调的，特别是婚外的性生活，这是把如今已经完全跳出了古老、简单、有机的农民生活循环的人仍与一切生命的自然之源联系起来的唯一纽带。于是，人们大力强调那些从理性中世俗地解脱出来的特殊的桃色事件的价值：这是一种极乐的狂欢。这种过激的强调与形形色色的拒世和超世的救赎伦理所持的难免同样过激的反对态度不谋而合。这些救赎伦理认为：超越肉体的精神狂欢恰恰是最精彩之处，性生活恰恰能够具备与动物生活不可消除的联系的性质。然而，恰恰当救赎信仰具备了爱的信仰——博爱和仁爱的信仰时，如果系统地剖析性领域的话，这种矛盾才不得不以极其尖锐的方式绝对不可避免地变成神化地重新解释性关系的一切纯动物性东西的第一流的桃色新闻。原因就在于，在确定的条件下，性爱关系似乎能确保登上爱情要求的不能再高的巅峰：能够暴露最亲密的人的灵魂。爱情的无限献身精神竭力反对一切客观的东西。理性的和普遍的东西。在这里只适用于一种独特的意识：一个处于非理性状态的个人对另外一个个人，而且仅仅对这另外一个个人才有的独特的意识。从性爱的角度看，这种意识以及关系的价值内容本身在于一种结合的可能性，这样的结合被人觉得是完整的化一，是"你"的消失，它是那样的令人倾倒，以至于被说成是"象征性"的——神圣的。这种无法沟通的类似神秘之"有"的个人经历是无法解释、无法探究的，正因为**如此**，所以爱着的人不仅由于阅历，而且直接占有的现实，知道自己被移植到永远不会接受任何理性努力的活生生的人的本质中，知道自己像摆脱单调的冷漠一样，完全摆脱了理性秩序的冰冷的枯手。懂得把"活生生的人"与自己结合起来的他，面对神秘主义者的无对象的——对于他来说是无对象的——经历，犹如面对一个惨淡的冥冥世界。这种唯理智论的性爱的极端严肃的态度，对待骑士向贵妇献殷勤式的求爱，就像成熟的男子的深沉会意的爱对待年轻人的激情澎湃的狂热一样，它再一次承认的，恰恰是性领域的天然无雕琢，不过有意识地看成孕育生命的创造力。彻底的宗教博爱伦理对这一切都持极端敌视的态度。这种性爱事件本身具有世俗救赎的性质，它同一切向超凡的神，或某种伦理理性的神的秩序，或它所认为的"真正的"神秘主义的自我意识形成过程献身的精神进行着最激烈的而且完全有可能胜利的竞争。不仅如此，而且恰恰是两个领域的某些心理学的近似关系激化了矛盾，最高的性爱与某些升华了的大勇大诚的形式有在心理上和生理上互相替代的关系。

理性的积极的禁欲反对**性**，认为它是非理性的东西，并且视性爱为死敌。与此相反，这种互相替代关系特别合乎神秘主义的神意，其彻底性在于：任何时候都威胁着人的生命的诡计多端的动物性的复仇，或者直接从神秘主义的天国滑向人性泛滥的王国。正是这种生理的距离自然地加深了内在的精神敌意。从任何一种宗教的博爱伦理来看，性爱关系越是纯化，就越难摆脱极端诡诈的凶残。对于性爱来说，凶残不仅是嫉妒和排斥第三者的斗争，甚至说不上主要是这种斗争关系，而且，远为重要的是对不太凶残的一方灵魂的最隐秘的——因为参与者本人从未注意到的——强奸，这是他本人在他人身上的一种奸诈的享受，之所以称其奸诈，是因为它佯装成最富有人情味的倾心，没有一种完全的性爱结合会认为自己不是通过相互间的秘密**决定**——这个词儿的最高含义是**命运**——而是通过别的什么东西促成并（在一种完全不道德的意义上）"确认为合法"的。但是，对于救赎宗教来说，这种"命运"不过是偶然的激情爆发而已。在救赎宗教看来，如此形成的病理学上的着魔和特异反应，以及以主观眼光和任何客观公义为标准的转移，都是对兄弟之爱做神的奴仆的彻底否定。幸福地爱着的人自以为是"善意"的精神快感及其友善的需求——把整个世界说成是友善的，或者希图以天真的热情祝福用巫术把世界变成友善的——一再受到天然以宗教为基础的激进的博爱伦理的冷嘲热讽（例如托尔斯泰早期著作中的心理极其坚定的角色就都属于这一类人①）。因为，对于这种欣愉症来说，升华了的性爱恰恰是一种在所有这些方面都只能是一切以宗教信仰为指南的博爱伦理的**对极**的关系，这种关系在内心深处必须是高雅的，在可以想象的最高意义上必须是主观的，因而是绝对无法沟通的。有一点根本不在考虑之内，即在这种欣愉症眼里，

---

① 特别是在《战争与和平》中。另外，尼采在《权力意志》中的分析事实上也与此吻合，尽管他明确地认识到了相反的价值征兆，而且这恰恰也是吻合的原因。救赎信仰的立场在马鸣（约80年—约150年，印度古代最伟大的诗人和哲学家，梵文戏剧的创始人。——译者）笔下比较明确地定了下来。——原注

它的热情性格本身自然已经成了自制与价值取向——不管是神所中意的规范，还是神圣的神秘之有——方面的有失尊严的损失，而对于性爱来说，**真正的"热情"**本身则是美的典型，拒绝美则是一种亵渎。

不管是出自心理的原因，还是从意义上来看，性爱的陶醉都仅仅与那种纵欲的、不正常的，但从某种特殊的意义上讲又是与世俗的信仰形式一致。承认缔结婚姻——血肉之躯的结合——为天主教教堂里的一种圣礼，是对这种感情的妥协。由于心理上的可替代性，性爱在尖锐的内心矛盾中很容易与即是拒世的又是不正常的神秘主义陷入一种不自觉的、不稳定的替代关系或融和关系中，由此又很容易产生纵欲的萎陷。世俗理性的禁欲（职业禁欲）只能接受理性地规定的婚姻，认为对于被"贪欲好色"无可救药地败坏了的被造物来说，婚姻是一种神圣的制度，在这种制度里，可以按照婚姻的理性目的过日子：生儿育女，在互谅中，而且也只能在互谅中，互相促进，婚姻必须反对任何对于性爱的雕琢行为，认为这都是被造物的溺爱。正是婚姻本身把原始的、自然的、农民的、未升华的性生活纳入了一种生物性的理性制度：一切激情部分则都成了原罪的余孽，用路德的话来说，神为了防止更坏的事情发生，对这类余孽"睁一只眼，闭一只眼"。拒世的理性禁欲（积极的僧侣禁欲）连这种理性的婚姻制度也摒弃了，从而把一切与性有关的东西视为危害得救的魔鬼势力。

正如[①]彭威廉在给其妻的信中所说的，贵格会的伦理似乎最成功地超越了路德对婚姻的含义所做的相当粗糙的解释，完成了对婚姻的内在信仰价值的真正人道的阐释。单从世俗的角度看，只有把相互的伦理责任思想——这里所说的伦理责任是一种不同于纯性爱领域的关系范畴——联系起来，才能为感情服务。通过贯穿于有机生命过程的

---

① 彭威廉（1644—1718），英国基督教贵格会领导人、社会哲学家和殖民地领主。彭威廉在与妻绝别书里写道："别忘记，你曾是我青春之爱，是我生命中的欢愉，这是人间所能慰抚我的最可爱和最有尊严的内容；你的外表出色，你的内心更值得爱。神知你知我知，我们的结合是天意，我们心中之神魅力常在。"（盖哈德·封·舒尔策-格维纽斯：《20世纪初不列颠帝国主义与英格兰自由贸易》，莱比锡1906年，第48页。）

全部细微差别造成了有责任感的爱情演变:"白头偕老"。在路德所说的互相保护和互相得罪中,会有某种特殊而崇高的东西。这种东西绝少是单纯由生命本身来保障的,如果有保障,那也是说命运的赐福和恩宠,而不是个人的"功劳"。

拒绝一切自然地献身于存在的形形色色的——艺术的与性爱的——浓艳经历的做法,这本身仅仅是一种消极的态度。它只会加强热情得以冲入理性成就的轨道——伦理的与纯智识的——力量,这已经是尽人皆知的事实了。

然而,不言而喻:自觉的信仰紧张最终恰恰成了思维认识王国中最重要、最根本的东西。经久不衰的统一则存在于巫术领域和纯巫术的世界观领域,例如我们在中国看到的。高度的互相承认可能也赞同形而上的思辨,尽管思辨往往极易导致不信任。因此,宗教信仰,特别是禁欲的新教,认为:与哲学相比,经验的与自然科学的研究与自己的利益更为一致。然而,一俟理性经验的认识完成了世界的脱魔和向某种因果机械论的彻底转变时,与伦理假设——世界是一个神所安排的宇宙,也就是在伦理上趋于合理的宇宙——的要求之间的紧张关系便成为定局。这是因为,经验的特别是偏重数学的世界观察方法从原则上展开了反对各种对世俗现象的"意义"刨根问底的观察方法,随着经验科学的理性主义的一步一步地发展,宗教也被一步一步地从理性王国挤到了非理性王国中,竟至出现了**那种**非理性的或反理性的超人的力量。这种对立的感觉中的知的标准或结论的标准,当然天差地别。据说,可能正因为如此,亚大纳西[①]为了迫使悟生做出明确的牺牲并将严格的限制强加给理性的讨论,在反对当时多数希腊哲学家的斗争中竟然坚持——从理性的角度看——近乎荒谬的公式,这似乎

[①] 亚大纳西(约293—373),古埃及基督教神学家、政治家和民族领袖,曾任亚历山大主教。他抨击阿里乌派关于圣子低于圣父的说法,认为上帝通过圣子即永恒之道创造世界,圣子降世成为肉身,引导人们重新与上帝和好。他的《驳异教徒》和《上帝之道成为肉身》是最早的希腊正统神学巨著。

不可思议。但是马上就对圣父、圣子、圣灵三位一体进行了理性的诠释和讨论。而且，正是由于似乎不可调和的紧张关系，宗教——先知的和教士的都如是——才总是同理性的唯理智论保持着密切的关系。宗教越少巫术或赤裸裸的冥想的神秘主义，越多"教益"，就越需要理性的辩护术。术士在各地都成了神话与英雄传奇的捍卫者，因为他们参与了旨在唤起英雄亢奋与英雄再生的对青年武士的教育与训练。祭司阶层作为唯一能够维系某种持续的传统的人，从术士那里接受了律法、纯粹管理技术的艺术学说，特别是书写和计算方面的训练。宗教越是成为书面宗教和教义，就越富于文学性，就越能诱发脱离祭司的理性的俗人思想。然而，从俗人思想中却一而再，再而三地产生出反祭司的先知、脱离祭司而寻求自己的宗教得救的神秘主义者和宗派主义者，最后出现了怀疑论者和反信仰的哲学家，对于他们的反馈则又是祭司辩护术的理性化。反宗教的怀疑论在中国，在埃及，在吠陀中，在流散后的犹太教文献中的表现，原则上与今天毫无二致。几乎没有引出任何新的论据。对青年教育的垄断于是成了祭司阶层的核心权力问题。这个阶层的权力能够随着政治管理不断深入的理性化而不断加强。如果说它最初仅在埃及和巴比伦为国家提供了录事的话，那么，它为中世纪的公侯们提供的则是已经开始的国家行政的书面化了。在主要的教育体系中，只有儒学和地中海国家的古典文化懂得规避这种祭司权力，进而排斥祭司宗教，只是前者是通过自己的国家官僚体制实现的；后者则相反，是通过绝对没有官僚制的行政管理来实现的。此外，祭司阶层通常还是宗派的代表。然而，决定着宗教与唯理智论一再重新结合起来的，不仅是这种最本质的祭司利益，而且还有来自宗教伦理的理性品格以及特别唯理智论的救赎需求的强迫。从效果上看，存在于世界观的终极形式不可避免的不一致中的最终内心紧张的作用尚未一一消失，各种宗教信仰在心里与思想基础以及实际结论中对待唯理智论的态度便已个个不同了。根本没有这样一种不屈不挠、作为生存权利起作用的，并不是在任何地方都只要求"不是由于信仰，而是**由于荒谬才信**"——"理智的奉献"——的宗教。

我们在这里很难要求而且也不可能——阐释宗教与理智认识之间的紧张关系发展的各个阶段。救赎宗教在原则上当然通过这样的要求在有自知之明的理智的进攻面前捍卫自己：在另一个领域中完成自己的认识，而且在方式和理念上都完全不同于理智所做的。救赎宗教提供的不是对存在的或规范地起作用的东西的终极的、理智的认识，而是借助对它自己的"理念"的直接理解形成的对待世界的立场。它不是用理解的手段，而是仰仗一种顿悟的卡理斯马来展示这种理念。得到这种顿悟的，只有一种人，他们靠为此而提供的技术手段从误人子弟的赝品中解放出来，知道为接受唯一重要的对世界理念和自身存在的理解准备场所。这里所说的赝品是由理念世界的杂乱无章的印象和作为认识的理解对于得救实际上无所谓的空洞的抽象提供的。在一切试图把终极理念以及理解这种理念的（实际）立场变成可论证的大规模的哲学研究活动中，同样也在各种试图取得对原则上另外一种，但也涉及世界"存在"的庄严性的制度性认识中，救赎宗教除了理智打算摆脱自身固有的规律性的追求以外，什么也看不到。这主要是唯理智论试图通过这种做法竭力回避的理性主义的专门产品。然而，只要救赎宗教放弃了神秘主义经历的不容侵犯的不可沟通性，则从救赎宗教固有的立场来看，它自然马上就要对这种不彻底的侵犯负责。彻底地说，对于这种神秘主义的经历，可能只有作为**事件**的造成这种经历的手段，而没有合适的通告与抗议的手段。如果这样做，那么，任何影响世界的尝试———旦有了宣传性质——就只能给救赎宗教带来危险。同样，任何理性地解释世界的尝试也会带来这样的后果。尽管如此，人们还是一再进行这样的尝试。

总而言之，在宗教假设的不同的观点下，"世界"可能陷入冲突中。对于追求**得救**的方式来说，有关的观点往往同时也是最重要的实质上的出发点。

拒世诸阶段

被有意识地作为某种信仰的内容培植起来的救赎宗教，无论何时何地都是作为一种生活现实的系统的实际理性化的结果出现的，但仅仅体现为非常不同地顽固坚持的明确关系。换句话说，救赎宗教是在这个阶段上变成了一切宗教的特殊前提的要求的结果：世界进程应是用某种方式变得**理性**了的过程。我们在前面（本书《导论》中）已经看到，这一要求最初必然是作为不公正的苦难的普遍问题出现的，也就是说是对人间个人幸福的不平等分配进行正义的调剂的要求。它的趋势是，由此一步一步地向着世界日益深刻的贬值前进。理性思想越想深入地解决那种正义地、以牙还牙地调剂的问题，这种问题的纯世俗的解决就越不可能，而拒世的解决倒似乎是可能的和合理的了。据我们所能观察到的，世界的进程实际上很少关心那种要求。因为不仅仅幸福与苦难分配的没有伦理根据的不平等——对于这种不平等的分配进行调剂似乎是可以想象的——而且苦难存在本身这一单纯的事实，只能是非理性的。因为不义的苦难问题的普遍扩散只能由别的更非理性的罪恶之源问题来取代，按照先知和祭司们的教义，苦难应被解释为惩罚或管教手段。一个为罪恶而创造的世界在伦理上只能比一个被判受苦难的世界更不完美。无论怎样说，世界的绝对不完美是无疑的。似乎也只有通过这种不完美才能为它的易逝性辩护。这样辩护本身就是易使世界进一步贬值了，因为仅仅毫无价值这一点，就不是什么好事，就已经说明自己的短暂易逝。永恒的时间、永恒的上帝、永恒的秩序的观念一设计出来，死亡与衰落不偏不倚地降临在最好的与最坏的人和物头上这一事实，就会作为恰恰最高级的世俗财富本身的一种贬值出现。反之，如果价值，而且恰恰是备受推崇的价值，被神化的"永远"有效的而且它在文化中实现的意义被视为与具体实现现象的延续无关，那么经验世界的伦理扭曲就会进一步发展。这样一来，一个远比一般的世俗财富的不完美与易逝性更有意义的思想系列就会迈进宗教的视野，因为这些思想恰恰能把平常最受推崇的"文化财富"置于被告席上。所有这些"财富"都不能摆脱深重的罪孽：一种不可避免的特殊的负罪感。它们表现出对精神的与审美的卡里斯马的依附，对它们的照应似乎不可避免地以违背博爱要求、仅仅以自欺来适应这种要求的存在形式为前提，教育的与审美的限制是一切等级差别中最深的和最难弥合的。宗教罪孽不仅可以是临时偶一为之的，而且也可以作为某一文化界中一切行动的以及一切已经形成的生活的整合的组成部分出现。这个世界能够在财富方面提供的最高级的东西，也恰恰因此而负上了最沉重的罪孽。社会共同体越是成为国家组织的文化共同体，它的外部秩序就越要用野蛮的暴力来维系。这是有目共睹的，普天之下都一样。暴力偶然也关心正义，但这种关心是有名无实的，而且只限于暴力自己的哲理所允许的范围。它本身不可避免地会从内部和外部不断地制造出新的暴力事件并为这类事件制造不正派的借口。这种暴力是公开的，或者向法利赛人那样虚伪地掩盖着的残忍——这就更糟糕了。具体化了的经济宇宙恰恰是任何世俗文化都必不可少的物质财富供给的最高的理性形式，这是一种无法摆脱的从根子上就有的冷酷残忍的组织。在这个已经形成的世界上的各种行动似乎都搅进了同样的罪孽中。经过掩饰的登峰造极的凶残、对博爱的强烈厌恶以及对正义眼光做的移花接木都不可避免地伴随着性爱，而且，性爱越是有力地施展淫威，它就越强烈，同时越不易被参加者发现，或者说，被掩饰得越虚伪，像法利赛人那样。伦理信仰本身所倡导的理性认识独立地、世俗地遵循它自身的规范，塑造着一个真理的宇宙。理性的宗教伦理有一种假设：作为宇宙的世界符合伦理的要求或者指出了某种"意义"。真理的宇宙不仅不能靠这种系统的假设创造出什么来，而且必须从原则上拒斥这种要求。自然因果性的宇宙与伦理比较因果性的宇宙是水火不相容的。创造那种宇宙的科学虽然似乎得不出关于它本身的终极前提的确切结论，但还是以"理智的本分"的名义要求成为用思想观察世界的唯一可能的形式。同一切文化价值一样，理智在这方面也创造了一种独立于人的一切个人的伦理品质之外的，亦即非博爱的理性文化财富的贵族统治。如果人们用这种文化财富——对于

"世俗的"人来说也就是这个世界上最高的东西——本身的标准来评价它自己,那么,它除了伦理的负罪感以外,还沾染上了非理智性——无意义性。文化似乎可以归结为一种终极的价值:完全世俗地自我完善为文化人。对于宗教思想来说,这种自我完善的无意义性早就是——同样从那种世俗的立场来看——死的显而易见的无意义性的产物。而死,恰恰在"文化"条件下,似乎才最终强调指出了生的无意义性。农民可以像亚伯拉罕①那样"寿终正寝"。封建地主和战争英雄亦然。因为两者都完成了他们不能超越的自己的存在周期。他们可以用自己的方式达到人世间的完美,就像他们自己是他们的生活内容的天真直率的产物一样。但是,在获取或创造"文化内容"的意义上追求自我完善的"有教养的"人却不是这样。他虽然可以"厌世",但并不是完成了生命周期的"寿终正寝"。因为他的可臻完善性原则上也像文化财富的可臻完善性一样是无限的。文化财富和自我完善的目的越是千差万别,每一个人——消极的作为接受者,积极的作为共同创造者——所能涵盖的微小部分就越发微不足道了,这个外在或内在的文化宇宙的涵盖面提供的个别人能够接受整个文化或舍此再无别的终极标准的"本质性的东西"的可能性也就越小。诚然,对于每一个个人来说,"文化"并非指他从"文化财富"中攫取的**份额**,而是指从中**精选**出来的成分,但是并不能保证,这种精选成分恰恰以他的死亡这个"偶然的"时点达到了——对于他来说——一种**有意义**的终点。如果他在告别人生时竟能够高傲地说:"我是矣,**我**认为这辈子值得的东西,生活都赋予了(或:都拒绝给)我",那么,这种骄傲的态度在救赎宗教看来只能是对神新安排的生命之途和命运的渎神的鄙视:没有一种救赎宗教正面**赞**同哲学神化了的那种"自戕"。

如此看来,一切"文化"都表现为人跳出自然生活的有机地预先

---

① 希伯莱人的祖先,犹太教、基督教、伊斯兰教公推的古代圣人。《圣经·旧约·创世记》第25章说:"亚伯拉罕寿终正寝,归到他列祖那里。他的两个儿子以撒和以实马列把他埋葬在麦比拉洞里"。

确定的循环。正因为如此，它才被诅咒为越来越充满蔑视与愤怒的无意义性，而对文化财富的效劳越是被奉为一种神圣的任务、一种"职业"，就越会变成为毫无价值的目标服务的瞎忙，这些目标自身矛盾百出，相互间又充满着对抗。

世界是不完美、不正义、苦难、罪恶、易逝之地，是必然戴罪和必然随着进一步的发展与分化而变得更加无意义的文化之地。从纯伦理的角度看，在所有这些机制中，世界对于它的存在的某种神圣"意义"的宗教要求来说，只能同时表现为陈腐与贬值。这种贬值是理性的要求与现实、理性的伦理与半是理性半是非理性的价值之间的冲突的产物。随着对世界上出现的每一种特殊领域的独特性的剖析，冲突似乎变得越来越尖锐和不可调和。对于这种贬值，"得救"的需求是这样反应的：关于世界的"意义"的思想越系统，世界本身在自己的外部组织中越理性化，世界的非理性内容的自觉经历越升华，得救的需求就越非世俗化，越不同于已经形成了的生活。这与"得救"开始变成宗教信仰的特殊内容的过程同步。导入这条轨道的，不仅仅是使世界脱魔的理论思想，而且恰恰还有使世界在实际理性方面理性化的宗教伦理的尝试。

最后，特别唯理智论的、神秘主义的救赎追求本身，面对这些矛盾，也纳入了非博爱的世俗统治，它的卡里斯马**并非**人人都能达到。从观念上讲，它是拥有最高级势能的贵族政治：宗教救世贵族政治。而且，在一种理性地组织成为职业劳动的文化中间，除了经济上无忧无虑的阶层以外，几乎再无培植无宇宙论的博爱的场所：佛陀、耶稣、方济的生活，在理性文化的技术和社会条件下，单纯从表面上看，似乎已经被判失败了。

神义论的三种理性形式

以往的种种拒世的救赎伦理现在都分别在这种纯理性地设计出来的标准极不相同的地方开始了各自的拒世实践。这当然取决于大量具体的条件，理论的决疑论远不足以弄清它们。除了这些条件之外，还有一种理性的因素也在这方面起了一定的作用，这就是那些**神义论**的结构。那种明知不可而仍在这类不可调和的矛盾中寻找某种共同的观念的形而上学的需求，就是通过这些神义论对矛盾的存在作出反应的。在《导论》中描述的3种前后一贯的神义论中，**二元论**可以为那种需求建立不谓微不足道的功绩。古今未来永恒存在的光明、真理、纯洁、仁慈等势力与黑暗、谎言、污秽、狠毒等势力之间的并存与对立，说到头来不过是区分善（益）灵和恶（害）灵的精灵多元论、神鬼对立的初级阶段的直接系统化。在最彻底地贯彻这种思想的先知宗教信仰——琐罗亚斯德教中，二元论直接系于"洁"与"不洁"的对立，一切美德与恶习都可以这样划分。琐罗亚斯德教的二元论意味着放弃某种毋宁说在反神势力的存在中发现了自己的限制的神的万能，它已被今天的信徒、祆教徒（指公元8世纪逃到印度的信祆教的波斯人的后裔）在实际上放弃了，因为他们已无法容忍这种限制。从洁与不洁的混合中产生了堕落的经验世界。在洁与不洁的世界，在彻底的转世论中一再被分为两个互不相干的领域时，近代的终极希望让纯洁与仁慈之神取得了胜利，如同基督教让救世主战胜了魔鬼一样。二元论的不太彻底的形式是传播到全世界的关于天堂与地狱的民间观念。这种观念重新确立了神对他所造出来的恶灵的统治，认为这样就拯救了神的万能，然而，不管承认还是掩饰，好歹得从神的爱中奉献点什么。如果确定了全知，那么制造极恶势力与容忍罪行，特别是与对某个真正的终极被造物与终极之罪的地狱之罚结合起来，就完全不符合神之爱了。那就只有以放弃仁慈为妥了。事实上，预定论的信仰已经坚定地采取了这种策略。众所周知，不可能用人的标准来测天意在明确的残忍中意味着放弃人类理解世界的意义的通路，这样做也了结了这一类的所有难题。在这种坚定性中，宿命论的信仰未能在炉火纯青的大师信仰的范围以外坚持下来。原因恰恰在于，预定论信仰，与对厄运的非理性势力的信仰相反，要求接受被诅咒为不仅要毁灭，而且要成为恶人的人命中注定的、符合某种理性的明确现实，不过也要求"惩罚",亦即把伦理范畴用到他们身上。

预定论信仰的意义我们在这个文集首篇中已经谈了。琐罗亚斯德教的二元论我们以后再讨论,而且不准备多谈,因为它的信徒数目很小。要不是祆教的末日审判思想、魔鬼与天使之说对后期**犹太教**的影响产生了巨大的历史意义的话,琐罗亚斯德很可能被漏掉。

神义论的第三种杰出形式是我们马上就要研究的印度特有的知识分子宗教信仰。它之所以杰出,既是由于它的结论,也是由于它的独到的形而上学的功绩:把大师们靠自己的力量自我解脱同普遍的得救道路结合了起来,把拒世与有机的社会伦理结合了起来,把自然神学的杰出形式同世俗的职业伦理结合了起来。

译者絮语

世界宗教的经济伦理，这样的课题需要神学和经济学的功底。马克斯·韦伯是法学出身，大学法学专业毕业，通过律师考核，有执业许可；法学博士的论文题目是：《源于意大利城市家庭与工业联合体的无限商业公司的连带责任原则及专有财产的发展》；有在大学法学专业的授课资格，教授论文是《罗马农业史对公法和私法的意义》。在完成了一系列法学专业准备工作后，韦伯只做过短期律师，代过几节课，没朝法学方向发展。令韦伯转向的是他1887年在柏林父母家里结识的一批年轻的国民经济学家、社会政治家和神学家。

1890年，取得博士学位的韦伯参加了首届新教社会大会，先后加盟《基督世界报》编辑部和《新教社会时代问题》编辑部。后者是姨家表兄奥托·鲍姆加滕牧师创办的，韦伯负责对外联络。次年一月给奥托的父亲赫尔曼·鲍姆加滕的长信中，韦伯提出了颇有见地的主张："我觉得——即使仅仅顾及年青一代社会政治家对天主教与新教的社会价值关系及性能的判断——一旦我们这个团体在思想上习惯了与被他们排斥的天主教神职人员共事，会有益处的。"① 韦伯和这位姨表兄共同的外祖母出身名门，祖上是宗教改革时期被法国驱逐的加尔文教徒，祖父是哈瑙镇的加尔文教牧师，父亲走出哈瑙，到20公里外的法兰克福经商，后来走出德国，自家的跨国纺织品批发公司在法兰克福、伦敦、曼彻斯特、米兰、莫斯科、里加等城市都有分公司。外祖母虔诚

---

① 爱德华·鲍姆加滕：《韦伯其人其著》，德文版 *Max Weber-Werk und Person*，蒂宾根1964年，第75页。

的加尔文教信仰对四个女儿，特别是对韦伯的母亲影响至深。外祖母家族的影响，在韦伯的第一部宗教经济伦理著作《新教伦理与资本主义精神》里显现出来，他在宿命论的加尔文教禁欲伦理里发现了早期资本积累的动力。

推动韦伯涉足国民经济学领域的是西南德意志学派的社会政治协会，这个组织由海尔德、施莫勒等反对曼彻斯特学派自由经济的德国经济学家建立于1873年，主张国家干预的社会计划经济。韦伯1888年加入社会政治协会，开始关注普鲁士的移民政策，1892年受协会委托参加农业工人状况调查，负责易北河以东地区。调查结果以"易北河以东德国农业工人的状况"为题，发表在当年第55卷会刊上。这个调查报告为韦伯铺平了改行的路，使他能在1894年接替协会成员菲立波维奇在弗赖堡大学的国民经济学教席。就职演说的题目已经亮明种族主义立场："民族国家与国民经济学"，韦伯想借易北河以东的例子"阐释民族之间的生理和心理的种族差异在求生存的经济竞争中的作用"，结论是：优败劣胜。德国农业工人被廉价的波兰客籍工人抢走了饭碗，因此呼吁国家采取保护政策。①

当上国民经济学教授不久，韦伯就患上了精神衰竭症，常年不能上讲坛，终于1903年辞去教职。释去重负后，韦伯很快病愈，全身心投入宗教伦理与社会经济之间关系的研究，1904年，与雅菲和社会政治协会的松桑巴特一起接手《社会立法与统计文献》，更名为《社会科学与社会政治文献》。《新教伦理与资本主义精神》、《世界宗教的经济伦理》以及《经济与社会》中的"宗教社会学"一章，都首发于这份杂志。

整个"一战"中，韦伯都在为政治奔走，战争结束后才又续上宗教社会学和经济与社会研究。生命的最后一年，韦伯一直在修订《宗教社会学论文集》。1919年10月25日莫尔出版社的新书预告揭示了进度：《宗教社会学论文集》"目前已有两卷付印"，除了《新教伦理与资本主义精神》和《新教教派与资本主义精神》，还有已经发表过的

---

① 参见马克斯·韦伯：《政治论文集》，1980年德文版，第1—25页。

《世界宗教的经济伦理》各篇。在《儒教与道教》和《印度教与佛教》之外，又增加了"埃及和美索布达米亚及琐罗亚斯德等宗教伦理的简单表述，重点是古代和中世纪欧洲市民阶层的发展史简述，旨在说明造成西方社会特点的历史根源"。"犹太教部分直到马加比时代"，增加了《诗篇》和《约伯记》。第三卷包括古基督教、塔木德犹太教、伊斯兰教和东方基督教，末卷讨论西方基督教。各卷探讨的问题都是：西方世界的经济与社会特点建立在什么基础上、它是如何产生的，特别是它与宗教伦理起源的关系。①

韦伯去世前一周，"审完了《宗教社会学论文集》的全部校对"②。当年，《宗教社会学论文集》第一卷出版，包括《新教伦理与资本主义精神》、《新教教派与资本主义精神》和《世界宗教的经济伦理》中的《导论》、《儒教与道教》、《过渡研究》。次年，第二卷和第三卷出版，这两卷与前面的《导论》、《儒教与道教》《过度研究》都属于《世界宗教的经济伦理》，第二卷是《印度教与佛教》，第三卷是《古犹太教》——这一卷韦伯没来得及修订，只有古犹太教研究遗稿，"讨论西方基督教"的末卷则未成书；原来策划的第四卷成了死胎，温克尔曼把韦伯关于新教伦理的文章汇编成集，1968年出版了《新教伦理论文集》，弥补了这个缺憾。上世纪80年代，德国的维尔纳·莱玛基金会赞助召开了四次关于韦伯宗教社会学的学术研讨会，会议论文分别收入施卢赫特主编的五本论文集：《马克斯·韦伯的古犹太教研究》、《马克斯·韦伯的儒教与道教研究》、《马克斯·韦伯的印度教与佛教研究》、《马克斯·韦伯的古基督教视野》和《马克斯·韦伯的西方基督教视野》。《马克斯·韦伯的儒教与道教研究》破例收了非与会者杜维明的《新儒家本体论》，旨在补充韦伯在《世界宗教的经济伦理·儒教与道教》篇里提出而未深入讨论的儒家各学派。

韦伯生前写好的《宗教社会学论文集》第一卷前言开宗明义："现

---

① 参见本书"版本考据"第19—20页。
② 参见本书"版本考据"第25页。

代欧洲文化之子在考察通史的问题时,不可避免地,也是理所当然地要问:哪一系列条件导致了恰恰在西方土地上,而且也仅仅在这里,出现了我们喜欢说的对于发展方向具有普遍意义和普遍有效的文化现象?"[1] 两篇新教论文[2]考察的是现代资本主义的起源,韦伯把宿命论加尔文教有利于资本积累的禁欲伦理与早期资本主义精神之间的历史亲和性,看作资本主义产生的历史条件之一。《世界宗教的经济伦理》探讨的则是:基督教以外的文化圈,为什么没有发展出现代资本主义?关于世界宗教,韦伯指的是对世人影响最大的几大宗教的生活方式。[3] 缘此,世俗的儒家伦理作为历史上多数中国人的生活方式也列在了世界宗教中。《世界宗教的经济伦理》研究,是从侧面或反面论证,只有新教伦理与早期资本主义精神有过亲和性,只有基督教文化的西方具备了现代资本主义产生的伦理前提。

韦伯这个欧洲中心论的命题,上世纪50年代受到美国社会学家贝拉的质疑,他在《德川宗教——现代日本的文化渊源》一书中揭示,日本德川时代的儒家伦理与本土佛教具备了与韦伯表述的西欧资本主义精神一样包含有鼓励经济发展的"理性化"成分。从1979年到1984年的五年里,韦伯的命题连续受到三次挑战:卡恩的《日本的挑战》、麦克法夸尔的《后儒家的挑战》和杜维明的《新加坡的挑战》。美国哈德逊研究所学者卡恩在《1979年及其后的世界经济发展》和《日本的挑战》(与佩珀合著)两本书里明确指出东亚经济高速增长与儒家传统有内在联系,东亚社会中的新儒家伦理含有强烈的奉献精神和内在责任感,比韦伯的新教伦理更具优势,新儒家文化圈国家所独具的这一伦理思想使现代东亚社会可以达到比其他社会更快的发展速度和更高的经济效率。英国工党前议员、哈佛中国问题专家、政治学教授麦克法夸尔发表在1980年2月9日《经济学家》上的《后儒家的

---

[1] 马克斯·韦伯:《宗教社会学论文集》第一卷,1920年德文版,第1页。
[2] 即《宗教社会学论文集》第一卷前两篇和《新教教派与资本主义精神》。
[3] 参见本书《世界宗教的经济伦理·导论》开头部分。

挑战》一文中指出，儒学是一种增强国家凝聚力的典型意识形态，儒家伦理在后儒家时代对大部分东亚人仍然起到精神指南的作用，就像《登山宝训》在后宗教时代对西方人仍然是一种准则一样。如果说西方的个人主义适合工业化的开拓阶段，那么后儒家的集体主义更适合大规模的工业化时代。1984年，哈佛大学杜维明的《新加坡的挑战》出版，杜维明认为，儒学文明至今仍然具有作为全球轴心文明重要组成部分的精神力量，但不能单独成为世界文明发展的主导，因为人类文明的发展正在呈现出比历史上任何时期都更加明显的多元化格局。在当代，任何一种文明体系都不可能单独在全球文明发展中居于主导地位。正如"欧洲中心论"已经破产、现代化并不等于西化一样，人类文明发展也并不等于"儒化"。把韦伯的儒家伦理与现在东亚的儒家伦理区分开的是波士顿大学彼得·伯格。1984年12月台湾省《中国论坛》发表了伯格的《一个东亚发展的模型：战后台湾经验中的文化因素》，作者认为，韦伯所指的儒家其实只是中华帝国上层的意识形态，但东亚现代化则是根源于东亚世俗的精神传统——"庸俗的儒家思想"；它与西方的新教伦理一样，不仅渗透到了普通人的灵魂，体现在每个人的日常生活和经济生活中，也培育出了普通大众遵奉的自律、节俭和奉献的精神；这种庸俗的儒家思想给东亚发展以极大的推动力，形成了不同于西方现代化模式的东亚模式。1988年伯格与萧新煌主编的论文集《东亚发展模式探索》出版，掀起了"第二次现代性浪潮"。香港中文大学金耀基在《儒家伦理与经济发展：韦伯学说的重探》、《东亚经济发展与文化诠释：论香港的理性传统主义》、《后儒家时代儒学的转型：理性传统主义在香港的兴起》等论文中，以香港为例，认为儒学已经发生了重大转化，"后期儒学"时代，那种"帝制儒学"或"制度化儒学"在东亚地区的华人社会中都不复存在，或已解构改造；儒家的家族主义与西方的功利主义相结合，形成一种不同于原来儒家的新的价值取向，它是一套引发人民努力工作的信仰和价值，是一种深化的阶层意识，一种对家庭没有保留的许诺（为了家庭，个人必须努力工作和储蓄），以及一种纪律和节俭的规范。

本世纪世界经济结构有了全新的转变，近年崛起的中国和印度已经不适用解释四小龙崛起的后儒家伦理，与韦伯批判的安贫乐道不食人间烟火的化缘和尚的生活方式更无关。韦伯当年把企业家曾外祖父的成功和加尔文教的禁欲伦理联系起来，引出新教伦理与资本主义精神的亲和性。另一个德国人马克思则说："资本来到世间，从头到脚，每个毛孔都滴着血和肮脏的东西。"今天，同一个对象，工商管理学家用创业学来解释。

2011 年 5 月于德国威斯巴登

参考文献

1. Bellah, Robert N., *Tokugawa Religion: The Values of Pre-Industrial Japan*, Free Press, 1957.

罗伯特·贝拉：《德川宗教——现代日本的文化渊源》，生活·读书·新知三联书店 1998 年版。

2. Berger, Peter L., "An East Asian Development Model？"

彼得·伯格：《一个东亚发展的模型：战后台湾经验中的文化因素》，载台湾省《中国论坛》，1984 年 12 月第 19 卷第 6 期。

3. Berger, Peter L. / Hsin-Huang Michael Hsiao (eds.), *In Search of an East Asian Development Model*, New Brunswick, N. J. 1988.

彼得·伯格、萧新煌（主编）：《东亚发展模式探索》，纽约 1988 年。

4. 金耀基：《儒家伦理与经济发展：韦伯学说的重探》，见金耀基：《中国社会与文化》，香港牛津大学出版社 1992 年版。

5. 金耀基：《东亚经济发展与文化诠释：论香港的理性传统主义》，见金耀基：《中国社会与文化》，香港牛津大学出版社 1992 年版。

6. Ambrose King Yeo-chi, The Transformation of Confucianism in The Post-Confucian Era:The Emergence of Rationalistic Traditionism in Hong Kong.（后儒家时代儒学的转型：理性传统主义在香港的兴起），1987 年 1 月新加坡东亚哲学研究院主办的"儒家伦理与东亚现代化"学术讨论会论文。

7. Kahn,Herman/Thomas Pepper, *The Japanese Challenge: The Success and Failure of Economic Success*, Crowell 1979.

赫尔曼·卡恩、托马斯·佩珀：《日本的挑战》，克劳威尔 1979 年。

8. Kahn,Herman, *World Economic Development: 1979 and Beyond*, London 1979.

赫尔曼·卡恩：《1979 年及其后的世界经济发展》，伦敦 1979 年。

9. Mc Farquhar, Roderick, "The Post-Confucian Challenge", in *The Economist* (Feb. 9, 1980).

罗德里克·麦克法夸尔:《后儒家的挑战》,载《经济学家》,1980 年 2 月 9 日。

10. Schluchter, Wolfgang (Hg.), *Max Webers Studie über das antike Judentum*, Frankfurt 1981.

沃尔夫冈·施卢赫特(主编):《马克斯·韦伯的古犹太教研究》,美茵河畔法兰克福 1981 年。

11. Schluchter, Wolfgang (Hg.), *Max Webers Studie über Konfuzianismus und Taoismus*, Frankfurt 1983.

沃尔夫冈·施卢赫特(主编):《马克斯·韦伯的儒教与道教研究》,美茵河畔法兰克福 1983 年。

12. Schluchter, Wolfgang (Hg.), *Max Webers Studie über Hinduismus und Buddhismus*, Frankfurt 1984.

沃尔夫冈·施卢赫特(主编):《马克斯·韦伯的印度教与佛教研究》,美茵河畔法兰克福 1984 年。

13. Schluchter, Wolfgang (Hg.), *Max Webers Sicht des antiken Christentums*, Frankfurt 1985.

沃尔夫冈·施卢赫特(主编):《马克斯·韦伯的古基督教视野》,美茵河畔法兰克福 1985 年。

14. Schluchter, Wolfgang (Hg.), *Max Webers Sicht des okzidentalen Christentums*, Frankfurt 1988.

沃尔夫冈·施卢赫特(主编):《马克斯·韦伯的西方基督教视野》,美茵河畔法兰克福 1985 年。

15. Tu, Weiming, *Confucian Ethics Today: The Singapore Challenge*, Singapore 1984.

杜维明:《今日的儒家伦理:新加坡的挑战》,新加坡 1984 年。

16. Tu, Weiming: "Die neukonfuzianische Ontologie", in Schluchter, Wolfgang (Hg.): *Max Webers Studie über Konfuzianismus und Taoismus*, Frankfurt 1983.

杜维明:《新儒家本体论》,见施卢赫特,沃尔夫冈(主编):《马克斯·韦伯的儒教与道教研究》，美茵河畔法兰克福 1983 年。

17. Weber, Max, *Gesammelte Aufsätze zur Religionssoziologie I*, Tübingen 1920.

马克斯·韦伯:《宗教社会学论文集》第一卷，蒂宾根 1920 年。

18. Weber, Max, *Gesammelte Aufsätze zur Religionssoziologie II*, Tübingen 1921.

马克斯·韦伯:《宗教社会学论文集》第二卷，蒂宾根 1921 年。

19. Weber, Max, *GesammelteAufsätze zur Religionssoziologie III*, Tübingen 1921.

马克斯·韦伯:《宗教社会学论文集》第三卷，蒂宾根 1921 年。

20. Weber, Max, *Die rationalen und soziologischen Grundlagen der Musik*, Drei Masken-Verlag, München 1921.

马克斯·韦伯:《音乐的理性及社会学基础》，慕尼黑，莫尔·西贝克 1921 年。

21. Winckelmann, Johannes (Hg.), *Die protestantische Ethik. Eine Aufsatzsammlung*, Frankfurt a. M. 1968.

约翰内斯·温克尔曼（主编）:《新教伦理论文集》，美茵河畔法兰克福 1968 年。

译名表

A

阿贝拉，彼得　Abaelardus, Petrus
阿伯尔，卡尔　Abel, Carl
阿喀琉斯　Achilleus
阿奎那的托马斯　Thomas von Aquin
阿拉巴斯特，恩斯特　Alabaster, Ernst
阿喀德的萨尔贡　Sargong von Agade
阿尔基洛科　Archilochos
阿斯帕西亚　Aspasia
阿基比亚德　Alkibiade
埃德金斯，约瑟夫　Edkins, Joseph
埃瓦，菲克特　Éva Fekete
埃瓦，卡拉蒂　Éva Karádi
埃斯特，蕾娜塔·封　Este, Renata von
哀公　Ai-kung, Ngai
艾伯施塔德，鲁道夫　Eberstadt, Rudolf
艾克哈德大师　Meister Eckhard
艾特尔　Eitel, E. J.
安东尼　Antoninus Pius

B

巴克豪斯，埃德蒙德　Backhouse, Edmund T.
巴克利，埃德蒙德　Buckley, Edmund
巴斯蒂亚特，弗雷德里克　Bastiat, Frédéric
拜奥特，爱德华　Biot, Edouard
保罗　Paulus
鲍姆加藤，爱德华　Baumgarten, Eduard
俾斯麦，奥托·封　Bismarck, Otto von
贝特霍尔特　Bertholet, Alfred
彼得　Petrus
毕歇尔，卡尔　Bücher, Karl
边沁　Bentham, Jeremy
班彪　Pan Piao, Pen Piao
波特莱尔　Baudelaire, Charles
柏拉图　Platon
伯里克利　Perlicles
伯特基维茨，拉迪斯劳斯·封　Bortkiewicz, Ladislaus von
卜尼法茨八世　Bonitaz Ⅷ.
布兰德，约翰　Bland, John O. P.
伯格，彼得　Berger, Peter Ludwig

C

曹操　Ts'ao Ts'ao

策勒，卡尔　Zeller, Karl
查里诺　Zarlino, Gioseffo
查纳克　Zscharnak, L.
陈焕章　Chen Huan Chang
陈季同　Tscheng Ki Tong
陈涉　Ch'en She
陈冲（子）　Ch'en Chong, Ch'en Chong-tzu, Tschou Tschang
成汤　Ch'eng Tang, Tang-Kaiser
成王　Cheng
程端　Ch'eng Tuan, Tschang Tuan

D

达·芬奇　Lionardo da Vinci
达吉恩，约翰　Dudgeon, John
戴宁格，于尔根　Daininger Jürgen
戴斯曼，阿道夫　Deissmann, Adolf
道格拉斯　Douglas, Robert K.
道光皇帝　Tao-Kuang-Kaiser
德·格鲁特　Groot, Johnn Jakob Maria de
德拉玛瑞　Delamarre, Louis-Charles
德尔布吕克　Delbück, Hans
德沃夏克　Dvorák, Rudolf
迪特里希，阿尔布莱希特　Dieterich, Albrecht
狄摩西尼　Demosthenes
蒂姆科夫斯基　Timkovski, Georg
董仲舒　Tung Chung-shu, Tang tschuan schu
多利特尔　Doolittle, Justus

E

二世皇帝　Erh-shih Huang-ti, Eul-shi Huang-ti

F

范蠡　Fan Li
方济各　Franziskus
费尔德　Fielde, A. M.
佛陀　Buddha
富兰克林，本杰明　Franklin, Benjamin
菲立波维奇　Philippovich, Eugen von

G

盖拉德，路易斯　Gaillard, Louis, S.J.
冈达尔　Gangdar, S. J.
戈登，查理　Gordon, Charles
戈登　Gordon, Charles George
歌德　Goethe, Johann Wolfgang von
格拉古　Cracchen
格鲁伯　Grube, Wilhelm
葛洪　Ko Hung
恭亲王　Prinz Kung, Kung ch'in-wang
顾维钧　Koo, Wellington
关羽，关帝　Kuan Yü, Kuan-ti
管仲，管子　Kuan Chung, Kuan tschong, Kuan Tse
光绪皇帝　Kuang-hsü-Kaiser

H

哈弗雷特，亨利　Harret, Henri
亨特　Hunter, W. L.
哈根　Hagen, M. von

哈勒茨　Harlez, Chaeles de
哈维　Harvey, F. W.
海路易　Heloise
海尔克纳　Herkner, Heinrich
韩非（子）　Han Fei-tzu, Wan Fei
黄伯禄　Hoang, Pierre
黄帝　Hoang Ti, Huang-ti
怀特菲尔德　Whitefield, George
洪武帝　Houng-wu-Kaiser
洪尼希斯海姆，保罗　Honigsheim, Paul
洪秀全　Hung Hsiu-ch'uan

J

加尔文，约翰内斯　Calvin, Johannes
贾尔斯，海博特　Giles, Herbert A.
伽尔　Le Gall, Stanislas
贾米森　Jamieson, George
基甸　Gideon
景帝　King Ti, Ching-ti
金耀基　King, Ambrose Yeo-chi

K

卡尔莱　Carlyle, Johannes
康德　Kand, Immanuel
康拉迪　Kanradi, Eva
康熙　Kang Hi, K'ang-hsi
康有为　K'ang Yu-wei, Kang Yu Wei
科哈诺夫斯基　Kochanowskij, N. J.
科勒　Kohler, Josef
科尼希，雷内　König, René
科希奥，埃里希　Kosiol, Erich

克拉格，路德维希　Klage, Ludwig
克伦威尔　Cromwell, Oliver
克利斯提尼　Kle isthenes
孔夫子　Kongfuzius, Kong-fu-tze, Kong tse
库恩，弗兰茨　Kuhn, Franz
昆茨伦，高特弗里德　Küenzlen, Gottfried

L

劳德　Laud, William
劳特里　Lauterer, Joseph
老子　Lao-tzu, Laotse
莱布尼茨　Leibniz, G.W.
理雅各，詹姆斯　Legge, James
莱科姆伯，保罗　Lacombe, Paul
莱尔　Lyall, Alfred Comyn
雷德勒，埃米尔　Lederer, Emil
雷克吕斯，艾里塞　Reclus, Elisee
李比希，布鲁诺　Liebig, Bruno
李鸿章　Li Hung-chang, Li Hung Tschang
李斯　Li Ssu, Li-se
里希特霍芬男爵，斐迪南·封　Richthofen, Ferdinand Freiherr von
刘邦　Liu Pang
刘秀（光武帝）　Liu Hsiu(Kuang-wu-ti)
刘文先　Liu wen Hsien
卢卡奇，乔治　Lucács, Georg
卢生　Lu
路德　Luther, Martin
路加　Lukás
伦哈特　Leonhard, Rudolf

罗伯茨，以萨迦·亚科斯　Roberts, Issachar Jacox

罗斯柴尔德　Rothschild

罗斯托恩　Rosthorn, Arthur von

M

马丁　Martin, William A.P.

马端临　Ma Tuan Lin, Ma Tuan-lin

马可　Marcus

马鸣　Acvagoscha（Asvaghosa）

马太　Matthaus

玛利亚与马大　Maria und Martha

麦茨勒　Metzler

麦都思　Medhurst, Walter Henry

麦克伦堡　Macklenburg, F. A.

梅尔克斯，阿达贝尔特　Merx, Adalbert

蒙田　Montaigne, Michel de

蒙森，沃尔夫冈·J　Mommsen, Wolfgang J.

孟子　Meng-tzu, Meng Tse, Mencius, Menzius

米勒，马克斯　Müller, Max

摩西　Mose

莫尔斯　Morse, Mosea Ballon

墨子，墨翟　Mi Tse, Mo-ti

穆公　Mu-kong, Mu Kong

穆罕默德　Muhanmmed

麦克法夸尔　MacFarquhar, Roderick

N

纳尔塞斯　Narses

纳瓦拉，布鲁诺　Navarra, Bruno

周毅卿　Nyok Ching Tsur

P

帕默斯顿　Palmerston, Henry John Temple, Viscount

帕尔克，爱德华　Parker, Edward H.

伯希和　Pelliot, Paul

盘更　P'an Keng

彭威廉　Penn, William

普夫卢格-哈通，尤利乌斯·封　Pflugk-Hartung, Julius von

普拉特，约翰·海因里希　Plath, Johann Heinrich

普鲁士王子，海因里希·封　Prinz Heinrich von Preußen

普伦格，约翰　Plenge, Johann

Q

乾隆　Ch'ien-lung, Khian Lung, Khien Lung, Kian Lung

彭亚伯，阿尔贝特　Tschepe, Albert

启　Ki, Ch'i

秦始皇（始皇帝）　Shih Huang-ti, Sch Hoang Ti

屈原　Kiu Yuan, Chu Yuan

R

任安　Jen Ngan, Jen An

荣禄　Jung Lu, Jung-lu

S

萨福　Sappho

萨哈洛夫　Sacharoff, J., Sacharow
索塞，尚特皮·德·拉　Saussaye, chantepie de la
沙畹，爱德华　Chavannes, Edouard
商鞅（卫鞅）　Shang Yang, Tschang Yang, Wei Yang, Yang
舍勒，马克斯　Scheler, Max
施寒微　Schmidt-Glintzer, Helwig
施勒　Schiele, F. M.
施卢赫特，沃尔夫冈　Schluchter, Wolfgang
施莫勒　Schmoller
施坦因，奥勒尔　Stein, Aurel
史密斯，亚瑟　Smith, Arthur
舒尔策-格维纽斯，盖哈德·封　Schulze-Gaevernitz, Gehart von
舜　Schun, Shun
司马光　Se Ma Kuang, Ssu-ma Kuang
司马迁　Se Ma Tsien, Ssu-ma Ch'ien
斯彭内尔，菲立普·雅各布　Spener, Philipp Jacob
桑巴特，维尔纳　Sombart, Werner
苏轼　Su Shih, Su Schi

T

塔西图斯　Tacitus, Marcus Claudius
唐太宗　T'ang T'ai-tsung
陶履公　Tao Lu-kong
陶模　Tao Mo, T'ao Mo
特里沃-罗波尔，休　Trever-Roper, Hugh
特洛尔奇，恩斯特　Troeltsch, Ernst
梯施班，约翰·海因里希·威廉　Tischbein, Johann Heinrich Wilhelm
托尔斯泰，列夫　Tolstoy, Leo
同治皇帝　T'ung-chi-Kaiser

W

王安石　Wang An-shih, Wang-An-Shi, Wang An Schi
王充　Wang Tschung, Wang Ch'un
王莽　Wang Mang
威廉一世　Wilhelm I
威廉斯　Williams, S. Wells
韦伯，马克斯　Weber, Max
韦伯，玛利亚娜　Weber, Marianne
卫礼贤　Wilhelm, Richard
卫冉　Wei Jan
卫斯理　Wesley, John
魏，W. P.（魏文品？）　Wei, Wen-Pin
温克尔曼，约翰内斯　Winkelmann, Johannes
文帝（汉、隋）　Wen-ti
（卫）文侯　Wen Hou
文王　Wen Wang
吴可读　Wu K'o-tu
吴起　U Ki, Wu Ch'i
武帝（汉）　U, Wu-ti
武宗（唐）　Wu-Tsung, Wu-tsung

X

西贝克，保罗　Siebeck, Paul

西蒙，欧仁尼　Simon, G. Eugéne

西王母　Si Wang mu, Hsi-Wang-mu

孝公　Hsiao-kung

孝武帝　Hsiao Wu-ti

辛格尔　Singer, J.

许行　Hu Hing, Hsü Hsing

荀况、荀子　Hsun K'uang, Hsun-tzu, Hsun-Tse

Y

亚伯拉罕　Abraham

亚大纳西　Athanasius

雅菲，埃德加　Jaffé, Edgar

亚里士多德　Aristoteles

杨朱　Yang Chu, Yang Tschu

尧　Yao, Yau

耶利内克　Jellinek, Georg

耶弗他　Jephtah

耶稣　Jesus

伊壁鸠鲁　Epicuros

伊万诺夫　Ivanov, A. J., Iwanoff, A.J.

以赛亚　Jesaja

益　Y. I.

英诺森三世　Innozenz Ⅲ.

约翰二十二世　Johannes XXⅡ.

约翰　Johannes

约西亚　Josia

禹　Yu

袁冲腾　Yuan Chung Teng

元帝（汉）　Yuan-ti, Yuan Ti

Z

章帝　Tschang Ti, Chang-ti

张良　Chang Liang

张陵（张道陵）　Chang Ling

张鲁　Chang Lu

张武　Chang Wu

赵高　Chao Kao

仲雍（虞仲）　Tschong Yong（Yu Tschong）

朱夫子（朱熹）　Tsche Fu Tse, Chu Hsi, Tschu Hi

主父偃　Chu Fu-yen

庄子　Chuang-tzu, Tschange tse

四版译后记
《儒教与道教》的得与失

韦伯不是汉学家，不识一个汉字，但《儒教与道教》的确是一部杰出的研究中国的论著。400多个注释中的二手资料涉及经、史以及耶稣会报告和清代邸报等德译本，时间从公元前5世纪的战国时代到1864年太平天国灭亡。韦伯的分析立足于好几个朝代在生产、消费和货币经济方面的统计数据。如同在新教论文中穷究职业概念的历史沿革，韦伯在儒道研究中对汉字的阐释几近汉学水平，读来赏心悦目。对正统与异端的历史作用评价平正：儒家旨在培养传统财税与司法官吏，道家则在于出世。

太平天国与清教徒之战

韦伯对太平天国评价极高，他从这一历史事件看到："并没有什么妨碍中国人产生西方特有的宗教改革的'先天素质'"①。在太平天国的伦理中，他看到了儒家的天命信仰与修改了的新约天职观的成功结合："无论如何，这一运动毕竟在重要的方面意味着同正统决裂，而且提供了比西方各教派毫无希望的传教尝试要多的希望，让一种土生土长的但又从精神上接近基督教的宗教产生出来。对于在中国产生这样一种宗教来说，这很可能是最后一次机会了。"② 那时在华的西方人士对太

---

① 本书第287页。
② 本书第292页。

平天国已经有截然不同的看法，正如韦伯所言："不从国教者和低教会派的传教士一再在太平天国的教堂里主持礼拜，而耶稣会会士——鉴于太平天国反对偶像崇拜和坚决拒绝圣母崇拜——和英国高教会派则一开始就对太平天国怀有敌意。"① 英国驻宁波领事是一位目击者，他的看法从反面证实了这一点："宁波落在太平革命军手里已经三个月，这里也跟别的地方一样，强盗所到之处，唯一作为便是破坏。难道他们还有别的追求？对他们来说，肆无忌惮地纵欲和自我毁灭的权力与毁灭他人的生命同样重要。太平天国的所作所为其实与英国传教士的'中国救赎'、'天下重生'、'万民得救'以及'太平天国引进基督教'等幻想不符。十年喧嚣，正事没做一件，只是毁灭了一切。"② 总领事的话，如脚注指出的，转引自马克思，这段引文与马克思在太平天国后期对这一历史事件的评价一致。从1853年起，马克思为《纽约每日论坛》写了20多篇关于太平天国的评论。最初他预言："一切迹象表明，中国的革命将影响到文明世界"，欧洲各民族的下一场革命及其争取共和自由与廉政体制的抗争极可能在很大程度取决于欧洲对立面太平天国的进程。"③ 到最后，却是180度转向："这场革命与众不同之处其实仅仅在于那些领袖人物。除了改朝换代、报仇雪恨，他们根本不知道到底要干什么，他们没有口号，他们对民众施暴超过对旧日统治者的暴力。与保守的削弱对手相比，他们的使命是用荒唐恐怖的形式破坏殆尽，不留任何再生的根苗，除此之外别无他求……对于他们，革命是'上帝的鞭策'……中国人只能设想，太平天国里必有魔鬼作祟。"④ 与马克思相反，韦伯把太平天国的败局归咎于英国政府的功利主义权衡："出于政治与通商的考虑，帕默斯顿勋爵政府认为，不能让这个教权国家做大，无论如何不能让上海这个条约港口落入它的手

---

① 本书第290页。

② F. W. 哈维：致驻京英国公使詹姆士函，见卡尔·马克思/弗里德里希·恩格斯全集德文版第15卷第514页，柏林1972年第4版。

③ 前引书第95页。

④ 前引书第514页。

中。由于戈登和（英国）舰队（对清政府）的帮助，太平天国政权崩溃了。"①这一解释难以服人，即使英国政府代表盎格鲁天主教，也不能解释它为何偏爱信萨满教的闭关自守的满族占领者，而舍弃在"精神上更为开放且接近基督教"的汉人政权。②还不说清政府与英国之间的两次鸦片战争，特别是第二次鸦片战争，就在太平天国期间。

魔鬼在细节中，这个魔鬼却是一个清教徒，以萨迦·亚科斯·罗伯茨，一个南浸派传教士。早在太平天国起义之前，洪秀全于1843年春天专程去广东参加了他办的3月到5月的圣经讲习班。那时罗牧师不相信洪秀全说的见过奇迹，拒绝为他洗礼。太平天国定都南京后，牧师改变了观点，请求赴南京传教。1860年10月，天王接见了罗伯茨，并委以外交事务。在南京待了一年多，罗牧师发现他所在的南浸派与太平天国的上帝崇拜之间的鸿沟无法逾越，遂于1862年初一个月黑风高夜不辞而别。他没有回美国，也没回广州，而是直奔在长江上监控南京的英国军舰，上船便申请避难。作为见面礼，罗牧师和盘托出在南京费时14个月侦察到的太平天国全部军事部署。这些重要情报转到英国，帕默斯顿勋爵政府立即下令：戈登的舰队帮助清政府攻打南京。罗牧师在媒体上称洪秀全是疯子，太平天国是一群乌合之众③。倒是为打败太平天国立下汗马之功的戈登少将军人魂未泯，拒绝接受清政府的封赏，从此离开中国，再没回来。

韦伯同时代的历史事件

按韦伯在《世界宗教的经济伦理》导论里所言，《儒教与道教》前面的"关于文献"成于1913年。在此之前，中国发生了走向资本主义

---

① 本书第291页。
② 本书第292页。
③ 参见袁冲腾：〈以萨迦·亚科斯·罗伯茨牧师与太平之乱〉，载《亚洲研究杂志》第23卷第1期（1963年11月），第55—67页。

的重大事件,其中有 19 世纪 60 年代到 90 年代的洋务运动、1868 年 6 月至 9 月的百日维新和 1911 年 10 月的辛亥革命。

1. 李鸿章和一部分儒家高官推行的洋务运动,旨在以西方为榜样改革中国工业与军事。1873 年,西门子在上海安装了第一部发电机。1888 年 12 月 17 日,清廷正式宣告北洋水师成立,颁布施行《北洋水师章程》。1896 年,李鸿章出访欧洲,专门到病危的俾斯麦榻前,听取他对中国军事改革的意见。① 1897 年,旨在加强与中国商业联系和扩展在华业务的北京辛迪加在伦敦成立。在李鸿章和罗斯柴尔德家族支持下,该公司于 1899 年冠以中国人喜闻乐见的福公司,获准在山西、河南、陕西开矿和修筑铁路。由于清政府参股,福公司成为第一个中外合资公司②。

2. 百日维新,一些受西方思想影响的儒士在年轻的光绪皇帝支持下发起改革,范围仅限于教育体制和官僚制度。在德国压力下,1898 年 4 月 28 日两国签订了《胶州湾租借条约》。5 月,海因里希·封·普鲁士皇子访华,觐见了光绪皇帝和慈禧太后③。6 月 11 日光绪皇帝颁昭,宣布一系列改革措施,其中包括精兵简政、改革科举制及军事教育,强化请愿权以及改进教育制度。清朝官员抵制诏令 100 天后,变法被大权在握又顽固不化的慈禧血腥镇压。皇帝被软禁,两位改革发起人康有为、梁启超亡命日本,谭嗣同等六位改革志士被枭首。

3. 在海外华人共济会赞助下,1911 年 10 月 10 日,同盟会在武昌起义。星火燎原,很快 15 省宣布独立。12 月 29 日,孙中山从法国赶回,各省代表在南京开会,选举孙中山为中华民国临时政府大总统。

---

① 见《西德意志报》第 146 号 1896 年 6 月 24 日午间新闻。
② 参见魏德卿主编的《山西保矿运动历史研究:专家论文集》,中国友谊出版公司 2012 年版,第 206—208 页。
③ 《海因里希皇子与皇家军舰 S.M.S 德意志号 1898—1900 年胶州之旅报告》第 15 章,Ein Reisebericht von 1898—1900 mit Prinz Heinrich nach Kiautschau an Bord der "S.M.S. Deutschland", Kapitel 15 (http://www.jadukids.de/international/phkiau/phkiau15.htm)。

1912年1月1日，孙中山宣布中华民国成立。随着末代皇帝溥仪于2月12日宣布退位，结束了延续两千年的帝制。

这些与韦伯同时代的包括与德国有关的历史事件，在他的中国研究中有的根本未提，有的只一笔带过。在韦伯笔下，李鸿章是受过良好儒家教育的士大夫、诗人和书法家，没有提到他的改革业绩，只字未提洋务运动；只有一句话说到百日维新，但表明韦伯掌握了详细信息①；孙中山、1911年的资产阶级革命和中华民国则未着墨。这肯定不是因为缺少信息，1914年8月18日，中华民国要求德国归还胶州湾，这一要求次日即被拒绝。1917年8月14日鉴于德奥两国潜艇进攻中国，中华民国对两国宣战，并加入协约国。战后，中国作为战胜国要求德国归还胶州湾。作为出席巴黎和会的德国代表团的顾问，韦伯应该听到了中华民国代表顾维钧1919年5月13日要求德国归还胶州湾的发言："说到底，这是孔子的家乡，它对于我们中国人来说，同耶路撒冷对于基督徒一样神圣。"②可惜出席凡尔赛会议的基督徒们听不进这样的声音，违逆基本逻辑，把胶州湾当大礼送给了蛮横的日本。直到1920年，韦伯临终前寄给出版社的《儒教与道教》修订校样里，仍然没有中华民国一席之地。

《儒教与道教》的宗旨在于考察为什么中国没有出现近代西方式的资本主义，以佐证作者的新教伦理论点：只有西方才出现了新教伦理与资本主义精神的亲和性。这种有了定论的比较宗教研究，很难容纳与之相左的历史事件，太平天国是个例外。韦伯的重点在于比较宗教，而非资本主义发生史。《儒教与道教》末章"结论：儒教与清教"画龙点睛：比较儒教与清教的理性主义的出发点，后者一是脱魅，二是系统地把神与尘世的关系统一起来并相应地把个人与尘世的伦理关系统

---

① 参见本书第143页："粗看一下1898年皇上的一整套设想并且明白：即使部分地贯彻这些设想，也会给官员的收益带来巨大的变化，就可以估计到，联合起来反对改革的物质利益是何等强大，改革又是何等无望，因为没有任何独立于这些既得利益者的机构。"

② 参见 https://zh.wikipedia.org/wiki/%E9%A1%BE%E7%BB%B4%E9%92%A7。

一起来；与清教相比，儒教里没有彼岸：儒士"所期待的道德报偿是：今世长寿、健康、富贵，身后留个好名儿……儒家没有任何伦理的先验寄留，没有超凡的神的诫命同被造物现世之间的任何紧张关系，没有对来世目标的任何向往，没有任何原罪概念。"① 这是哲学研究，不是非经济史研究。到此，前四章的经济分析全成了铺垫。

洋务运动、百日维新和辛亥革命表现的是儒家的经济与政治改革，洋务运动的主导是士大夫，百日维新的参与者是儒士，儒家的基本信条仁、义、礼、智、信是中华民国建国以来的生活方式。讨论这些历史事件，将会推翻韦伯的整个中国研究。权衡之下，《儒教与道教》就以理想主义的范文形式流传下来，犹如绝世艺术品断臂维纳斯。

结　论

儒教满足了韦伯完成不同任务时的不同需求。在宗教社会学里，为论证清教中心论，儒家伦理扮演了丫鬟的角色。在政治社会学里，儒士被划入"类似西方人文主义学派出身的受过人文教育的士大夫阶层"，为了证明这一点，韦伯三次引用伪造的李鸿章日记。② 儒家的人性一面，在韦伯眼里却是一个全新的境界。1920 年 2 月，在与奥斯卡·施蓬格勒辩论其世界末日预言时，韦伯挺身捍卫被施蓬格勒攻击的儒家伦理："您说，中国处于疲惫的文明末期，可是战败的中国将军自刎殉国，而在文明青春期的德国，败将则力求保全性命，然后写回忆录。我不知道，什么是文化或文明的晚年，什么是其青年，对于我个人来说，无论如何，中国人的品性在我眼里更有人性。"关于殉战与保命。韦伯引孔子曰："志士仁人，无求生以害仁，有杀身以成

---

① 本书第 296 页。

② 马克斯·韦伯：《政治社会学论文集》蒂宾根 1980 年德文本第 521—522 页、《经济与社会》蒂宾根 1956 年德文本第 827 页以及本书第 207 页。

仁。"[①] 韦伯对中国人品性的评价,似乎有悖其责任伦理与信念伦理的对立,无论如何,韦伯对儒教的研究并非价值无涉,不是看其是什么,而是论其应该是什么。

  尽管有这样那样值得商榷之处,《儒教与道教》仍然是一部研究中国的杰作,有如梯施班著名的歌德画像。没有人会因为那两只一顺儿的鞋而穷究,歌德是否长了一双左脚。

2017 年盛夏

  感谢台湾大学孙中兴教授比较以前版本,纠错指漏。本版复印前一一修改,错漏仍难免,欢迎读者发现指正。

译者又及　2018 年 5 月

[①]《论语·卫灵公》15.9。

Max Weber

Gesammelte Aufsätze zur

Religionssoziologie I

Die Wirtschaftsethik der Weltreligionen

Einleitung

Konfuzianismus und Taoismus

Zwischenbetrachtung

J. C. B. Mohr（Paul Siebeck）Tubingen

根据 J. C. B. 莫尔（保罗·西贝克）出版社 1920 年马克斯·韦伯：《宗教社会学论文集》第 1 卷第 237—573 页译出。

图书在版编目 (CIP) 数据

世界宗教的经济伦理：儒教与道教／（德）马克斯·韦伯著；王容芬译．—北京：中央编译出版社，2018.8
ISBN 978-7-5117-3559-1

Ⅰ. ①世…

Ⅱ. ①马… ②王…

Ⅲ. ①宗教社会学－研究－中国 ②政治思想史－研究－中国

Ⅳ. ① B928.2 ② D092

中国版本图书馆 CIP 数据核字 (2018) 第 021283 号

世界宗教的经济伦理：儒教与道教

出 版 人：	葛海彦
出版统筹：	贾宇琰
责任编辑：	盛菊艳　李媛媛
责任印制：	刘　慧
出版发行：	中央编译出版社
地　　址：	北京西城区车公庄大街乙 5 号鸿儒大厦 B 座 (100044)
电　　话：	(010) 52612345（总编室）　(010) 52612335（编辑室）
	(010) 52612316（发行部）　(010) 52612346（馆配部）
传　　真：	(010) 66515838
经　　销：	全国新华书店
印　　刷：	河北下花园光华印刷有限责任公司
开　　本：	710 毫米 ×1000 毫米　1/16
字　　数：	327 千字
印　　张：	23.5
版　　次：	2018 年 8 月第 2 版
印　　次：	2018 年 8 月第 1 次印刷
定　　价：	70.00 元
网　　址：	www.cctphome.com　　邮　箱：cctp@cctphome.com
新浪微博：	@ 中央编译出版社　　　　微　信：中央编译出版社（ID：cctphome）
淘宝店：	中央编译出版社直销店 (http://shop108367160.taobao.com) (010) 55626985

本社常年法律顾问：北京市吴栾赵阎律师事务所律师　闫军　梁勤
凡有印装质量问题，本社负责调换，电话：(010) 55626985